巨變時代

1490
1530

創造世界秩序的40年歐洲飛躍史

帕特里克·懷曼
Patrick Wyman——著

吳煒聲——譯

導讀 國家、資本與經濟制度：歐洲崛起與世界分流的關鍵時刻

中央研究院歷史語言研究所／孔令偉

二十一世紀的全球化浪潮，不僅推動學界的研究趨勢，同時也吸引社會大眾的閱讀興趣。在此背景下，許多深入淺出的全球史著作問世，提出對全球化起源的多元解釋，其中有不少因近年中譯引介，而為臺灣讀者所悉。如美國耶魯大學教授韓森（Valerie Hansen）在《西元一千年》（*The Year 1000*）中，將全球化起源追溯至十一世紀前後世界各地的人員移動；又如前日本京都大學教授杉山正明《忽必烈的挑戰》（クビライの挑戦）一書，將十三世紀蒙古帝國的跨區域擴張與整合視為全球化的濫觴。至於本書作者帕特里克·懷曼（Patrick Wyman）則從歐洲史的視野出發，關注十五世紀九〇年代至十六世紀三〇年代間，政治、經濟、文化等方面的重大歷史發展。作者參考歷史制度論之概念框架，主張這四十年乃導致歐洲最終得以改變世界史長時

段走向的「關鍵時刻」（critical juncture）。

不同於傳統歐洲史家將全球化起源歸因於一四九二年哥倫布地理大發現，本書作者試圖從長時段以及比較史學的觀點，深度考察近代早期（early modern）歐洲昔日後西方崛起所奠定的基礎。為此，作者別出心裁地以九位出身各異的人物切入，探討近代早期歐洲在國家、貿易、軍事、技術與宗教等諸多面向發生的巨變。除了新武器和新制度所造就的軍事革命，以及受益於印刷術的宗教改革，作者尤其強調銀行借貸與金融網絡等經濟制度，在近代早期以後發揮了關鍵作用。作者指出，相較於同時期的鄂圖曼帝國或明朝，十六世紀以前戰事頻仍的歐洲各國，無論是軍事實力、經濟規模或貿易資源，皆有所不如；然而也正是因為競爭對抗及資源有限，歐洲各國在與商人以及金融業者互動的過程中，發展出有利於資本主義的經濟制度。歐洲的政經力量由是於十七世紀後產生結構性的增長，進而超越土耳其、中國等歐亞大陸上的既有強權。

本書各章所描繪的歐洲史人物，除了臺灣讀者在中學歷史課中聽過的哥倫布、馬丁路德以及神聖羅馬帝國查理五世等人外，亦包含不少社會大眾相對陌生者。然而本書並非通俗淺顯的歐洲史人物傳記合集，實際上作者主要的寫作目的在於以歷史人物為楔子，導引讀者瞭解推動近代早期歐洲歷史發展的不同社會階層與團體。例如，曾長期統治西班牙的卡斯提爾女王伊莎貝拉一世，便象徵著歐洲王室聯姻政治中具有主體能動性的貴族婦女，而她也是哥倫布等航海家的關鍵贊助者。此外，格茨·馮·貝利欣根（Götz von Berlichingen, 1480-1562）引領了貴族、傭兵等武裝團體；雅各布·

富格爾（Jakob Fugger, 1459-1525）可謂實業家、金融家的體現；阿爾杜斯・馬努提烏斯（Aldus Manutius, 1449-1515）則代表了學者、印刷商等團體；在這些歷史名人之中，亦不乏像約翰・赫里塔奇（John Heritage）這樣相對平凡的中層商人。要言之，以上來自不同社會階層的人物，共同構築了近代早期歐洲多元的歷史面貌。

本書在關注近代早期歐洲內部發展的同時，亦留意以蘇萊曼一世為代表的鄂圖曼帝國，並將其版圖擴張視為影響歐洲史發展的重要因素。不僅如此，作者主張作為橫跨歐、亞、非強權的鄂圖曼帝國，其政治經濟實力較哈布斯堡王朝等歐洲政權有過之而無不及。本書因此帶出一項重要的比較史議題：為何十七世紀以降，西歐各國最終得以超越鄂圖曼帝國，進而引領全球化的浪潮？關於這點，作者在結論中給出相對簡明的答案，認為關鍵是不同國家所採取的經濟制度，在資本運用上具有結構性差異。

本書文字深入淺出，整體結構簡明。作者本人曾接受歷史學學術訓練，並以「書信、移動性以及羅馬帝國的衰亡」（Letters, Mobility, and the Fall of the Roman Empire）為論文題目，取得南加州大學博士學位。但他最終並未在學界任教，而是以自媒體從業者的身分，主持名為「歷史之潮」（Tides of History）的 podcast。是故，作者不僅對學界先行研究有較好的掌握，同時亦能兼顧社會大眾期待的閱讀趣味，並從具體歷史人物以及個案出發，進而對「大分流」等宏觀歷史議題作出回應。盡信書不如無書，至於作者的立論是否具有說服力，仍待讀者以獨立思考自行檢閱。

獻給我的父母

Contents

金錢和貨幣說明

在中世紀，歐洲人採用各種硬幣和貨幣，樣式繁多，令人眼花撩亂。在日常經濟活動中，人們使用各式各樣的金幣、銀幣和銅幣，且面額大小不一，「記帳單位」（unit of account）也不例外。所謂「記帳單位」，其實是只能在會計分類帳（ledger）上看到的貨幣。這些貨幣的價值會在短期內持續波動，銀行業和金融的核心業務之一，便是操作不同地區之間不斷變化的匯率。然而，在本書涵蓋的時期內，貨幣價值非常穩定，因此足以掌控其相對價值。

從中世紀（Middle Ages）[1]末期到近代（modern period）初期，貨幣的金本位制（gold standard）（確實為黃金）[2]是威尼斯達克特（Venetian ducat）。這種硬幣重三．五六克，號稱二十四克拉純金幣。到了一四九〇年代，西歐的其他主要金幣皆以它為基準。佛羅倫斯弗羅林（Florentine florin）基本上是等值的（三．五四克）；此外，葡萄牙的純金克魯扎多（cruzado）、卡斯提爾（Castile）和亞拉岡（Aragón）的艾克賽蘭特（excelente，二十三．七五克拉，但是重三．七四克）、英格蘭的半諾布爾（half-noble）[3]，以及法蘭西的金幣埃居（écu）（重三．五克）亦是如此。例外的是萊茵盾／古爾登金幣（Rhine／Rhenish gulden）[4]，為十九克拉金幣，重量稍輕，乃是北歐與中歐多數地區的另一種貨幣標準。一達克特約可兌換一．八二萊茵盾。

達克特和等值的弗羅林是本書使用的主要貨幣，但其他貨幣也值得一提。首先是西班牙流通的馬勒威迪（maravedi）銀幣，它更常被當作記帳貨幣。一達克特約略等於三百七十五馬勒威迪。其次是英格蘭的先令（shilling）和鎊（pound），這是一種以銀為基礎的貨幣體系。大約到了一五〇〇年，一達克特可兌換四先令七便士（二十先令等於一鎊，十二便士可兌換一先令）。最後是鄂圖曼帝國（Ottoman）的阿克切（akçe，複數為akça），這也是一種銀幣，六十枚阿克切等於一達克特。

一達克特＝
一弗羅林
一・八二萊茵盾
三百七十五馬勒威迪
四先令七便士（4s／7d）
六十阿克切

1 隨頁註解全為譯註：歐洲歷史上從公元一〇〇〇年到公元一四〇五年。
2 貨幣發行制度分成三類，一是金幣本位制，二是金塊本位制，三是金匯兌本位制。這種制度用黃金保障貨幣價值，讓貨幣價值與黃金掛鉤，將百姓對黃金的信任延伸到發行的貨幣。
3 面值三先令四便士，重六十四・三格令。
4 奧匈帝國從一七五四年到一八九二年之間發行的貨幣。

公元一五〇〇年左右的相對價值

一、布魯日（Bruges）的泥水匠每天大約可賺十一個法蘭德斯格羅滕（Flemish groten）[5]。當時的匯率是六十五到七十五格羅滕兌換一達克特，因此泥水匠要六到七天才能賺到一達克特。

二、在一五〇〇年到一五三〇年之間，西班牙常備部隊的火繩槍手（arquebusier）其平均日薪為四十馬勒威迪。三百七十五馬勒威迪可換一達克特，所以火繩槍手要十天才能賺一達克特。長矛兵（pikeman）的日薪為三十馬勒威迪，也就是要工作二十五天才能賺兩達克特。

三、一五二九年，蘇萊曼大帝（Suleiman the Magnificent）向麾下士兵祭出誘因，除了正常薪餉，還額外發給每人一千阿克切，相當於十七達克特，藉此激勵兵將圍攻維也納（Vienna）。

四、大約在一五〇〇年，佛羅倫斯（Florence）的普通臨時工每天可賺十索爾多（soldo）。當時一弗羅林（等同於一達克特）可兌換一百四十索爾多，因此打零工的人得整整工作十四天才能賺到一弗羅林或一達克特。

五、一五〇五年，英格蘭商人約翰·赫里塔奇（John Heritage）以二十三鎊二先令購入四十二托德（tod）[6]羊毛，總重為一千一百七十六磅（pound）。他出的價格大約為六十四達克特。

六、一五〇八年，威尼斯（Venice）印刷商阿爾杜斯・馬努提烏斯（Aldus Manutius）每月花費二百多達克特來維持印刷廠（約有十五名員工）的營運。

七、斯瓦比亞（Swabian）僱傭兵格茨・馮・貝利欣根（Götz von Berlichingen）和他的兄弟替勃蘭登堡（Brandenburg）弗里德里希侯爵（Margrave Friedrich）賣命，擔任重騎兵（man-at-arms）並有侍從服侍。他們打完長期戰役之後，獲得二千萊茵盾的報酬，大約折合一千一百達克特。

八、一四九二年，克里斯托弗・哥倫布（Christopher Columbus）出海探險，總共花費了二百萬馬勒威迪，約略等於五千三百達克特。

九、雅各布・富格爾（Jakob Fugger）在一五一九年到一五二〇之間私下借查理五世（Charles V）五十四萬三千五百八十五弗羅林，讓查理五世得以行賄，當選神聖羅馬帝國（Holy Roman Empire）皇帝。賄賂資金另有其他來源，總額高達八十五萬弗羅林。

5 又譯佛蘭德或佛蘭芒。

6 一托德等於二十八磅。

Deus enim et proficuum（爲了上帝和利益）

——中世紀商人經常寫在帳目上的短語

前言

一五二七年五月六日

鐘聲在遠處叮噹作響，悲哀的音調在清晨的陰霾中傳揚開來。地平線上曙光未現，無法照亮遠處的山丘，台伯河（Tiber）順著山丘蜿蜒而過，流向羅馬古城。鐘聲一遍一遍響起，聲響從高聳的卡比托利歐山（Capitoline Hill）[7]持續傳來。

鐘聲敲碎了本應寂靜無聲的黎明。然而，當天早晨並不寧靜。鐘聲只是打破了和平的假象。羅馬城內響起沉重的腳步聲，隆隆的車輪聲緊隨著，貨車喀喀嗒嗒，在漆黑的街道上呼嘯駛過，上頭載滿火藥桶、鐵砲彈、弩弓和一袋袋火繩槍子彈。羅馬歷史悠久而輝煌，留下諸多文化遺產，好比浴場、神廟、角鬥場和競技場，嘈雜聲在這些半掩埋的遺跡之間迴盪著。數千名羅馬人從床上驚醒，睡眼惺忪，衣衫不整，幾近赤裸，手持各種武器，跌跌撞撞穿街過道，直奔城牆。

7 羅馬七座山丘之中最高的一座，為羅馬重要的宗教與政治中心，山上曾興建神廟和君士坦丁巨像。在中世紀和文藝復興時期，此處更興建了環繞卡比托利歐廣場的宮殿。

在城牆外，大隊人馬穿著破舊靴子，踩在牧草已收割完畢的草原，春天的第一株嫩芽正從肥沃的土壤冒出。晨曦昏暗，這些人蹣跚而行，劍柄摩擦著金屬胸甲，皮革刀鞘拍打著大腿。士兵高舉長矛，走陣佈形，矛桿彼此敲撞，劈啪作響。火繩槍手擊打燧石，點燃火種，火光閃現，點燃火繩，火勢順著這條浸染化學物質的導火線緩慢燃燒，然後引爆銃械，將沉重的鉛彈射向目標。

這些士兵個個又瘦又髒。他們從義大利北部的倫巴底（Lombardy）出發，往南行軍數月，走了數百英里，臉頰消瘦凹陷，而且飢腸轆轆。這些軍人原本身著華服，但歷經風吹雨打，泥巴沾身，烈陽伺候，軍服早已破舊不堪，襯衫的明亮條紋業已褪色，拉出切口的緊身褲襪[8]也有許多破洞。

他們的臉龐骯髒、凹陷，交雜著恐懼和興奮之情。羅馬有何種寶藏等待著他們？答案是金銀和珠寶。這座基督教城市從歐洲各地積攢財富，全都進了教宗、樞機主教和主教的金庫：如果能夠越過城牆、衝破防禦兵將，並且殺入城內；如果鐵砲彈或鉛彈沒有撕裂他們脆弱的身軀；如果刀劍、長矛或弩箭沒讓他們喪命，他們便可恣意掠奪這些財寶。有諸多的「如果」。只要能保命，金山銀山任取。為了打發時間，也為了壓抑怒氣，士兵們用各地語言閒聊。卡斯提爾語（Castilian）、嘉泰羅尼亞語（Catalan）、斯瓦比亞德語（Swabian German）、米蘭（Milan）和熱那亞（Genoa）的不同義大利方言，以及其他語種，各方鄉音，嘈嘈切切，融合為低沉的嗡嗡聲響。

馬蹄重重踩踏於屢遭人踩踏的地面上。馬背上的男人身著盔甲，披著一襲白褂，在晨曦的映照下，顯得格外明亮。他臉龐削瘦，面容英俊，戴著頭盔，下巴蓄留修剪整齊的鬍鬚。這名男子沿著行伍騎行，不時高聲叫喊，呼喚他認識的人，以此激勵他們。他與一些西班牙老兵熟識多年，在兩年前的義大利帕維亞（Pavia）戰役中，他們並肩作戰，浴血殺敵。他在喚起這些老兵對那場勝仗的回憶。多數德意志人都是新來的，乃是從斯瓦比亞和提羅爾（Tyrol）招募的**傭兵**（Landsknecht），他們去年秋天才翻越阿爾卑斯山，往南方進軍，但白衣人也同樣了解這些**傭兵**。

照理說，這支軍隊應該效忠於神聖羅馬帝國皇帝查理五世（Charles V）。白衣人是波旁公爵（Duke of Bourbon）查理，他本是法蘭西貴族，叛逃後效忠神聖羅馬帝國。他統領著這支軍隊，至少理論上是如此。

但實情並非如此。查理五世先前下詔要招募這批軍隊，延攬令人生畏且已駐紮在義大利的**西班牙軍團**（Tercio，亦即招募、訓練和整編的正規西班牙士兵），此外還要募集願意短期參軍且戰力十足的德意志人和義大利人。這些幾乎是職業軍人，只為錢財賣命。他們身經百戰，深知戰爭的真實面目。問題在於，兵餉已經數月未撥，這些戰士愈來愈不願效忠皇帝，波旁公爵也逐漸無法掌控這群士兵。格奧爾格·馮·弗倫茲貝格（Georg von Frundsberg）這位貴族備受尊敬，但年事已高，他先前招募德意志

8 slashed hose 是中世紀至十七世紀流行於歐洲的男性服裝。緊身褲襪經常是雜色的，兩條腿的顏色相異，甚至是同一條腿的顏色都不一樣。slashed 是能顯示不同顏色的切口。

大軍，帶領其翻越阿爾卑斯山，與波旁公爵會師後直取羅馬。然而，弗倫茲貝格後來卻在他招募的**僱傭兵**因領不到薪餉而譁變之際中風。唯有於先前允許這群僱傭兵破城後掠奪羅馬的財富，才能長久將其統合起來征戰。

波旁公爵對此深知肚明。聚集在羅馬雄偉城牆外頭的這批部隊數十年來征戰沙場，時刻砥礪磨練，擁有最出色的戰技和掌握最先進的戰術。過去數十載，火藥手槍和大砲興起，長矛兵密集方陣出現，而且兵將身經百戰，沙場出生入死，這些早已革新了戰場面貌，但沒有什麼比戰爭規模改變更大。兵臨城下的是一支龐大軍隊，約有兩萬五千人，這絕非當年最龐大的陣容。然而，這批人卻是在競爭激烈且利潤豐厚的**僱傭兵**市場中招募而來的驍勇戰士。

徵集這批士兵不成問題，支付薪餉才讓人頭痛。眼下這群戰士數以萬計，身經百戰，戰技嫻熟，群聚於基督教世界西部最神聖的古城外，個個飢餓難耐，怒火填膺，無不咬牙切齒，伺機破城而入。

波旁公爵在一位他認識的德意志人身旁停了下來。他知道，這人是馬丁．路德（Martin Luther）的追隨者，對於目前躲藏在羅馬的教宗克勉七世／革利免七世（Clement VII）不懷善意。公爵開玩笑說道，神父聚斂了大批錢財，入城以後，他們便可大發橫財。這名**僱傭兵**聽畢，開口笑了。許多德意志戰士對信義宗（Lutheran）[9]深感同情。他們很樂意藉此機會，瓜分墮落神職人員聚斂的不義之財，當作掠奪他們生存必要物資之後的額外獎勵。他們攜帶簡便雲梯，階梯在萬根長矛之中突顯而出，左右擺動。只要攀梯而登，枕城向上，一鼓破城，便可伸張正義，重新分配財富。

波旁公爵策馬前行，扯開嗓門，讓鄉音各異的兵眾聆聽他的話語。他高聲承諾，自己將身先士卒，率眾攻城。沒有人心存懷疑。公爵驍勇善戰，膽識驚人，眾人無不佩服，方能團結至今。

槍聲作響，大砲轟鳴，城牆上突然出現一陣騷動。在不遠處，一群西班牙士兵已經開始攻城，波旁公爵和其他人也立即加入戰局。似乎可從三處突破防禦工事，進犯的軍隊兵強馬壯，足以衝破這三道防線。話雖如此，就眼下戰況而言，羅馬公民仍然占據上風。大砲和火繩槍冒出團團白煙，煙霧沿著護牆飄蕩，遮掩了照亮陰霾清晨的閃光。戰場彌漫硫磺味，令虔誠信教者想起惡臭不堪的地獄。

西班牙和德意志士兵強行將梯子靠在城牆，試圖攀爬攻城，進攻兵將成群湧上，只見槍砲轟然齊發，射穿了他們的身軀，開闊的田野和防禦工事的底部散落著成千上百的屍體。保衛羅馬的一方由各色羅馬公民和瑞士**僱傭兵**組成，他們對著進犯來兵投擲石塊，並向他們開火，槍聲隆隆，一邊射擊一邊怒罵：「猶太人、異教徒、鬼雜種、信義宗叛徒，去死吧！」

9 宗教改革始於日耳曼地區。馬丁．路德是身兼大學教職的修士，要求改革腐敗的天主教會，將抗議內容寫成《九十五條論綱》，釘在維滕伯格教堂的門上，爾後教會對其敵意漸深，將其判為異端並開除其教籍。信義宗乃是基於馬丁．路德神學思想所發展的教會，「信義」一詞表達了「因信稱義」的聖經真理。

台伯河周圍的沼澤泛起濃厚的霧氣，煙捲霧斜，籠罩城牆邊。羅馬的槍砲手看不到德意志**僱傭兵**和西班牙的正規軍。波旁公爵感覺時機已經到來，一手握住梯子，另一手則揮舞著，大聲叫喊，示意德意志士兵前襲進攻。然而，他披著雪白大褂，極其顯眼，一顆火繩彈霎時撕裂他的盔甲，射進了他的身軀。公爵應聲倒地，白褂沾染了大片豔紅鮮血。眾士兵見狀，紛紛哀嚎痛哭，有人率先逃跑，接著大批**僱傭兵**開始從城牆撤退，隨後城垛上傳出「我們贏了！」的歡呼聲，聲音響徹雲霄。

在那短暫的一刻，羅馬守城者似乎說對了。但公爵麾下的士兵久經沙場，驍勇善戰，而且已被逼到絕路，早就豁出性命。他們愛戴的指揮官雖已捐軀，這些戰士卻無意就此撤退。一聲令下，他們又往城牆推近，此時迷霧大作，黎明曙光仍無法穿透濃霧，羅馬砲手身墜霧中，不知向何處開火。德意志和西班牙士兵抵擋住來襲的槍彈，爭搶攀爬倉促搭建的梯子，紛紛攻上護牆。防禦工事崩潰。不到數個時辰，羅馬便已淪陷。

城牆上廝殺激烈，景象駭目，令人膽寒。時光推移，從早晨到下午，更多人慘遭屠戮。破城兵將迅速瓦解了少數被圍困的羅馬民兵，凡是頑強抵抗者，無不當場殞命。在梵蒂岡附近一座古老方尖碑的陰影下，殘餘的宗座瑞士禁衛隊負隅頑抗。多數隊員戰死，唯有少數人倖免於難。隊長羅伊斯特（Roïst）差點命喪當場，倖存的士兵把他抬回家。然而，襲擊者緊隨其後，闖入羅伊斯特的家宅，當著他妻子的面，送他一命歸天。

瑞士禁衛隊奮勇殺敵，多數守軍卻倉皇逃命，躲到聖天使城堡（Castel Sant'Angelo）[10]避禍，其中包括教宗克勉七世。攻城當天早晨，教宗仍在梵蒂岡祈禱。敵軍破門闖入之前，他才匆忙從連結宮殿與城堡的秘密通道逃出生天。成千上萬的難民捶打城堡大門，乞求放他們入城，但未得應允，於是悉數慘遭屠殺。有位年邁的紅衣主教從窗戶爬進城堡；另一位則坐在吊在纜繩上的籃子裡，順利越過了城牆。他們是少數的幸運兒。城堡的吊閘放下之後，許多人被關在城堡外，任由敵人宰殺。少了領導人的波旁公爵士兵包圍了最後一批抵抗者。

教宗從聖天使城堡望出去，看見他的城市冒起陣陣濃煙。夜幕逐漸降臨，羅馬的大街小巷隨時可聽到玻璃破碎聲、木頭碎裂聲、火焰劈啪聲，以及零星的槍響，最恐怖的是，不時傳出居民逃命時發出的刺耳尖叫聲。

神聖羅馬帝國皇帝的軍隊逐漸掌控局面，不分青紅皂白屠殺平民，不僅殘殺了聖靈（Santo Spirito）醫院的病弱者，還屠殺了一群可憐的孤兒。這些只是手無寸鐵的黎民百姓。對於許多遊蕩於羅馬街頭的帝國士兵而言，這並非他們首次殘殺無辜，但不久之後，他們不再濫殺百姓，因為他們有更好的盤算。畢竟，搞死了囚犯，什麼也撈不到。留著俘虜的賤命，還是有用的。就算以後想殺他們，還怕沒機會嗎？

10 羅馬的一座城堡，位於台伯河畔，鄰近梵蒂岡。公元六世紀，教宗額我略一世巡遊路經此地，見到天使長米迦勒（Michael）顯像，城堡因而得名。

入夜之後，火焰照亮了羅馬，顯現駭人的恐怖場景。聖伯多祿大殿（St. Peter's Basilica，又譯聖彼得大教堂）的高壇周邊屍骨堆疊，枕骸遍地。一群西班牙士兵在城內逮到了一名威尼斯居民，便一片一片拔掉他的指甲，逼那人說出他將寶物藏匿於何處。還有居民見到士兵闖入家裡，嚇得開窗跳樓逃命。一群西班牙士兵從某間廢棄的商店中發現戰利品，但不願意跟另一批德意志**傭兵**分享，德意志人便立即將西班牙士兵反鎖在店內，然後放一把火，將店鋪燒個精光。水溝裡混雜著鮮血和泥土，戰士一發現目標，就踩著成堆的屍體前行，不斷四處掠奪。

黎明終於來臨，日光照亮了羅馬，但見城內燒殺搶奪，血腥暴力處處橫行。

德意志**傭兵**中同情路德信徒的兵丁並未放棄宗教清算的機會。一群人看見某位年長牧師拒絕讓一個傻瓜領聖餐，便衝上去宰了他。另有一批人拖著一位親帝國的紅衣主教穿過街道，即便這位主教曾不斷與教宗發生爭執，支持他們名義上的僱主神聖羅馬帝國皇帝，有個人還是趁機毆打了他。其他人則踐踏聖餅。路德派火繩槍手以聖物為標靶，用鉛彈射擊華麗的聖骨盒和作成木乃伊的聖人神聖頭顱。他們掠奪城內的眾多教堂，四處搜刮財寶，並將作古已久的死人遺骨傾倒在街道上，骨駭堆積如山。聖伯多祿大殿的眾教宗陵墓被撬開，腐爛的軀體被扔到剛死難者的屍身之間，這些亡者還流淌著鮮血，染紅基督教世界最神聖之地的瓷磚。騎兵最後將聖伯多祿大殿當作馬廄。基督教世界有兩件最神聖的聖物，一是聖安德肋宗徒（Saint Andrew）的頭顱，二是聖婦勿樂尼加（Saint Veronica）的白帕，這兩件東西都被扔進陰溝。**傭兵**還到各處修道院搜刮數個世紀以來信眾虔誠捐贈的寶物。

教宗克勉七世曾特派葡萄牙大使去謀求和平投降，結果大使的宮殿也慘遭洗劫，他被拖到街道上剝掉衣物，最後只剩下馬褲。立誓過貞潔生活的修女慘遭販賣，一人僅值一枚硬幣。四處搶劫者放過銀行家，尤其是德意志人，因為他們可以給囚犯貸款，讓他們贖身。即便兵丁洗劫，局勢混亂，金錢的轉帳與交易仍不可或缺。

瘋狂燒殺搶奪三日之後，剩餘的帝國指揮官開始管控麾下的兵將。有數千人死亡；估計死者介於四千到四萬不等，真實數字可能落在中間。受傷人數更多。城內每個家庭的女性幾乎都慘遭姦淫，連羅馬精英家庭的婦女也難逃毒手。

某位評註者寫道：「景象十分慘烈，地獄都沒那麼恐怖。」基督教世界的萬般財富如今都落到一群卑劣飢渴且慾求不滿的僱傭軍手裡。教宗克勉七世只能躲藏在聖天使城堡，眼睜睜看著自己淪落而悲痛萬分：他不再是基督教界呼風喚雨人物之一，很快就會成為皇帝的俘虜而任其擺佈。

這場肆無忌憚的恐怖暴行是如何發生的？為何成千上萬的士兵要洗劫教堂、囚禁人犯加以折磨、掠奪房屋和宮殿，並且犯下強姦、謀殺和其他令人髮指的罪行，只為了讓全世界最神聖且最富有的城市垮台？

羅馬之劫（Sack of Rome）似乎難以想像，完全顛倒是非，搞得世界天翻地覆。羅馬是西方基督教世界的重鎮，更是歐洲的文化與宗教中心。錢財從歐陸各地流入教宗的金庫。在斯堪地那維亞簡陋的木造教堂與法國高聳的哥德式大教堂所收取的什一稅（tithe）[11]最終都運往羅馬。現在教宗被貶低了，財富被卑微的士兵侵占，城市不再宏偉壯闊，舉目所見，屍橫遍野。

這是一波波動亂遽變的高潮，匯聚眾多毀天滅地的過程之後所導致的苦果。由於航海探險，那位大使才得以代表富有的葡萄牙國王，查理五世皇帝仰賴新大陸（New World）的財源，方能集結軍隊出征。此外，各國國力逐漸提升，能投入愈來愈多的資金，軍隊火力也日漸強大，戰爭因此改觀，破壞力愈來愈強，規模逐漸擴大，持續的時日也愈長。印刷機顛覆了訊息世界，傳播足以激怒眾多德意志士兵的路德教派思想，而這一切並非巧合。

在短暫的四十載（相較之下，這僅是一眨眼的時間），歐洲便爆發危機。大約在一四九〇年，亦即羅馬淪陷前四十年，歐洲僵固落後，猶如一潭死水。按照歐洲的標準，巴黎、倫敦、巴塞隆納與威尼斯都令人印象深刻，但當時尋訪人類最高成就的異域遊客會更想前往君士坦丁堡或北京旅行；若想反其道而行，則會去體驗特諾奇蒂特蘭（Tenochtitlan）[12]、印度德里、開羅或中亞撒馬爾罕（Samarkand）等城市的魅力。

與此同時，歐洲獨處一隅，乃是歐亞大陸邊緣的前哨站，屬於經濟和政治的邊緣地區，與生機蓬勃、不斷擴張的鄂圖曼帝國（Ottoman Empire）或歷史悠久的中國明朝相比，則顯得平庸落伍。任何有理智的賭徒都不會下注去賭歐洲是全球龐大殖民帝國的起源地，更不會認為歐洲將興起工業化，於後續數百年徹底翻轉世界經濟。然而，到了二十世紀初期，歐洲及其直系後代美國以前所未見的方式主宰了國際事務。到了一五二七年，當神聖羅馬帝國士兵在羅馬掠奪戰利品，那個未來已經開始形成。

大分流

大分流（Great Divergence）的現象將西歐從邊緣地區轉變為世界秩序的絕對中心。在荷蘭和不列顛[13]帶頭下（亦即**大分流**之前的**小分流**〔Little Divergence〕），歐洲首先艱辛且緩慢超越最強悍的競爭者，爾後瞬間爆發活力，於技術成就、政治權力和經濟生產層面遠遠拋開對手。歐洲崛起之後衝擊全球，主導了過去半個千禧年的歷史進程。倘若不研究這些過程，便無法全盤理解我們的世界：時至二十一世紀，從貿易和經濟發展模式到體育和娛樂，處處可見殖民主義與歐洲霸權遺留的影響。

11 按收入十分之一所捐納的稅項或奉獻，源於古代猶太教的捐獻規定。它可特別指中世紀歐洲教會徵收的一種宗教捐稅，始於公元六世紀，盛行於公元十世紀。宗教改革之後，受到世俗化的影響，會眾反對什一稅，於是逐漸改採自由捐獻的原則。

12 曾是阿茲特克帝國的首都，置身於一座島上，遺址位於今日墨西哥城的地下。

13 (Great) Britain 譯為（大）不列顛，包含英格蘭、蘇格蘭和威爾斯；England 指英格蘭；United Kingdom 為聯合王國，乃是大不列顛暨北愛爾蘭聯合王國 United Kingdom of Great Britain and Northern Ireland 的簡稱。華人經常搞混這些名詞，將其通稱為英國，但其指涉的範圍略有不同。

只要回顧一四九〇年的歷史，絕對料想不到未來局勢會如此轉變。試想當年的歐洲：克里斯托弗・哥倫布（Christopher Columbus）經驗豐富，多年馳騁大西洋海疆，戮力朝西航行，付出無數心血，最終卻付諸東流。馬丁・路德當時七歲，難以想像他日後將讓基督教世界徹底分裂。印刷術剛問世，人們在西歐各地大量印刷書籍，數量之眾，等同於專業抄寫員製作的手抄本。數個世紀以降，人們偏好構築薄壁城堡以自衛，然火藥發明之後，攻守易位，圍城之軍不再弱勢，這類城堡遂日漸過時。話雖如此，全副武裝的重騎兵仍能主宰戰場。法蘭西國王查理八世（Charles VIII）於一四九四年揮師進攻義大利，但其規模相較於一個世紀前英法百年戰爭（Hundred Years' War）的諸多戰役，落差並未太大。

羅馬之劫的前四十載，戰爭規模和強度急劇上升，戰事拖得愈來愈久，廝殺也益發慘烈，簡直駭人聽聞。義大利半島和歐洲各地，烽火連天，戰事延綿，幾無寧日，而一五二七年，亦即羅馬遭洗劫當年，乃是兵燹連年的第三十三個年頭。軍隊更為龐大，武器更為先進，所耗軍費更大幅上揚。征戰各國為此開發出更複雜的有效工具來整合資源。各國探索大西洋時，起初躊躇謹慎，只讓幾艘小船沿著西非海岸巡航，試圖獵取黃金、象牙和奴隸，爾後大刀闊斧，派遣整支艦隊，前往印度洋探險，同時整軍經武，派部隊征服剛發現的美洲。約翰尼斯・古騰堡（Johannes Gutenberg）於七十五年前發明了印刷機，此時這種機械裝置已無處不在，大量印刷各種文件，尤其是宗教宣傳品。

到了一五二七年，導致大分流的道路已露出端倪。哪怕只是一道淡淡的輪廓，尚需不短時日方能顯現，但未來世界的雛形卻逐漸清晰起來。

為何是歐洲？**何時**發生於歐洲？歷代鑽研歷史、政治學、社會學和經濟學的學者，念茲在茲的，便是這兩個問題。有些人曾云，真正的變革只伴隨著十九世紀初的工業革命而發生。在此之前，根據每項有意義的指標來評斷，中國與歐洲皆旗鼓相當。其他人則指出，西歐隨處可開採煤礦，歐洲各國更大肆於海外掠奪資源，犧牲了別處的利益，歐洲方能迅速崛起。

有人更進一步追溯到十七世紀和十八世紀，認為歐洲能快速崛起，乃是具備高超的軍事技術，同時經濟實力雄厚，足以對外發動戰爭。其他說法還包括西歐（尤其是不列顛和荷蘭）具備獨特的創新文化，足以改進體制、發展政治和創造技術。對於其他觀察者而言，大分流之起源可追溯至中世紀，甚至更早的時期，能從雜亂無章的歐洲文化特徵、原型資本主義（proto-capitalist）的醞釀環境或資源分配中找到其濫觴。「深度分流」（deep divergence）思想學派提出一種更讓人信服的解釋，強調其他地區都沒有多極國家體系（multipolar state system）：歐洲分崩離析，內部衝突幾乎不斷，各國隨時都在競爭，遂能在這段期間有所發展。

這些解釋和論點確有值得參考之處。直到工業革命興起，不列顛與印度和中國同等發達的地區相比，其生活水準與工資才出現分歧。然而，反過來說，促成工業化也絕非一朝一夕。工業發展必須基於更深的根源，問題是究竟要追溯到多麼遙遠的年代？

本書為這兩個問題提供了一個答案，說得更準確一些，是從略微不同的角度去構建和理解它們，並非著眼於單一變數，譬如特定的創新或資源，而是探討一段波折叢生的關鍵時期，亦即一四九〇年到一五三〇年的四十個年頭。這段時期彈指即逝，不及人壽，但西歐卻從落後的邊緣地區搖身一變，躍升為世界強權，這一切都得歸功於一連串驚心動魄的轉變。

這些劇變並非單一過程或變數所導致，而是數個過程或變數交織影響所造成。遠航異域探險、國家擴張、火藥殺伐的戰爭、印刷機的普及、貿易與金融擴張，以及這些舉措的積累後造成的後果，比如宗教動盪、暴力橫生和全球擴張，各類因素，林林總總，複雜難測，彼此碰撞，相互作用。每一項發展皆影響深遠，而各種發展又急遽交融，遂能引爆局勢。這段時期雖然短暫，卻大幅改變了全球歷史的進程，替類似於現今世界的後續局勢奠定了基礎。

經濟制度

這趨勢截然不同，好比印刷機的普及和僱傭軍的使用，它們之所以能結合在一起，乃是人們對信貸、債務、貸款和投資抱持一套特殊的態度。歐洲人根據這些態度來運用**資本**（capital），亦即使用他們的資產。我們可以將歐洲人運用資本的方式視為**經濟制度**（economic institutions）。

在最基本的層面上，此處的「制度」是指對特定行業規則的普遍共識。從更廣泛的角度而言，制度超越了規則，延伸至驅使人們以特定方式行事的系統、信仰、規範和組織。制度讓人遵守規則，使規則持續下去，並且調整規則，以便有利於使用規則的人。制度有好有壞，能有益處，也能有壞處，一切都取決於具體情況。倘若在政治上表示忠誠，便以此冀望可獲得恩賜和關照（這也算是一種制度框架），如此便可能結黨營私，讓政府無能腐敗。人們在市場的行事方式、他們對交易抱持何種假設，以及企業和家庭如何互動：制度皆能影響這些事情。

放諸更廣的歐亞標準，西歐在這個時期開始時並非特別富裕。由於黑死病（Black Death，爆發於十四世紀中葉，爾後疫情反覆出現）肆虐，加之氣候更為寒冷且更難以預測，災難接二連三，歐洲人口從十四世紀初期的高峰減少了多達一半。金條供不應求。兵燹戰禍頻生，每爆發一次，便肆虐歐陸數十載，英法百年戰爭便是一例。十五世紀下半葉，主要王國幾乎深陷內亂之中。歐洲礙於這一切災禍，連續一百多年經濟委靡不振。

到了十六世紀初期，情況開始好轉，但只是好轉而已。人口是前現代經濟增長的基礎，此時歐洲各地的人口逐漸增加。貿易又再次興盛。儘管如此，這些都算不上經濟優勢，更別說是未來主導全球的指標。

然而，歐洲此刻確實擁有一套經濟制度，非常適合用來推動每一項足以影響未來時代的主要進程，比如：出海探索、國家成長、火藥戰爭、印刷術，以及隨之而來的後果。這些皆是極其昂貴和資金密集的流程與技術，初期便需要投入大筆資金，爾後甚至需要更多金錢來持續推動。

要讓一艘船艦或整批艦隊出航大西洋探險，初期得耗費鉅資，打造船艦、供應物品，以及招募船員。在這段時期，各國無法壓榨百姓來獲取必要資金，因此需要借貸以及仰賴未來稅入的預付錢銀。這些貸款主要用來支付規模日益龐大的火藥戰爭。戰爭是一門生意，初期花費主要由私人承包商承擔，他們靠賒欠來招兵買馬和供應軍需。印刷文件與發動戰爭或派船前往印度相比，只能算是小兒科，但也得花不少錢去添購活字、印刷機和紙張，還得具備操作機器的專業知識，方能印刷出文本賺取銀兩。

同樣的機制和情況隨處可見，無論是投資印刷企業的成功威尼斯商人，還是象徵性付些訂金來購入羊毛的英格蘭商人，或是抵押土地去支付僱傭長矛兵簽約金的奧地利提羅爾（Tyrolean）貴族，抑或籌集現金支付熱那亞冒險家前往未知世界探險的一批西班牙貴族和投機分子，甚至是從奧格斯堡（Augsburg）銀行家借來令人瞠目結舌的大筆資金賄賂買票而當選神聖羅馬帝國皇帝（Holy Roman Emperor）的某位君王。債權人都希望能拿回借貸的資金，而根據交易的類型，若非投資能獲取報酬，便是可以收取利息。

表面上看似乎明顯不過，但其實需要一系列關於金錢和信貸本質相互關聯的假設、交易雙方對彼此的極大信心，以及足以落實交易條款的廣泛框架。債權人與債務人或投資者之間的信任，交易各方與正式和非正式當局彼此的信任，足以強制執行正式合約或非正式協議：歐洲人彼此信任借貸的交易結果，方能籌集款項，推動前述耗費鉅資的進程。這不同於相信保證有利潤的投資。借貸就有風險，投資新技術和風險事業難免會落空。然而，在這種情況下，有夠多的人相信這些共同的假設，認為它們會奏效，資本方能持續流動。

對這段時期至關重要的經濟制度與我們現今所想的不甚相同。當時的信用主要關乎個人，因此更加仰賴聲譽，而非無關個人或純屬數字的信譽衡量標準。茲舉數例，好比親屬關係、聯姻、種族和共同出身，這些皆可決定某人的信貸能力。正式體制和公共執法與一種更為私密和私人的債務關係緊密相連，金錢只屬於其中一部分；它更像是對個人、公司甚至整個社區價值的道德判斷。反之亦然，因為償付能力足以證明人的道德和社會價值。

為何發生於那時？

在十五世紀末期，這些並非歐洲全然創新的制度。其實，數個世紀以來，在更先進的商業地區和城市，好比義大利北部和低地國家（Low Countries）[14]的大貿易中心，人們深刻理解何謂信貸和投資，而這些地區正是建立於這些基礎之上。歐洲人也並非

14 舊時稱呼，指西歐北海沿岸的國家，包括荷蘭、比利時和盧森堡。

全球唯一會集中資本、利用複雜組織形式進行貿易或為各種名目的提供貸款的人。這些措施已經存在數個世紀之久，雖然它們曾在數千年之中出現、消失，然後又再次出現。從羅馬到中國，從公元前一世紀到中世紀末期，人類想方設法經商貿易，運用直接資本去拓展業務。以此來看，十五世紀的歐洲人並非獨特出眾，無人能出其右。

然而，有幾件事是不同的。首先，這些經濟制度在西歐幾乎無處不在。不少人群往來密集的通訊、流動和貿易樞紐帶將這個地區緊密聯繫起來。貨物、人員和思想（包括影響信貸取得與運用的經濟制度）都能藉由四通八達的網絡向外流動和傳播。

很難說這些制度是否確實傳播出去，從某個地方傳揚至另一個地方，或者各地情況類似，於是採納類似方案去解決相同的問題。術語和細節會根據地區和行業而異。某些地區流通的低價值硬幣多於其他地區，表示當地民眾平時較少使用信貸。這些差異擴大了不同社會間的落差：義大利中部佛羅倫斯（Florence）的梅迪奇家族（Medici）銀行家籌組公司（從而籌措資本）的方式迥異於波羅的海（Baltic）漢薩同盟（Hanseatic）商人，或者奧格斯堡富格爾家族（Fugger）商人資本家。一群熱那亞金融家曾借錢給卡斯提爾（Castile）女王，以她皇冠上的珠寶作為擔保，這種做法有別於德意志貴族透過賒賬去募集一小批長矛兵作戰。

話雖如此，從購買啤酒和麵包的卑賤農民到承保國家財政的銀行家，這些百姓或商賈無不了解貸款和投資的原則。他們對於抵押、擔保品、風險和報酬的最基本假設是一致的。整個西歐的制度框架以類似方式運作，因為數個世紀以來，這種體制早已傳遍各地，深入社會各個階層，下至販夫走卒，上至王公貴族，無人不知，無人不曉。

其次，這些制度在歐洲各地廣為傳播（或四處被人發明）是有充分道理的。這些制度在十六世紀時出現爆炸性的增長，而之前的十四世紀末期和十五世紀是它們的發展關鍵時期，因為當時鑄幣嚴重短缺。僅僅因為缺少硬幣，鑄幣廠只好關門，貨幣兌換商倒閉，商品也賣不出去。

這並非一個短暫的插曲；「金銀大短缺」（Great Bullion Famine）是十五世紀中葉經濟困頓的時期，而短缺窘境持續了數十年。白銀當時是多數歐洲企業來往交易的媒介，但礙於礦產枯竭，加上歐洲對東方的貿易逆差甚大，因此白銀尤其稀缺。歐洲出口品（主要為布料）的價值遠低於進口商品。唯一可以購買歐洲精英想要的香料、絲綢和其他奢侈品的有價物質無非是金塊／金條、黃金和白銀。從短期來看，鑄幣短缺會嚴重影響獲得信貸的機會，尤其會衝擊高端的經濟層面。沒有了硬幣，就沒人能確定投資能有成果或別人能償還貸款。結果，在整個十五世紀中葉，歐洲經濟陷入嚴重的蕭條。

然而，從長遠來看，商行企業依舊熬過這段日子。由於鑄幣短缺，歐洲人便改變對貨幣和信貸的看法。人們採用幾乎不用鑄幣的交易方式，因為這種做法早已行之數個世紀，他們如今顯得更為自在嫻熟。到了十五世紀末期，鑄幣確實增加了，但這些體制卻沒有消失；它們反而讓新流通的白銀和黃金增加了效果，創造了更多的信貸，使其流向西歐的經濟體。

第三，時機很重要。例如，這些制度並不比印度古吉拉特（Gujarat）商人集中資本或中國福建農民對土地的估價方式優越多少，只是它們特別適合那個特定時期。它們很有效率，將資金導入一連串資本密集的過程。每個過程皆已存在許久，但注入它們的資本金額卻在短時間內增長了幾個量級。當投資者認為可以從中獲利，錢就會跟著錢流動。一旦國家財政豐厚，讓貸款人認為有利可圖，此時統治階層便可借更多的錢，如此一來，其他統治者也被迫依樣畫葫蘆。當商賈沿著西非海岸航行，帶回了黃金和奴隸，其他投資者也會看到商機，於是將資金投入到更野心勃勃的商業計畫。當印刷業能賺錢謀利時，更多的資金便流入這個行業。

關鍵時刻

本書著眼於一段四十年的時間，亦即從一四九〇年到一五三〇年。在這段期間，愈來愈多資本透過這種經濟制度框架流入市場。隨手俯拾其中一項過程，都能算是一項重大發展：諸多學者皓首窮經數十載，甚至花費數個世紀，撰文成書或激烈探討這些過程。箇中理由不難理解。舉例而言，印刷術問世之後，隨即全面引起訊息傳遞的革命。能在人類歷史上首度整合包括美洲在內的地區來達到真正的全球化並非小事一樁。在一五〇〇年左右的短短數十載，這些過程彼此交織碰撞。一切並非巧合；由於資金流通，這些過程便如火如荼進展。

每個過程都能讓世局動盪不安。馬丁·路德的思想如閃電般迅速傳揚出去，不到幾年便讓宗教改革運動傳播至歐洲邊緣地區，這一切都得歸功於剛剛廣為流行的印刷機。戰爭無處不在：從一四九四年義大利戰爭（Italian Wars）到羅馬之劫隔年的一五二八年，期間至少爆發三十二場戰事，士兵恣意屠殺義大利平民，偶爾甚至傷及數千名黎民百姓。然而，義大利只是其中一處兵燹戰火蹂躪的舞台。哥倫布於一四九二年啟航橫渡大西洋，此後這類征服者陸續登陸新世界，最終導致阿茲提克（Aztec）和印加（Inca）等帝國轟然倒下。他們那一代人橫征暴斂，剝削民脂民膏，將美洲寶藏盡數傾注到歐洲的流通資財，期間還殘害許多無辜原住民。

綜觀這些發展，任何一個都足以顛覆既定的世界秩序，而且都在非常短的時間內同時發生。它們並非獨自發生的現象，這些過程受到相同的潛在機制驅動，彼此強化，互為作用。然後，這些過程又與一連串不可預料的偶發事件碰撞（譬如：某些人物意外出生和死亡，以及下決策時間點之類的事件），從而引發前所未有的全球反應。

那是轉型的時代，歐洲生活和社會大幅改變的年代，深刻影響世界的未來格局。我們將其稱之為**關鍵時刻**（critical juncture），歷時數十載，危機四伏，變化劇烈，交融匯聚，徹底改變後續事件的進程。這個關鍵時刻導致**路徑依賴**（path dependence）：這段激烈的變化時期過後，歐洲日後方能主宰全世界，不過從當時來看，西方統治全球的日子尚遠。綜觀這四十年，隨著（投資）報酬日益增加，投資規模也逐漸加大。當然，後續的三個世紀仍然出現不少關鍵時刻，最終方能導致工業革命。話雖如此，所有的關鍵時刻無不仰賴這一系列首次同步發生的基礎轉變。

歷史浩瀚，壯麗宏偉，這便是為何前述的四十載至關重要。然而，這也只算是故事的一半。另一半則是令人眼花撩亂、讓人惴惴不安和多事之秋的時代，也是當局者必須經歷的過程。遙想當年，那些活生生的血肉之軀真切感受大西洋的狂風從他們臉頰呼嘯而過，耳聞熙攘港口的喧鬧聲響，嗅到殺戮戰場燃燒的火藥氣味。這些古人四處征戰、飽受苦楚、彼此愛戀、遭人賤賣、務農耕作、紡織作布、成功名就和兵敗塗地，眼看著周遭世界發生不可逆轉的變化。

這些重大事件撼動了全世界，但若是沒有融入日常生活，便欠缺些許人間煙火味。為此，我挑選了九個人，讓讀者從他們身上一窺這段宏偉歷史。這些人俯仰一生，日常舉止無不體現資本、國家、戰爭和印刷等主要議題，他們既是主動驅策這些事件，卻又被動體驗它們。有些是響叮噹的大人物，譬如克里斯托弗·哥倫布、卡斯提爾的伊莎貝拉女王（Queen Isabella of Castile）和鄂圖曼帝國的蘇丹蘇萊曼大帝。其他人則是較為無名之輩，好比獨臂的德意志貴族格茨·馮·貝利欣根或頑強的英國羊毛貿易商約翰·赫里塔奇。透過這些人物的身世，可以更加了解這個時代，知道何謂利害攸關、何謂成王敗寇、何謂獲得丟失。

我們會輕易將這些改變視為積極正面的變化，將其視為浩瀚歷史長河的高潮。畢竟，這些改變直接引發了工業革命，從而締造現今的世界。人們總是輕易相信自己生活在最棒的世界，或者是相當不錯的世界。然而，若將這些轉變碾碎，融入人們（無論大人物或無名小卒）的真實生活，便能清楚看出這些轉變不一定是有益的（甚至通常是有害的），至少在他們短暫的人生歲月是如此。西方國家向外探索，結果大規模奴役百姓，為了征服異邦，不惜滅絕種族，甚至恣意掠奪整個大陸的資源。帝國崛起之後，向臣民橫征暴斂，收納資財，轉頭征戰四方，烽火連綿，無世無之，反令諸國生靈塗炭，陷入絕境。印刷術興起，引發了訊息革命，宗教改革於焉誕生，讓信徒便相互衝突，數代人攻訐殺伐，無數人因此枉死。為了創新和進步，某種程度的創造性破壞不可或缺，即使如此，破壞仍然是破壞。

不能遺忘古人付出的代價。這段重要的歷史時期奠定了諸多基礎，既有正面，也有負面，讓我們得以建構目前的現代世界；然而，資產負債表包括資產和負債，我們也該估算人類在那個時期付出的代價與收穫。

1490

CHAPTER

ONE

哥倫布與航海探險

1530

一四九三年三月四日

一陣狂風猶如刀刃，劃過一艘小船的索具。東南偏南的風鼓滿船的三角帆，推動著破舊船體，使其乘風破浪，穿越波濤洶湧的東大西洋。三月初並非出海的好時節，尤其此時正值冬季末尾。眾水手心知肚明，往年冬季都不如今年這般嚴酷危險。伊比利亞半島（Iberian Peninsula）周圍的大海，巨浪滔天，一艘又一艘的帆船在此遭逢劫難，不幸葬身海底。幸運的是，**妮娜號**（Niña）[1]與嘶吼狂風搏鬥數週之後，終於抵達了家門口。

熙熙攘攘的港口就在前方，近在咫尺。船長面容疲憊，眼睛凹陷，站在船尾甲板上，看著逐漸逼近的市容。他年約四十歲，數十載遠征異域，南抵西非熾熱的赤道海岸，北達冰島與北大西洋冰封寒境，身處浩瀚汪洋，無時無日不暴露於灼熱驕陽與鹽霧之中。他飽經風霜，臉上佈滿皺紋，猶如皮革褶紋。這位船長名稱為何，完全取決於他當時身處何地：在家鄉熱那亞（Genoa），他名叫 Cristoforo Colombo 或 Christoffa Corombo；到了西班牙或葡萄牙，人們稱他 Cristóbal Colón。當年博儒之士皆喜愛拉丁語，這位船長的拉丁文名字則是 Christophorus Columbus。

自從哥倫布帶領三艘帆船從西班牙安達魯西亞（Andalusia）海岸的帕洛斯（Palos）小港出發以來，已經過了七個月。歲月漫長，期間充滿挑戰，過程驚險萬分。他們先沿著非洲海岸向南航行到加那利群島（Canary Islands），途經哥倫布非常熟悉的海域。

他至少去過一次南方，熟知當地風向與洋流。隨著西班牙和葡萄牙船隻從加那利群島和西非大河帶回珍貴的貨物（和奴隸），愈來愈多人便驅船行駛於這些海上航線。

哥倫布熟稔海洋，習得不少實用的航海技能，故能獲得啟發而有所突破，心想若要往西橫渡大西洋，必須藉助西風。哥倫布深信，只要憑藉風勢，便能迅速抵達亞洲尋寶致富，而在加那利群島附近，西風長年不斷。

這種航海構想證據薄弱，但哥倫布與一幫水手卻憑藉著它，一舉突破歐洲航海知識的極限，向西航行到未知之境。六週之後，亦即一四九二年十月十二日，他們看見了陸地。

他們在加勒比海的巴哈馬群島（Bahamas）或特克斯群島（Turks）和開科斯群島（Caicos）的某處登陸。在後續的三個月裡，哥倫布沿著這個**新世界**的海岸航行，標記了古巴和伊斯帕紐拉島（Hispaniola，又名海地島〔Haiti〕，意為「群山之地」）的海岸線，然後向東，橫渡大西洋後返家。哥倫布確信自己抵達了亞洲海岸。

他當然錯得離譜，但那次航行卻徹底改變了歷史進程。不到數十年，**舊世界**的疾病將肆虐**新世界**的百姓。西班牙征服者（conquistador）將推翻印加與墨西哥帝國[2]。

1 哥倫布首航美洲的艦隊中有三條船，妮娜號是其中的一條輕快帆船，在聖瑪利亞號擱淺後成為旗艦。西班牙文「Niña」原意是「小女孩」，這是水手給它起的花名。

2 作者指的是墨西哥古文明阿茲提克（Aztec）帝國。

美洲財寶將源源不斷流入西班牙國王的金庫，讓國庫充盈，使帝國遂行征服四大洲的宏圖霸業。

當**妮娜號**蹣跚駛進里斯本（Lisbon）外的雷斯特洛（Restelo）港口時，上述的一切仍在未定之天。一個月之前，哥倫布的船隊在北大西洋的亞速群島（Azores）附近遭遇一場暴風雨，**妮娜號**便與另一艘倖存的**平塔號**（Pinta）分開。根據哥倫布的日記，還有一場可怕的風暴，狂暴至極，浪濤千丈，「幾乎把船掀至半空」，**妮娜號**不得不駛入這個港口避難。此處恰好是塔古斯河（Tagus）的河口，乃是通往葡萄牙里斯本的門戶，而非屬於西班牙伊莎貝拉女王與斐迪南國王（Ferdinand）的某座城市。話雖如此，與西班牙的塞維爾（Seville）或巴塞隆納（Barcelona）相比，葡萄牙港口更是位於歐洲的中心，而當時歐洲各國正積極向外擴張。

回顧當年，歐洲列強不斷擴充版圖，里斯本身先士卒，戮力開拓疆域，而無論哥倫布和他的船員受僱於誰，他們皆是開疆拓土的典型代表。哥倫布這位熱那亞水手與其他葡萄牙船員沒兩樣，並非高瞻遠矚之輩，敢於冒險犯難，投身汪洋，與狂風暴雨搏鬥，以及抗衡複雜萬分的洋流；他們實則利慾薰心，慾望無底，一路強取豪奪，想著發家致富，最終落得遺臭萬年的地步。

當年的商賈投資者與戮力建設國家的君王攜手合作，哥倫布及其同夥方能出海探索，遠征異域。**妮娜號**之類的船隻並非憑空出現。此外，要有經驗豐富的船員，得花高價聘僱這些老手，甲板羅列的大砲更是造價高昂，這些無一不需要耗費鉅資。資本家出資襄贊，皇室鼎力相助，雙管齊下，方能水到渠成，一應俱全。唯有商賈投資者才拿得出銀兩去資助探險事業，也只有皇家貴冑方能動用國家權力提供保護傘，保障金融家渴求的壟斷權利。

先前耗費兩個世紀鋪墊，終於締造了這個時代，此時此刻，全球才真正首度融為一體。這種轉變之所以發生，並非著名的探險家冒險犯難，艱苦探索未知疆域，而是種種政經因素交融而成，好比商人手持羽管筆在分類帳上書寫記帳、權勢震天的皇室官員與穩重嚴肅的義大利資本家籌謀大計，以及市面出現信用狀與商業合約。一四九〇年代，大量資金湧入市場，原本臨時起意的航海探索旅程，一夕之間便轉變為縱橫四海、遠征異域的宏偉計畫。

大西洋擴張的根源

海水散發著鹹味，伴隨著中世紀末期城市居民的體味和動物糞便的惡臭，兩者融為一體，在新來者駕船駛入港口時陣陣飄向他們。教堂鐘聲響起，聲響緩慢規律，肅穆綿長，港口繁忙的造船廠傳出陣陣的敲打與鋸木聲，小販的吆喝聲不時響起，向民眾兜售馬拉蓋塔椒（malagueta pepper）和剛捕獲的鮮魚。微風習習，拉雜聲響此起彼落，交織成一片，縈繞於耳際。時值隆冬，寒風刺骨，德意志冶金專家和鑄造砲管的工匠躲在一隅瑟縮發抖，身旁是從幾內亞海岸（Guinea coast）運來的非洲黑奴，另有手指沾滿墨水的佛羅倫斯有錢人。這些人不是自願、便是被迫前來里斯本，吸引他們來此地的，就是以利潤為導向的金融網絡。

一百五十多年以來，航海艦隊一直從這座城市出發，乘風破浪，往南航行，探索鮮為人知或未知的地域。這些船隻載滿嘉泰羅尼亞人、熱那亞人和葡萄牙水手，沿著摩洛哥繁榮富庶的海岸線緩緩前行。伊比利亞半島往南約一千二百英里處是加那利群島。羅馬人早已知道這群島嶼，但羅馬帝國覆滅之後，中世紀百姓卻渾然不知它們的存在。熱那亞人領導的探險隊在一三三〇年代發現這些島嶼，歐洲各國很快便得知這項消息，這些新鮮事物令歐洲人興奮無比。消息一傳開，大批人馬紛紛加入探險行列，多數人以馬約卡島（Majorca）為基地出海冒險，沿著非洲海岸往南深入未知領域。加泰羅尼亞地圖繪製師和嫻熟老練的地中海水手攜手合作，仔細描繪新的海航路線，同時標記危險淺灘，同時將風向與洋流繪入海圖。航海探險在十四世紀中葉停頓了一段時期，但一四〇〇年以後，風潮不久便再度興起，法國探險隊在卡斯提爾國王的許可下率先征服加那利群島。

在十五世紀時，葡萄牙人最熱中於出海探險。自此以後，民眾談論**地理大發現**／**大航海時代**（Age of Discovery）時，總會提及葡萄牙親王亨利王子（Prince Henry "the Navigator"，生於一三九四年，卒於一四六〇年），盛讚其締造豐功偉業[3]，但人們不明就裡，著實過譽甚矣。亨利並非具有遠見之士，促使落後的歐洲迎頭趕上，領先全球，奠定日後現代化的基礎。只要檢閱十五世紀的史實，便知葡萄牙人在眾所矚目的亨利王子時代之前便熱中於前往大西洋探險。在西歐和北歐熙來攘往的港口，早已隨處可見葡萄牙水手和船隻。話雖如此，亨利頻頻派船於大西洋四處巡遊探險，表示愈來愈多人願意投身航海事業。這股風潮興起之後，奠定了航海活動的基礎，方有哥倫布數十載之後出海探險的壯舉。

在這種環境中，有一點非常突出：人們熱中於追求財富，而且為達目的，不惜訴諸暴力。強烈的宗教情懷，亦即十字軍東征的執念，加上崇高的騎士精神，兩者相互編織，織成一幅血跡斑斑的掛毯，背後潛藏追求豐厚利益的欲望。接受亨利王子贊助的水手或後期探險的哥倫布，這些早期前往大西洋探險的人並非大膽無私的探險家，一心前往遙遠的未知水域探詢新知。他們是以暴力遂行己意，依循商業模式牟利，大玩兩手策略，時而發動宗教戰爭，時而追逐錢財利益。

哥倫布之所以會投身大西洋冒險犯難，以下便是其中一項決定性因素：亨利王子自詡俠義騎士，懷抱十字軍熱情，奮勇對抗穆斯林。他也算眼光獨到的投資者，不時盤算涉獵各項事業，藉此賺取錢銀。他念茲在茲，想方設法發達致富，難怪會對大西洋航海事業如此著迷。亨利的私人家族由下屬組成，組織綿密廣泛，這些騎士是他的私交，而非直系親屬。眾人忙裡忙外，替亨利打點各類相關事業。亨利家族位於以利益導向的投資網絡核心，往來人士三教九流，有商人、船主、資本家與達官貴族。

3 亨利王子又稱恩里克王子（葡萄牙語：Infante D. Henrique），他被認為開啟了歐洲地理大發現。

當海盜劫掠錢財（通常是打劫穆斯林）便是一種有利可圖的勾當。對於亨利家族的騎士而言，甚至在葡萄牙貴族的眼中，劫掠錢財既可宣洩暴力，又能撈到大筆錢銀，何樂而不為。這種行徑泛稱「私掠」（corsairing），地中海西部偶爾會爆發小型戰鬥，便是因為有人在幹這類勾當。私掠船會隨意挑選目標：如果可以辯稱某些基督教船隻與穆斯林進行交易，他們便會向這些船隻動歪腦筋。

至於能打劫誰沒人說得準，要視情況而定。舉例而言，某個名叫弗萊・貢薩洛・韋略（Fray Gonçalo Velho）的傢伙曾經擔任亨利王子麾下某艘船艦的船長。他在一四二六年試圖襲擊一艘顯然屬於基督徒的商船。韋略不但是基督徒，還是名為**基督勳章**（Order of Christ）的軍事宗教組織成員。沒料到，韋略竟然失手，他和船員被俘虜，船隻被拖進瓦倫西亞（Valencia）港口。韋略和亨利王子後來收到一封來自亞拉岡（Aragon）國王的信，國王怒不可遏在信中嚴詞譴責他們，兩人只得摸摸鼻子自認倒楣。回想當年，有誰不想在公海趁火打劫搶奪錢財？難怪在大西洋的早期航海歷史上，私掠行徑層出不窮。在那個年代，時局動盪盜匪猖獗，劫掠行船可謂司空見慣。

此外，基督徒與穆斯林廝殺多年，早已想出各類口號，宣揚騎士精神與十字軍理念。只要高舉這片旗纛，便可滿口仁義道德，藉機奪取加那利群島：由亨利家族成員率領的遠征軍船堅炮利，誓言要使信奉異教的加那利人「皈依」基督教。替亨利王子寫過傳記的彼得・羅素（Peter Russell）如此寫道：「套用亨利的講法，讓人皈依（conversion）和奴役他人（enslavement）這兩個詞語是可以互換的。」這些傢伙想讓剛遇到的異教徒皈依基督教，又盤算著剝削他們，從中謀利。這種雙重念頭將在新興的大西洋世界陰魂不散，鬼影幢幢迷惑眾生，七十年後胎生轉世，降臨哥倫布頭上，使其橫生歹念，剛抵達**新世界**時，便知該如何對付當地土著。

由於亨利贊助的征服加那利群島計畫一敗塗地，他主導的私掠活動依舊沒有停歇，掛著他旗幟的其他船艦陸續沿著西非海岸向南航行。從非洲西北部的海岸向內陸望去，撒哈拉沙漠看似一望無際，鳥飛絕，人蹤滅，儼然是一道天然屏障。摩洛哥南部偶爾會出現一排房舍和崎嶇蜿蜒的水灣，此時也消失無影。撒哈拉沙丘如波浪般連綿起伏，一直延伸到海岸線。勁風陣陣吹來，風向難測，不斷拉扯小型帆船，似乎要讓其撞上裸露岩塊與鋸齒狀礁石，將船體撕裂扯爛，讓船員葬身異域，客死天涯。

在一四三五年和一四三六年，由亨利直接贊助並由其家族成員帶領的船隊再度深入險境。當時，船員要完成兩項使命，一是追求財富，牟取金銀，二是繪製地圖，標記這片荒涼的海岸線。船員除了向穆斯林掮客買了一些奴隸，幾乎沒有直接發掘到財寶。他們之所以繼續勇往直前，乃是心存希望，堅信能夠找到黃金。

當時的歐洲人認為，黃金來自非洲更南端之處。他們只有模糊的概念，但大致理解正確：概念模糊，因為他們不知非洲的模樣；大致正確，因為絕大多數的黃金確實都是從西非穿越撒哈拉沙漠之後才運抵歐洲。無論在哪個時代，黃金都具有高價值，但十五世紀上半葉尤其如此。曾幾何時，歐洲一直短缺白銀與黃金。歐洲當時礦產枯竭，與東方的貿易逆差又居高不下，導致貴金屬嚴重缺乏。

當時有一條長途貿易網絡，透過穿越中亞和中東的交易路線，將西歐與非洲、印度洋和東亞連接起來。在這條綿長的網絡中，西歐可謂一潭死水，屬於落後地區，既沒有可出口的貴金屬或珍貴香料，量產的布匹也不受東方世界喜好；倫敦和巴黎更是罕見來自卡利刻特（Calicut）[4]和撒馬爾罕（Samarkand）[5]的商人。這就是為何歐洲輕快帆船（caravel）會駛入（對他們而言）未知水域去搜奇尋寶，而沒有同等數量的強大中國式帆船（junk）或印度單桅帆船（dhow）遠渡重洋去探險。

為了尋找黃金，直接獲取財富，葡萄牙人才會在亨利的支持下往南航行，探險異域。他們沿著非洲西海岸線緩緩前行，逐漸進入複雜的商業世界，這個世界已經與地中海（特別是北非的馬格里布〔Maghreb〕和埃及〔Egypt〕等穆斯林國家）聯繫甚深。當地貿易商會確保自己能夠取得黃金這種貴金屬。從馬里（Mali）到摩洛哥（Morocco）再到開羅（Cairo）及更遠地區有一條交易路線，可從中獲取各種商品，林林總總包括布料、鐵、銅與貝殼，而黃金就是其中之一。蓄奴販賣早已存在數個世紀，奴隸是當中非常突出的商品。葡萄牙人很快便發覺，黃金並非最能立即獲取的商品，黑奴才是。

在整個一四四〇年代和後續的日子，亨利獲得了在撒哈拉海岸著名的波哈多角（Cape Bojador）以南的貿易壟斷權。他早期販賣奴隸，賺取大筆錢財，方能持續挹注資金，讓手下從事航海事業。亨利家族的某位成員甚至率領部眾去執行突襲計畫，他們穿越塞內加爾河（Senegal River）河口去捕捉非洲人充當奴隸。到了一四五〇年代，有些人更深入探險，主要是威尼斯人和熱那亞的商賈兼冒險家，這些人繼續向南航行，最遠抵達如今的幾內亞比索（Guinea-Bissau）。

在後續數個世紀裡，報章媒體大書特書亨利王子的豐功偉業。亨利在一四五〇年代委託人撰寫一本記述，方能享有這等聲譽。該書將他美化得幾近偶像，作者以崇拜口吻寫道：「哦，盛哉王子，汝堪比神祇！吾庶竭駑鈍，斗膽落筆成文，唯恐掛一漏萬，疏漏甚多，懇求汝心懷美德，耐心包容。汝行止高尚，仰之彌高，吾欲闡述爾之美德，著實榮光四射，朗耀如日華。」這段文字替該書定下基調。諷刺的是，亨利於一四六〇年去世之後，葡萄牙人更加前仆後繼，出海探險，一展鴻圖。

費爾南·戈梅斯與大西洋早期的商賈投資者

一四六九年，亨利的皇家壟斷權被轉包給名叫費爾南·戈梅斯（Fernão Gomes）的里斯本商人。戈梅斯人脈甚廣，結識不少達官貴人，獲得這項獨占權後便毫不手軟，大肆利用。他結合人脈與錢脈玩弄金權遊戲，替早期的大西洋世界定下了基調。

在早期大西洋擴張的歷程中，這個階段至關重要，戈梅斯雖舉足輕重，卻為人低調，行事成謎，鮮少關於他的貿易記錄保存至今，即使有所留存，也是斷簡殘篇。儘

4 現今印度科日可德（Kozhikode）的舊稱。
5 烏茲別克的城市，為中亞最古老的城市，從十四世紀末到十五世紀為帖木兒帝國的首都。

管如此，從他身上依舊能窺視昔日的大西洋世界，當年以利益為導向，後期才會誕生哥倫布這號人物。我們也能看到十五世紀末期的金融網絡如何資助豪傑之士，激勵其揚帆遠航，奪取財貨。

戈梅斯是葡萄牙人，與阿方索五世國王（King Afonso V）的家族關係密切。當時非洲貿易並非自由開放市場；戈梅斯是次等貴族和縉紳商人（gentleman-merchant），堂而皇之利用皇室人脈購買壟斷權。國王當時財政困窘，捉襟見肘，出租了獨占權便有穩定收入，足以解燃眉之急。戈梅斯為此只支付了二十萬雷伊（rei）[6]，大約是購買二十五個奴隸的價格，而且付了這些款項，經常還能減稅。即便如此，葡萄牙王室依舊在一四七三年又以低價將另一項壟斷權租給他，讓他獨占馬拉蓋塔椒貿易。戈梅斯的人脈不限於王公貴族。里斯本商界充斥富豪名流，三教九流，魚龍混雜，戈梅斯卻能鶴立雞群。他娶了某位重要的法蘭德斯外籍商人馬丁．萊姆（Martin Lem／Leme）的女兒，似乎通吃整個里斯本商界，處處都有錢脈。

某些里斯本商人和資本家跟戈梅斯一樣，也是葡萄牙人。其他人則來自其別處，比如戈梅斯的岳父就是法蘭德斯人。義大利的主要城市都在里斯本設置前哨站：佛羅倫斯人、威尼斯人和熱那亞人都在當地派駐代表。這些外籍商人的氏族會彼此做生意，緊密團結，忠於家族，盡公民職責，同時與遙遠的家鄉城市保持聯繫。不同族群也會互相往來，從廣大的交際網絡匯集資金，投資於各種牟利事業。他們對於信貸、投資和風險抱持雷同觀點，彼此合作毫無障礙，各方皆信任讓他們往來交易的制度框架。

早在一四五六年，戈梅斯的岳父萊姆便壟斷了軟木貿易，與一位葡萄牙商人和一些熱那亞人合作賺錢。

這些里斯本商人大多是常駐當地的資本家，而非商賈冒險家。他們握有大筆資金，經常四處投資，總是著眼於獲取最大的利潤。他們集中資金，合作的計畫愈來愈大。戈梅斯前往西非的航海冒險便是典型案例：一次有高達二十艘船從里斯本港口出發去從事象牙、黃金與奴隸的貿易。其他人則繼續沿著海岸線往南航行，一邊航行一邊測繪，總是按照合約尋找商機。戈梅斯的船隻深入幾內亞灣（Gulf of Guinea），然後向南越過赤道，歐洲人又多了兩千多英里的詳細海航知識。從一四六九年到一四七五年，戈梅斯壟斷貿易達六年之久，與他簽訂合約的船隻快速累積新知，速度遠勝於他們當年和亨利合作的時期。

從事這種遠航探險極為昂貴。整裝一艘船，然後耗費數月，航行六千英里，從里斯本抵達幾內亞灣，光是如此，便得投入一筆鉅款，遑論要整備整支艦隊。要從事這類活動，先決條件是要具備深厚的國際人脈以及能夠運用金融網絡。有哪個金主投資後不想獲得利潤？戈梅斯及其里斯本同夥也不例外。從倫敦到塞維爾，地中海西部和大西洋的主要海事中心都有類似的商業和金融網絡。

在這些金融網絡中，義大利人（尤其熱那亞的外籍商賈）尤為突出。他們是重要

6 一種古老的葡萄牙記帳貨幣（money of account），不作為通貨發行。

的合作夥伴，替戈梅斯和許多其他的探險事業（包括哥倫布的遠航）提供資金。熱那亞位於義大利半島的腋窩，義大利與西歐大陸的多數地區相連，因此熱那亞是地中海的主要商業和金融中心之一。熱那亞的船隻航行於彼此相連的海域，從黑海（Black Sea）大草原邊緣到黎凡特（Levant）、倫敦和比利時的布魯日（Bruges），隨處可見它們的蹤影。從十二世紀起，財富開始流入這座城市，因為歐洲人採用一套複雜的金融工具和體制，讓長途貿易愈來愈有利可圖，如此方能財源滾滾。精明而富有的熱那亞人四散於歐洲各地，運用無法毀約的商業合同、匯票和保險契約，積極從事貿易。

威尼斯建立了海外據點，最終建立義大利帝國，佛羅倫斯主宰了托斯卡（Tuscan）腹地、米蘭則雄霸義大利北部；然而到了十五世紀下半葉，熱那亞尚未具備強大的政治力量。當地政界群龍無首，暴力橫行，寡頭統治集團彼此相爭，鬥得你死我活。從一三七八年至一三八一年，熱那亞與威尼斯爆發了最後一次大戰，熱那亞幾乎征服了威尼斯；然而戰爭結束後不到十五年，威尼斯便重拾海上霸權地位，反觀熱那亞則臣服於法國君主，只為貪圖表面上的政治穩定。此後，強勢的米蘭維斯康提（Visconti）家族的眾公爵統治熱那亞，熱那亞的殖民領地隨後便落入各種敵對勢力之手。

雖然熱那亞無法成為地中海的主要政治舞台，熱那亞人卻在地中海的商業和金融網絡愈來愈舉足輕重。他們早已散居在地中海的東部和西部地區，在其他政體內建構了自治的殖民地和僑居社區。從突尼斯（Tunis）到里斯本，地中海西部的每座主要城市都有熱那亞商人。熱那亞人在伊比利亞半島落腳之後，散居在卡斯提爾、亞拉岡和葡萄牙，安達魯西亞的港口城市塞維爾尤其可見熱那亞人。他們如同變色龍，會與當地精英通婚，煞費苦心融入新社會。早期要遠航大西洋，需要資本家贊助，而這些外籍的熱那亞商賈便屬精明卓越的投資者。除了威尼斯商人，沒有任何歐洲人比熱那亞人更懂得海上貿易以及如何支付相關費用。然而，威尼斯人通常只關注地中海東部（而非西部）的貿易。熱那亞人的金融活動便是開啟地理大發現的關鍵鑰匙之一。

克里斯托弗．哥倫布的崛起

義大利熱那亞並非只有輸出冒險犯難的商人和金融家，其受屏障的深水港也造就了一批當時技術最嫻熟的水手和航海家，其中一位於一四五〇年代初期出生在這個城市，名叫克里斯托弗．哥倫布。當時，熱那亞的紡織業蓬勃發展，他的父親和祖父都是身分卑微的織布工。哥倫布一生多彩多姿，總是想方設法逃離這塊出生地。

哥倫布無論處於哪個人生階段，都是胸懷壯志。他如同每位熱那亞的子弟，向來深知出海探險方能發財致富，開拓人生。他因出身低賤而深感羞恥，於是處心積慮遮掩身世。愛唱反調或心懷不軌的現代評論者便見縫插針，把他稱為卡斯提爾人、葡萄牙人或猶太人。哥倫布根本不是這些地方的人，只是某個熱那亞貧窮織布工的兒子。他費盡心機，一心想擺脫卑微的出身。

哥倫布極欲追求身分地位，但往往流於浮誇自大。他可能會自吹自擂，粗魯野蠻，讓人難以忍受，但對自身的諸多缺點卻所知甚少。更令人擔憂的是，哥倫布一旦發現自身缺點，又經常矯枉過正，擔任壓力沉重的總督時便導致了悲慘的後果。

然而，哥倫布是位技術高超的水手，散發特定的魅力，而且天賦甚高：他的朋友兼編年史家安德烈斯．伯納德斯（Andrés Bernáldez）將他形容成「天資聰穎，但缺乏教育。」哥倫布野心勃勃，不僅狂妄傲慢，自吹自擂，胡謅自己的豐功偉業（他於一四九三年返回歐洲時曾晉見葡萄牙國王[7]，會中大放厥詞，令國王如坐針氈），而且汲汲營營追求個人目標，絲毫不管自己想要什麼。

哥倫布的年少身世成謎，無人知曉他是何時當上水手，在地中海四處討海為生。他後來極力替自己捏造過往的輝煌成就，讓人難以窺探其早年概況。根據一份罕見的熱那亞文獻，哥倫布在一四七二年時仍擔任某種職務，與父親一起在紡織業幹活。然而，他可能早在一四六〇年代還是個少年時便首度乘船出海。到了一四七〇年代中期，他似乎已是位專職水手，航遍各地，經驗豐富。哥倫布喜好撒謊並誇大其詞，要重新建構或描述他的完整歷程並非易事。但在後續十年，哥倫布似乎抵達了地中海和大西洋當年可航行的極限。他曾穿越北大西洋，前往英格蘭與愛爾蘭，甚至航向更遠的冰島，途中風湧浪騰，船身上下顛簸，但他都咬牙熬了過去。他曾朝正西方驅船駛進大西洋，抵達了亞速爾（Azores）[8]，該群島不久前才被人發現，主要出產糖，讓歐洲皇室商賈從中賺取鉅資。此外，當年紡織業生意興隆，必須大量使用明礬（alum）。為了獲取這種複鹽來販售，哥倫布遠渡重洋，前往遙遠的東方，踏上愛琴海的奇歐斯島

（Chios）。哥倫布也曾往南航行，頂著從撒哈拉沙漠吹襲而來的強風，忍受鞭肌刺骨之痛，一路前往酷熱的幾內亞灣，而在那個年代，這個海灣是已知世界的極限。

到了一四八〇年代中期，出身熱那亞的哥倫布早已閱歷豐富，同期水手少有人能出其右。在熱那亞的水手眼中，哥倫布的任何一趟航程都不足為奇：當地和外國船隻都會僱用熱那亞的專業水手，定期往來於繁忙的大西洋航道，足跡遍佈北歐和大西洋諸島，甚至往南遠至西非。話雖如此，如果一位水手能航遍這些地點，踏遍冰島、奇歐斯島和幾內亞灣，絕對是非比尋常。哥倫布自我評價時雖有點自誇，但論點卻站得住腳。他日後寫道：上帝「賦予我高超的航海技術，讓我得以乘風破浪，穿越多處海洋。」哥倫布四處航海時積累了大量知識，熟知大西洋的洋流與海風，且深知該如何籌措資金與規劃長程遠航。這些雖是例行航程，募資與後勤卻千頭萬緒，極為複雜。

大約在一四七〇年代後期，哥倫布遷居葡萄牙，時值各國開疆闢土，政治也瞬息萬變，情勢日益複雜，他新居所在的里斯本正是對外擴張的重要據點。

一四七五年，葡萄牙國王收回里斯本商人戈梅斯的貿易壟斷權，而我們幾乎可以肯定，其主因是伊比利亞半島爆發內戰。當時，半島上主要王國之一的卡斯提爾王位虛懸，葡萄牙和卡斯提爾的伊莎貝拉為了爭奪皇位而兵戎相向。下一章會回到這個話

7 若昂二世。
8 位於北大西洋中央，屬於葡萄牙的自治區。

題，更詳細討論卡斯提爾的伊莎貝拉女王及其建立王國的歷程，目前只需知道她歷經波折才順利登基。葡萄牙國王阿方索五世與姪女喬安娜（Joanna）聯姻，而喬安娜擁有卡斯提爾的繼位權，因此阿方索五世也對卡斯提爾虎視眈眈。到了一四七五年，雙方陣營全面爆發內戰，伊莎貝拉靠著丈夫斐迪南撐腰而獲得勝利，而斐迪南不久後便繼任為亞拉岡的國王。[9]

替卡斯提爾和亞拉岡的合併大業鋪平道路，更深切影響哥倫布所處的早期大西洋局勢。葡萄牙人從未完全壟斷非洲貿易；法國人、法蘭德斯人，尤其是卡斯提爾商人都屢屢挑戰葡萄牙人的霸權，他們在加那利群島斬獲最豐。即便這些商人出海投機鑽營，但只要支付許可費用，葡萄牙人就會睜一隻眼閉一隻眼。然而，卡斯提爾王權爭奪戰事爆發以後，整片大西洋沿岸都烽火連天。從一四七五年至一四七八年之間，卡斯提爾的船隻前往西非從事奴隸和貨物貿易，並且占領了維德角（Cape Verde）的數座島嶼。然而，總體而言，葡萄牙人海戰占了上風。一四七八年，幾內亞近海爆發一次大規模戰鬥，葡萄牙大獲全勝。雙方在一四七九年簽訂《阿爾卡索瓦什和約》（*Treaty of Alcaçovas*）[10]，加那利群島歸屬卡斯提爾，其餘大西洋群島則劃給葡萄牙。葡萄牙人掌控西非貿易，當時更遠的混沌未知地區便順勢歸其所有。

值得關注這場軍事衝突的兩個海事層面。首先是卡斯提爾和葡萄牙皇室到底介入多深。葡萄牙國王先前樂於授予商人許可，使其得以遠航探險或壟斷貿易，然後國王再從商人的獲利中分一杯羹。阿方索五世將控制非洲貿易視為重要的皇室基業，也是重要的國庫收入來源，因此必須出兵保護。相較之下，卡斯提爾王室涉入的程度就比較低。在戰爭期間，他們希望從許可的探險獲利中拿取屬於自己的份額（百分之二十），同時想掌控所有的大西洋島嶼，包括：亞速群島、馬德拉群島（Madeira）、加那利群島和維德角。雖然伊莎貝拉只兼併了加那利群島，但這就表示卡斯提爾王室比以前更熱中於直接從事大西洋探險的事業。

第二個層面是戰事規模。葡萄牙人在一四七八年擊敗的卡斯提爾艦隊是由三十五艘船艦組成，當時這些船隻都裝滿貴重的象牙、黃金和奴隸。投資者光靠這三十五艘船的貨物，便能海撈一筆，而卡斯提爾皇室便是其中之一的投資者。倘若這些船艦順利返回家園，投資報酬率將高得離譜。最先是戈梅斯，然後是葡萄牙皇室，現在連卡斯提爾人都知道，遠航探險能夠大撈一筆財富。正是由於遠征探險能獲取巨額利潤，哥倫布才能直接從這場衝突受益。

哥倫布的計畫

各界對於遠航探險的興趣日益濃厚，風潮持續延燒至一四八〇年代，而哥倫布便

9　斐迪南於一四七九年登基為亞拉岡國王，並且根據妻權，與伊莎貝拉共治卡斯提爾。
10　這紙合約結束了西班牙王位繼承戰，卡斯提爾君王在陸地占上風，葡萄牙則在海上獲勝。

趁此良機大展長才。一四七八年，他擔任熱那亞購糖大財團**百夫長**（Centurion）[11]的代理人，乘著強烈的東風，駕船前往馬德拉群島。由於糖業利潤豐厚，而且獲利不斷增長，他也順道前往亞速爾和加那利群島購糖。哥倫布其實去過更遠的地方：在一四八二年到一四八四年之間，他前往新的葡萄牙貿易基地**聖喬治礦床**（São Jorge da Mina）[12]，據說途中曾感受到幾內亞海岸悶熱潮濕的天氣，而根據推測，他當時應該是從事象牙、黃金和奴隸貿易。年復一年，愈來愈多人從事遠航探險，商賈資本家與葡萄牙王室得到的報酬也日益增加。隨著大西洋日漸開放，資金流動逐漸增加，哥倫布便趁勢崛起，從無名小卒躍升為權勢通天的大人物。他迎娶一位家道中落的葡萄牙貴族菲利帕．莫尼茲．佩雷斯特雷洛（Filipa Moniz Perestrelo），育有一子迪亞哥（Diego），而迪亞哥將是他野心勃勃打造財富帝國時關注的焦點。

到了一四八〇年代中期，哥倫布開始規劃讓他最終功成名就的計畫。他航海經驗豐富，熟知大西洋海域，這種得來不易的實務知識實在大有助益。哥倫布以此為基礎，汲取更多地理知識以及研究如何繪製地圖。當時，印刷術剛剛興起，奠定他自修研習的基礎。哥倫布從未受過正規教育，但印刷術廣為流傳，他便可獲取印刷文本，汲取昔日精英人士方能學習的知識。他反覆閱讀的皆是印刷書籍，而非以往的標準手寫稿；他從比利時魯汶（Louvain）和安特衛普（Antwerp）、塞維利亞與威尼斯購得書籍，然後將其一路運送到他的小圖書館。

在哥倫布身處的早期大西洋世界中，人們廣泛討論和撰述實務地理知識或理論地理學。我們很快將會看到，葡萄牙國王若昂二世（João II）身旁總是圍繞著一批博學的顧問。若想概略了解地理學，必須擁有托勒密（Ptolemy）等鴻儒撰寫的古代地理文獻，而哥倫布可是熟讀了這些典籍。他還涉獵許多近期著作，尤其是法國樞機主教皮埃爾．戴伊（Pierre d'Ailly）在十五世紀初期撰述的《世界映像》（*Imago Mundi*）。哥倫布涉獵廣泛，貪多務得，細大不捐，像個認真學生勤做筆記。他曾閱讀馬可波羅自傳，大約寫了三百六十六條註釋，內容包羅萬象，有印尼爪哇（Java）的香料、日本的珍珠，以及蒙古可汗訓練獵鷹的設施。哥倫布讀什麼並不重要，但他能從中汲取大量訊息，以此輔助自身的實務技能。

影響哥倫布最深的作者，乃是上述提到的樞機主教皮埃爾．戴伊。哥倫布曾誤以為地球其實不大，真是錯得離譜，他會有這種誤解也要拜戴伊所賜。當時佛羅倫斯的宇宙學家保羅．達爾．波佐．托斯卡內利（Paolo dal Pozzo Toscanelli）更甚為之，進一步鞏固前述的基本「洞見」。他估算後提出論斷，不僅認為地球其實不大，甚至覺得大西洋還要更窄。托斯卡內利於一四七四年寫給葡萄牙國王的一封信，概述了他的觀點，因此哥倫布知曉他的估算。值得注意的是，哥倫布閱讀時不會刻意批判作者觀點，但誤信托斯卡內利的人並非只有他一人。當年的某些重量級地理學家與製圖師也

11 義大利文，字源是拉丁語的 centuriō，意思為英文的 centurion。

12 葡萄牙文，意思等於英語的 St. George of the Mine。

同樣受人矇騙。然而沒人像哥倫布那樣，竟然會根據錯誤的觀念去努力實踐目標。

在一四八〇年代的某段期間，哥倫布開始四處遊說，打算往西航行，進入大西洋。根據哥倫布爾後的記述，他絲毫沒有放棄理想，始終抱持堅定信念，念茲在茲要落實從他聰明腦袋孵出來的詳細計畫。想當然耳，他的規劃與事實相去甚遠。正如他後來聲稱的那樣，他遠航的目標可能是印度群島（Indies）[13]，但還有其他合理的目的地：一是對蹠地（Antipodes），當年許多人認為，歐亞大陸（Eurasia）對面尚有一片未知的大陸，將其稱為對蹠地；二是其他的大西洋島嶼，譬如馬德拉或亞速爾群島，葡萄牙王室以及哥倫布擔任代理人的熱那亞糖商早已剝削這些島嶼，從中賺取了暴利。

然而為了推展計畫，哥倫布需要獲得皇家執照。伊比利亞的君主（葡萄牙的若昂二世、卡斯提爾和亞拉岡的伊莎貝拉與斐迪南雙王）是最有可能助他實現目標的人物。

葡萄牙的大西洋爭霸

哥倫布首度接觸若昂二世國王或許是在一四八四年，當時可是向這位葡萄牙君主鼓吹遠航探險的大好時機：若昂二世採用典型的中世紀末期手段建設國家。他清楚表明要強化葡萄牙中央機構的權力，同時確保國家的財政穩定。下一章將深入討論此一過程。值得注意的是，若昂二世建設國家之際，一直設法掌控海外貿易和遠航探險計畫，以此維護特定的皇室利益。前任君主只想雨露均霑，從中分一杯羹，若昂二世卻希望皇室能夠主導葡國在非洲的所有商業活動。哥倫布前往幾內亞灣的途中曾暫留黃金海岸（Gold Coast）[14]的**聖喬治礦床**，而這處貿易據點顯然是葡萄牙皇室為拓展海外貿易而刻意設置的。

隨著錢財因非洲探險滾滾而來時，若昂二世便繼續推展戈梅斯率先沿著非洲海岸線往南探索的航行計畫。一四八二年至一四八六年之間，葡萄牙探險家迪亞哥・康（Diogo Cão）指揮過兩次（更有可能是三次）探險行程，先越過赤道，抵達剛果河（Congo River），然後沿河上行探索。他還曾往南抵達如今的安哥拉（Angola）和納米比亞（Namibia）海岸。在非洲從事商業貿易能夠持續獲利，葡萄牙當然會繼續從事探險；既然已經能夠從幾內亞獲取大批黃金、象牙和奴隸，再往南又能發現什麼？

遠航探索花費不貲，而要讓人贊助探險計畫，貿易商機只是誘因之一，另有其他因素，其中一項是歐洲當時與伊斯蘭世界在北非的西方前哨點征戰不已。數個世紀以來一直流傳著一則傳聞，據說基督教祭司兼皇帝約翰（Prester John）富甲一方，權傾天下，潛藏於穆斯林世界。倘若能與這位傳聞的君主聯手，或許能擊潰伊斯蘭教，一勞永逸解決禍端，讓**聖地**（Holy Land）重回基督徒之手。這點足以說明葡萄牙王室一

13 作者應該指東印度群島。這是個模糊的地域概念，狹義可包括印尼和馬來群島，廣義來說，甚至可納入中南半島和印度次大陸。

14 後來獨立為迦納共和國。

直有完成彌賽亞使命的思維，若昂二世的繼承者曼紐一世（Manuel I）尤其抱持這種想法。第二個原因擺明就是牽扯商業：從東印度（Indies）[15]可獲取極具價值的商品。香料的需求量居高不下，有門路的商人無不心知肚明，埃及的穆斯林國家與鄂圖曼帝國不讓外界直接獲取香料，他們要當掮客，抽取巨額佣金。若能不透過穆斯林，直接找到香料源頭，那便是大好商機，必能賺得盆滿缽滿。

航海者只要往南航行去尋找非洲盡頭，最終可抵達印度地區，但哥倫布卻另闢蹊徑：假設他想得沒錯，大西洋十分狹窄，世界也不大，往西航探險不僅可行，而且更為可取。根本不必為了取得香料而往南航行，忍受漫長而痛苦的旅程。只要朝著落日方向前行，不久便能在地平線上看見東印度。

據我們所知，哥倫布便是如此向若昂二世推銷西航計畫。然而，這位葡萄牙國王沒有買單，原因有二。首先，若昂二世的航海和地理專家團隊認為，哥倫布的說詞不足採信。其次，他覺得哥倫布狂妄自大，令人反感，尤其哥倫布還要求高額的報酬。若昂二世偏好讓自家人從事這些航海事業，譬如迪亞哥·康，但也不排斥與外人簽定探險合約。雖然若昂二世沒有資助哥倫布，但是他數年之後，的確授權一位名叫費迪南德·範·奧爾門（Ferdinand van Olmen）的法蘭德斯航海家去進行一項與哥倫布提議方案極為類似的西航探險行計畫。總體而言，迪亞哥·康往南探險收獲頗豐，加上若昂二世厭惡哥倫布，葡萄牙人根本就不會支持哥倫布往西探險異域。無論如何，若昂很快便推動另一項比哥倫布的方案更雄心勃勃的計畫。這支探險隊由巴爾托洛梅烏·

迪亞士（Bartholomeu Dias）率領，於一四八七年和一四八八年順利繞過好望角（Cape of Good Hope），進入印度洋最南端。東方的財富已經觸手可及。

尋找贊助金主

然而，哥倫布另有選擇。西班牙「天主教雙王」卡斯提爾的伊莎貝拉與亞拉岡的斐迪南也同樣打算贊助遠航探索事業。在一四七五年至一四七九年的內戰期間，他們數度許可遠征計畫，甚至於一四八〇年代末期支持臣屬最後一搏，征服加那利群島。西班牙宮廷熱情款待哥倫布，使其賓至如歸，他便四處穿針引線，拉幫結黨，呼朋引伴，尋求眾人支持其探險計畫。然而，哥倫布進展緩慢，備受挫折，但他卻從不懷疑自己無法達成目標。他堅毅果敢，終獲贊助與資金，有了政商界的加持，他便動身揚帆遠航，踏上發現美洲之旅。話說回來，哥倫布能遠航異域，並非地理知識豐富，令人稱奇敬佩，而是能獲得皇室支持，籌集所需錢銀。

哥倫布當年尋求奧援，過程曲折萬分，跌宕起伏，歷來傳講者眾，情節扣人心弦：先是若昂二世的專家團隊羞辱他，嚴詞拒絕他提出的計畫；他便轉而尋求西班牙天主教雙王支持。哥倫布來自熱那亞，父親為織布工，出身貧寒，卻能舌粲蓮花，侃侃而

15 印度次大陸各國的舊稱，包括印度、中南半島和東印度群島。

談鴻圖大業，經綸之志，說服當時歐洲最高貴的王公貴族與高官顯宦；那些皇室貴胄高瞻遠矚，頗有遠見，認為支持哥倫布的探險計畫，或許真能顛覆世界格局；爾後，伊莎貝拉女王在剛被征服的摩爾人城市格拉納達（Granada）拒絕哥倫布的計畫。哥倫布沮喪之餘，便離開當地，前往法國或熱那亞，不料行至城外，皇家信使快馬加鞭，追趕而至，告知他女王改變了心意。

上述場景扣人心弦，讀之饒有一番風趣。然而，精采歸精采，實情卻非如此。哥倫布頑強不屈，喋喋不休，夸夸其談，在那六、七年之間，汲汲營營，長袖善舞，穿梭於政商名流之間，極盡所能施展手腕，鑽營取巧，反觀皇室宗親忙於更重要的冒險事業，只能偶爾抽空撥冗，聽他高談闊論。

哥倫布穿梭於宮廷，逐漸打進高官顯宦、王公貴族與政商財閥交織重疊的人際網絡。這些上流階層早已關注各種大西洋的遠航事業。某些人念茲在茲，一心想完成彌賽亞（救世主）或末日大戰的使命，最終要擊敗伊斯蘭教，重新奪回聖城耶路撒冷。不僅如此，他們還鼓吹要強迫異教徒皈依基督。更多人支持新的遠航計畫，純粹是為了追求榮譽和騎士精神。我們不應忽視這類想法；哥倫布本人全然信奉這些觀點，也很清楚能夠藉此說服他人。最後一批利益集團純粹在商言商：這些商賈來自各行各業，他們資助遠航探險，只想獲得回報。正如我們即將所見，這些人並不相互排斥，他們也不只來自於斐迪南與伊莎貝拉的宮廷。其實，這些貴胄商賈或多或少相互合作，彼此奧援，推動了葡萄牙與西班牙於大西洋整體的擴張事業。

上述的利益團體攜手合作，出錢出力，終於讓哥倫布登上了頂峰，於一四九二年率領**妮娜號**、**平塔號**與**聖瑪利亞號**（Santa Maria）出海遠航。他愈來愈能打進伊莎貝拉與斐迪南繼承人阿斯圖里亞斯親王（Prince of Asturias）唐璜（Don Juan）的圈子。伊莎貝拉的這位兒子資質平庸，稍嫌愚魯。因此，哥倫布得以上下其手，能走後門勾結皇室宮廷，鑽營取巧，尋求人支持其探險計畫。他最重要的人脈是唐璜親王當時的導師弗賴・迪亞哥・德薩（Fray Diego Deza），而德薩後來還成為主教、西班牙**宗教裁判所**（Inquisition）負責人與塞維爾大主教。親王的宮廷裡隨處可見這類冉冉升起的新星、貴族和神職人員，這些人爾後將飛黃騰達，頭戴簪纓，手握大權。哥倫布野心勃勃，多年以來更加堅定信念，一心攀龍附鳳，晉升權貴階級，決定倚仗這些權貴，憑風借力，直上青雲。

另有一群人則在安達魯西亞的小海港帕洛斯努力奮鬥。帕洛斯歷來是個荒村野城，發展落後，與鄰近的塞維爾相較，總是矮上一截。然而，在十五世紀最後的四分之一時期，這個偏僻海港卻躍升為新興大西洋世界的重要樞紐，短暫享有盛名。從一四七五年至一四七九年，卡斯提爾爆發王位繼承戰爭，當時水手頻繁從這個小港口駕船出海從事海上貿易，或者幹些販賣奴隸和私掠打劫的勾當，但總是時運不濟，鎩羽而歸。帕洛斯水手頻頻失手，鎩羽而歸，卻積累了豐富的海航知識。因此，哥倫布首度遠洋異域、大展鴻圖時，才會選擇帕洛斯當作母港（home port）。

支持哥倫布的最後一個關鍵集團是資本家與貴族，他們看到卡斯提爾最終於一四八〇年征服加那利群島。這批顯宦商賈投入大筆資金去資助大西洋探險事業，卡斯提爾的財務大臣阿隆索・德・金塔尼利亞（Alonso de Quintanilla）是其中的核心分子。金塔尼利亞召集了一群人，包括弗朗西斯科・皮內利（Francesco Pinelli）與弗朗切斯科・達・里瓦羅洛（Francesco da Rivarolo）這兩名熱那亞商人、佛羅倫斯的賈諾托・貝拉爾迪（Gianotto Berardi）以及美迪納西多尼亞（Medina Sidonia）的安達魯西亞公爵。這些人皆在塞維爾或其附近往來行走，而卡斯提爾就是從塞維爾出發去遠征加那利。此處便是錢脈所在，隨處可見經驗豐富的投資者。熱那亞人自成手握大批錢銀的團結群體，彼此來往密切，與散佈於地中海各處的其他熱那亞商人和皇室宮廷緊密聯繫。除了本業，貝拉爾迪還擔任梅迪奇銀行（Medici Bank）塞維爾分行的代理人，將奴隸從西非進口到里斯本，爾後轉售出去。金塔尼利亞找到了這群人，將其聚集在一起，投資出力，征服了加那利群島。他將如法炮製，替哥倫布聚攏政商勢力，而且對象幾乎仍是同一批人。

另一位鼎力襄贊之士是亞拉岡財政大臣兼金融奇才路易斯・德・桑坦赫爾（Luis de Santángel），但他先前未曾參與征服加那利群島的計畫。桑坦赫爾在最終清帳時，匯集了各類資金，用以支付哥倫布遠航的探險費用。

所需的資金高達二百萬馬勒威迪銀幣，約略等於一位中級省級貴族的年收入，數目不少，卻非令人咋舌。相較之下，桑坦赫爾於一四九一年借給西班牙國王一千萬馬勒威迪，以支付各種開銷。如火如荼打擊格拉納達摩爾人的軍事行動已經耗費大批錢銀，約莫高達哥倫布探險費用的十六倍。歷來傳聞不斷，指出伊莎貝拉女王曾典當珍貴珠寶以換取現銀，此事絕對是空穴來風，純屬流言蜚語。此外，里斯本商人戈梅斯曾率領二十艘船艦出海探索，在一四七〇年代末期，卡斯提爾也曾數度派遣船艦遠征西非，即使從這些海上探險的背景切入，哥倫布的遠航支出與其相比，根本微不足道。話雖如此，要籌措這一大筆開銷並非易事，錢財絕非憑空出現。「天主教雙王」忙於從事其他耗資鉅額的軍事計畫來攻下格拉納達，早已國庫空虛，錢銀散盡。投資商賈和官員無法捻個手指，隨手一揮便生出錢兩，即使傳聞他們是無中生出資金投資哥倫布的探險計畫，但事實並非如此。

檢視資金是如何匯集，便能略窺整個投資世界的運作，以及當年投資者的心態與想法。哥倫布要自籌四分之一，亦即五十萬馬勒威迪，但他顯然手頭拮据，欠缺銀兩，金塔尼利亞在塞維爾的財團便提供哥倫布這筆資金。另外四分之一的錢財來自帕洛斯，當地人獻上兩艘船出海探險。帕洛斯的漁民與商人已經逃稅一段時期，提供兩艘小帆船（**平塔號**與**妮娜號**）就算是以實物支付稅金。斐迪南國王與伊莎貝拉女王提供剩餘的一半資金，亦即一百萬馬勒威迪，還得支付哥倫布十四萬馬勒威迪的薪資。王室手邊沒有流動資金，桑坦赫爾便求助於幾乎同一批塞維爾金主，而這些商人曾提供金塔尼利亞短期貸款。弗朗西斯科．皮內利是那裡的關鍵人物。為了償還貸款，桑坦赫爾授權下屬，在艾斯垂馬杜拉（Extremadura）地區推行一項「贖罪」（indulgence，又譯大赦或寬宥）銷售活動。民眾付了錢，便可獲頒一份印刷文件，證實自己贖了罪。

銷售贖罪券之所得，減去印刷費用，剩餘資金便進入皇室，爾後流向熱那亞的投資者，此乃桑坦赫爾施展的小伎倆。當時，政商網絡彼此糾葛，權脈與金脈交相錯雜，哥倫布成了受益者。

談到這類計畫，哥倫布絕非食古不化的書蟲，天真無邪，終日沉迷於書籍與繪製地圖，高談理想，大作春秋美夢，無法理解要推行自身計畫該如何籌措資金。他出身自熱那亞，這類商界集資贊助航海冒險之事，他可是從小便耳濡目染，習以為常。他成年之後，長年航海探險，於大西洋世界打滾，對這種商人資助的航程見怪不怪。他參加了諸多類似活動，譬如代表大財團「百夫長」前往馬德拉群島和其他大西洋島嶼去購糖，甚至揚帆遠航，前去幾內亞海岸。我們不禁認為，正是哥倫布歷練豐富，投資者才願意在他身上押寶。他了解自己需要多少資本，該有何種投資報酬，方能讓各方支持者滿意。哥倫布深知箇中奧妙，了解其中的遊戲規則。

哥倫布的遠征計畫能否成行，與其說是由哥倫布本人拍板決定，不如說是由另一批較為低調的人士所主導：高齡七十多歲的金塔尼利亞，縱橫政壇，長袖善舞，穿梭於皇室宮廷與塞維爾商賈投資者之間；桑坦赫爾，金融奇才，腦筋靈活，想出點子償還投資者的短期貸款；另有無數眼光精準的義大利資本家，觸角廣泛，不時尋找商機，投資各類利潤豐厚的探險事業。哥倫布能一展鴻圖，還是因為帳房手持羽管筆記帳，在狹窄的帳房裡向辦事員大吼大叫，最終方能湊足錢兩，讓他順利遠征。商業合約與貸款文件、手寫的信用證或付款通知書、印刷機吐出的數以千計贖罪券、權貴富豪於宮殿密室和富麗堂皇的商賈豪宅議論談事：這一切都讓哥倫布得以踏上征途。

哥倫布的遠航

哥倫布的首度航行歷時短暫。從他離開帕洛斯，然後抵達里斯本，期間相隔僅七個月，這與一四八〇年代葡萄牙探險家迪亞哥．康與巴爾托洛梅烏．迪亞士的艱苦航程相比，簡直輕鬆多了。然而，哥倫布抵達里斯本之後發生的事情與他的旅程一樣重要：他向若昂二世炫耀自己的發現，讓這位國王氣急敗壞，憤怒不已，幾乎要扣留他，不讓他返回帕洛斯的母港。哥倫布極度自滿卻不自覺，確信自己在東印度洋有了這些發現，難怪他會滔滔不絕，高談闊論自己的豐碩成果。更重要的是哥倫布寄回西班牙的信。他於二月十五日在海上開始寫這封信，並於一四九三年三月四日抵達里斯本之後，又添加了附言。

他將信寄給伊莎貝拉、斐迪南與主要投資者桑坦赫爾。正是這封信，哥倫布與他的發現方能名聞遐邇，締造如今依然引起大眾共鳴的神話。這封信很快便流傳開來，並且被翻印無數次，永遠形塑外界對於哥倫布本人和他所到土地的看法：「因此，吾等之救世主已將這般崇高成就賜予吾等之聖明國王與王后，也賜予其管轄之諸多著名王國，全體基督徒務必歡欣鼓舞，大肆慶祝，誠懇感謝**神聖三位一體**之神，更要懇切禱告，多加讚美，將有廣大黎民皈依吾等之神聖信仰，吾等也將能獲取豐厚物資，著實令人精神煥發，振奮不已。」

若要概括歐洲列國為何要航向大西洋探險，背後有哪些力量在驅動這股風潮，這封信可謂一語中的，沒人能說得更透徹了。皇室可獲得光環榮耀，而要讓外邦人皈依基督的說法，雖然模糊卻顯得合理，足以作為遠征異域的合理藉口。檢視推動這些探險的目標和機制時，會發現潛伏在邊緣的是當時人們期望投資能有所回報。其實，哥倫布與王室之間起草的合約，最初只談到貿易權和領土劃分，遠航探險絕非要完成讓外邦人皈依信仰的使命。

民眾看到哥倫布返航後帶回少量的黃金和貴重物品，資金便蜂擁而入，支持後續的探險航程：十七艘船於夏季整備妥當，旋即啟程，前往美洲。

哥倫布在這次航行中首度提出要仿效葡萄牙人在西非的做法，大規模抓取奴隸，讓新遠征之行能獲得回報。哥倫布及其部下採用野蠻手段，大肆剝削美洲居民，替西班牙未來在美洲的開拓計畫定下了基調。

葡萄牙人突破困境，抵達印度

哥倫布於一四九八年踏上第三次航海探險，那時葡萄牙人終於超越了迪亞哥．康和迪亞士十年前的探險成就。哥倫布發現的顯然不是東印度，而對於葡萄牙人來說，從真正的印度獲取巨額利潤，乃是指日可待。迪亞士於一四八八年便已繞過非洲南端，但目前尚不清楚為何他們等了這麼久才跟進迪亞士的腳步，進一步航向更遙遠的異域。最可信的說法是，若昂二世國王當時火燒眉毛，必須應付諸多緊迫之事，亦即處理王位繼承問題，葡國與卡斯提爾和亞拉岡劍拔弩張，雙方情勢緊張，以及他與葡萄牙貴族之間關係矛盾，彼此猜忌。某些葡萄牙人不滿國王權勢日益強大，試圖遏制它。葡國向海外擴張，王室便能從中賺取資金來擴展勢力，於是航海探險便成了國王與臣屬之間的分歧和衝突點。

與此同時，若昂二世國王也已經在非洲獲取非常可觀的利益。葡萄牙王室從一四八七年至一四八九年之間，每年得到八千盎司黃金，足以鑄造價值近六萬四千威尼斯達克特的黃金貨幣。那筆金額頗為可觀，而在一四九四年至一四九六年之間，王室又得到更多黃金，達到二萬二千五百盎司（價值約略等於十八萬達克特）。這些金額尚未計入其他鉅額的錢銀收入，例如佛羅倫斯商人馬爾喬尼（Marchionni）於一四八七年為了壟斷貝寧（Benin）地區的貿易，支付了一百一十萬雷伊。費爾南・戈梅斯於一四六九年為壟斷非洲貿易支付過一筆費用，而這一百一十萬雷伊卻是該金額的五倍。數字本身並不重要，重要的是葡萄牙有了這批銀兩，便在那些年大量派遣船艦，向外擴展勢力。

若昂二世於一四九五年駕崩。由於這位國王沒有子嗣繼承王位，其表弟曼紐一世便登基為王。曼紐一世與這個時期的任何葡萄牙君主相比，更熱中於達成末日的彌賽亞使命，亟欲打倒伊斯蘭教，將其斬除，永絕後患。前往東印度探險，將可另闢一條新戰線，或許能夠找到盟邦奧援，例如當時傳得沸沸揚揚的基督教國王祭司約翰。在曼紐一世及其身旁的群臣策士眼中，這些想法絕非天方夜譚，據此理由，便必須在一四九五年後重新派遣艦隊，揚帆遠航，探索異域。然而，葡萄牙貴族卻強烈抵制，因為葡國若派船出海探險，王室便能從中獲取財貨，日後提升勢力，便會打壓他們。

葡國兄弟鬩牆，互相鬥爭，結果只派遣一批小型遠征隊，船艦四艘，水手一百四十八至一百七十位，領導者名叫瓦斯科．達．伽馬（Vasco da Gama）。他與勢力強大的貴族派系有關係，又是曼紐國王的家族成員，兩派人馬妥協之後，便共推此人領銜探險事業。葡萄牙精英階層離心離德，內鬨不斷，頂多只能派遣這種中等規模的遠征艦隊。那四艘船上的成員，個個經驗豐富，嫻熟如何航行於大西洋航行和進行商業貿易。例如，其中一艘船的舵手曾在一四七〇年代初期與戈梅斯出海探險。按照常規，義大利商賈都會投資這類遠航探險，這次探險也不例外，義國商人贊助了部分開銷。於一四八七年購買貝寧貿易壟斷權的馬爾喬尼直接捐錢，贊助四艘輕快帆船的其中一艘，名叫**貝里奧**（Berrio）。無論曼紐及其策士如何盤算去擊垮伊斯蘭教，若要替這次遠征籌措資金與整備物資，商業誘因著實在其中發揮了關鍵作用。

一四九七年七月八日，達．伽馬率領的小型艦隊從里斯本的塔古斯河口出發。他們歷經兩年多的時光，航行了兩萬多英里，沿途往返，終於在一四九九年九月，緩緩返抵國門。達．伽馬及其同夥在這段波瀾壯闊的旅程所發現的一切，與哥倫布的遠航探險同樣驚天動地，而且短期內更是各地風聞，激動人心。達．伽馬開闢了通往印度的直接通道，此乃進入全球最豐富貿易體系的入口。

印度洋貿易網絡粗略構成了一個三角形，西部連接東非海岸，印度位居其中，馬來半島位於東部。從該處可將觸角延伸至更遠的泰國灣、南中國海、紅海，並且深入非洲和亞洲的內陸。印度洋能提供大量的奢侈品，好比丁香、肉桂、生薑、胡椒、黃金、珍珠與絲綢。歐洲較為貧困，對於這些商品需求孔急。達．伽馬試圖在印度的卡利刻特以劣質品換取奢侈品，他拿得出手的只有羊毛布、十二件外套、六頂帽子、一包糖、六個盆子、兩桶腐臭的奶油、兩桶蜂蜜和些許珊瑚，此舉暴露當年歐洲的確物資匱乏。這便如同有個人拿著一袋紅褐色的馬鈴薯，口袋只有一點便士，便想走進蘋果商店購買高檔產品。話雖如此，達．伽馬還是換到足夠的香料，收穫滿滿，不至於空手而回：根據估計，他此行的回報高達最初投資金額的六十多倍。

馬爾喬尼贊助了此次遠航計畫，應該獲得了豐厚的回報。其他投資者立即跟上這股投資風潮，因此達．伽馬之後的探險隊可謂兵精糧足，船堅炮利，規模龐大。離達．伽馬返國僅六個月，這批船艦便於一五〇〇年三月駛離里斯本，共有十三艘帆船，成員高達一千五百多人。馬爾喬尼的財團資助打造了其中最大且裝備最好的船艦。它滿載胡椒、肉桂和其他香料，於一五〇一年返回家園。同一批財團立即出資，贊助同年的另一項遠航冒險，這一次由若昂．達．諾瓦（João de Nova）領導四艘船艦出海，完全屬於私人探險。這批船艦也滿載香料回國，再度替投資者創造可觀的利潤。

葡萄牙王室如同鐘錶發條般規律，年年派遣艦隊出航，規模逐漸擴大。馬爾喬尼繼續投資這些計畫，其他商人也不例外：里斯本女商人卡塔琳娜．迪亞斯．達．阿吉亞爾（Catarina Dias de Aguiar）富可敵國且人脈甚廣，曾經多次投資遠航印度的計畫，其中包括一五〇三年的船隊。葡萄牙貴族也是如此。商賈投資者經常與貴族聯姻，彼此互通有無，長期聯手貿易賺錢，各地無不如此，尤其是在里斯本。貴族可兜售土地，輕易換取錢銀，投資海外探險事業。剛邁入十六世紀之際，此種情況司空見慣，層出不窮。後續的遠航冒險甚至從更遙遠之處獲得資金。人人都想分一杯羹：奧格斯堡富格爾家族是當年歐洲最富有且最有權勢的銀行家族，他們投入大筆資金，贊助了一五〇五年的航行計畫。同年，德意志商賈投資財團也提供不少資金去參與遠航冒險。

貴族商人靠著這些遠征計畫大賺一筆，但商業貿易只是定期派遣船隊的其中一項理由。曼紐一世從未忘記要徹底擊垮伊斯蘭教的長期目標。貴族促成和參與這類遠航冒險，與其說要規規矩矩和外界從事貿易，不如說他們更想去幹私掠勾當，打著聖戰口號行掠奪之實，一心想要搶奪穆斯林商人和印度洋貿易城市的商品貨物。達．伽馬曾在海上攔截一艘孤立無援的穆斯林商船，然後狠下心腸放火燒毀它，此舉替雙方未來海航遭遇戰定下了基調：目擊者寫道：「船長（達．伽馬）殘忍無比，毫無憐憫之心，不僅燒毀這艘船，也燒死船上所有的人。」當時，若是聞到烤熟人肉融合灰燼的氣味，便是不祥徵兆，表示葡萄牙人已經近在咫尺。到了一五一一年，葡萄牙船隻四處劫掠，西起紅海，東至麻六甲（Malacca），處處可見其野蠻行徑。葡萄牙人進入從非洲莫三比克（Mozambique）到波斯灣出口處荷莫茲（Ormuz，又拚成 Hormuz）的貿易世界之後，斬首、肢解和絞刑景象不時發生，而且砲聲隆隆，處處可聞。

商賈投資者聯合贊助船隊不僅兇狠殘忍，四處掠奪貨物，也靠著買賣香料，賺取大筆錢財。馬爾喬尼與其他投資者贊助的一五〇二年海航計畫，原本只打算從事商業貿易，但船隊仍然能夠抽空去掠奪和襲擊其他商船。從亨利王子時期以降，早期葡萄牙人往南航行去探索非洲海岸時，為了獲取利益，除了從事貿易，便是私掠打劫，這種兩手策略一直存在，未嘗中斷。

哥倫布謝幕下台

正當葡萄牙人很快從東印度賺得金山銀山，盆滿鉢滿，哥倫布卻和天主教雙王一樣，發現自己捉襟見肘，不久便陷入困境。他航海經驗豐富無比，自我推銷手段高超，可惜欠缺領導才能，飽受壓力時也無法下決策。

哥倫布治理西印度群島時，手段殘酷、誇大妄想和狼狽恐慌，把事情搞得一塌糊塗。一四九五年，他率隊深入伊斯帕紐拉島（Hispaniola，現今的海地島）的中心探險，結果殺害島上數千名土著，更抓捕了許多人，帶回西班牙變賣為奴隸。在新興的大西洋世界，長久以來，四方探險之士早已認定，可以奴役別人，作為商品兜售，同時壓榨他們，命其勞動，以賺取錢財。熱那亞的蓄奴歷史甚至更久，早在中世紀末期，歐洲只有少數幾個地區盛行蓄養奴隸，熱那亞便是其中之一。哥倫布生長於熱那亞，爾後於大西洋四處探險。他有這種成長背景，很可能將奴隸制視為一種經濟模式，而對他來說，這並非是一種思想上的飛躍：例如，哥倫布曾在一四九八年寫一封信給斐迪南國王與伊莎貝拉女王，信中提到在塞維爾兜售四千人可淨賺二千萬馬勒威迪銀幣。他寫道：「他們目前會在運輸途中死亡，但並非總是如此，因為黑人和加那利島居民起初也有同樣的反應。」

眼見遠航冒險無利可圖，便抓人當作奴隸，輕鬆獲取回報，但如此一來，未來探險計畫便注定帶來悲劇。即使哥倫布受盡恥辱，被免除總督職務，他的惡毒行徑與無能失職卻早已融入整個西班牙殖民計畫的血液裡。

哥倫布分別在一四九八年和一五〇二到一五〇四年之間進行第二次和第三次遠航探險。他在風燭殘年之際遠航異域，愈來愈渴望發現亞洲大陸，卻不幸罹患各種疾病，身體無法負荷而痛苦萬分，健康日益惡化。他已經喪失管理自己發現土地的永久權利，天主教雙王早就剝奪了他的壟斷權利。發現西印度群島之後，只能奴役當地居民和開採貧瘠的金礦來獲利，遠不如前往東印度群島，可以獲取無法估量的財富。哥倫布口口聲聲主張，他找到了一條通往東方的新航線，但這顯然是錯誤的。一五〇六年，哥倫布撒手人寰，死得毫不光彩，還被剝奪他長期以來渴求的榮耀與財富。

他有兩個子嗣，一是婚生子迪亞哥（Diego），二是私生子費爾南多（Fernando），兩人日子過得更舒適。他們逐漸獲得頭銜、土地和收入，他們死去的父親生前若能享有這等榮耀財富，鐵定會樂不可支。這兩兄弟甚至與君王對簿公堂多年（號稱**哥倫布**

訴訟〔pleitos colombinos〕），希望雙王能夠兌現以前承諾哥倫布的東西，而回想當年，雙王可是從未期待哥倫布能夠發現什麼。迪亞哥和費爾南多偶爾能夠贏得訴訟，足以說明當年投資圈的勢力有多麼龐大，因為即使國王或女王侵占了產權，投資者也可以提出控訴，拿回屬於自己的東西。

在十六世紀初的多數時期，西班牙國王會派任總督和王室官員，這些人主要負責收稅與分發特許權。隨著埃爾南．科爾特斯（Hernán Cortés）、法蘭西斯克．皮澤洛（Francisco Pizarro）與其他西班牙征服者陸續掠奪大片美洲土地，然後宣稱這些土地名義上屬於西班牙君主，葡萄牙王室依舊一如既往，直接參與開疆拓土的計畫。

人們講述大西洋擴張和遠航探險時，總是說這些是王室倡議的計畫，那些冒險犯難的知名人物，譬如達．伽馬、哥倫布與後繼的探險家，無不代表皇家遠航異域，探險搜奇。這樣講述故事，確實更能讓人理解。然而，在西班牙人眼中，這根本是顛倒是非。探險計畫幾乎完全由私人贊助，利潤幾乎被投資者納入錢包，而金主通常是熱那亞人。葡萄牙的情況則更能準確反映大西洋擴張在十五世紀末與十六世紀初是如何運作的。然而，即使在葡國，私人資金也起到關鍵作用：打從一開始，葡萄牙國王便很樂意將私人贊助的船隻納入王室的艦隊。一五一五年，葡國王室放棄在里斯本以本身名義出售香料的計畫，將整個業務轉移給安特衛普的某個私人承包商。當時的安特衛普乃是低地國家的主要金融中心，爾後也將長期成為全球金融的交匯點。

歐洲向大西洋和印度洋擴張，既非國家強力推行的舉措，也不是開拓自由市場且具有遠見的企業家所推行的計畫。王公貴族與商賈投資者參與其中時，根本不能體察這兩種區別。這兩派人馬無不積極參與每個擴張階段：商賈投資者想要得到壟斷權去掠奪資源、獲取高額投資報酬，以及訴諸暴力時能獲得保護傘，藉此自我保護和提高經商能力；王公貴族則是缺乏資金，不斷尋找資助商人，以便從事探險計畫，滿足愈來愈大的野心。無論皇室如何盤算去打宗教聖戰、讓異族皈依基督，或者對於全面的末日彌賽亞主義抱持何種理想，在這一段期，皇室推行遠航探險時，依舊渴求外界投入資金。其實，建設國家的王公貴族只要有鉅額的國庫收入，便能不惜一切代價，追求更強調意識形態的計畫。

將王室權力（迥異於如今認知的「公共」權力）運用於航海探險計畫，再將探險聚斂的財貨納進王室金庫，這兩者與金主贊助航海計畫的誘因完美結合。投資者想要壟斷貿易，而皇家可運用資源和施展力量滿足他們。這並非「國家資本主義」（state capitalism，整體資本主義歷史的前瞻性發展），也不是葡萄牙君主唐吉訶德式（Don Quixote）的高調理想，壓根不顧財政現實，一面倒向意識形態。這種做法講究實際，顧及現實政治（德語：Realpolitik）與王室職責或使命，具有悠久的中世紀先例。它不一定完全追求最多利潤，而是為了讓王室從大體上來看能夠獲得最大的利益。

在一四九〇年代及以後，由於投入資金大幅增加，探險獲益也增多，遠勝先前時期，此一過程便加速運轉。國王、官員和商賈投資者對於自由市場或競爭貿易不感興趣；他們一心追求利潤，無論利潤以何種形式出現於帳房和記於帳簿上都無所謂，壟斷不僅可以接受，甚至是可取的。他們採取令人震驚的措施來獲得利潤。這些王公貴族和權貴商賈要獲取財貨，其他人則得為此犧牲自由，成千上萬的人從摩洛哥、加那利群島、西非和「新世界」被運至歐洲之後賤賣為奴。更多人則因此命喪黃泉，好比追求榮耀的葡萄牙**縉紳**（fidalgo）在印度洋舉刀砍殺、拿槍射殺和用大砲轟死的穆斯林。此外，**新世界**的原住民很快就因為歐洲人直接掠奪當地以及感染外來疾病而死亡：據估計，在一四九三年至一五一八年期間，僅在四個最大的加勒比島嶼上，約有二十萬人死於西班牙人的統治。這只是揭開死亡序幕，未來還會更糟。

要是他們純粹只想追求利潤，就不會發生這些令人感傷的事情。如果他們以和平的手段，透過貿易來換取香料、黃金和其他貴重物品，這種做法是完全可以接受的。如果抓人為奴是獲得收益的唯一手段，或者假使蓄奴販賣利潤碰巧特別高，即使道德上再說不過去，也無法遏止探險者幹這類勾當。如果掠奪商船既輕鬆簡單，又能聚斂財貨，則殺人越貨，留下成堆死屍，也是可以接受的。如果需要奴役數以萬計的土著，方能從加勒比海的新殖民地壓榨出微薄利潤，那些原本可以阻止這種行徑的人就不會出言制止。在這段時期，世界首度出現全球化景象，犧牲人命、殘害生靈絕非附帶損害（collateral damage）[16]，而是整體擴張探險計畫能否成功與獲利的核心理念。

一四九三年三月，晚冬強風割人如刃，把**妮娜號**拖進里斯本港口，血腥的暴力歷

16 本指軍事行動時非出於軍方本意但誤傷、誤殺的無辜平民。

史那時尚未發生，仍在遙遠的未來。然而，里斯本熙來攘往，市井喧囂。在熱那亞資本家的帳房裡，西非純黃金鑄造的克魯扎多金幣叮噹作響；鐵器廠的熔爐轟鳴作響，鐵匠正忙著鑄造大砲；在造船廠中，擊打錘子的聲響不斷，鋸木聲也不時響起。這一切景象，在在暗示擴張過程正在逐漸成形。

歐洲首先前往大西洋探險和擴張，然後深入印度洋，此一過程與當代的其他過程緊密交織。當時，投資者亟欲追求利潤，願意將錢銀投入航海探險之類的高風險計畫。這些因素都在一四九〇年代同時出現。印刷術問世，哥倫布便能接觸那些塑造了他世界觀的書籍，即便他的觀念嚴重偏差，錯得離譜，而且他的「發現」也因印刷術發達而迅速傳播四方。桑坦赫爾甚至用印刷機印出成堆成疊的贖罪券，從中賺取銀兩，支付了哥倫布的探險花費。葡萄牙人在印度洋四處殖民時，靠著船堅炮利攻城掠地。哥倫布的船艦也配置了大砲。當時，投資者互通有無，某些是義大利人，某些是法蘭德斯人，另有一些來自伊比利亞半島，這些金主替這些所費不貲的探險計畫提供資金。西班牙與葡萄牙君主為了建設國家，奠定基業，無不亟欲獲取資金，渴望更多權力，於是應允且推動遠航探險。政商各界對於資金、投資和信貸有著共同的態度，也對於構建金融體制來支援探險計畫抱持同樣的理念，大批船艦便得以揚帆遠航，探險異域，最終滿載黃金、香料和奴隸，浩浩蕩蕩返抵故鄉。

1490

CHAPTER

TWO

卡斯提爾的伊莎貝拉與國家的崛起

1530

一四六六年四月

黎明來臨之前，女孩跪在地上祈禱：禱告、禱告、再禱告，希望能夠擺脫厄運。她眼皮下垂，一頭棕色直髮襯著長臉。此時，她緊閉雙眼，薄薄的嘴唇動了一下，卻沒發出聲。她青春年少，剛過及笄之年。午後陽光微弱，從狹窄如箭縫的窗戶投射進來，照亮了昏暗的室內，加之燭光閃爍搖曳，將她孤獨的身影勾勒出來。

女孩膝蓋痠痛，於是動了一動，舔了舔乾燥龜裂的嘴唇。小教堂外頭的城堡熙熙攘攘，熱鬧紛雜，但石牆厚實，隔開了四周的喧囂。此處位於卡斯提爾中心，時值四月，天候乾燥寒冷，冷風鑽進這座寂靜的教堂，讓她冷得瑟瑟發抖。

佩德羅·吉隆（Pedro Girón）是卡斯提爾最重要的貴族，位高權重，此時他正驅車前往馬德里市，打算迎娶這名女孩。他帶了三千名男性隨從，以確保婚禮能夠如期舉行。

結婚是人生大事，但從未有人徵詢過這位妙齡女子的意見。

然而，她絕不願束手就擒，被人當作政治棋子。她名叫伊莎貝爾（Ysabel，英語：伊莎貝拉〔Isabella〕），乃是卡斯提爾公主，第三順位的王位繼承人，卡斯提爾國王恩里克四世（Enrique IV）同父異母的胞妹。恩里克為了打贏一場情勢特別危急且曠日持久的內戰，便刻意安排她與吉隆結婚，以換取吉隆的支持。恩里克軟弱無能，伊莎貝拉無意受他擺佈，嫁與這位卡斯提爾貴族，只為了讓這位同父異母的兄長和對方結盟，但她自己卻撈不到任何好處。她知道自己未來會如何，應該能夠扶搖直上，甚至憑藉自身能力，登上卡斯提爾王位。伊莎貝拉在馬德里沒有軍隊，但不代表她沒有武器。她認為禱告和僱傭騎士兵團沒兩樣，同樣能致人於死。她熱切懇求：「**願天主擊殺吉隆。**」要嘛殺死吉隆，不然便賜死她。無論如何，她都不會嫁給他。

午後日光漸沉，暗夜逐漸圍攏，掛滿布條的祭壇與多幅聖母瑪利亞（Virgin Mary）的畫像陷入了愈來愈深的陰影之中，伊莎貝拉站立起來，膝蓋疼痛不已。**梅塞塔高原**（meseta，又稱**卡斯提爾高原**）的空氣涼爽乾燥，她吸了一口氣，再次祈禱，希望上帝能聽到了她的禱告。

數週之後，一位信使策馬狂奔，馬蹄達達衝進城堡庭院。他傳訊稟報說吉隆死了。這位貴族離開盤據點之後，不久便死於半途。伊莎貝拉的懇切祈禱蒙了上帝垂聽。

伊莎貝拉這位公主後來成為卡斯提爾女王。在她的眼中，祈禱是一種手段，她「有百折不撓的恆心，堅忍不拔的毅力，終獲幸運之神眷顧而得償所願。」她長大成人之際，身邊男人無不想利用她謀取政治利益。然而，她最後都讓這些傢伙屈從於她，包括恩里克四世、她的丈夫亞拉岡的斐迪南、教宗和無數次要人物。在那個時代，統治者無不能力出眾且無情冷酷，從英格蘭和法蘭西到卡斯提爾和匈牙利，到處興起日漸強盛的國度，其中才華洋溢且成就斐然的，便是這位原本不大有望登基的女王。

伊莎貝拉在位期間三十年（一四七四年至一五〇四年），曾經整合伊比利亞半島的兩個最大王國，讓現代西班牙得以興起。她發兵征討，完成長達數百年的**收復失地**

運動（西班牙語：Reconquista），從地圖上抹去西班牙最後一個穆斯林政體，亦即格拉納達酋長國（Emirate of Granada）。在此過程中，她打造國家機器，藉此發動耗費軍資更多與更具破壞性的戰爭。在伊莎貝拉的監視下，西班牙成立惡名昭彰的**宗教裁判所**[1]，大肆迫害異端，處置異議分子，把教會與國家的髒手進一步伸進臣民的私生活。在她的授權下，皇室官員讓哥倫布航行至大西洋，結果造成重大的災難。她讓女兒嫁入歐洲最有權勢的皇室，譬如哈布斯堡王朝／奧地利王朝（Habsburgs），與一批王朝聯姻，攀親帶故，決定了新世紀高階政治（high politics）[2]的走向。最後，在她與斐迪南的領導下，十六世紀的歐洲爆發了大衝突，亦即西班牙人、哈布斯堡帝國與法蘭西瓦盧瓦／瓦洛王朝（Valois of France）之間無休無止的戰爭。

這是西班牙及其他地區政治結構發生變革的時期。伊莎貝拉才能出眾、欲望強烈與冷酷無情，乃是促成這種變化的關鍵人物。

國家的崛起

在這個關鍵時代，從伊莎貝拉身上可概括當時主要的政治趨勢。歐洲的統治者當時受到愈來愈多才幹出眾且學識淵博的官員支持，無不設法掌握更多權力。由於要解釋愈來愈多法律，統治者便推動皇家司法／審判（royal justice），從而踏進他們先前甚少接觸的生活領域。如同他們在整個中世紀所做的那樣，這些人士想發動戰爭，但不同的是，他們如今能夠調動更多資源。軍隊更為龐大，也更擅長戰鬥，隨處可見僱傭兵（這類武裝人員戰技高超，只要出得起價錢，便能招募他們），並且配備造價昂貴的大砲。因此，要發動戰爭，耗費的資源便大幅增加，各國無不絞盡腦汁籌措軍費。博學多才的官員於是設法開闢新的稅收名目與信貸賒帳來籌錢，讓國家發動戰事，圍困敵人，進行關鍵戰役，國家財政於是變得更加複雜。

這是「國家崛起」的故事，既古老又令人敬佩。如果推到最極端，這便是講述凱旋勝利的事蹟：高瞻遠矚的君主與股肱大臣改造了疊床架屋且效能極低的封建政府，使其成為現代高效率官僚機器的原型。這些新興國家預示日後將出現近代初期睥睨天下的絕對君主政體，以及當今的民族國家（nation-state）。

從此逐漸進步，緩慢而穩定，深謀遠慮的統治者依循連貫的上升軌跡，朝著可視為現代的事物發展。然而，這段過程其實並未那般符合理性、循序漸進和刻意為之。在這段時期，歐洲君主未嘗著手建立現代政府的雛形；他們懷著截然不同的想法，意欲達成更短期的直接目標。

然而，大約到了十五世紀末期，某些事物（應該說許多事物）確實徹底改變了。

1 伊莎貝拉女王於一四七八年要求教宗思道四世／西克斯都四世（Sixtus IV）准許成立，藉此護教，並以殘酷手段懲罰異端。聖座雖曾指責，卻始終沒有禁止此等行徑。

2 牽涉國家和國際安全議題的政治，相對於攸關經濟、文化或社會事務的低階政治。

伊莎貝拉之類的統治者可能沒有遵循必能促成現代國家的藍圖，但毫無疑問，各國君主在此期間掌控了更多權力。統治者刻意尋找工具來累積資源與增加實力，而且通常頗有成效。他們發揮才幹，憑藉一連串的有利發展，順利奪取權力，成就大業。

各國此時到底在擴張什麼？十五世紀末期的西歐王國並非十八世紀的行政、財政和軍事國家，也不是十九世紀與日後的官僚民族國家；它們由一批領土組成，而是某個統治王朝花了數個世紀，才逐漸奪取了這些土地。

說得準確一點，統治者對特定領土擁有特定的**權利主張**（claims to rights）。法蘭西國王並不擁有法蘭西王國；他是有權統治這個王國。其他人的權利主張可能或多或少具有價值，也許有許多人承認，或者完全沒人認可。此外，這些主張（稅收、行使司法權、鹽業專賣／壟斷或關稅）可能因領土不同而差異甚大。例如，讓法蘭西國王成為勃艮第公國（Duchy of Burgundy）統治者的主張，與他統治亞奎丹／阿基坦公國（Duchy of Aquitaine）或阿托瓦郡（County of Artois）的權利無關。統治者獲取權利主張並體現在自己身上，他們可以隨意收集權利，以及將權利遺贈他人。地方貴族和代表機構，通常稱為**諸階層**（estates，顯貴）[3]，確實可以與統治者爭奪這些權利，盡量替自己牟取特權。統治者倘若實力堅強，便可落實權利主張，予取予求。然而，假使他軟弱無能，連行使最基本的權力與收稅都將困難重重。

十三世紀與十四世紀，歐洲政局成熟穩定，此乃精心策劃、相互競爭權利主張之後形成的政治格局。各方你爭我奪，摩擦與衝突不斷發生，隨處可見，因為貴族、修道院、主教、特許城鎮和國王無不費心爭奪自己應有的權利。他們的主張相互重疊、彼此衝突且互為牴觸。某個物產特別富饒的領地，其稅入到底是歸於某個顯赫貴族，或者要上繳國王？誰有權徵收鹽稅，是地方領主，還是主教？法庭隸屬於貴族或皇家官僚機構？這些關鍵的爭奪行徑推動了歐洲中世紀的政治。

套句歷史學家約翰．沃茨（John Watts）精確但稍嫌曲解的話，在中世紀末期，政局紛擾，爭奪不斷，「王朝政體」（regnal polity）是最大的贏家。王朝政體通常（但未必）是一個王國，其統治者通常（但未必）是一位國王。圍繞這個人的政府能夠主張權利，順利執行司法審判、收稅，以及使用除了他之外無人能訴諸的武力。

英格蘭、法蘭西、卡斯提爾與亞拉岡之類的王朝政體並非歐洲政治格局中唯一的實體，它們也注定不會成為必定的政治組織模式。王朝政體的競爭對手分成兩大類。某些地區的城邦（city-state）非常突出，可能擁有一塊領土：例如，威尼斯建立了一整個海外帝國，但德意志西北部萊茵蘭（Rhineland）的斯特拉斯堡（Strasbourg）只控制其周邊地區。城邦通常由精通貿易的精英商人管理，很可能採用最先進的政府體制和稅收手段，其治理效能與收入遠勝於受制於農村貴族的王國。威尼斯領土較小，人口與法蘭西、甚至亞拉岡相比，根本小巫見大巫；然而，威尼斯與鄂圖曼帝國和其他強

3 特指中世紀歐洲的三個等級（Three estates）之一，此乃基督教國家的階級制度。最著名的是法蘭西舊制度，分成三個等級，由第一等級的神職人員，第二等級的貴族，和第三等級的平民組成。

國征戰時絲毫不落下風。城鎮聯盟（town-league）掌控了其他地區。漢薩同盟／漢撒聯盟（Hanseatic League）奪取了不少城鎮，好比呂貝克（Lübeck）、漢堡（Hamburg）、格但斯克（Gdansk）和里加（Riga），進而控制波羅的海的商業貿易，賺取了豐厚利潤。以伯恩（Bern）、蘇黎世（Zürich）和什威茲（Schwyz）為中心的瑞士聯邦（Swiss Confederation）不久前才粉碎勃艮第公爵「大膽查理」（Charles the Bold）的野心而擴增了領土，同時擊潰當時某些裝備最先進的軍隊而聲名鵲起。

其實，中世紀末期各種形式的政府，不單是王國，都有共同的發展模式與特徵。他們的金融交易更加密集和複雜，參與人員的數量和能力也不斷增加或提升，城邦和城鎮聯盟並非一定會被眾多王國超越。

然而，王朝政體最終依舊勝出，而這段時期便是轉捩點。內部與外部的整合推動了整個過程。統治者在其領土內放棄其他的權利主張，藉此鞏固自身權力。即使他們利用資源的效率不如城邦，這些統治者卻擁有更多的權力，能夠獲取更多的資源。此外，這些王國的君主會彼此幫助來鞏固勢力。大國會吞併小國，偶爾是血腥殺伐來征服弱小，但更常見的是透過王室聯姻來增強實力。

王朝政體由貴族階級成員所統治。他們基本上是**王朝**國家：總合統治者的所有權利主張，而統治者將擁有的主張傳給子嗣，以此代代相傳。統治者若想獲得更多的權利，最簡單方法是透過聯姻。整個中世紀皆是如此，而這個過程在十五世紀末期更是急速進展。愈來愈多的領土被愈來愈少的權貴掌握。這些王朝國家不僅內部鞏固得更加堅實，也變得更有效率和複雜；統治者利用策略婚姻（strategic marriage），讓男繼承者或女繼承人迎娶或嫁給王公貴族，從中便能統治新的領土，於是這些王朝國家便愈來愈強大，而且通常擴展得極為迅速。城邦和城鎮聯盟很難以這種規模來整合和擴張領土。

伊莎貝拉與鞏固王朝

若是談到鞏固王朝，這段時期的統治者沒有比利用伊莎貝拉來聯姻更直接的手段了。雖然吉隆未能娶到伊莎貝拉，恩里克四世仍不死心，依舊盤算著如何與其他王室貴族聯姻。然而，伊莎貝拉決心掌握自身的命運。婚姻最令她頭疼，但她也是利用婚姻，解決了自己在一四六八年遭遇的難題。

那個難題出現於三年前，地點位於西班牙中部的阿維拉鎮（Ávila），距離馬德里不遠。這座城鎮防禦工事扎實，城牆雉堞林立，高聳無比，順延地勢起伏，蜿蜒而行。豔陽照射之下，城牆投下了大片陰影，卡斯提爾的貴族與神職人員連番發表演講，痛斥恩里克四世，說其德不配位，治國荒淫。他們慷慨陳詞，指出國王太喜歡穆斯林，而且個性軟弱，是個同性戀，根本不能治國，他甚至不是三歲女兒胡安娜（Juana）的父親，因此胡安娜不能繼承卡斯提爾。這些反叛的貴族打算推舉伊莎貝拉的弟弟阿方索（Alfonso），因為這個小男孩精力充沛、企圖心強，血統純正，與小胡安娜相比，簡直無懈可擊。他們將恩里克四世的木雕扔在地上，宣佈阿方索為國王，讓這場號稱「阿維拉鬧劇」（the Farce of Ávila）的事件達到最高潮。

然而，阿方索卻在三年之後薨歿，伊莎貝拉便順勢而起，晉升權力中心。她原本是不可能承繼王位的。恩里克四世在伊莎貝拉年幼之際，便將她和母后安置於阿雷瓦洛鎮（Arévalo）。她雖為已故國王的女兒，卻沒有拿到應得的錢銀歲入。伊莎貝拉總說自己童年悲慘，乃是上蒼要磨練她的心志，以備日後登基，承繼大統。阿雷瓦洛有點偏僻，卻不能說住於當地就是遭到流放，遠離了主流政壇。然而，伊莎貝拉對外塑造悲慘卻堅毅的形象，在在顯示她深知箇中三昧，了解君主該如何讓臣民擁護愛戴。

伊莎貝拉年僅十七歲，卻略懂政治的遊戲規則。她是前任國王的婚生女兒，萬一年輕的胡安娜公主出身有問題，她便是恩里克的合法繼承者，無論從現實層面或政治角度而言，這都說得通。這便是伊莎貝拉提出的理由：阿方索去世幾週之後，她在一封信中自稱「依照上帝恩典之公主殿下與卡斯提爾和萊昂（León）王國之合法世襲繼承人。」

這句話明確指出伊莎貝拉的血統和意圖，明顯展現她的行事風格：直截了當，充滿自信，深信上帝託付她重任。為了維護和利用唾手可得王位，伊莎貝拉需要盟友。最好的辦法是下嫁給大人物，而且要立即行動。

不少人在追求伊莎貝拉。恩里克駕崩之後，她最有希望統治卡斯提爾，也是卡斯提爾王位的主要繼承者。野心勃勃的貴族或想掌權的皇室成員，無不覬覦伊莎貝拉：

卡斯提爾是西歐強國，只要能迎娶伊莎貝拉，便能與她共治天下，甚至獨攬大權。

此等誘惑著實太吸引人了。放眼歐洲大陸，每座城堡、莊園和宮殿都有人在盤算與伊莎貝拉聯姻。不少卡斯提爾的達官貴族都表達了意願，但沒人能被伊莎貝拉相中。國王恩里克四世和伊莎貝拉的某些策士建議她與葡萄牙國王阿方索聯姻，但公主本人並不感興趣。英格蘭國王愛德華四世（Edward IV）的弟弟理查（Richard）年方十七，擔任格洛斯特公爵（Duke of Gloucester），算是很有競爭力的對象：他驍勇善戰，戰技高超，許久之後成為理查三世（Richard III），不僅謀殺了姪子愛德華五世，更成為莎士比亞筆下的惡棍。然而，英格蘭爆發**玫瑰戰爭**（Wars of the Roses）[4]，政局不穩，讓本應光芒萬丈的理查黯然失色，而且英格蘭也過於遙遠。理查最終篡奪王位，戰死沙場，並且死後聲名狼藉。他從未與西班牙攀上姻緣來獲取權力。

另一位競爭者是法蘭西國王路易十一（King Louis XI）的胞弟與現任繼承人查爾斯（Charles），他是基恩和柏利公爵（Duke of Guienne and Berry）。查爾斯與理查不同，是一個不起眼的人。他當時最著名的事蹟便是在稱為**公益戰爭**（War of the Public Good，法語為 La guerre du Bien public，更多細節見下文）的血腥內戰中被他兄長的敵人當作棋子。查爾斯坐擁大批土地，足以建立獨立的國家，但他卻無力善用這筆資源，

4 蘭開斯特家族（House of Lancaster）與約克家族（House of York）的支持者為了爭奪英格蘭王位而斷斷續續發生的內戰。這兩大家族皆是金雀花王朝的王室分支。蘭開斯特王朝的標誌是一朵紅色玫瑰，而約克王朝的標誌則是一朵白色玫瑰，故兩派紛爭被稱為玫瑰戰爭。

讓伊莎貝拉眼睛為之一亮。無論他的血統如何高貴，政治人脈多麼深厚，這位法國公爵依舊被掃地出局。

伊莎貝拉已經有了人選。她心目中的少年，便是十七歲的西西里（Sicily）國王、亞拉岡王位繼承者斐迪南。亞拉岡與葡萄牙和卡斯提爾一樣，乃是伊比利亞半島的主要王國，統領地中海沿岸地區。它以沙拉哥薩（Zaragoza）與瓦倫西亞（Valencia）為中心，而巴塞隆納（Barcelona）則是王國內一支強大的半獨立勢力。長期以來，亞拉岡的眾多國王不斷向海外拓展勢力，觸角伸至薩丁尼亞島（Sardinia）和西西里島，偶爾涉入拿坡里王國（Kingdom of Naples）的局勢。只要與斐迪南結婚，伊莎貝拉將可把西班牙最大和最重要的兩個王國的權利主張合併納入單一的王朝譜系，甚至可以對某些遙遠的地區主張權利。

這便是鞏固王朝的本質。卡斯提爾本身就是兩個古老王國卡斯提爾和萊昂的混合體。斐迪南將繼承的亞拉岡王位同樣是數個領地的結合體：亞拉岡本身、巴塞隆納郡、瓦倫西亞市，以及各種地中海的延伸地區。每一塊領土都有自身的歷史，而且通常也有自己的體制、習俗、代表機構和法律。唯有擁有主張權利的統治者才能將他們聯合起來，而且他們可能對繼承權以及統治者在他們內部的權力有著截然不同的規定。就這點而言，卡斯提爾與亞拉岡並非獨樹一幟。歐洲當年的主要王國都是複合體，或大（神聖羅馬帝國）或小（英格蘭）。對於該地區的每位統治者來說，這是反覆出現的問題，也是導致情勢持續緊張、內部衝突不斷與內戰頻頻爆發的根源。

亞拉岡的斐迪南

伊莎貝拉肯定知道自己與斐迪南的婚姻代表什麼：兩個最偉大的西班牙王國合為一體。以前從未有過此種聯姻。斐迪南的父親，亦即詭計多端的亞拉岡老國王胡安二世（Juan II），決心讓兒子與伊莎貝拉攜手合作，統治整個伊比利亞半島。恩里克四世也吃了秤砣鐵了心，想極力阻止這樁婚事。他打算讓伊莎貝拉嫁給葡萄牙國王，甚至告訴一批葡萄牙使節：假使伊莎貝拉膽敢與亞拉岡人聯姻，他便不惜動用武力去監禁她。伊莎貝拉若與斐迪南結親，恩里克便無法坐穩大位，女兒胡安娜的王位繼承權也會被奪走。

不幸的是，即便恩里克一心阻攔，伊莎貝拉卻知道百姓的心思想法。這位公主致函胞兄，寫道：「我孤身一人，沒有受到公平對待，無法享受適當的自由以及行使自由意志。在協商婚姻時，要以上帝恩典作為必要原則，同時私下諮詢**大公**（grande，西班牙地位最高的貴族）、高級教士與眾**紳士**（caballero，西班牙紳士或騎士），也要詢問臣民，聆聽他們的意見。」倘若各位還不清楚卡斯提爾有權勢的人（亞拉岡國王早已拿大把銀子收買了他們）偏好誰，不妨去看一看：在街上玩耍的孩子們高喊「亞拉岡！」，大聲指出他們要伊莎貝拉嫁給亞拉岡人，而非葡萄牙人。十八歲的伊莎貝拉耐心十足，暗中施展手段，讓恩里克白費心機，而且把他逼到了牆角。

話雖如此，伊莎貝拉仍然深陷危險。斐迪南眼見自己的新娘被敵人包圍，根本不願等待。他和幾個同伴喬裝成商人下鄉，穿越敵人數百英里的勢力範圍，前往瓦雅多利德（Valladolid）。恩里克的手下四處尋找他，斐迪南可能會被俘虜，甚至慘遭殺害。然而，要有巨大的回報，就得承擔巨大的風險。如果能合併他的亞拉岡與卡斯提爾，斐迪南甘願冒這個險。他在夜深人靜時騎馬進入瓦雅多利德去會見伊莎貝拉。兩人一見面，立刻陷入了愛河。

斐迪南首度抵達瓦雅多利德與伊莎貝拉見面時，這位準新娘看到的是身材健壯、體型適中的十七歲少男。少男棕色的直髮勾勒出圓臉，臉上總是掛著微笑，一派輕鬆自如。那張臉散發著無窮魅力，足以吸引男人到他身邊，也能吸引女人到他床上。斐迪南魅力十足，日後卻因為花心而激怒伊莎貝拉，這點我們完全可以理解。斐迪南打從孩提時便一直受到栽培，日後要成為萬人之上的國君。他整個人體現了當年政治精英重視的騎士精神與君王美德。斐迪南騎術出色，熱情洋溢，年紀輕輕便已身經百戰：他十二歲就參加人生的第一場戰鬥。隨著時間的推移，他將逐漸累積豐富的經驗，成為冷酷無情（甚至不守道德的）政客，而伊莎貝拉就是欣賞這種人格特質。就在他倆會面的前一年，斐迪南主持了母后的葬禮，含著淚水向瓦倫西亞市的王公貴族發表演講，內容令人信服，竟然終結了該市內部的派系衝突。斐迪南雖然年少，卻能在關鍵時刻從容應對，而這正是伊莎貝拉愛上他的原因。

這位王子孤身一人勇闖西班牙村野去尋找伊莎貝拉，不僅是個浪漫的舉動，更是奠定兩人終身戀情的基礎。中世紀末期的經世治國不僅是面對冷酷的現實政治以及追求目標的國家建設。國王與儲君皆是偉大的貴族，這個社會群體具有獨特的行為規則與規範。他們要展現高貴的言行舉止，規矩繁多，內容龐雜，而替女士效勞便是其中之一，此外還要察納雅言、寬厚大方，以及最重要的勇敢果決。這些乃是精準展現理想騎士國王的標誌。前往瓦雅多利德會見新娘雖然危險重重，卻是精明的盤算，能夠引起公眾的注意與共鳴。斐迪南能夠如此行事，日後必成大器，足以運籌帷幄，統領百姓。

對於伊莎貝拉而言，挑選丈夫的過程處處充滿危機。她冒著各種風險，有可能遭到監禁或落入恩里克四世之手，或者選錯丈夫以及誤失良機。然而，她放膽走鋼絲，不僅挑到理想伴侶，而且在正確的時間選擇正確的良人。一四六九年十月十二日，伊莎貝拉寫信給身為胞兄的國王：「我請信使遞交此信，通知陛下我結婚的堅定意願。」她並非請求皇兄恩准。伊莎貝拉早已打定主意，兩天之後便與斐迪南締結連理。

伊莎貝拉與斐迪南聯姻（以及卡斯提爾與亞拉岡的統一）足以說明盤根錯節的各方勢力與意外事件交織融合之後，將會產生何種震撼的效果。無論先前發生過多少勢力整合事件，這兩位荷爾蒙旺盛的青少年之所以能夠結婚，取決於一四六〇年代後期卡斯提爾的特殊政治背景以及在內戰時期與人結盟的需要。更重要的是，這樁婚姻是當事人（伊莎貝拉與斐迪南）展現個人素質之後的結果。雙方（尤其伊莎貝拉）都很清楚自己有哪些選擇，並且完美發揮自己的政治作用。他倆才能出眾，結合當代趨勢，鼓動風潮，推展時勢，從而造成國家崛起時改變世界的結果。

王權的盛衰起伏

在中世紀末期的諸王國，雄心萬丈的統治者，譬如卡斯提爾的伊莎貝拉，並非活在象牙塔裡，純粹懷抱理想，追求客觀枯燥的國家利益。然而，權力鬥爭的冷酷環境與重視統治者特殊特徵的政治文化之間存在一個反饋循環。整體的大環境是基督教信仰普及，臣民期待國王能夠伸張正義，對異教徒發動戰爭。君王若不如此行，便是有失職責，尸位素餐，眷戀王位。野心勃勃的統治者也會高舉正義的旗幟與對外發動戰爭，藉此擴大自身與國家的權力。

在十五世紀末期，這並非一種新的現象。數百年以來，中世紀建設國家的統治者無不踏上這兩條道路，或多或少都有所斬獲。在不同的時期與不同的地方，王權有增有減，但總體呈現逐漸增強的趨勢。到了十四世紀中葉，在愛德華三世（Edward III）統治下的英格蘭，王權達到了高點，這位金雀花王朝（Plantagenet）國王在**英法百年戰爭**（Hundred Years' War）的高峰期占據了上風。一四一五年，法蘭西王國在**阿金庫爾戰役**（Battle of Agincourt）慘敗，爾後王權便跌至谷底。隨後，法蘭西領土被分成三部分，時任法王瘋瘋癲癲，自鎖於宮殿內，滿身糞便，多年無法持國問政，到頭來，甚至連誰真正掌握王權也莫衷一是。

一四六〇年代，伊莎貝拉和斐迪南剛統治卡斯提爾與亞拉岡，兩國正處於低谷。在那段時期，不僅伊比利亞半島，西歐各國也戰事頻傳，內亂不已。**玫瑰戰爭**仍在持續，英格蘭政局不穩，已經讓一代人消耗了大部分的精力與時間。法蘭西貴族反抗國王路易十一（King Louis XI），引爆一場內戰，亦即**公益戰爭**，在一四六〇年代中期讓法國深陷動盪不安。各王國內亂紛爭，情況各異，但所有叛亂皆牽涉一個核心問題：國王該扮演何種角色以及能有何種作為，還有王室政府的權力該有多大（從極度軟弱到權傾天下），各方對此看法嚴重分歧。法蘭西國王在勃艮第公爵的領地上有何權利？假使英格蘭國王有精神病而無法視事，哪位貴族該行使王權且依據何在？

此外，外邦統治者經常介入某國政爭，透過王朝聯姻來支持彼此對抗的勢力，使得局勢更為詭譎複雜。王國的邊界是可滲透的，沒人能阻止某王國的主要政客與另一個王國的貴族或國王勾結串連。其實，當時的政治精英認為，參與政治乃是天賜權利。因此，從西班牙中部的**梅塞塔高原**一直到蘇格蘭邊境，比較少見各王國的單獨內戰，反而是遍佈整個歐陸的政治糾葛。暴力橫生，衝突頻傳。這是結構性問題，而非個人問題，已經融入中世紀末期的政治DNA，此乃王權隨著中世紀的遞嬗而擴增之際，其他勢力普遍的反撲趨勢。

伊莎貝拉與斐迪南長年身陷內部衝突，飽經磨練而漸趨成熟。由於加泰隆尼亞（Catalonia）追求獨立建國，亞拉岡便陷入長達十年的內戰。加泰隆尼亞農民不時起義抗爭。該郡的代表機構，亦即議會（Corte）[5]，向卡斯提爾的恩里克四世遞交該郡

5 本書後頭拼成 Cortes。Corte 是西班牙文，意思為議會或國會。

要自我統治的要求；路易十一則與亞拉岡國王胡安二世（斐迪南的父親）結盟，對抗加泰隆尼亞人，爾後路易十一又背棄盟約，與加泰隆尼亞人結盟反抗胡安二世，希望奪取幾塊亞拉岡的領土。

恩里克、伊莎貝拉和斐迪南達成了一項協議，緩和雙方的緊張關係，協議內容是恩里克駕崩之後，伊莎貝拉將繼任為王。然而，當恩里克於一四七四年去世時，這項協議立即作廢。兩派勢力劍拔弩張，一派是伊莎貝拉與斐迪南；另一派則是恩里克十二歲的私生女胡安娜。卡斯提爾貴族的各派系紛紛選邊，在雙方身後一字排開。此外，另有一項因素讓事態更加複雜：胡安娜與五十歲葡萄牙國王阿方索五世聯姻。嚴格來說，這本是一場內戰，但阿方索介入之後，局勢就沒那麼單純了，此乃各王國彼此聯姻而引發的紛爭。卡斯提爾王位繼承戰爭打了四年，伊莎貝拉與斐迪南於一四七九年獲得勝利。

卡斯提爾王位繼承戰（The War of the Castilian Succession）混亂殘酷，伊莎貝拉與斐迪南從中學會了如何領導統御。在爆發衝突的前幾年，他們了解必須與貴族和城鎮（另一批關鍵臣民）攜手合作，同時盡量設法行使君王權力。尤其伊莎貝拉繼承了父親在位時行使的強大王室特權，譬如對於稅收、土地和司法權的權利主張。然而，恩里克在位時把國政搞得一團糟，這些權利主張早已失效。隨著伊莎貝拉登基為女王，先前的王室特權便重新起死回生。

對於當時整個歐洲的成年統治者而言，情況確實如此：雖然內戰頻傳，政治動盪一波接一波而來，數個世紀以來限制王權的問題卻迎刃而解。君王最終獲得勝利，並且學會如何擴張勢力。

在卡斯提爾，王權屬於伊莎貝拉，而非斐迪南。從簽訂婚約那一刻起便是如此，而她登上王位之後，情勢更加明顯。斐迪南是以「女王陛下合法丈夫」的身分統治卡斯提爾，表示他是女王配偶，而非實質的統治者。伊莎貝拉承諾會服從斐迪南來安撫他。在十五世紀末期，身為人妻子都得如此，但這對夫妻顯然是彼此分享權力。只要伊莎貝拉還活著，她就打算和斐迪南共治卡斯提爾，根本不想當個傀儡，受詭計多端的丈夫操弄。

只要分享權力，兩人必有摩擦，尤其斐迪南老愛偷腥，搞得情況更為複雜。然而，他倆會追求更高的目標，通常還是能有效施政。在**卡斯提爾王位繼承戰**之後，兩人立即得處裡某些事情。他們籌組卡斯提爾的代表機構「國會／議會」（西班牙語：Corte），並加強皇家對該機構的控制，目的是集中權力和實施管理。他們命令與皇室有密切關係的法學家編纂卡斯提爾法律。具體的改革措施是要臣民受皇家法令限制，引進直接向君王負責的新法庭，並且重組處理法律事務的大法官法庭。最重要的是，他們收回大量曾經隸屬王室的土地，並取消授予卡斯提爾數代貴族的王室特權，尤其是收取資金（收稅）的權利。這些皆屬於皇家司法的範疇，乃是中世紀末期整個歐洲王室擴大王權的兩條傳統途徑之一。

儘管藉由皇家司法可擴展王權，但最能讓統治者集中權力的，便是出於緊急情況與另一位統治者發生軍事衝突。人人皆知，君主會發動戰爭。中世紀的王權意識便是如此演變而成，此乃基本概念，將國王與其臣民（上自王公貴族，下至販夫走卒）聯繫起來。發動戰爭時，國王必須與服役於軍隊的主要貴族密切接觸，將其進一步納入王權範圍。在中世紀的每段時期，戰爭花費極為高昂，到了十五世紀，戰事耗資更多，因為要能打勝仗，就要仰賴日益重要的昂貴火砲與專業的僱傭兵。

統治者的私人資源，亦即皇室領地（royal domain），遠不足以支付曠日費時的戰爭。君王必須設法籌措軍餉：一句話，就是要收稅。徵稅需要皇家政府和權力掮客（power broker）之間達成共識，這些中間人可能是代表機構、城鎮官員或貴族。這便進一步讓這些臣屬與中央政府連結起來。這與建構皇家司法如出一轍，需要忠於王室的博學之士組成官僚機構來管理稅入，讓國家得以進一步擴大權力。套句社會學家查爾斯・蒂利（Charles Tilly）的名言：「戰爭造就國家，國家製造戰爭（War made the state, and the state made war）。」

伊莎貝拉與斐迪南可是非常樂意攻打西班牙最後一個穆斯林政體格拉納達酋長國。

收復失地運動與格拉納達

所謂**收復失地運動**，便是將穆斯林政體逐出西班牙。當伊莎貝拉與斐迪南將注意力轉向格拉納達時，這項運動已經推展了七個多世紀。穆斯林於七一一年首次進占伊比利亞半島，短短數年內便推翻了自六世紀初以來一直統治該地區的西哥德王國（Visigothic Kingdom）。基督教統治者只能退居遙遠的北部，占領山脈崎嶇與不吸引人的土地。當時，西班牙的穆斯林社會更為強大富裕，組織也比較複雜。即便如此，備受壓抑的卑微基督教徒依然開始推動**收復失地運動**。到了九世紀，這些小王國的基督教作家萌生了下面的觀點：按理說，西班牙屬於他們，因此必須將穆斯林驅逐出境。

我們原本認為，在整個中世紀的西班牙，唯有基督徒與穆斯林長期衝突不斷，但事實並非如此。在十一世紀時，原本一統的後倭馬亞王朝（Caliphate of Córdoba，又譯科爾多瓦哈里發國，其首都是科爾多瓦）垮台，分裂成許多穆斯林小國，稱為**泰法**（taifa，阿拉伯語原意為「幫派」或「教派」），而基督教的眾君王除了與這些**泰法**的君主征戰，也經常彼此爭鬥。反之，統治**泰法**的小國王（Mul k al-Taw'if，直譯為「幫派的國王」）則非常樂意與基督教國王結盟或向其進貢。回想當年，局勢混亂，即便有共同信仰，也無法保證政治忠誠。君王誠摯發動宗教戰爭時，檯面下也隱藏擴張領土的野心，同時反應冷酷的政治現實。

一〇九五年以後，十字軍理想[6]席捲西方的基督教世界，讓情勢更加複雜。教宗賜給民眾救贖，使其願意披掛上陣，剿滅不信教者／異教徒（infidel），不僅前往**聖地**

6 發動十字軍遠征者，起初宣稱要從伊斯蘭教徒手中奪回耶路撒冷和聖墓，其實遠征起因錯綜複雜，歐洲當時政治動盪、經濟困頓與宗教氛圍都是讓有心人士發動戰爭的原因。然而，西方持續不斷對外征戰，結果元氣大傷，教會轉而主張以武力對付歐洲的仇敵，譬如西班牙的阿拉伯人、離經叛道者和北歐的異教徒。

作戰，還去攻擊西班牙的穆斯林與波羅的海（Baltic）的異教徒（pagan）。這種誘因非常強大，吸引歐洲各地的士兵前往伊比利亞半島。此外，教宗可以收取特殊的十字軍稅，將稅入挹注給西班牙統治者。這是一種不同的誘因，但同樣是足以激勵人心的措施。眾國王不僅被民眾期待去發動戰爭，他們也**打算如此**。此乃中世紀統治者的分內職責。倘若他們能獲得報酬，又可以砥礪永恆的靈魂且擴大領土，那就更好了。在十二世紀與十三世紀時，穆斯林的領土一塊接一塊落入了卡斯提爾、亞拉岡和葡萄牙諸國君王之手。塞維爾和科爾多瓦於一二四七年到一二四八年之間被卡斯提爾國王斐迪南三世（Ferdinand III）征服，西班牙的穆斯林政體的末日便指日可待。當時只存留很小的格拉納達酋長國和直布羅陀巨巖（Rock of Gibraltar）。前述的三個基督教王國日益富裕，不斷擴大版圖，吞滅這些微小的殘餘勢力，只是遲早的問題。

雖說是遲早的問題，卻耽擱了兩個多世紀。直布羅陀巨巖最終於一四六二年被卡斯提爾攻陷，此次戰事乃是當時唯一的重大入侵事件。伊莎貝拉的同父異母兄弟恩里克四世於一四五四年登基，可惜非常無能，剛主政時曾誇下海口，要去征討格拉納達。然而，他不願意落實這個目標，因此不受臣民愛戴。卡斯提爾的主要政治人物不但信奉這個目標，更是身體力行。他們徵召了大批軍隊，王國的最偉大貴族也都入列參與，所需軍資糧餉皆由「國會」與城鎮收取的巨額稅收來支付。然而，恩里克並未拿下格拉納達這個小酋長國，反而猶豫不決。他只是隨意圍攻某些據點，襲擊穆斯林領土，然後將掠取的豐厚錢銀分給最親密的盟友，沒有分給麾下重要的權力掮客。

如此便觸犯了兩項禁忌：首先，身為國王，卻沒有擔起責任，主動發起戰爭；第二點更嚴重，就是沒有推動整體的**收復失地運動**。英格蘭國王若未能對法蘭西宣戰已經夠糟了。對於在伊比利亞半島上公開承認信奉基督教的國王而言，若是逃避卸責，不去對抗信仰敵人，情況則是更糟。到了十五世紀中葉，卡斯提爾的統治者深受某種傳統影響，認為西班牙在宗教和文化上是截然不同的。此乃一種彌賽亞傳統，將西班牙描繪成神所揀選之地，統治者也是由神所選擇，要帶領世界走向末日，等待耶穌重新降臨。歷史學家佩吉．利斯（Peggy Liss）指出，歷史乃神所塑造，無論在過去和未來，西班牙統治者都在扮演關鍵角色。恩里克不願對格拉納達全面宣戰，便是推諉責任，而伊莎貝拉與斐迪南登基之後，便毅然決然承擔這項職責。身為統治者，既然要追求正義，就應該去討伐異教徒。

對於伊莎貝拉與斐迪南而言，征伐格拉納達有許多好處。首先，數十年來，卡斯提爾與亞拉岡的暴躁貴族和國王之間分歧不斷，征討異教徒便能整合這兩派勢力，顧及現實政治。最能讓主要權力集團與君主追求共同利益的事情，莫過於戰爭。一旦發動戰事，貴族便會與統治者持續保持密切的關係。這點至關重要。在政治精英眼中，統治屬於個人作為，而非因循制度。君主要展現恢弘氣度，要能在同輩前說話得體，受人讚揚，並且在宴會和慶典公開與臣屬互動：這些是將貴族與統治者融為一體的事物。統治者也是重要的貴族，既是重要貴族，也該是驍勇善戰之士。君王是斐迪南能沉著鎮定施展的角色，而他確實發揮得宜。貴族能透過戰爭來功成名就與發財致富。

只要打勝仗，伊莎貝拉與斐迪南便會將戰利品分配給忠誠的追隨者。伊莎貝拉巧妙扮演了受到騎士追求的浪漫女士，勇敢的騎士會上戰場為她獻身。伊莎貝拉了解該如何操弄這種文化腳本，深知要如何激勵男性貴族，因為她需要這些人仗義出征和派遣所屬的私人部隊去征服格拉納達。

從表面來看，格拉納達的奈斯爾王朝（Nasrid dynasty）並非特別強大的對手。這個酋長國只占據伊比利亞南部的一小塊土地，以格拉納達市和繁榮的馬拉加（Málaga）海港為中心。當地約有三十萬居民，與卡斯提爾的五百萬人口和亞拉岡的一百萬人相比，簡直微不足道。在過去數個世紀，每當衝突爆發之後，基督徒若是占領了土地，摩洛哥的強大穆斯林統治者便會越過直布羅陀海峽來救助西班牙的同教信徒。然而，如今早已不復見這種手足之情。

卡斯提爾與亞拉岡群情激昂，氣勢旺盛。儘管兩國在一四七八年與格拉納達簽過休戰協議，但伊莎貝拉和斐迪南顯然不斷盤算何時出兵，並且有許多年一直抱持這種想法。其實，要發動戰爭的承諾早已明確寫入他倆的婚約。編年史家普爾加（Pulgar）寫道，兩人「始終懷抱雄心壯志，打算征服格拉納達王國，將摩爾人（Moor）政權與穆罕默德之名從西班牙這塊土地上驅逐出去。」反覆進行內戰很合理，因為卡斯提爾方能做好準備，最終與格拉納達決一死戰。隨著**卡斯提爾王位繼承戰**接近尾聲，伊莎貝拉與斐迪南鞏固了他們對雙王國的治權（斐迪南於一四七九年登基為亞拉岡國王），為發動戰爭做好了準備。皇家代理人收回過去數十年中給與受益人的大批財產和收入，同時開闢更多籌集資金的管道。卡斯提爾城鎮的民兵是王權的重要基礎，這些戰士已經準備好要奔赴沙場了。

雙方剛爆發衝突時，情況出人意料，格拉納達竟然在一四八一年年底突然襲擊了扎哈拉（Zahara）的邊境要塞，卡斯提爾人在一四八二年的頭幾個月出兵反擊。伊莎貝拉與斐迪南向南前往戰區，並且在當地集結軍隊，爾後便攻下阿哈馬市（Alhama）。城市民兵、接受政府贈與土地而上戰場的騎士、貴族及其私人軍隊，以及君主在公開市場上僱用的訓練有素的士兵，這些人都聽命統治者的召喚，齊聚在一起。他們駐紮在安達魯西亞主要的貿易和金融中心梅迪納德爾坎波（Medina del Campo）。此地正是未來要征戰殺伐、血流成河之處。

這不僅是兩國之間的地緣政治競爭或簡單的土地掠奪；這是一場宗教戰爭，參與各方是如此理解的。教會徵收了大量稅金，這些錢銀被正式指定（但很少使用）用於資助十字軍東征。教宗、國王和王后之間激烈談判，讓這些錢銀保留在西班牙，沒有將其送往羅馬。此後各方又反覆討論，教宗思道四世（Sixtus IV，又譯西斯克特四世）終於被說服，於是洋洋灑灑編了一段聖戰瞎話：「天堂之門將開啟永恆榮光，照耀神聖使徒與光榮之殉道者。」教宗承諾，戰士無論階級為何，其罪孽都將全部獲得赦免。十字軍東征是基督教徒和穆斯林之間將近四個世紀的聖戰，不僅發生在西班牙，而是遍及整個地中海世界。卡斯提爾與格拉納達的戰爭是最後一次真正的十字軍戰爭。

若在開戰之際抵達梅迪納德爾坎波，便可窺探昔日的中世紀十字軍戰爭以及屬於未來的戰事。大砲與火藥桶大量湧入這座城市。令人害怕的瑞士傭兵亦是如此。他們在過去十年博得了名聲，並且將在下一個世紀主宰整個歐洲戰場。這可能是最後一次十字軍戰爭，但從本質上來講，它也開啟了十六世紀毀滅性軍事衝突的序幕。

女王的戰爭

對格拉納達的戰爭看似贏得輕鬆寫意，但雙方其實殺得屍橫遍野，血流成河。這個酋長國與卡斯提爾和亞拉岡相比倒是不大，卻有內華達山脈（Sierra Nevada）屏障，地勢崎嶇不平，山峰白雪皚皚，極難攻克。在通往當地主要城鎮的路途上，隨處可見堡壘與城鎮，圍牆高聳。要進入城鎮，得先穿越隘路峽谷和通過一連串的危險地形。此處易守難攻，守軍能埋伏突襲，打了便跑。過於自信的卡斯提爾人和他們傑出的女王很快便察覺到這點。

一四八二年的戰役可供後人參考，知道從事先進戰事有哪些要求。斐迪南慘敗，未能攻下洛哈（Loja）要塞。他的士兵紀律鬆散，毫無準備，根本沒有備妥所需火砲，軍糧補給也不足，無法長期圍攻敵人。隔年情勢也不盡人意。加的斯侯爵（Marquess of Cádiz）與聖地亞哥騎士團團長（master of Santiago，此階級如同著名的**聖殿騎士**〔Templar〕或**僧侶騎士團**〔Hospitaller〕）打算以重兵突襲馬拉加附近的山脈。眾騎士接近馬拉加時，很快便受困於狹窄的峽谷。格拉納達人埋伏在上方的山丘與山脊，發射箭矢與投擲石塊，屠戮谷底的騎士。時值三月，卡斯提爾人在冷風中瑟瑟發抖，受困於迷宮般的峽谷，數千人因此陣亡。更多人遭到逮捕。唯有少數人逃回安全地帶，但卻只能在乾旱的山區覓食果腹，而且幾乎渴死。沙爾基亞（al-Sharqiya）的潰敗簡直慘不忍睹。原本打算突襲敵人邊防，最後卻慘遭屠戮，飽受屈辱，這就表示格拉納達人即使面對崛起的卡斯提爾，也絕對不會俯首稱臣。

從此之後，卡斯提爾人行動時更加謹慎。他們出動規模更龐大且紀律嚴明的部隊，採取有系統的進攻方法，用大砲和投石機圍攻要塞，同時掠奪農村，截斷敵人的物資供應。瑞士僱傭兵、法蘭西工程師與德意志大砲鑄造工匠紛紛南下，讓卡斯提爾人配備最先進的武器。布哥斯（Burgos）的紡織工和塞維爾的鐵匠棄業從軍，拿起武器奔赴戰場。身穿盔甲的騎士沿途策馬狂奔，塵土飛揚，而安達盧西亞天氣炎熱，烈日炙烤著他們的鎧甲。成群的馱畜背著穀物、火藥、弩箭和戰爭必需品，沿著山路疾行，穿越內華達山脈。年復一年，伊莎貝拉與斐迪南逐漸占據上風，一座城堡接著一座城堡，一個城鎮接著一個城鎮，接連落入他們手中。

知道這種新型戰爭的要求是一回事，但為此付出代價又是另一回事，而且戰爭勞民傷財，消耗的軍資極為驚人。從一四八二年至一四九一年，幾乎每年都有成千上萬的士兵進軍格拉納達。隨著戰事持續進展，投入的士兵人數日漸增加：在一四八四年時，一次遠征只需派出六千名騎士和一萬二千名步兵，到了一四九一年的最後一次戰事，竟然派遣了一萬名騎士和四萬名步兵。此乃中世紀軍容最為壯盛的部隊，讓英格蘭亨利五世（Henry V）在**阿金庫爾戰役**派出的軍隊相形見絀。這些卡斯提爾士兵必須在艱困的地形作戰數個月。給士兵補給物資的馱畜多到令人難以置信：一四八四年時，為了替一萬八千名戰士提供糧草，動用了三萬匹馬、騾和牛。卡斯提爾軍隊日漸龐大，馱畜的數量與日俱增。此外，法蘭西也趁機入侵亞拉岡北部，斐迪南不得不分兵抗敵，整體情勢因此更為複雜。投入兩條戰線比單打一條戰線更為複雜，情勢也更加嚴峻。伊莎貝拉與斐迪南必須設法處理這種局面並應付所有軍費支出。

國家財政

發動戰爭必定勞民傷財。「獅心王」理查（Richard the Lionheart）抵押大部分的英格蘭土地，包括皇家土地與公署，方能支付第三次十字軍東征的糧餉。每當英格蘭或法蘭西在**百年戰爭**中占據上風時，通常都是本身的財政制度有所改善。然而，古代戰爭從未像十五世紀的戰爭那般耗費軍資。英方在**百年戰爭**最終戰敗，雖是亨利六世國王（King Henry VI）治國無方，財政枯竭也是導致戰敗的因素。英格蘭爾後旋即爆發**玫瑰戰爭**，直接的導火線便是前次戰爭遺留了巨額債務。勃艮第公爵「大膽查理」是這段時期最傑出的軍事家，常有創新構想來籌措軍餉。他有一批常備軍，不斷對外征戰，讓某些歐洲最富裕的領地破產，譬如法蘭德斯（Flanders）、庇卡底／皮卡第（Picardy）、布拉奔／布拉班特（Brabant）與勃艮第。一四七七年，查理礙於財政枯竭，於是打算奪回南錫（Nancy），不料竟在該市外圍被瑞士軍人拿戟一槍劈死，結束了野心勃勃的一生，辛苦打造的王朝也就此崩潰。

為免自己落入「大膽查理」或亨利六世的下場（前者的頭顱被戟劈成兩半，或者先被監禁，爾後被篡位者毆打致死），伊莎貝拉與斐迪南必須設法籌措軍餉，以支付連年不斷的戰事。兩人為了開拓財源，便尋求能獲取大量資金的來源。我們已經看到他倆把腦筋動到教會的稅收，因此曾與教宗激烈談判。打這場聖戰的確非常傷財：軍資超過六十萬亞拉岡弗羅林，等值於一．五九億馬勒威迪銀幣。這個數目還遠遠不夠。然而，這是一場十字軍戰爭，即使不是戰士的平民百姓，每年也掏腰包贊助軍餉，藉此品嘗一丁點救贖的滋味。口齒伶俐的宣傳者四散於卡斯提爾和亞拉岡各地籌措資金，結果募得了四．五億馬勒威迪。哥倫布一四九二年的遠航探險總共只花了二百萬馬勒威迪，相較之下，這筆數目簡直匪夷所思，但仍然遠遠不夠。

伊莎貝拉、斐迪南和頭腦敏捷的財政策士用盡了各種方法籌募軍餉。打完這場戰爭之後，雙王用盡全力榨乾戰敗方：一四八七年，馬拉加被攻破，全部居民慘遭關押以索要贖金。付不起錢的人（占絕大多數）都被變賣為奴，用以支付耗費的糧餉。王室對販賣百姓的所得徵收銷售稅，並且要大約四百五十名居住在該市的猶太公民繳交贖金，從中賺取了一大筆黃金。數個世紀以來，各國在邊疆發動戰爭時會掠奪民間物資，用來支付軍餉。隨著投入戰事的士兵人數日漸增加，掠奪的物資銀兩也愈來愈多。卡斯提爾的代表機構「國會」以（財產）授與／讓渡（grant）的形式徵稅，支付了其餘的軍費。來自**兄弟會**（西班牙語：Hermanadades，遍佈卡斯提爾的宗教／軍事組織）的稅收以及一系列銷售稅和關稅也是如此。

然而，這還不夠，唯一的辦法就是貸款來補足差額。向王子和國王貸款其實充滿風險，而銀行之所以願意借錢給統治者，並非根據理性預期的投資回報，而是賭該王國的社會和政治能否持續進步。統治者若想逃避債務，沒人能拿他們有辦法，而且他們也可能在任內駕崩。繼任君王不一定要替前任國王償還債務。因此，賭錯注而破產的大型銀行不在少數。佛羅倫斯的巴爾迪（Bardi）與佩魯齊（Peruzzi）是中世紀最大的商業銀行，在**百年戰爭**初期卻因為英王愛德華三世（King Edward III）違約而破產。愛德華三世倖存了下來，爾後國運亨通，連戰皆捷，但巴爾迪和佩魯齊卻關門倒閉。梅迪奇銀行（Medici Bank）是十五世紀最重要的金融機構，其布魯日分行在「大膽查理」生前借錢給他，因此蒙受損失，使得整間銀行陷入困境。

銀行通常沒有選擇。統治者會剝削富商或整個商業社群，強迫他們貸款，歐洲君王都曾這樣做。伊莎貝拉與斐迪南以這種方式籌措大筆款項（西班牙語為 empréstitos，表示**貸款**），而他們只打算償還一部分的借款。更多的錢是直接向願意借錢的人借來的，包括貴族、城市社區、主教、商人集團與熱那亞商賈投資者。不久之後，這些人便投資了哥倫布的遠航探險計畫。

戰爭漫長艱苦，勞民傷財。各王國籌措資金去發動戰爭時，如同一批已甩出手的陀螺，真是忙得團團轉。茲舉一四八九年攻占巴札（Baza）的戰役為例。巴扎市是守衛通往格拉納達北部重要的堡壘要塞之一，為了籌備這場戰爭，要強行向城市社區、主教和貴族借錢；對每一頭牛徵收特別稅；除了收什一稅（tithe），還要求全部神職人員額外提供軍餉；最後還得兜售「教宗十字軍詔書」（bull of the crusade）[7]，亦即前面提及的證明民眾獲得救贖的文件。隨著戰事持續進展，耗費的軍資不斷增加，資金需求也逐漸增加。未來替哥倫布遠征計畫籌措錢銀的路易斯・德・桑坦赫爾便想到向國外借款。然而，打仗時必須源源不絕提供軍隊糧餉，這類資金往往無法即時到位，因此桑坦赫爾便預先投入自己的資金應急。來自熱那亞商人銀行家弗朗西斯科・皮內利（卡斯提爾人稱他為弗朗西斯科・皮尼洛〔Francisco Pinelo〕）提供了更多的貸款，彌補不足的金額。到了戰爭末期時，還需額外提供糧餉，伊莎貝拉便抵押她的珠寶去爭取更多的貸款。

當伊莎貝拉本人受皇族簇擁，以君臨之姿親赴戰場時，巴札戰役便結束，這座城市旋即高舉白旗投降。然而，這只是某一年中的某一次戰爭。長達十年之間，戰事頻傳，耗資甚大，皇室財政十分吃緊，遠超過崩盤的臨界點。要從事這般規模的戰爭，財務調度必定極為複雜，國政管理必須更加妥善，此外得延攬桑坦赫爾與金塔尼利亞這等頭腦敏捷的財務策士（兩人皆曾替哥倫布的遠征計畫籌措資金）。這些機制看似

7 西班牙語為 La Bula de la Santa Cruzada，這是一種羅馬教宗頒發的詔書，向參與對抗穆斯林、異教徒或異端的人給予赦免罪行。起初發給西班牙，嘉勉其對抗穆斯林政體的成就。

複雜，但與長達十年的戰爭相比，兩者的複雜程度落差甚大，有如天壤之別。

伊莎貝拉、斐迪南及其策士想出不少籌措軍需的辦法，其一是發行長期公債。民眾購買支付年金的契約（annuity，協議）之後，便可定期從皇室收入獲得利息。此法可行之久遠且富有成效。假使各位聽到這點，感覺很熟悉，那是因為它至今仍是公債的基本結構。雙王的聯合王國成為歐洲首度採用此種融資模式的國度，到了十六世紀，其他王國也紛紛起而效仿。

長期公共債務並非全新的構想。威尼斯早在一二六二年便實施過了，其他城邦也是如此，包括熱那亞、佛羅倫斯、漢堡與科隆（Cologne）。巴塞隆納是亞拉岡境內的自治城市（並非城邦），從一三六〇年起也開始發行長期公債。這種融資方式非常有效且眾所周知，但伊莎貝拉與斐迪南在一四八九年實施這套模式之前，大國統治者未曾採用這種籌資方法。原因為何？其一是君王並不可靠，借錢出去後可能有去無回，至少與那些對熟悉債務和信貸的商業寡頭集團統治的小城邦相比時是如此。

然而，伊莎貝拉與斐迪南在一四八九年為了籌措糧餉去攻打巴札，承受了極大的財政壓力，於是別出心裁，找出這種新的財政收入來源，結果發現它具有極大的潛力。發行了公債，便能靈活運用資金，積累雄厚的財力。當時的戰爭規模愈來愈大，持續的時間愈來愈久，公債便符合崛起的統治者所需。由精明博學的官員管理的長期公債成為新興國家的關鍵組成部分，而這些國家將主導下個世紀。

終結格拉納達與放眼王國內部

細紋從女王的眼睛向外蔓延，她的眼周皮膚蠟黃，薄如蟬翼。她的臉頰圓潤，開始露出雙下巴。她的眼皮一直下垂，而數十年來，她宵衣旰食，日夜操勞，眼睛更深陷了。歲月在伊莎貝拉臉上留下了痕跡，但她仍然眼睛明亮，薄唇上揚，露出一絲微笑。眼下是一四九二年一月二日，正是她迎接勝利的日子。她頭戴金色王冠，身著華麗絲綢，騎著一匹健馬，馬匹驃悍勇猛，昂首揚鬃，立在格拉納達城門之外。她的身旁圍繞家臣和數以萬計的士兵，眾戰士整編入伍，紀律嚴明。

城門打開之後，五十位身穿鎧甲的戰士騎馬出城。領頭的是阿布・阿卜杜拉（Abu 'Abd Allah），俗稱布阿卜迪勒（Boabdil）。他是格拉納達酋長國最後一位埃米爾（emir，穆斯林首領），騎著一匹瘦弱的騾子。女王的目光落在這位埃米爾身上，然後是她的丈夫斐迪南。阿卜杜拉向斐迪南鞠躬並脫下帽子。對這位亞拉岡國王而言，埃米爾這樣做已經足夠了。一行人小跑步，跑回伊莎貝拉身旁。阿卜杜拉想要親吻她的手，承認自己戰敗，但伊莎貝拉回絕這項請求。然而，她說阿卜杜拉以後應該約束自己。如同以往，女王表現得很清楚，告訴大家在這個王國中，到底誰才掌握著實權。這座城市的鑰匙從阿卜杜拉傳給斐迪南，再傳給他的妻子伊莎貝拉。成串的鑰匙掛在她的手中，顯得非常沉重。

對格拉納達的戰爭打了將近十年，終於在一四九二年的黎明時分劃下句點。對於伊莎貝拉與斐迪南而言，那一年至為關鍵，既是結束，也是開始：**收復失地運動**結束，哥倫布遠航大西洋的計畫開始。在那個時刻，維護宗教正統的運動也達到了高潮。伊莎貝拉和斐迪南強力支持與贊助的**宗教裁判所**進展順遂，讓數十萬西班牙猶太人皈依基督，或者將其驅逐出境。此乃國家崛起的陰暗面，彷彿十年以來無休無止的宗教戰爭和財政勒索還不夠。在中世紀末期，君王創造和採用的統治手段不僅是發動戰爭和運用司法審判，使他們能夠比以往更深地介入臣民的生活。

西班牙**宗教裁判所**是國家設立的組織。在十二世紀與十五世紀之間，它們並非如此，而是通常由教宗領導並對其負責，這點毫無例外。相較之下，西班牙**宗教裁判所**雖然由神職人員組成，卻隸屬於伊莎貝拉與斐迪南，而非教宗思道四世及其羅馬的繼任者。**宗教裁判所**的主要功能是統一西班牙境內的宗教與維繫政統：此乃政治計畫，完全符合伊莎貝拉與斐迪南統一與控制王國的宏偉目標。有了**宗教裁判所**，伊莎貝拉與斐迪南可以（而且經常）對付卡斯提爾與亞拉岡境內的頑固派系和分子，好比揮舞大棒去對付兩人眼中的敵人。

然而，**宗教裁判所**很快便失控了。教宗思道四世雖曾批准在卡斯提爾設置這個機構，也允許亞拉岡接著設立，但他後來也指責其行徑過於偏激。據說有數百名猶太人表面皈依基督，卻仍以舊方式秘密從事崇拜禮儀。東窗事發之後，他們全部被綁在火刑柱（stake）上活活燒死。後續有數千人遭到審訊和接受酷刑。甚至「順從屈服者」也不免遭受嚴重的刑罰。**宗教裁判所**沒收了大批資產與數量驚人的錢銀，多數都落入批准迫害的世俗官員與教會成員的腰包，但伊莎貝拉與斐迪南也分得了一杯羹。從一四八〇年代到一四九〇年代，**宗教裁判所**雖然要獲得皇室批准，卻不受皇室控制，因此恣意妄為，無法無天。一四九二年，**宗教裁判所**驅逐了猶太人，伊莎貝拉與斐迪南雖然感到意外，卻沒有反對。

這一切行動，從沒收財產到施以酷刑和公開處決，都是要促成伊莎貝拉與斐迪南更大的計畫，奠定他們日後掌握大權的基礎。他們兩人（尤其是伊莎貝拉）認為，自己是數個世紀以來西班牙政治和宗教例外主義（religious exceptionalism）[8]的繼承者。發動十字軍東征與嚴密監視皈依基督的猶太人（**宗教裁判所**的主要目標）的思想齊頭並進。一旦發現猶太人陽奉陰違，就該嚴格懲罰他們。絕大多數的皈依者都沒有不當行為，即使那些被折磨和處決的人也是如此，但討論這一點卻有點離題了。伊莎貝拉與斐迪南的治國方式顯示強烈的彌賽亞元素，亦即要實現基督教末日審判的命運。在雙王的統治下，行政、財政與軍事能力大幅增長，在在透露國家崛起的本質；然而，與其說這是高瞻遠矚，透過理性冷酷的手段去達成國家現代化，不如說他們是試圖實現可追溯至數個世紀前宗教目標時所達成的結果。

8 這個詞暗示他們認為本國的宗教「屬於例外」，具備特殊的性質，某種程度高人一等。

王朝糾葛

一四九二年夏天，哥倫布憑藉曾經協助征服格拉納達的同一批資本家和有效的財政機制，籌足了經費，終於揚帆駛入大西洋。哥倫布探險異域之際，西班牙見證了新時代的曙光。對於中世紀的統治者而言，十字軍東征可謂建立威信的戰爭，伊莎貝拉與斐迪南公開發動宗教聖戰，最終大獲全勝。歐洲各地的教會無不以祈禱的方式慶祝他們的勝利。雙王透過行政改革重塑了王國，並且奠定穩固的財政基礎。皇家司法的令狀傳遍了卡斯提爾。在格拉納達戰役初期，卡斯提爾的士兵紀律鬆散，毫無鬥志，到後來歷經淬煉，被塑造成鐵血部隊，成為日後專業常備軍隊的前身。那場戰爭歷時十年，卡斯提爾與亞拉岡的貴族城鎮與其統治者更加緊密聯繫在一起。與此同時，這兩位天主教君主在國內改革了教會，淘汰了不適任的神職人員，並且任命評判信仰忠誠與否的仲裁者。當時，令人聞風喪膽的**宗教裁判所**屬於國家權力的延伸機構，強制統一信仰與文化。伊莎貝拉與斐迪南統領的西班牙日益團結，如今已經晉升歐洲列強的前段班。

提升朝代聲望之後就表示了兩件事：第一，更有可能藉由聯姻與其他王朝串聯；其次，能夠強制落實某些不太令人信服的權利主張，讓君王占點便宜。舉例而言，統治者的曾祖父可能是某位公爵或國王，而這些本是毫無意義的頭銜；然而，一旦王朝具有常備軍隊且財政能力出眾，便可遂行侵略野心，打著追求喪失已久權利主張的旗幟，對外發動橫跨歐陸的戰爭。伊莎貝拉與斐迪南在一四九〇年代打出了這兩張牌，將自己與主要的歐洲王朝聯繫在一起，同時提出權利主張，聲稱自己應該擁有別處的廣闊土地。他們與歐洲大陸政權糾纏不清，引發了日後主導十六世紀及以後時日的整體局勢。

此種新興秩序（伊莎貝拉和斐迪南正在創建的秩序）的第一個跡象出現於一四九四年，亦即法蘭西國王查理八世（King Charles VIII）入侵義大利的那一年。長期以來，查理八世的瓦盧瓦王朝一直聲稱自己擁有拿坡里王國，而拿坡里統治者死亡之後，年輕的查理頭腦發昏，想藉機併吞那塊土地。查理率領自己的常備軍與瑞士傭傭兵，配備歐洲歷來最多的大砲武器，輕易便打垮義大利勢單力薄的抵抗部隊。然而，查理八世卻也因此樹敵，因為亞拉岡的斐迪南也認為自己有權統治拿坡里王國。

當時，來自亞拉岡且惡名昭彰的羅德里哥·波吉亞（Rodrigo Borgia）[9]剛當選教宗。斐迪南有他撐腰，便對查理開戰，揭開了義大利戰爭的序幕，這場戰爭持續了六十五年，法蘭西瓦盧瓦王朝與其歐洲敵手展開了一場浩瀚盛大且永無止境的歐陸統治權爭奪戰。戰爭愈演愈烈，各王國不斷使用武力和擴張領土，周而復始，逐漸崛起。

各國也變得更大了。瓦盧瓦王朝最初的對手是亞拉岡的斐迪南，斐迪南掌握西班牙的資源，而西班牙就是由亞拉岡和卡斯提爾及其他領土組成的複合國度。然而，王

9 亦即教宗亞歷山大六世（Alexander VI）。

朝鞏固的過程才剛開始。伊莎貝拉與斐迪南生了不少孩子，全都與其他王朝聯姻：兩位女兒成為葡萄牙王后；亞拉岡的凱瑟琳（Katherine of Aragon）嫁給兩位英國王子，而不是一位；最重要的是，他們的大女兒「瘋女」胡安娜（Juana）下嫁哈布斯堡王朝的王子費利佩一世（Philip the Handsome，又譯「美男子」腓力）。更引人注目的是，哈布斯堡王朝擁有低地國家和奧地利的廣闊領土，費利佩一世乃是該王朝的繼承人，未來也最有可能成為神聖羅馬帝國皇帝的候選人。

伊莎貝拉多次懷孕、屢患疾病且因為失去兩名孩子而傷痛欲絕。她的身體一日不如一日，到了一五〇三年，病情直轉急下，那時卡斯提爾和亞拉岡已經對外征戰二十多年了。斐迪南正在加泰隆尼亞北部與法國人作戰，他們的軍隊才剛占領拿坡里。伊莎貝拉多年來飽受壓力且日夜操勞，她開始發高燒，時燒時退，身體疼痛不堪。在一五〇三年期間，她的身體時好時壞，但她即使病痛纏身，也會抽空處理國政：簽署文件、不斷發送信件，以及在斐迪南對外征戰期間處理國事。最重要的是，伊莎貝拉還得做足準備，讓女兒兼繼承人胡安娜得以承繼王位，統治卡斯提爾。

伊莎貝拉不信任費利佩一世，因為哈布斯堡王朝貪婪無比，暗中密謀奪取新婚妻子胡安娜未來將承繼的王國。胡安娜不像她的母親，有堅毅的性格、玩弄權勢的本能以及冷酷無情的手段。這位公主算是個悲慘人物，情緒不穩且憂鬱沮喪，總是被對她不忠的丈夫以及陰險狡詐的父親斐迪南看扁，認為她不適合統治王國。費利佩盤算著要透過胡安娜來統治卡斯提爾，而斐迪南雖然深陷多線戰場，卻絲毫不願放棄卡斯提爾的資源。

到了一五〇四年，伊莎貝拉的病情逐漸惡化，又開始發燒。除了最重要的文件，她的簽名已經不再出現於其他文件上。到了後期，連重要文件也沒有她的簽名。她最後要做的便是立下遺囑，明確指出要胡安娜繼位：伊莎貝拉寫道：「按照我應該做的以及根據法律必須做的，我在此命令且確立她為我的繼承人。」女王字字鄭重囑託，但顯然缺乏信心。到了一五〇四年十一月二十六日，五十三歲的伊莎貝拉接受了聖禮（sacrament），然後撒手人寰，斐迪南當時陪伴在側。

胡安娜繼承了王位，但卡斯提爾卻不必費神與費利佩一世打交道。費利佩於一五〇六年去世，他與斐迪南明爭暗鬥，兩者之間雖醞釀衝突，卻從未真正撕破臉。斐迪南順利將胡安娜邊緣化，直到她和費利佩的兒子查理（Charles）長大成年。查理成年之後，成為十六世紀權傾天下的君主，此乃王朝鞏固過程的頂峰。他從伊莎貝拉繼承了卡斯提爾，從斐迪南繼承了亞拉岡，從他早已身故的勃艮第的瑪麗（Mary of Burgundy）繼承了廣闊而富裕的低地國家，更從他的另一個祖父馬克西米利安（Maximilian）繼承了奧地利的哈布斯堡領地。似乎這樣還不夠，查爾斯和馬克西米利安一樣，最終也當選神聖羅馬帝國的皇帝。

統治者愈來愈少，卻擁有愈來愈多權利要求。在這些君主的領土上，行政與財政變得更加複雜。戰爭時日更長，破壞性更強，付出的代價也更高。斐迪南和查理八世搶奪拿坡里王國，原本只是一場衝突，爾後卻四處蔓延，在一代人的時期裡，戰火從義大利擴展到低地國家，從庇里牛斯山（Pyrenees）延伸到萊茵蘭。綜觀整個歐洲，各國都在崛起，尤其是伊莎貝拉的西班牙。她冷酷無情且才華橫溢，睥睨縱橫天下，奠定了當代的政治、意識形態與經濟的基礎。她的個人天賦和個性推動了王國內外的結構性變革浪潮。她誕下的血脈與殺戮沾染的鮮血，為下個世紀埋下了衝突、勝利與災難的苦果。

1490

CHAPTER THREE

雅各布・富格爾與銀行業

1530

一五〇八年二月

時值晚冬，狹窄山谷周圍聳立著阿爾卑斯山脈，山石嶙峋，稜角參差，披覆白雪之後，稜線顯得柔和許多。一條道路蜿蜒而下，穿越山谷溝壑，於山坡來回穿行，蜿蜒進出蓊鬱常青的樹林。水滴從懸掛於樹枝的冰柱滴落下來。隨著溫度回升至略高於冰點，滴滴答答的冰水不停滴落。

一隊人沿著道路往南行進，穿著軍靴的士兵腳踏石板，發出喀喀聲響，加之馬蹄達達，蓋過了冰柱的滴落聲與寒風吹過樹枝的嗖嗖聲。天寒地凍，兵士瑟瑟發抖，吐氣頻冒白煙。行軍步兵扛著比他們高兩倍的長槍以及管徑超大的火繩槍，他們穿著華麗褲子，五顏六色，遠望之下，呈現一排深紅色、黃色、藍色與黑色隊列。

這些是**僱傭兵**，來自德意志。他們向南穿越阿爾卑斯山，打算加入神聖羅馬帝國皇帝馬克西米利安一世（Maximilian I）的軍隊。儘管眼下是冬季，上路的並非只有這些戰士。滿載銅貨的四輪載重馬車緩緩向南行駛，欲前往威尼斯及其富裕的市場。有些人往北行，商隊載滿絲綢與香料。銀行業剛興起，信使攜帶重要文件趕路，譬如信函、欠條與匯票，而這些乃是銀行的命脈。他們驅策疲憊的馬匹，朝著布倫納山口（Brenner Pass）[1]狂奔而去。

人群來來往往，吃穿用度與從事的業務都與某人有關，但此人並不在這條路上。他多年未曾走過這條路，卻對沿途事物瞭若指掌。士兵錢包裡叮噹作響的錢幣是根據他的公司所提供的信用狀提領的，這些錢銀是他向馬克西米利安皇帝提供的貸款。硬幣是銀打造而成，銀則出產自那個人租用的礦場。沿著道路向南行駛的馬車載著他的銅貨，開往他在威尼斯開設的倉庫。裝滿奢侈品的馬車開往利潤豐厚的北方市場，在他公司威尼斯辦事處帳簿上，這些貨物似乎記載為投資。某些信使催促疲憊的馬匹奔向寒冷的阿爾卑斯山，身上攜帶著他至關重要的信用狀與匯票。

這個人名叫雅各布．富格爾（Jakob Fugger）。此刻，他安然無恙，身軀暖和不潮濕，安坐於兩百英里外奧格斯堡市富麗堂皇的豪宅裡。他年輕時四處奔波，連年在外經商，從奧格斯堡向外，不知走了多少里路，但那些苦日子早已過去。如今，歐洲最有權勢的貴族都會派使節來繳付欠款，富格爾的影響力果真無遠弗屆。奧地利的提羅爾（Tyrol）與匈牙利的礦場、教會的匯款、對遠航至印度從事貿易的葡萄牙商人所做的投資、押注於安特衛普貨幣市場的貨幣匯率：這些僅僅是**烏爾里希．富格爾和奧格斯堡眾兄弟**（Ulrich Fugger and Brothers of Augsburg）公司少數的業務，而富格爾是該公司最年輕且活躍的代表，早已晉升歐洲的頂級富豪之列。

富格爾在一五二五年去世，享壽六十七歲。他去世之前將這家公司（爾後改稱**雅各布．富格爾和他兄弟的兒子們**〔Jakob Fugger and His Brothers' Sons〕）打造成歐洲最重要的金融和投資公司。富格爾長期與哈布斯堡王朝保持聯繫，與代理人多次資助

1 沿奧地利及義大利邊境穿越東阿爾卑斯山脈的隘口。

皇帝選舉，提供資金讓各國從事規模日漸龐大、傷亡日益慘重的戰爭。富格爾涉足的領域極為廣泛，也在王國成長與戰爭轉型過程中發揮了核心作用，而且他獨來獨往，出手果決強硬，站在歐洲商業的頂峰，獨攬天下，高處不勝寒。傳聞在他死後，有人估算了他積累的財富，指出他是歷來最富有的人士。

文藝復興時期著名的油畫家阿爾布雷希特·杜勒（Albrecht Dürer）曾替富格爾繪製一幅著名的肖像畫。畫中的他向外凝視，眼神冰冷，神色自若，還帶著一絲假笑。有人說富格爾看似謙遜，其實比對手更為聰明，而且更賣命工作，這種說法不無道理。最重要的是，他努力追求財富，進而富甲天下，對此感到萬分自豪。根據富格爾的帳簿，他賺了數百萬弗羅林，而他自認問心無愧。富格爾寫道：「很多人對我懷有敵意，說我非常有錢。我依靠上帝的恩典而富有，未曾傷害任何人。」有人可不認同他的說法，聲稱他為了賺錢而無比貪婪，不像個基督徒。他資助的軍隊屠殺了成百上千住在城鎮的義大利居民。富格爾冷酷無情，一心追求財富，逼迫那些在他銀礦場和銅礦場勞動的礦工，讓這些工人挺身公開反抗。富格爾如同一匹脫韁野馬，馬丁·路德（Martin Luther）卻想遏制他；富格爾曾提出許多複雜的財務計畫，其一是售賣贖罪券，這讓路德無比憤怒，於是寫了**〈九十五條論綱〉**（*Ninety-Five Theses*）[2]，從此踏上宗教改革的生涯。

富格爾能積累驚人的財富，不僅是他才能非凡，還因為他身處特殊的年代，銀行業、金融業與更廣的歐洲經濟正發生結構性變革。他冷酷無情，事業做得風生水起，其公司與德意志南部的諸多企業一樣，在一五〇〇年左右的數十年裡迅速崛起。他的公司有多角化的投資組合，涉足銀行存款業務、匯款與工業投資。哈布斯堡王朝渴望獲取資金，四處洽詢貸款機構，其中包括富格爾家族。

在富格爾的時代，經濟重心從地中海邊緣轉移到北歐。各式金融工具（貸款、貨幣兌換、會計和匯款）日益重要。義大利與德意志南部的中世紀貿易城市被拋諸腦後，沒有運用這類金融工具，但它們卻融入整體經濟結構之中：在挖入提羅爾和斯洛伐克（Slovakia）山脈深處的礦井中、在德意志北部鄉村的教區教堂，以及開往印度的商船甲板上，隨處可見這類金融工具。採礦與戰爭之類的關鍵產業（行為）所需耗費的資金愈來愈多。錢銀猶如汽油，澆注於王室野心和技術變革的餘燼之上，讓火燒得更旺，而像富格爾的公司之類的企業提供了資金，彷彿火上澆油。他們日積月累，細水長流，終成大富。

中世紀銀行業與放高利貸

在十六世紀最初的數十年裡，富格爾的帳簿記載愈來愈多的弗羅林、萊茵盾和達

2 〈九十五條論綱〉正式名稱為〈關於贖罪券的意義及效果的見解〉（Disputation on the Power and Efficacy of Indulgences）。

克特，表示富格爾業務的核心（亦即銀行業）根基深厚。它起源於中世紀中期[3]的**商業革命**（Commercial Revolution），那是在富格爾出生前的數個世紀。

羅馬帝國的經濟十分複雜，各區域之間有密集的貿易網絡，交易完全使用貨幣，表示當時必須大量鑄幣，百姓會從貨幣角度檢視商品與服務的價值。如此一來，各種銀行業務便應運而生，譬如用於消費和投資的貸款。然而，羅馬帝國解體之後的數個世紀裡，經濟規模急劇收縮，而且變得更為簡單。唯有在完全使用貨幣、訊息流通量龐大以及中長途貿易頻繁的經濟體，銀行業務才是必要的。這些全在中世紀早期便消失殆盡了。然而，在公元一〇〇〇年之後，人類活動再度興盛。不僅人口增長，農業生產力也相對提高，貿易更從販售絲綢和香料等高價值奢侈品轉向更便宜的大宗商品，尤其是布料。義大利商人特別活躍，向東前往君士坦丁堡（Constantinople）、黎凡特與埃及，向北越過阿爾卑斯山前往香檳（Champagne）[4]和低地國家。威尼斯、熱那亞、西埃納（Siena）、佛羅倫斯與盧卡（Lucca）等城市慢慢成為國際貿易中心；商人原本從事小額交易與單獨停留某地販售貨物，後來便固定每年前往有組織的市場交易買賣。香檳集市（fairs of Champagne）名聞遐邇，乃是歐洲的物資、情報與票據交流中心。

到了十二世紀中葉，義大利人因為長途貿易而催生了銀行業的新時代。從事這種貿易有特定的需求：一是兌換貨幣，因為歐洲在十二世紀時有幾十種的貨幣體系；二是匯款，因為將大量硬幣從熱那亞帶到香檳，擺明了就是要讓小領主及其騎士團伙來搶劫；三是投資，這類探險事業的規模愈來愈大，愈需要投入資金。銀行業於是興起，先是服務經手小額資金的小商家，讓他們提領現金，每晚藏在胸前帶回家。然而，到十三世紀末期，銀行業已經成熟，躍升為主要的行業。此時出現三種銀行家，從典當行（當舖，通常被視為敗類）到接受計息存款的貨幣兌換商（money changer），最後是商業銀行精英（merchant-banking elite）。前兩類對於貿易和信貸的日常運作不可或缺，但商業銀行家卻主導了中世紀的銀行業。

位居中世紀銀行最高層的個人和公司總是持有不同的利益。佛羅倫斯的梅迪奇銀行是十五世紀主要的金融機構，而梅迪奇這個著名家族也是靠它來獲取財富與權力。這間銀行會從事任何有投資報酬的活動，包括：替羅馬教廷提供金融服務、在威尼斯從事香料貿易、向米蘭公爵（Duke of Milan）的宮廷兜售奢侈品，以及在佛羅倫斯生產布料……此外還有常見的計息存款、匯款、貨幣兌換與貸款。這一切的關鍵都在於資金（如何用錢營利和賺取更多銀兩），而非任何特定的業務。富格爾及其家族也是如此。

然而，借錢（提供貸款）乃是銀行業的核心。如今是信貸時代，我們會使用簡單的學生貸款和汽車貸款，還有複雜的部分金融協議／付款（tranche），這聽起來很簡單。然而，在中世紀的商業環境中，提供貸款非常複雜。教會對高利貸甚為敏感且會

3 High Middle Ages，中世紀發展的高峰期，通常包括十一世紀、十二世紀和十三世紀。

4 法國東北部地區，曾為一省分。

提供指導方針。它用精確的術語加以定義：超過本金（principal）就是高利貸（拉丁文：Quidquid sorti accedit, usura est）。沒有人在借貸時會不期望投資報酬，因此禁止收取利息似乎會讓人不願意借錢。然而，在現實世界，高利貸被視為藉由貸款而索取的收益。銀行家認真看待這種教會禁令，而且非常擔心自己的靈魂能否獲得救贖。不少賺大錢的中世紀投資者立遺囑時會以虔誠之心預留一筆錢捐贈外界，藉此清除任何可能因為放高利貸而招致的罪孽。某位十四世紀的義大利人寫道：「放高利貸者下地獄，不放高利貸者貧困潦倒。」

這便表示我們所理解的標準貸款（及其利率和付款期限）在中世紀是被禁止的。然而，銀行家還是提供了貸款。這是如何辦到的？假使貸款涉及貨幣兌換，或用於投機性投資，便帶有特定風險，此時從神學角度而言，貸款是可以接受的。可以用與核心交易無關的禮物或分享投資利潤來支付利息，或者兌換貨幣時在匯率上動點手腳，也能支付利息。禁止放高利貸是一件嚴肅的事情，銀行家都關心自己在社區的地位，誰都不想被方濟各會傳教士在街頭佈道時痛罵，說他們貪婪無比，放高利貸謀財。然而，高利貸卻能正面影響銀行家交易時使用的工具。

到了十五世紀的最後的二十五年，富格爾家族逐漸崛起，晉升奧格斯堡的社會頂端。此時，全歐洲的金融家都已經了解並會利用特殊的金融工具，例如匯票。密集的金融網絡從主要的商業和金融中心向外擴展：倫敦、低地國家、波羅的海沿岸的漢薩同盟貿易城市、萊茵蘭、加泰隆尼亞與義大利。匯票可以改變貨幣，同時隱藏貸款利率，能在佛羅倫斯、布魯日、里昂（Lyon）、米蘭、威尼斯和斯特拉斯堡之間順利流通。盧卡簽發的信用狀可在倫敦倫巴底街（Lombard Street）的銀行兌現，拿這筆錢便可向英國商人財團購買羊毛。銀行業制度完善，有公認的經營方式、集體監管手段、獲得商界信任，以及合約完善無缺。歐洲全境的信用基本概念與支撐它們的經濟制度發展到極致，便誕生了銀行業。

從一二〇〇年到一五〇〇年，銀行業一直是義大利人的專長，由梅迪奇家族之類的佛羅倫斯人、熱那亞人、盧卡人和西埃納人所經營。然而，隨著十六世紀降臨，金融重心突然向阿爾卑斯山以北地區轉移。德意志南部的城市成為國際貿易和金融的轉口區，奧格斯堡和富格爾家族赫然發現，自己竟然處於這種新局勢的核心。

德意志南方人的崛起

德意志南部約從西部的萊茵蘭延伸到東部的慕尼黑（Munich），南部與奧地利接壤，北部與法蘭克福（Frankfurt）為界。在十六世紀之交，這個地區並非中世紀歐洲的經濟重鎮。但它也絕非落後地區，經濟屬於一攤死水。按照中世紀標準，此區屬於城市地帶，擁有奧格斯堡、紐倫堡（Nuremberg）和烏爾母（Ulm）等人口稠密的地區，但沒有低地國家、義大利北部或萊茵蘭有那麼多人口稠密的大城市。它擁有蓬勃發展的織布業，卻難以和法蘭德斯、庇卡底或托斯卡尼（Tuscany）相互媲美。

然而，德意志南部地區非常走運，在正確的時間位於正確的地點。它地處歐洲心臟地帶，乃是歐陸數條主要貿易路線的交會口，當時正值區域貿易激增，整個歐陸的市場逐漸整合。義大利北部廣闊而富裕的城市，好比米蘭與威尼斯，距離阿爾卑斯山僅幾步之遙。另一條重要的南北大動脈萊茵蘭[5]便在隔壁。此外，連接該地區與匈牙利和波蘭平原的東西向路線直接穿過德意志南部。從德意志南部可以輕易進入奧地利和匈牙利礦產與日俱增的礦脈。其實，德意志南部是這塊地區重要貿易路線和市場的交會處。

歐洲有百分之四十至六十的人死於**黑死病**（Black Death），死者總數約為五千萬人，倖存者的生活水平卻因此大幅提高，此乃中世紀歷史最為矛盾之處。稀缺資源集中於少數人手中，消費觀念逐漸引人注意，而且更多人日漸了解這種概念。民眾對高級服飾的需求激增，在在表明百姓的生活水準顯著提升了。綜觀整個歐洲，布料產量急劇上升，而德意志南部非常適合滿足這種快速成長的產業。當地專門生產稱為「緯起毛織物」（fustian）的耐用棉花／羊毛混紡粗布，具備生產這種布料的基礎設施：從義大利進口原棉，向製造商提供信貸，以及將成品分銷到整個歐洲市場。德意志南部繁榮城市的商人絕對能夠滿足這些需求。他們出現在威尼斯、米蘭、斯特拉斯堡、科隆、安特衛普、倫敦以及遙遠的里斯本，銷售優質布料，同時建構遍佈全歐的密集商業網絡。

銀行業大幅北移與富格爾家族能夠崛起，最終還是得歸功於「緯起毛織物」產業的興起。中世紀的商業網絡一旦建立完成，通常是非常扎實且靈活。只要有值得信賴的人知道當地市場的運作方式和運輸路線，被運輸的物品（甚至金錢本身）便可以仰賴相同的中間人沿著相同的路徑來往移動。十四世紀與十五世紀的佛羅倫斯人便是這樣，十五世紀與十六世紀後期的德意志南部百姓則再次證明了這一點。

奧格斯堡的富格爾家族便是在這種環境中竄起。該家族的祖先是名叫漢斯·富格爾（Hans Fugger）的織工，於一三六七年從附近的村莊搬到奧格斯堡。漢斯擅長於從事織布業。他遷入城市之後，便不再靠織布謀生，改而從事更有利可圖的織布事業。我們對於其中細節知之甚少，但可推測其中應該包括貿易和融資。漢斯在一三九六年去世時早已成為精英，晉升奧格斯堡的富人階層，地位遠非織布工能夠比擬。

富格爾家族企業在漢斯能幹的妻子伊麗莎白（Elisabeth）和兩個兒子安德烈亞斯（Andreas）與雅各布（Jakob）的領導下繼續發展。兩兄弟起初一起奮鬥，大概是從事長途貿易，但最終分家，成立不同的公司。安德烈亞斯及其後代被稱為「麅鹿富格爾」（Fuggers "vom Reh"，他們的紋章繡著這種小鹿的圖案，故名），建立了一間龐大興旺的貿易與融資企業，但最終於一四九〇年代破產。較年長的雅各布·富格爾的後代則成為「百合花富格爾」（Fuggers "von der Lilie"），其中包括更為著名的「富豪」雅各布·富格爾（Jakob Fugger the Rich）。

5 Rheinland 指德國西北部萊茵河兩岸的土地。

在十五世紀時，奧格斯堡處處可見大型企業。若想透過交易買賣和製造商品來發家致富，歐陸幾乎沒有比這更棒的地方了。當地精英基本上是商賈，包括一群富有的商人、金融家與大批工匠，他們掌控這座城市的經濟與政治命脈。這群人緊密相連且十分排外：他們彼此聯姻，從事一系列複雜的投資來抱團取暖，卻又礙於政治和商業競爭而分道揚鑣。富格爾家族在此地扎根甚深。在漢斯．富格爾和「富豪」雅各布．富格爾之間的三代人努力奮發，使家族成為當地的主要勢力之一。漢斯娶了織工行會（guild，又譯商會或基特爾）會長的女兒，他的兒子雅各布則與一名富有金匠的女兒結婚。這兩位女性皆是出色的商人，在丈夫去世後都讓家族財富大幅增加。

流動資本在奧格斯堡社會的頂端流經這些家族與商業網絡，數量不斷增加，如同河流轉動水車的輪子。這座城市精英之間的每一次聯姻，都會建構新的商業紐帶，能替有利可圖的投資計畫尋找資金，而這類投資是既多樣又廣泛。長途布料貿易是德意志南部累積財富的基礎，但這僅僅只是開端而已。

富格爾家族

較年長的雅各布．富格爾是漢斯．富格爾的兒子，也是「百合花富格爾」的創始人，他生了不少孩子。對德意志南部商人氏族而言，後裔是重要資產：兒子會被派去管理其他城市的分支機構，女兒可以嫁給其他商人精英來謀求利益。一切作為，無非都是要讓家族更為富裕和獲取榮譽，這類價值觀完全交織在一起。對於較年長的雅各布·富格爾家族而言，以下三位子嗣尤為重要：烏爾里希（Ulrich）、蓋爾格（Georg）和小雅各布，亦即俗稱的「富豪」雅各布。

雖然「富豪」雅各布是富格爾家族中最著名的人物，但單獨將其視為奇葩，卻是扭曲當時商業和社會環境的實情。漢斯·富格爾非常富有，較年長的雅各布·富格爾生前便是奧格斯堡的大富翁。「富豪」雅各布並非出身卑微，發跡後才富甲一方。他不是橫空出世，而是從持續運轉的商業世界發家致富。家族便是一切：它是一個錨、一種基礎。從實質角度而言，家族提供人脈，能從中尋找可靠的商業夥伴，以及發掘最寶貴的資源，亦即流動資金（liquid capital）。

較年長的雅各布於一四六九年去世，家人此後繼續掌管他遺留的生意。他的妻子芭芭拉·貝辛格（Barbara Bäsinger）密切參與公司營運，如此持續數十載。從一四七二年至一四八六年之間，芭芭拉讓她在丈夫死後合法掌握的家族應稅財富翻了一倍。他們的七個兒子都替家族企業出力。其中六人直接參與公司運作，但有三人英年早逝。沒加入的是一四七八年在羅馬去世的神職人員馬克思·富格爾（Marx Fugger），但他在教會推動某些小額財務交易，使其朝著有利於家族的方向發展。當出生較晚的雅各布（生於一四五九年）成年時，家族旗下的公司早已蓬勃發展，從事多元廣泛的事業，而且觸角已延伸至各地。

有一則古老的傳聞，指出雅各布的家人在他童年時替他購買了一個有俸聖職

（benefice），因此雅各布和哥哥馬克思一樣原本要擔任神職人員。倘若傳聞屬實，後來有人讓雅各布離開教會使其投身骯髒的商業世界，此乃靈魂的拔河，金錢最終戰勝了靈性。但實情並非如此。雅各布的父親的確為他買了一份聖職，但這其實是從教區獲取金錢收入的權利，而該教區位於奧格斯堡以北約六十英里的黑里登村（Herrieden）。其實，擁有聖職只是偶爾替教區撰寫文書；更常見的做法是將聖職收入納入口袋，再付錢給另一位神職人員去幹這檔差事。對於向上層社會流動的商賈家族而言，購買有俸聖職是明智的投資，可以替眾多兒子的其中一個預做準備，使其靠文職來謀生。雅各布．富格爾似乎只在黑里登待了數個月，最終於一四七九年正式放棄了這項職位。

雅各布早在辭職之前，便醉心於追求財富。他的兄弟彼得（Peter）於一四七三年在紐倫堡為公司工作時去世。另外兩兄弟漢斯和安德烈亞斯也在此前的一段時間於威尼斯當商業學徒時英年早逝。由於這些兄弟陸續離世，原本靠有俸聖職謀生的雅各布便得投身家族企業。在一四七三年，亦即他的兄弟彼得去世的同一年，雅各布前往威尼斯去當學徒，學習商業知識。

威尼斯與中世紀晚期的商業地貌

從德意志南部新興的商業重鎮到義大利北部中世紀末期的貿易中心，這條商業路線主導了雅各布·富格爾的一生與歐洲的經濟轉型。這條路始於奧格斯堡，一直延伸到提羅爾的中心，接著往南越過阿爾卑斯山進入義大利北部的威尼托（Veneto），最後抵達威尼斯商業興盛的沼澤地。

雅各布·富格爾踏上這趟旅程時未滿十四歲。沒有日記或信件可透露他當時的感受，或者他對死去兄弟的心情。他往南出發，穿過列赫河谷（Lech Valley）的平原與丘陵，順著河流蜿蜒穿越偶爾點綴森林的肥沃農田。看到了教區教堂的尖頂，便知路旁有村莊。農民外出耕種並放牧牲畜，生產足夠的糧食供養繁榮的城市，譬如奧格斯堡、因哥爾斯塔特（Ingolstadt）、慕尼黑、烏爾母、美明根（Memmingen）、紐倫堡和更遠的城市。穀物從公路和列赫河運送到北方。布料也從農村運到城市，這是一種轉包體系（putting-out system），由城市商賈（富格爾家族應該有介入）購買原羊毛和棉花，然後交給農民編織，最後收集布料成品，賣給歐洲各地的買家。或許十幾歲的雅各布·富格爾便是攜帶這種貨物往南行；如果沒有，他肯定會在路上看到役畜吃力馱著這些布料。德意志南部人累積財富，靠的便是批發販售布料。當年身為學徒的雅各布還年輕，但想必對此也是了然於心。

山路往南延伸，列赫河谷的平坦平原融入韋特施泰因山脈（Wetterstein Mountains）的險峰峭壁。每每山徑往東轉入狹窄的英河河谷（Inn Valley），兩旁便會聳立奇峰翠壁。山峰錯列，萬丈拔起。因斯布魯克（Innsbruck）位於提羅爾中心，隸屬奧地利大公國（Archduchy of Austria），位於當地的心臟地帶。哈布斯堡家族的某個分支位於此地，很快便將成為歐洲嶄露頭角的貴族王朝，更是讓富格爾家族日後得以富甲一方的關鍵勢力。再往東行，向英河河谷上行，便可抵達施瓦茨（Schwaz），當地有一批礦場，出產大量的貴金屬銀，即便如此，也只能讓貪得無厭的西吉斯蒙德大公（Archduke Sigismund）稍微滿足一下胃口。雅各布當時僅十來歲，可能無法體會礦業繁榮將會帶來何種影響。他成年之後，當然會了解：採礦很快將成為家族公司主要的收益來源。

布倫納山口是穿越阿爾卑斯山的主要路線之一，距離因斯布魯克以南僅二十英里。山路狹窄，馬車和滿載貨物的馱畜彼此搶道：布料和金屬要往南運送，而奢華的絲綢、香料和原棉則要送至北方。其他通往西部的通道上人畜往來更為頻繁，包括來自米蘭的鋼板盔甲、其他品種的布料與羊毛。阿爾卑斯山空氣稀薄，雅各布爬上山口時，感受到風寒凜冽。這是他首度南行，但不會是最後一次。

雅各布與同伴向南穿過草地，四處點綴放牧的羊隻和盛開的鮮花。他們穿過常綠森林，樹蔭片片，感受到一陣涼爽。他們跋涉數日，地貌逐漸緩和，崎嶇的山脊峰巒逐漸轉變為連綿起伏的丘陵，廣袤平坦的波河河谷（Po Valley）終於在他們面前展開。義大利北部人口稠密，百姓大多聚集於平地。維辰札（Vicenza）和帕多瓦（Padua）的人口數以千計，數目遠高於雅各布的家鄉奧格斯堡。在這兩座城市之間，還有其他較小的城鎮和村莊。

波河河谷有厚實的黑土，乃是歐洲最肥沃的地區，可惜不足以養活義大利北部的黎民百姓，必須不斷從義大利半島南部的廣闊田野（西西里和拿坡里／那不勒斯）運送糧食來滿足人們的衣食需求，偶爾也得從更遠之處送來物資。要運送這般龐大物資，需要腦滿腸肥的商人不斷駕船來回於亞得里亞海（Adriatic Sea）和第勒尼安海（Tyrrhenian Sea），同時提供短期信貸，讓人願意出海航行，甚至透過銀行轉匯大筆資金。歐洲的另一個大城市地區，亦即低地國家，也有這種貿易，但穀物是波羅的海的漢薩同盟商人從波蘭運來的。

雅各布驅車穿過波河河谷，運貨馬車滿載成袋穀物，不停吱嘎作響。沿途可見攜帶商業票據與合約的信使，他們風塵僕僕，全身沾滿塵土，另有滿懷宗教熱情的朝聖者，打算前往羅馬聖地，還有攜帶良好武器且傷痕累累的傭兵。一路上馬蹄雜沓，人群紛擾，彼此爭道。裝滿穀物的駁船緩緩駛入河谷的眾多運河與河流。堅實肥沃的土地往東向著亞得里亞海延伸，逐漸融入威尼斯潟湖（lagoon）周圍的沼澤。威尼斯猶如沼澤之上的燈塔，可謂中世紀歐洲最大商業區的皇冠明珠。它是雅各布的目的地，也是他兩個兄弟去世之處，更是他向貿易大師學習銀行運作與商業知識的地方。

威尼斯乃是這個地區貿易網絡的基石，重要的路線以其為中心向四面八方輻射而出。潟湖內的港口直接替義大利北部與亞得里亞海沿岸提供服務，從達爾馬提亞（Dalmatia）帶來造船用的木材，從義大利南部運來糧食，以滿足整個地區百姓的飲食需求。在此之前，昂貴的香料與奢華的絲綢從亞力山卓（Alexandria）陸續經過尼羅河、紅海和印度洋，最終運送到此。德意志南部商人要往北運送的棉花也會經過此處，商人也會把某些「緯起毛織物」成品運經此處，尋找有利可圖的市場。透過佛羅倫斯的梅迪奇銀行與其他眾多銀行匯集的義大利資本可在此處尋找到報酬甚高的商機。十字軍稅與贖罪券（亦即購買救贖）銷售所得的錢銀從匈牙利、波蘭和斯堪地那維亞（Scandinavia）的偏遠教會前哨基地運到羅馬時，途中會經過威尼斯貨幣市場。威尼斯德國商館（Fondaco dei Tedeschi）位於里阿爾托橋（Rialto Bridge）腳下，裡頭熙熙攘攘，雅各布便是在這棟建築內學習精商之道。他從商館向外望去，便可看見橋上的貨幣兌換商與銀行家。僅幾步之遙，便是熙來攘往的碼頭和裝滿貨物的倉庫。

歐洲別處的商業工具從未經過如此精細的打磨與發展。雅各布在晚年時以簿記（bookkeeping）知識豐富而遠近馳名。他很可能是在一四七〇年代待在威尼斯，從中接觸當時最新的記帳方式。會計極為重要：若能愈準確反映資產與負債，經理便可更精準判斷公司目前的狀況、資金的流向，以及公司到底能承受多少風險。公司愈龐大，交易便愈複雜，會計就更重要。

雅各布的公司將發展到前所未見的規模，其帳簿總是整理得井井有條。他在威尼斯待了數十年之後，名叫馬特烏斯．史瓦茲（Matthäus Schwarz）的年輕奧格斯堡當地人花了數年時間精研會計，他前往米蘭、熱那亞和威尼斯商業重鎮朝聖，盡其所能吸收相關知識。史瓦茲返回奧格斯堡之後想替雅各布工作，雅各布便藉由嚴格的口試來驗證他的會計知識。史瓦茲日後寫道，他當時原本自認為受過廣泛培訓，但與雅各布在財計方面的豐富經驗和直覺相比，「根本沒有任何用處」。他應該要留在奧格斯堡向雅各布這位大師學習才對。

從威尼斯的碼頭便可管中窺豹，略知整個中世紀的貿易世界，那裡有英國羊毛、印度香料和佛羅倫斯匯票。年輕的雅各布從這所露天學校吸取所能學習的商業知識。他非常喜歡威尼斯，即使到了晚年，仍然保留他的義大利名字的拚法 Jacobo。雅各布待在威尼斯時，可能也習慣戴金色的貝雷帽（beret）。在杜勒幫雅各布繪製的著名肖像畫上，他便戴著這種圓肩便帽，非常醒目。雅各布個性冷酷無情，為人非常理智，但前述的微弱情感牽連，依舊暗示了某些東西。

借貸給國家

在一四八〇年代初期，雅各布逐漸成年，家族企業開始有了嶄新的機會。他母親芭芭拉是位性格堅韌的女族長，與精明能幹的兒子烏爾里希和蓋爾格一起努力，家族生意蒸蒸日上。雅各布隨後加入，成為生力軍，與兄長和母親共同振興家業。

在後續數十載，雅各布家族之所以成長驚人，大多歸功於借貸給國家與礦業的發達。這兩者都比以往吸納更大量的資本。最重要的是，由於這種規模上的明顯變化，雅各布及其同時代的人方能與昔日的商業前輩在成就上有天壤之別。他們積累了更多的資本，將錢銀投資於更大的企業，靠著商業活動獲取更多的利潤。

在一四八〇年代，神聖羅馬帝國皇帝腓特烈三世（Frederick III）的姪子西吉斯蒙德大公（Archduke Sigismund）統治了提羅爾。那時西吉斯蒙德年已半百，統治提羅爾時間雖長，政治手腕卻並不特別傑出。他主要是用一批土地去換取另一批土地，抵押某些土地去換取錢銀，並且加入某個聯盟，而這個聯盟最終讓他的昔日盟友勃艮第公爵「大膽查理」死於非命。對於那個時期雄心勃勃的王朝而言，這一切都是例行公事，西吉斯蒙德的成就有好有壞。並非每個人都是贏家，甚至連哈布斯堡王朝都不例外。然而，西吉斯蒙德擁有他同時代人所沒有的東西：提羅爾的銀礦，當時運用新技術便可靠此獲利。採礦熱潮席捲了該地區，礦產量因此猛增。

西吉斯蒙德大公擁有對礦產的強大權利，並且運用這個新發現的財富來不斷遂行政治野心（但不斷失敗）。然而，他手頭的現金永遠不足以支應他想做的事情。西吉斯蒙德並非特例。我們已經看到，伊莎貝拉與斐迪南需要不斷注入流動資金來從事戰爭。他們之間的主要區別在於各自戰事的成功率。

解決西吉斯蒙德大公財務困境的方法自然是貸款。他很幸運，德意志南部繁榮的商業城市就在提羅爾隔壁，當地商賈有大量資金可供借貸。然而，這些商人並非傻瓜。無論西吉斯蒙德大公的王朝有多少人脈，要是沒有東西可作為擔保，他們不太可能對大公進行大筆投資。對於這個時代的德意志南部企業家（包括富格爾家族），國家財政和礦業便是如此緊密交織。說句實話，還有什麼比純銀更好的貸款擔保呢？

一四八五年，烏爾里希、蓋爾格和雅各布首度借錢給西吉斯蒙德大公，總計只有三千弗羅林。西吉斯蒙德欠另一家貿易公司一萬弗羅林，還欠提羅爾財務主管六萬弗羅林，因此前面的貸款數額簡直微不足道。富格爾家族對這筆相對較少的金額不收取利息，完全避開高利貸禁令，而是直接要大公拿白銀還款：一千馬克（mark）[6]，價值約等於六百一十八磅的銀。一四八七年，西吉斯蒙德與威尼斯共和國（Republic of Venice）開戰，需要花錢，大公立即與富格爾家族密切來往。正如我們所知，戰爭需要金錢，而西吉斯蒙德已經手頭拮据。爾後，富格爾家族在一四八七年秋天借出一萬四千五百弗羅林，然後在一四八八年春季又借出八千弗羅林，同年夏天，又貸款了十五萬弗羅林，數字非常驚人。作為回報，大公在施瓦茨銀礦的產出全部歸於富格爾家族。

此處牽涉的交易非常複雜。嚴格來說，富格爾家族是以固定價格購買白銀（每馬克八弗羅林），然後支付冶煉工每馬克五弗羅林。其中的差額（每馬克三弗羅林）用於償還大公的貸款。每週有二百馬克的白銀運送到大公位於霍爾鎮（Hall）的鑄幣廠去打造精美銀幣，其餘的則由富格爾家族在公開市場上出售。固定購買價格與白銀實際市場價值之間的差額，則是富格爾家族的獲利。

到了一四八九年底，西吉斯蒙德欠富格爾家族二十六萬八千弗羅林的天文數字。富格爾兄弟不可能有這麼多錢銀，這表示他們必須從別處獲得資金。

最可能的資金來源是自富格爾家族在奧格斯堡的人脈：他們妻子的嫁妝、姻親和

6 起初相當於八金衡盎司（troy ounce）純白銀，成為一種古代貨幣，曾通用於古代的西歐地區。

堂兄弟的投資，以及向奧格斯堡上流社會精英飲酒俱樂部的同齡商人借貸的錢。在這些投入資金中，每分錢也都必須償還。也有可能他們自己借了一部分他們借出的資本，計算他們的利潤率來彌補支付的利息。

確保盈利是一項要求極高的事情，需要精確的會計核算來使帳面平衡，同時牽扯一系列複雜的計算（X數量的白銀，價格可能是Y，用以支付數量為Z的貸款），還得深入了解歐洲的貴重金屬市場，如此方能準確估算。

雅各布的簿記員馬特烏斯·史瓦茲總結了他和主人的方法與競爭對手的方法之間的區別：「這些小傢伙在保存不善的剪貼簿或紙條上記錄交易，然後將它們貼在牆上，還會在窗台上計算交易金額。」對於富格爾兄弟而言，他們簿記精準，事業方能順遂且蒸蒸日上。

西吉斯蒙德大公由於債台高築，不得不賣掉土地，晚年落得悽慘的下場。他的繼任者是哈布斯堡家族的堂弟馬克西米利安（Maximilian），乃是腓特烈三世的兒子，不久之後便要登基，成為神聖羅馬帝國皇帝。一四七七年，時年十七歲的馬克西米利安精力充沛，脖子粗壯，號稱「牛頸」，他當時做了一場豪賭：他騎馬行過數百英里，穿越敵對統治者的領土，擺出浪漫姿態，最終得以迎娶勃艮第的女繼承人瑪麗。馬克西米利安以這種極富魅力的華麗姿態與瑪麗結婚之後，兩人共同統治了富裕的低地國家；除此之外，他還擁有在神聖羅馬帝國的各種世襲土地。然而，由於瑪麗早逝，馬克西米利安不得不成為年幼兒子費利佩（先前提過）的攝政王，不但位子坐得不安穩，還討人厭，使得他更難統治麾下的土地。馬克西米利安繼承這筆豐厚的遺產之後，被迫與法蘭西開戰。他在戰場上英勇殺敵，耗費大筆錢銀去投入戰爭，方得以保住領土。在一四八〇年代，有眾多銀行家提供貸款並轉帳到法蘭德斯以支付馬克西米利安的士兵薪餉，富格爾家族的另一條血脈「麞鹿富格爾」便是其中一員。其實，魯汶市（Leuven，位於現今的比利時）應該是替馬克西米利安向「麞鹿富格爾」支付的貸款提供擔保。然而，魯汶拒絕支付欠款，直接讓富格爾家族的這個分支破產，陷入萬劫不復的境地。

馬克西米利安終其一生都在想方設法擴展領土，替後代子孫爭奪更多的土地。他確實掌控了不少土地，但耗費的錢財也十分驚人。他在一四九〇年接任大公時，早已揮霍巨額資金，到了他日薄西山之際，耗費的錢銀高到令人咋舌，足已成為一項傳奇。數十載之後，一位奧格斯堡商人寫道：「這位皇帝偶爾想要出征，但他的僕役實在太窮，根本無法支付客棧的住宿費。」

即使國庫空虛，馬克西米利安依舊野心勃勃。他點子很多，求新求變，靜不下來，從來不會長期徹底執行某項計畫。他前一分鐘還在支持覬覦英國王位之士；後一分鐘又想資助人去印刷某些早期印刷的政治宣傳品；過了不久，他又密謀如何戰勝法蘭西國王，並且與布列塔尼公國（Duchy of Brittany）的女繼承人結婚；到了次月，他又將注意力轉向如何奪取威尼斯共和國的領土。他總是在籌謀新的計畫、打算發起另一場軍事行動和促成新的外交倡議，這一切都得花錢，但馬克西米利安卻手頭拮据。

烏爾里希和奧格斯堡的眾兄弟非常樂意借錢給馬克西米利安，繼續他們與馬克西米利安哈布斯堡的堂兄兼前任者西吉斯蒙德締結的關係。此處便引出一個問題：他們為何願意與如此揮霍無度的馬克西米利安做生意？這個傢伙野心勃勃，但花費用度顯然超出他的能力。答案很簡單：安全。與他們已經破產的表（堂）兄弟「麈鹿富格爾」不同，烏爾里希、蓋爾格和雅各布獲得貴金屬作為擔保，這就如同他們與西吉斯蒙德達成的協議一樣。有大量的白銀可還清日漸高漲的貸款，富格爾家族因此賺得盆滿缽滿。根據某項樂觀的估計，從一四八五年至一四九四年之間，利潤高達四十萬弗羅林。這項估計金額或許太高，但只是多少的問題。

其他人缺乏富格爾家族精準的商業頭腦和冷靜務實的手段。一四九四年，富格爾家族取得馬克西米利安礦場的所有權作為貸款抵押，價值四萬弗羅林。然而，馬克西米利安先前已經承諾，要將白銀作為向紐倫堡商人財團借貸大量資金時的擔保品。富格爾家族便根據主張去施壓，最終還是得到了白銀。馬克西米利安得到了貸款，而紐倫堡商人則遭到冷落。給崛起的國家融資可能導致以下兩種結果之一：不是遭遇災難，便是賺取暴利。富格爾兄弟掌握箇中訣竅，八面玲瓏，遊走四方，既能避免貸方違約所帶來的災難，又能不讓王室因借貸無果而心生不滿。在這個時代，各國君主建設國家的宏圖偉業無不建立於能否獲得貸款。某些債權人就是比其他債權人更能混得風生水起。

礦業

馬克西米利安有了提羅爾的銀礦以及富格爾家族與其他人接受銀礦抵押而提供的貸款，便能夠實現某些（而非全部）宏偉的夢想。這位皇帝能夠借貸巨資，完全仰賴銀礦，而開採銀礦乃是十五世紀末期的新興產業，因為當時已經能利用極其昂貴的提取和精煉方法來獲取白銀，如此方能開採銀礦。採礦業變得非常資本密集，它興起之後便帶來巨額利潤，促成另一種資本密集過程：國家形成（state formation，又譯國家形構／肇國）。這兩種發展交織融合，而富格爾家族發揮了作用，塑造了這兩者。

在十五世紀末期，採礦業不能說是新興產業。一旦發現礦脈，通常可同時發現銅，中歐的山巒丘陵佈滿巨大礦脈，隨處可見有數百年歷史的礦井。即使是在這個時期風行的礦石精煉過程也絕非何等的新鮮事。熔析／分熔（liquation，德語：Saigerprozess）是將鉛添加到銅銀礦石，然後反覆加熱，直到銀與鉛結合後排出，從而得到愈來愈純的銀。這種精煉法雖有數百年歷史，但它既不特別流行，也不具有成本效益。

在十五世紀下半葉，有兩件事必須改變，大規模熔析方可行。首先，歐洲更容易開採的銀礦產量不足，白銀價格因此上漲，使得開採含銅量較多、含銀量較少的礦層（seam）有利可圖。這些礦層位於地底更深處，必須使用泵和特殊隧道來打礦井，而這需要投入資金。此外，熔煉爐和車間也必須建得更大，以便讓工人將更少量的銀與更大量的銅分離，而這也很燒錢。第二，富格爾家族之類的德意志南部商人有足夠的資金，可以建造礦井和打造相關機械。一切操作過程都極為昂貴，同時需要聘僱許多工人，而無論工人熟練與否，都要支領薪水。倘若沒人願意冒險投資，採礦業根本寸步難行。幸運的是，奧格斯堡、紐倫堡、烏爾母和法蘭克福等城市野心勃勃的商人精英資金充裕，絕對有能力投資礦業。

人們渴望獲取白銀，採礦業得以初步擴張。銀本身就很珍貴，還是歐陸鑄幣的常用貴金屬，因此價值極高，即使挖掘困難的礦場也值得開採。然而，獲取白銀只是開始。將純銀和銅分離的同樣過程與設備也可被輕易用來產出純銅。由於戰事無止無休，需要用銅來鑄造大砲和其他武器，因此對銅的需求急劇上升。

白銀是一種資金，乃是冰冷堅硬的現金，要獲取這種金屬，需要技術可行的提煉過程來熔析出銀，以滿足消費者的需求。如今的臉書或 Uber 之類的科技公司能夠改變遊戲規則。這種情況亙古不變，在十五世紀末期，礦業也是如日中天，足以顛覆世界。德意志南部的商人如同今日的創投業者，逮住機會就不會放過。沒人比富格爾家族更能掌握這點。

話雖如此，雅各布和他的兄弟若是沒有事先深入探查，絕不會懵懵懂懂便踏入新的領域。他們向西吉斯蒙德大公與其後的馬克西米利安借出一枚弗羅林之前，早已觀察多年這兩人的金融交易。富格爾兄弟在提羅爾不斷擴大的採礦業附近度過一生，不斷密切監視白銀及其生產成本，然後才接受這種貴金屬作為擔保。他們涉足銅礦和礦場所有權時，也會先做足功課。他們首先充當馬克西米利安的代理人，以便了解市場情況，然後於一四九二年在威尼斯替馬克西米利安轉售些許的銅，接著在一四九四年五月以自己的名義購買了一些提羅爾生產的銅。與此同時，他們的公司購買了薩爾茲堡（Salzburg）附近礦場的股份，穩步從分銷轉向所有權。

他們進行下一步行動時，事前都會精心籌備。一四九四年十一月十五日，富格爾公司的一名代理人與商人兼採礦工程師漢斯．瑟佐（Hans Thurzo）和他的兒子格奧爾格（Georg）簽署了一份合約。瑟佐生於克拉科夫（Kraków），前不久才在紐索爾（德語：Neusohl，亦即班斯卡—比斯特里察〔Banská Bystrica〕，位於現今的斯洛伐克）租了一處廣闊的銀銅礦區。他是礦業專家，經驗豐富，在匈牙利政治精英人脈甚廣，但他需要有人給他融資。富格爾公司經紀人擺在他面前的合約便能提供資金。

這項新計畫規模龐大，其中牽葛複雜到令人難以置信，需要藉由政治手段謹慎處理：嚴格說來，這些礦場屬於匈牙利國王，但他最近與馬克西米利安達成了協議。匈牙利的佩奇／貝赤（匈牙利語：Pécs）主教宣稱礦場屬於他，後來受到馬克西米利安施壓並且從富格爾家族獲得價值七百達克特的禮物，方才願意與漢斯．瑟佐簽約，將礦場租給他。每份新的租約和建設計畫都需要匈牙利國王批准，必須謹慎處理。從一四九四年至一五〇〇年，富格爾家族向匈牙利王室提供信貸，期間還四處打通關，將價值一萬弗羅林的禮物送給各種勢力龐大的教會與匈牙利官員，藉此讓事情更能順利進展。向匈牙利王室提供信貸對此有所幫助，富格爾家族在一四九四年至一五〇〇年間向各種強大的教會和匈牙利官員贈送了價值一萬弗羅林的禮物。富格爾兄弟精算過，採礦利潤甚高，投入的錢銀都可盡數撈回。

上述提到的僅是政治層面。採礦雖有利可圖，但需要昂貴的機械、龐大的冶煉廠和錘磨機，而富格爾家族支付了在紐索爾和他處建置愈來愈高額的設施費用。鉛是進行熔析時的重要成分，因此富格爾兄弟不得不擁有鉛礦，並且在公開市場購買更多鉛料。除了與瑟佐建立關係，富格爾兄弟還收購不少礦場，並在別處額外建造冶煉廠。到了一五〇四年，他們對匈牙利採礦貿易的總投資額超過一百萬弗羅林，亦即每年投入十萬以上的弗羅林。

銅和銀一旦被開採與冶煉之後，就必須送到市場。這些金屬多數運往威尼斯，尤其是早期，但不久之後，任何市場都無法消化如此大量的礦產。唯一的解決辦法是建構規模驚人的歐洲分銷網絡。富格爾兄弟資助建設新的道路，以便運送精煉過的銅和銀。他們一直與沿途的小領主、主教和諸侯保持良好關係，運送時便不會出紕漏，方能確保貨物安全，也能免繳擾人的通行費和延誤運送行程。樂斯拉夫（Wroc aw）、克拉科夫、奧芬（Ofen，如今的布達佩斯）和萊比錫（Leipzig）是分銷網絡的關鍵點，這些城市的代理人會協調如何分配發貨。車夫將貨物運往波羅的海周圍的格但斯克（Gdansk）、斯泰丁（Stettin）和呂貝克（Lübeck），碼頭工人在那裡將貨物裝上開往歐洲西北部新興金融中心和主要港口安特衛普的船隻。大量資金從一處轉往另一處，支付給每個地點的員工，剩餘的資金再轉回總部。關於價格、經常帳戶（current account）狀態和下屬業績的訊息不斷從網絡上的每個地點傳回奧格斯堡的中心。整個匈牙利銅產業獨立於富格爾公司，乃是簽約後才組成的實體；富格爾公司居於主位，嚴格來說是購買了銅和銀，然後將其出售，此舉讓簿記變得更為複雜。

投入這些心血之後，利潤簡直是天文數字。撇開獲利豐厚的白銀不談，僅紐索爾的礦產就占了將近歐洲銅產量的百分之四十；此外，富格爾家族在阿爾卑斯銅貿易中獨占鰲頭，而這些產量又占了歐洲銅產量另外的百分之四十。一五〇三年時，富格爾家族用四十一艘船才能將匈牙利生產的銅從格但斯克運送到安特衛普。這僅是幾個礦產地之一的運量，只占富格爾銅庫存總量的一小部分。到了一五〇四年，**烏爾里希・富格爾和奧格斯堡眾兄弟**已是歐洲最富有的公司之一。

涉足各個領域

富格爾家族的業務日益龐大且逐漸複雜，眾兄弟便簽訂了一系列新合約，重新組建公司。這些協議有具體的條款規定，指明三兄弟屬於地位平等的合夥人，他們投資的資本將有多少留在公司，以及如果某位兄弟去世，如何向繼承人支付款項。該公司存續的時日，多數時依靠傳統的安排來運作，如今這樣做了之後，便是更依賴於慣例。富格爾家族並非特例。這種類型的合約（準確說來，乃是側重主要夥伴而非大家族，並且排除軟弱或貪婪的繼承人）正逐漸成為德意志南部商人遵奉的標準。最初六年屆滿之後，三兄弟續簽了這份協議。爾後，他們沒有正式續簽，讓協議持續生效。烏爾里希於一五〇六年死亡，蓋爾格於一五一〇年離世，留下雅各布獨自掌管這間歐洲最大的公司。

這間公司那時才改稱**雅各布・富格爾和他兄弟的兒子們**，由雅各布獨自管裡一切，掌控其他少數倖存的家族成員和複雜多元的營運網絡。新公司的章程寫道：「我決心獨自經營和管理業務，並且克勤克儉，接手我兩個兄弟的兒子。此外，我上面提及的四個姪子要一起……承認並視我為公司負責人，我也允許他們從事和完成公司的交易。」毫無疑問，雅各布獨掌大權。

雅各布很快就被賦予了「富豪」（the Rich）的不朽綽號。他的公司只要蒸蒸日上，多數或全部功勞往往都會歸功於雅各布。他是萬眾矚目的明星，乃是**歷來最富有的人**（Richest Man Who Ever Lived）。然而，雅各布雖然很傑出（該公司幾乎全靠採礦和替國家籌措資金來獲利，這些全是他的作為），但他的手足在世時也沒有懈怠。兩位兄長都有明確的角色，沒有任何跡象指出他們曾搞砸事情或偷懶卸責，必須讓天才弟弟出手拯救他們。紐倫堡是該公司的主要市場和轉運點之一，蓋爾格常住於此，協調各方事宜。烏爾里希在奧格斯堡任職，處理公司與該市商人精英的微妙關係，這些人脈至關重要，如此方能籌措資金和尋找可靠的代理人與僱員。雅各布則代表公司四處經商，譬如前去威尼斯，或者在一四九四年去維也納，從中鞏固新的匈牙利貿易，甚至穿越提羅爾，以及前去法蘭克福等等。他能四處走動，完全是因為兄長負責打理公司事務。如同所有德意志南部商企一樣，這家公司是集體努力的成果。雅各布在一五一〇年至一五二五年之間的鐵腕統治屬於例外，而非常態。

與同時代人和競爭對手相比，雅各布在一五一〇年之後對公司業務的控制也非比尋常：**奧格斯堡的韋爾瑟們**（Welsers of Augsburg）是當時的第二大公司，合夥人不少於十八位，甚至有可能更多。然而，在那個時期，企業瘋狂成長以及公司涉足多樣領域來營利恰恰是常態。富格爾家族並非唯一從事提羅爾銀礦或匈牙利銅礦事業的德意志南部商人，甚至不是唯一從事這種事業的奧格斯堡當地人。他們也不是唯一向貪得無厭的馬克西米利安提供貸款的人。富格爾家族仍然在批發布料，這是他們老本行，以及在威尼斯熙來攘往的里阿爾托橋購買奢侈品來販售。他們投資一五〇四年的遠航船隊，方才涉足葡萄牙與印度的新興貿易。其他公司的專注點有所不同：**奧格斯堡的韋爾瑟們和赫斯泰特們**（The Welsers and Höchstetters of Augsburg）對葡萄牙航海事業和香料貿易投入更多資金；然而，對於雅各布和他的兄長們而言，這些即使有利可圖，仍屬次要業務。

所有德意志南部人開設的公司，無論取何種稱呼或確切重點為何，無不使用銀行與金融工具。只要任何人願意存款，不管是販夫走卒或王公貴族，赫斯泰特家族都會收取錢銀並支付利息。富格爾家族會更挑剔投資者，同時著眼於結交奧格斯堡的商人精英以及攀上他們龐大的家族和姻親關係網絡。他們還從政治盟友和其他富有的金融家收取資金，包括樞機主教梅爾基奧爾・馮・麥考（Cardinal Melchior von Meckau），這位傳教士雄心勃勃，身兼提羅爾政府的行政官。梅爾基奧爾主教於一五〇九年突然撒手人寰，富格爾家族頓時陷入恐慌，因為主教的存款高達十五萬弗羅林，幾乎等同於富格爾公司當時手頭能運用的資金。富格爾家族與其他銀行一樣，也會替存款支付利息。他們主業是經商與投資。從事銀行業只是要達到目的的手段，乃是籌集必要資金以資助其他事業的管道。

開銀行業的真正效用遠遠不止收存款和付利息。匯票、信用狀和各類匯款才是銀行業的核心業務。富格爾家族和同業一直朝著同樣的路線拓展業務。他們是創新人物，並非他們發明可運用的金融工具，而是他們會頻繁且大量運用這些工具。在數十年前，著名的梅迪奇銀行便處理了價值數萬弗羅林的匯票，而富格爾家族和同時代的銀行家則處理了數十萬弗羅林的匯票。數百年來，義大利人一直青睞布魯日，而安特衛普能在十六世紀初期取代布魯日，躍升為歐洲金融世界的中心，這一切並非巧合。他們的業務量大得多，如同一處引力場，讓更廣泛的商業世界軌道圍繞它彎曲。

富格爾家族企業涉足各種商業領域，彼此牽扯糾葛，複雜萬分。這類企業不斷將令人眼花撩亂的資金從一處轉到另一處，並且將一種貨幣兌換成另一種貨幣。對馬克西米利安的貸款並非單筆交易，而是一連串的交易。債權人從手頭資金、新投資或二次貸款籌措資金，每一項都牽扯金錢的轉移；例如，在一五一五年，雅各布不得不向「眾多好友」大舉借貸，如此方能籌措要借給皇帝的錢。富格爾家族然後透過一張或多張匯票將錢轉移到目的地（或多個目的地）。富格爾的當地代理人受到匯款之後，可能需要找貨幣兌換商來獲取必要數量的現金，這又是另一層交易。貸款給國家只是富格爾家族的某項業務，需要多次轉移資金，同時詳細掌握銀行所有的金融工具。

與貸款給國家這項業務相比，富格爾家族與教會的業務根本微不足道。教會當時仰賴銀行工具來從事各種金融交易。每一位新當選的主教都對教宗肩負一項名為「**服務**」（拉丁語：servitium，複數為 servitia）的職責。教宗可宣稱擁有有俸聖職的一部分，所謂有俸聖職，就是「富豪」雅各布年輕時收取的教區收入。每個教區都會徵收十字軍稅，這些稅可能會（或可能不會）用於發起十字軍東征。某些地區還會拖欠一種稱為**彼得便士**（Peter's Pence）的特殊稅。就長期重要性而言並非最不重要的是，教宗可以要求得到販售贖罪券的部分收益。所謂贖罪券，便是一種精神上的出獄卡，可以洗清買家的罪孽，將心愛的親戚從**煉獄**（Purgatory）[7]解救出來。這些錢並不一定很多（這裡收到幾千弗羅林，那裡收到幾千弗羅林），但來源數量眾多，因此重要的公司都會與負責轉帳的神職人員交好。

富格爾家族早在一四七六年便替教會轉帳，這可能要歸功於他們不久後將去世的兄弟馬克思・富格爾（Marx Fugger）所付出的努力，他當時是代表家族企業駐紮在羅馬的神職人員。在後續的數十載，這些交易在必要時會持續進行，其中包括一五〇一年匈牙利王國對抗土耳其人的十字軍東征補貼的預付款。他們通常替教宗猶利二世

7 天主教的神學思想，認為煉獄是介於天堂與地獄之間的地方，是人死後短暫受罰之所。

（Julius II，又譯尤里烏斯二世）和良十世（Leo X，又譯利奧十世）處理贖罪金，良十世曾資助興建羅馬的聖伯多祿大教堂（St. Peter's Basilica）。在這些交易中，最著名的發生於一五一六年，當時富格爾家族借了一大筆錢給某位準主教，讓他賄賂來購買職位。主教出售贖罪券之後償還了貸款，富格爾家族又將這筆錢轉到羅馬。此乃富格爾家族的日常業務，但銷售贖罪券卻意外帶來嚴重的後果：出售贖罪券是在剝削百姓，馬丁·路德看到之後非常不悅，於是撰寫**〈九十五條論綱〉**，點燃了抗議宗／新教**宗教改革**的導火線。

諷刺的是，當帝國議會[8]高層於一五一八年將馬丁·路德傳喚到奧格斯堡去解釋他危言聳聽的論點時，這位改革者卻是在雅各布的豪宅替自己辯護。

哈布斯堡王朝的未來

從提羅爾生產白銀乃是關鍵，如此便可大規模貸款給國家，而這創造了更多投資於礦業的機會，獲取的利潤又可轉而提供更多的貸款。這種典型的資本反饋循環是富格爾公司的營運基礎，還讓他們與馬克西米利安牽扯得愈來愈深，讓這位皇帝不斷從事耗費鉅資但甚少成功的計畫。

在十六世紀的前二十年，馬克西米利安的債務膨脹到了令人咋舌的地步，主因是他愈來愈想動義大利的腦筋。從理論而言，神聖羅馬帝國皇帝（馬克西米利安承繼先父的職位）對義大利半島享有各種權利，包括法律管轄權和稅收，以及有權管控多數地區。十四世紀中葉之後，神聖羅馬帝國皇帝逐漸將注意力轉向德意志，這些權利遂日漸消失。義大利變得更富有，能夠保衛自己，並且在文化和政治層面更加獨立。然而，只要神聖羅馬帝國皇帝權勢震天且積極主動，總會試圖收回已經失效的權利，而馬克西米利安野心勃勃，總想攬權，毫不鬆手，讓國庫開支逼近帝國的財務極限。

法蘭西國王查理八世於一四九四年以王位繼承人資格進入義大利，而不久之後，法蘭西便與斐迪南與伊莎貝拉共治的西班牙發生戰爭。因此，馬克西米利安便覺得能趁機染指義大利。一五〇八年，他加入了對抗威尼斯共和國的聯盟，希望奪取對方沿著阿爾卑斯山脈邊境的爭議領土。爾後馬克西米利安與義大利和低地國家斷斷續續發生戰爭，直到去世為止。他起初與法蘭西人、西班牙人和教宗結盟，共同對抗威尼斯人。不久之後，他就倒戈，攻打法蘭西。戰爭有勝有敗，馬克西米利安經常如此：他的軍隊於一五〇八年首次踏上威尼斯領土，但最終卻慘敗而備受屈辱。一五〇九年，這位皇帝御駕親征，率領一支規模更大的軍隊南下殺敵，可惜未能攻下帕度亞（Padua），後來幸虧法蘭西出手干預，他們才免於敗北。爾後，馬克西米利安改變立場，轉頭對抗法蘭西，與英國人和亞拉岡的斐迪南結盟，並於一五一三年對戰低地國家時大獲全勝。馬克西米利安終其一生都在使用兩面手法，老愛耍聰明去發動戰爭和

8 神聖羅馬帝國的審議與立法機構，地位和功能隨著時間而演變。

搞政治活動。馬克西米利安數度對義大利發動戰爭，還有與他國發生軍事衝突，但礙於戰爭規模愈來愈大，軍需花費也急劇增加，他不得不想方設法籌措錢銀。

富格爾家族再次發現自己處於關鍵時刻，他們替馬克西米利安的國庫提供資金，使這位皇帝得以四處征戰。一五〇八年十月，馬克西米利安以未來的採礦產量作為抵押，向富格爾家族借了三十萬弗羅林。隔年，他利用這筆錢，向帕度亞出兵，結果敗北而歸。其他債權人（譬如：佛羅倫斯的富雷斯可巴第〔Frescobaldi〕）甚至向富格爾家族借款，以便向馬克西米利安提供更多貸款，並以他的名義轉帳。馬克西米利安貸款的金額愈來愈高，用來支付後續的戰爭費用、拿來花天酒地以及從事各項計畫。他於一五一五年寫道：「吾等須以皇家服飾、銀盤與榮譽勳章來招待皇室兄弟及其子嗣，連同隨行之達官貴客。誠如各位所想，吾等需要一筆可觀資金。」這位皇帝揮霍無度，前述表白可謂其最棒的墓誌銘。

一五一八年，馬克西米利安日薄西山，早已破產。雅各布一次只借給他一千到二千弗羅林，金額微不足道，只能滿足這位皇帝的日常開銷與飲食花費。馬克西米利安積欠富格爾家族一大筆債務，讓雅各布即使想將公司與馬克西米利安切割也做不到。然而，話說回來，雅各布其實不想這樣做。儘管借貸給馬克西米利安會遭遇諸多困難險阻，但事實證明，雅各布攀上了這位皇帝，在先前的三十年中已獲利不少。雅各布靠著採礦發家致富，必須不斷貸款，從中累積政治人脈。

馬克西米利安的繼承人是名叫查理的十九歲男孩，在他身上投資似乎更有保障。

查理是伊莎貝拉與斐迪南的孫子。早在一五一六年斐迪南去世時，他便接管祖父母遺留的聯合王國。此外，做為已故的勃艮第公爵「大膽查理」的曾孫，他便順理成章掌控了低地國家。最重要的是，當馬克西米利安去世時，年輕的查理也最有可能繼承祖父王位，登基為神聖羅馬帝國皇帝。

然而，神聖羅馬帝國皇帝是選任的。一五一九年，帝國的七位選帝侯有投選權，這些德意志諸侯包括：科隆、梅因茲（Mainz）與特里爾（Trier）大主教；波希米亞國王（king of Bohemia）；萊茵－法爾茨伯爵（Palatinate，又稱巴拉丁，指的是萊茵河周圍的一連串支離破碎的領地）[9]；布蘭登堡侯爵（Margrave of Brandenburg），其領土以柏林為中心；以及薩克森（Saxony）公爵。查理並非唯一的候選人。法蘭西國王法蘭索瓦一世（Francis I）和英王亨利八世（Henry VIII）都是競爭者，咄咄逼人的法蘭索瓦已經得到兩位選帝侯的支持。

馬克西米利安知道他和查理必須買票。老皇帝口袋空空，但查理還有錢銀。這位年輕的國王在西班牙與低地國家都有大量資源可以作為借貸擔保。唯有某人方有足夠的財力能籌措一大筆要買票的錢。馬克西米利安開始認真與雅各布談判，並在一五一八年年底獲得了雅各布的首肯。一五一九年一月，當馬克西米利安躺在病床上垂死之際，總算可以安心了。他多年來野心勃勃籌謀策劃但屢遭失敗，最終債台高築，

9 在中世紀時，巴拉丁（Palatinate）被稱為萊茵－法爾茨（the Rhenish Palatinate ／ Rheinpfalz）。

但這一切努力卻讓他的孫子成為十六世紀時威震天下的統治者。

雅各布讓查理得以加冕繼位。他同意提供五十四萬三千五百八十五弗羅林（約占總花費的三分之二）來支持查理。雅各布最終支付了全部的八十五萬弗羅林，兌現了**奧格斯堡的韋爾瑟們**公司與義大利三家公司的匯票，籌措了最後三分之一的金額。查理（如今是羅馬人的國王查理五世〔Charles V〕，即將加冕為皇帝）登基為王，但也許更重要的是，他還有一位債權人。

雅各布．富格爾的殞落

雅各布．富格爾從商賈轉成了「造王」者，從而確立名聲，萬古流芳。數年之後，雅各布寫信給查理五世：「眾所周知，若無小人出手幫助，陛下恐怕無法將羅馬皇冠手到擒來。敝人可以藉由陛下代理人親手所寫的借據證明這點。」

無論查理五世有多少債務，他並不比祖父更擔心無法償還貸款。此外，雅各布的公司未曾因為借出這些巨額資金而受到重創。有借貸又有償款，錢銀有進有出，持續流通。數十萬弗羅林慢慢流入富格爾家族的帳簿，更多的弗羅林又拿去支付查理五世士兵的薪餉。這位皇帝手握大權，雄心勃勃，欲望深溝壑，難以填滿，無數錢銀流入他手中，任其大肆揮霍。

斗轉星移，春去秋來，雅各布年歲日增，逐漸病痛纏身。到了一五二五年，他年滿六十六歲，仍然工作不懈，但也只能服老，心不甘情不願將棒子交給眾多姪子。隨著聖誕節臨近，他的身體每況愈下，但他仍然堅持工作。奧地利斐迪南大公（Archduke Ferdinand of Austria，查理五世的弟弟）當時正在奧格斯堡與當地重要貴族舉行秘密會議。雅各布躺在病床上，但大公的助理依舊說服了他，讓雅各布看在舊日情分最後一次借錢。在雅各布去世的前兩天，他以公司負責人的身分，拒絕借貸給普魯士的阿爾布雷希特公爵（Duke Albrecht of Prussia）。這位公爵剛剛皈依路德教派（Lutheran，又譯信義宗），而雅各布堅定支持傳統教會，不願與異教徒來往。

一五二五年十二月三十日，暗夜未央，黎明將至，奧格斯堡的街道闃寂無聲。雅各布豪宅的玻璃窗閃爍一縷纖細燭光，火光映照遠處街道。一名牧師大步穿過暗黑死寂的走道，燭光頓時上下晃動。雅各布已經昏迷了將近兩天，當神父來主持臨終儀式時，只有一名護士在照顧他。雅各布的妻子待在別處，與另一個男人廝混。或許雅各布死後不久，她便會嫁給這個男人。雅各布只有一個私生女，她與母親以及母親的丈夫在一起。在過去十五年，雅各布與眾多姪子攜手共事，他們此刻正在別地處理業務，或者壓根不願到場。

雅各布大約於凌晨四時離世，這座城市依然在沉睡。沒人記錄後續數日的葬禮細節，也幾乎不見有人哀悼。雅各布生前手執鵝毛筆，鐵腕一揮，寫下指示、命令和數字，冷漠無情，從不夾帶情感。倘若他去世時，身旁圍繞著朋友與關愛的家人，這樣是不得體的。他未曾過培養那種人際關係。他的影響力呈現在數個層面：他在奧格斯堡創立慈善基金會，他給家鄉帶來無比財富，他的豪宅裝飾精美的藝術品，以及他遺贈給姪子和選定的繼任者安東（Anton）一大批寫著滿滿字跡的帳簿。從一五一一年到一五二五年，雅各布讓公司的資產增加將近十倍。他起初只是經商成功商人的么兒，最終卻成為歷來最富有的人。

在他叔叔去世之後，安東．富格爾將公司轉變成全球最富有且最有權勢君王的宮廷御用銀行。當時戰爭殺伐頻傳，時局變化迅速，這些君王統治廣大的領土，從秘魯一直延伸到匈牙利。安東才華洋溢，卻只能在叔叔奠定的基礎上開拓事業。從原本借幾千弗羅林給西吉斯蒙德大公，轉變到向查理五世貸款數十萬弗羅林，這兩者的金額差異甚大，而當時正值全球轉型之際，此舉影響深遠。雅各布的資金用來開採礦產、建設國家、發動戰爭、鎮壓農民叛亂、資助遠航探險以及發展全球貿易。他的錢銀讓這些事物得以發展。

雅各布的宅邸面對貫穿奧格斯堡的古羅馬道路，屋內寂靜無聲，但他的錢卻在歐洲其他地方引激起震耳欲聾的聲響。幫浦在礦井深處不斷抽水。工人高舉鐵鎚敲擊礦石，將它們打成碎片。高熱的熔爐聲發出呼嘯聲，不斷熔化礦石。公牛吼叫，騾子叫喊，因為負荷過重而氣喘呼呼。硬幣滾進錢包與箱子，一次又一次發出叮噹聲響，令人心滿意足。會計手持鵝毛筆在帳簿上快速書寫，於借方和貸方的整齊欄目裡記錄數字。雅各布即使身死，帳目也始終結算得清清楚楚。

1490

CHAPTER FOUR

格茨・馮・貝利欣根與軍事革命

1530

一五〇四年六月，巴伐利亞蘭舒特（Landshut, Bavaria）

夏日潮濕，空氣彌漫著火藥的臭雞蛋味，與未洗過屍體凝結的汗水和馬匹糞便散發的土氣相互混合。眾多野獸嘶鳴吼叫，但鋼鐵互碰的叮噹聲、火繩槍的尖銳聲、弩弦的鬆動聲與大砲的轟鳴聲將其淹沒了。在這喧囂之上，人們的叫喊聲一直傳到蘭舒特鎮和遠處矗立的城牆。大批戰士騎著馬匹，夏季陽光照耀著他們的拋光青甲，閃閃發光。這些兵將此刻正手持長矛，猛刺躲在淺溝裡成群結隊的敵軍步兵。敵方反擊，長槍向上突刺，火繩槍口猛爆，燃起一陣火焰，飄溢陣陣白煙。

眾戰士遭遇對方頑強的抵抗，只能策馬撤退，但曠野的拚鬥殺伐仍在持續。其中一位戰士拉起頭盔的扁平護面甲，將其推到後腦勺上方。他汗水淋漓，一綹稀疏的金色頭髮黏在高高的前額上，然後汗水從圓滾的鼻子滴落下來。這個人才二十出頭，臉上只有數條皺紋，然而他多年戎馬生涯，五官早已改變，臉上疤痕道道，鼻子也已歪曲變形。他的鋼甲與頭盔滿佈凹痕與劃痕，新舊都有，右手邊掛著一把長年使用的劍，凹痕累累，早已鈍去。

戰士擦掉眼皮上因奮力作戰而流下的汗水，拉回護面甲，重新加入戰鬥，與其他士兵並肩作戰。他們試圖越過或繞過溝渠時，拿著長矛向下猛刺。大砲轟鳴，劃破長空，刺破了殺伐的鏗鏘聲與呼喊聲；他緊緊握住長矛，貼近身體，從肩膀到拳頭蓄力，準備再次刺向敵人。突然之間，一聲爆炸聲響徹戰場，緊接著是一陣可怕的嘎吱聲。

這位年輕戰士感到右前臂一陣劇痛，透過護面甲的狹縫往下看。他的長矛跌落於馬蹄旁的地上，但他不記得自己丟棄過長矛。

過了一會兒，他才注意到自己的手附著在他剩下的手臂上，兩者只靠一條細碎的肉帶連著。敵人發射的砲彈讓劍柄與橫梁從鐵手套和臂甲之間的微小縫隙深深刺入他的前臂肌肉，幾乎切斷了他的手。

這個場景深深烙印在他的腦海。多年之後，格茨·馮·貝利欣根（Götz von Berlichingen）[1]雙眼早已失明，但他毫不費力便可回憶起那個時刻，細節無不記得清清楚楚：鋼甲邊緣如何彎曲變形、劍柄橫梁如何卡在手臂，手肘如何以怪異角度懸掛著，僅靠細微的組織連著軀幹。

貝利欣根多年以來訓練有素，戰鬥經驗豐富，起初雖感震驚，卻仍然能保持冷靜。受了傷的他不會死，但萬一傷口感染，卻可能命喪黃泉。他天性好戰，但運氣絕佳，所以並沒有死。貝利欣根爾後長期療養，身體總算康復，並請人打造鐵製義肢，代替嚴重損壞的右手。然而，他個性不改，依舊不時與人打鬥和反目爭執、燒殺掠奪，以及奔赴戰場殺敵。

神聖羅馬帝國的皇帝稱呼貝利欣根為「鐵拳」格茨（Götz of the Iron Hand），他

1 戈特弗里德·「格茨」·馮·貝利欣根（Gottfried "Götz" von Berlichingen，一四八〇年～一五六二年），又被稱為「鐵拳」格茨，是十六世紀著名的德意志貴族、帝國騎士、傭兵，以及詩人。

很快便會因此稱號而為人所知。在這些皇帝眼中，他既是亡命之徒，又是堪用的傭兵。貝利欣根出身貴族，但日後將與農民一同起義反抗，而這起造反乃是歐洲歷史上最大的起義事件之一。貝利欣根離世之後，過了兩個世紀，戲劇家約翰．沃夫岡．馮．歌德（Johann Wolfgang von Goethe）發現了他的回憶錄，然後以他為主角，創作了一部著名的戲劇[2]。

貝利欣根身為下層貴族，屢屢上戰場衝鋒陷陣，又在社會身兼各種角色。當時，貴族要征戰殺敵，獲取獎賞與爭取地位。然而，步入十六世紀之後，人們使用火藥，國家不斷興起，資金大量湧入，徹底改變了戰爭的面貌。貝利欣根認為，這場軍事革命（Military Revolution）牽涉一連串的事件，顛覆了全世界。倘若新興的工匠拿著火繩槍，便能炸穿騎士精美昂貴的盔甲，打得他落花流水，此時騎士該如何自處？騎士若想維繫身分，捍衛個人榮譽與地位，關鍵是能隨時私下與人比試鬥毆；假使皇帝與諸侯四處行使愈來愈大的權力，將發動戰爭視為公共事務，他還有什麼自由可言呢？

多數貴族平心靜氣接受這種新局面。騎士昔日身穿鎧甲，縱橫沙場，所向披靡，這種日子（若確有其事）或許已經結束，但擁有土地與資源的騎士仍然可以繼續發動戰爭。畢竟，這是支領高薪的傭傭軍隊身處的偉大時代。綜觀整個歐洲，騎士和貴族從封建時代的戰士轉變為軍事家。歐洲社會發展商業，靠的是信貸與合約，而這些與銀行業、採礦或羊毛貿易一樣，同屬戰爭的一部分。

貝利欣根的家鄉位於德意志南部，此區乃是這段時期運籌帷幄、發動戰爭的核心地帶。他的大家庭、朋友、熟人和對手（別的騎士與貴族）一頭栽進這個「軍事創業」（military entrepreneurship）的世界。然而，貝利欣根並未踏上這條道路。他不改初衷，執意私下打仗、與人鬥毆、打劫商賈、與主教和其他騎士爭吵，並且屢次對抗當權者。他行徑古怪，舉止特異，結果被軟禁了十五年。十六世紀時，戰爭機器（war machine）[3]日益增大，即使貝利欣根冥頑不靈，最終也得屈服，參與整體戰事。新舊戰爭之道相遇，彼此衝突碰撞，而新方式最終勝出。

軍事革命

貝利欣根的一生經歷了戰爭深刻、迅速且徹底的轉變。火砲被大量使用之後，全副武裝的鎧甲騎士便過時了，軍隊規模逐漸擴增，國家培養了日益壯大的部隊，便可籌謀策劃，制訂日益複雜的戰略和戰術去遂行侵略野心。發動戰爭之後，社會被破壞得愈加慘烈：更多莊稼被燒毀、更多村民慘遭屠戮、更多青年戰死沙場，以及更多財富被擠壓出來以支付日益增加的軍費，最終引來長達數十載的災難，亦即一六一八年至一六四八年的**三十年戰爭**（Thirty Years' War）。這次戰爭乃是歐洲歷來最慘烈的軍

2 《鐵拳騎士格茨·馮·貝利欣根》（*Götz von Berlichingen*），劇中有一句台詞「他可以舔我的屁股」（Er kann mich im Arsche lecken!），生動描繪了貝利欣根的形象。

3 國家發動戰爭時所需動用的各項資源。

事衝突，兵燹連綿，烽火愈烈，整個中歐被焚毀殆盡，約有百分之十五的人喪生。因此，貝利欣根不得不改弦易轍。火藥被大量運用，十五世紀之後，人們為抵禦砲擊而建造防禦工事，軍隊規模日益擴大，戰爭範圍不斷延伸，這些情況糾葛交織，死傷日益慘重，悲劇不斷上演。

這些發展可能沒有那麼深具革命性，因為它們都是直接從一三〇〇年到一五〇〇年之間發展的。中世紀的戰爭並非停滯不前，全然沒有發展。回顧昔日，封建時代的國王號召家臣（vassal），讓這些身穿鎧甲的騎士上戰場殺伐來換取土地，但這種刻板做法其實早已過時。在**百年戰爭**（一三三七年至一四五三年）期間，所有英軍都獲得了報酬。早在鑄造廠生產出第一批火繩槍之前，長弓手會萬箭齊發去殺敵，貴族騎士早已無法傲視戰場。大砲最早出現於十四世紀中葉的戰場，而到了十五世紀中葉，若要攻城掠地，必不可缺少火砲。一四五三年，英法**百年戰爭**迎來最後一場戰役，戰火蔓延到法國領土，法王查理七世（King Charles VII）憑藉眾多砲兵，擊潰最後一支英軍，讓法蘭西贏得最終勝利。同年，鄂圖曼帝國蘇丹穆罕默德（Mehmet）麾下士兵發射大砲，在昔日堅不可摧的君士坦丁堡千年城牆上炸開無數洞口。勃艮第公爵也接連使用火砲，同時期的諸多義大利城邦也紛紛效仿。隨著新世紀開啟，一五〇〇年代占據主導地位的多數軍隊技術與機制已經到位，並且已經存在了一段時間。

然而，十六世紀初期的前數十載，出現了一連串重大的轉變。各國持續發展既有的技術，然後將其與後勤體系融合，發動戰爭時會使用長矛、手槍、大砲和防禦工事，以此構成獨特的殺伐戰法。步兵的威力並未立即超越鎧甲騎士，但總體的軍隊人數（以及戰術運用）確實明顯倒向步兵。這一切無不促使戰爭規模、強度和軍費大規模快速增長。貝利欣根身先士卒，親眼見證了這種轉變。

法王查理八世於一四九四年親率大軍越過阿爾卑斯山，爆發了**義大利戰爭**，此次戰役奠定了十六世紀的戰爭雛形。這位年方二十三歲的國王渴望奪取土地和獲取榮耀，帶著一支大軍，浩浩蕩蕩往南進軍，隊中有長矛輕騎兵、手持長矛的瑞士僱傭兵，以及義大利人見過最大批的火砲部隊。查理八世橫衝直撞，攻占拿坡里之後，加冕為拿坡里國王，從而永遠改變歐洲的強權政治。隔年，亞拉岡國王斐迪南參戰，讓正在崛起的西班牙也捲入這場衝突。爾後，神聖羅馬帝國皇帝馬克西米利安也介入戰事，希望從中搶奪一些領土。威尼斯共和國加入了阻止查理八世在義大利擴張勢力的聯盟。交戰雙方都力邀英格蘭國王亨利七世（Henry VII）加入他們陣線。

烽火連天，兵燹四起，事件環環相扣，戰禍不斷持續了數十載。查理八世為了占領拿坡里而開啟戰端，但事態旋即失控，各個王朝交相殺伐，最終演變成一場席捲全歐洲的地緣政治戰火。從諾森伯蘭（Northumberland）的荒原到格拉納達的岩石海岸，從庇里牛斯山脈的峰巒到匈牙利的廣闊平原，一支接著一支的軍隊奔赴戰場，殺伐圍攻，置黎民百姓於倒懸之苦，四處生靈塗炭，無數民眾倒斃於路邊。在後續的六十五年間（一四九四年至一五五九年），最長的和平時期僅持續只有五年。除了西歐大國之間的衝突，四處可見大大小小的戰爭：有人在匈牙利和地中海起兵對抗鄂圖曼人；

巴巴里海盜（Barbary corsair）[4]不斷侵擾義大利與西班牙海岸；諸侯、貴族和城市之間不時爆發小規模戰爭。貝利欣根最擅長打小規模戰爭。雖然他沒有直接參與**義大利戰爭**，但他身旁的人士無不圍繞著那些大型軍事衝突打轉，有諸多商業利益牽扯其中。

戰火連綿，屠戮和圍攻不斷，替「軍事創業和創新」提供了生長的沃土。國王、皇帝和諸侯的萬貫錢財流入招募戰士的戰略家、傭傭兵、火砲製造商、軍械商、供應商以及轉移資金的銀行家口袋。實際投入的戰爭資金總是低於合約記載金額，但仍然相當可觀，統治者需要緊縮財源方能勉強湊足軍餉。軍隊愈來愈龐大，組軍編制期間也愈來愈長，但解編休養的時日卻愈來愈短。戰爭已經跟普通事業沒兩樣。相對於其他技術變革，此乃**軍事革命**的精髓。

逆流而上，逆勢而為

這個時代出現了許多偉大的軍事家，他們替國王與皇帝召集了數以千計的傭傭兵。他們發揮創意，在戰場測試新的編隊，讓火藥、手槍與火砲發揮最強的威力，而指揮官則負責運籌帷幄，制訂宏偉戰略與高瞻遠矚的戰術計畫，以此在戰場上統領士兵。上個世紀的戰爭與此時的軍事衝突相比，根本相形見絀。

然而，貝利欣根並非這類人士。即使他年屆六十多歲，大腹便便，仍然身穿全套鎧甲，手持長劍和長槍，騎馬出征，奔赴戰場。他的戰場主要是城市和貴族之間的小規模爭鬥，而非王朝之間的大規模軍事對抗。

話雖如此，貝利欣根仍然是**軍事革命**的一部分。他從童年到隱退，戎馬一生，隨時都為榮譽和利益而戰，血腥暴力是他靈魂的一部分。他不斷徵召軍隊，為領主、諸侯與皇帝效犬馬之勞。他的家族、朋友和對手無不包攬軍事業務，某些人承攬的規模確實不小。綜觀歷史，所謂戰爭，與其說是英勇的戰鬥，不如說是行軍、襲擊和小規模衝突之類的苦差事。貝利欣根撰寫回憶錄時，詳細記載了這一切。槍聲令人難以忘懷，那股新型戰爭的刺耳旋律，時常在他耳邊響起。最能象徵**軍事革命**的，莫過於貝利欣根的傷勢：一發砲彈便摧毀了他強壯的右臂，讓他無法驅策戰馬，揮舞長劍，手持長矛，展現睥睨天下的氣勢。

貝利欣根冥頑不靈，堅持按照自己的風格行事，直接抵擋周遭洶湧而上的國家權力浪潮。他一生戎馬，征戰殺敵，撰寫回憶錄時長篇大論，洋洋灑灑自我吹捧，記載他經歷的數十場小型戰役；然而，這種單槍匹馬的戰法正逐漸式微，貝利欣根是以此謀生的最後一代戰士。諸侯與皇帝動用自身的政治和法律手段去發動私人戰爭，最終順利將貝利欣根之類的戰士拉進了他們的軍事機器。貝利欣根是簽約參與人生最後的戰役，加入神聖羅馬帝國皇帝查理五世領導的軍隊去趕赴戰場。他雖是特立獨行的殺手，最終也得屈服於時代潮流。

4 巴巴里海盜也被稱為鄂圖曼海盜（Ottoman corsairs），是來自北非的海盜和私掠者。

貴族貝利欣根的一生

格茨．馮．貝利欣根（其中的Götz，乃是Gottfried的簡稱）有與眾不同的「鐵拳」，還寫過自吹自擂的回憶錄，但他在其社會階層中卻是非常普通的成員。貝利欣根於一四八〇年左右出生於現今的巴登－符騰堡邦（Baden-Württemberg），距離紐倫堡以西約八十英里，是次等貴族基利安．馮．貝利欣根（Kilian von Berlichingen）所生的八個倖存孩子中最小的一位。貝利欣根有三位兄長，沒有機會繼承家族的莊園，因此必須自力更生，靠殺伐鬥爭來闖蕩世界。

貝利欣根回憶錄開篇如此寫道：「我確實從我有福氣的父母那裡，也從比我年長的兄弟姐妹那裡，以及從他們身邊侍奉的老僕人和婢女那裡聽說，我當年是個了不起的小男孩。我在童年時期就已經表現出色，許多人感覺並推斷我日後會成為戰士（kriegsman）或騎士（reuterßman）。」

假使我們相信貝利欣根（沒有理由懷疑他），他生來注定成為戰士，日後要上戰場殺敵致勝，他身旁的人無不如此認為。他年幼時練習騎馬、狩獵、劍術、如何使用長矛，以及從事其他常規活動。他刻苦訓練，無非是為了日後能上戰場殺伐。貝利欣根的堂哥康拉德．馮．貝利欣根（Conrad von Berlichingen）還是頗富聲望的騎士。他在十五歲時便當康拉德的侍從兼馬夫，一直替他服務，直到他幾年後去世為止。康拉德離世之後，十八歲的貝利欣根首度上戰場。當時的神聖羅馬帝國皇帝馬克西米利安打算從法蘭西手中奪回勃艮第，於是發動戰爭，貝利欣根便加入他的軍隊，奔赴前線作戰，可是最終戰敗了。貝利欣根之所以記得這件事，主因是僱主給了他一件精美的法國外套作為報酬，而這是他首度體驗真正的戰爭。他親眼目睹全副武裝的長矛輕騎兵因中暑而身亡，他還闖入城堡，燒毀了一處村莊。爾後的六十載，他不斷重複這些經歷。

貝利欣根渾身充滿暴力氣息。他曾與一名波蘭僕人激烈爭吵，因為他把這個傢伙精心梳理的頭髮弄亂了，結果貝利欣根竟然拿一把短劍刺進他的頭。他當時大約十八歲。同年，貝利欣根和一位朋友與某位號兵爭吵，雙方互毆，他受傷之後，頭上留下一道又長又深的傷疤。他經常招惹這種事情，自己也講述了不少這類故事。他覺得這種事蹟值得講述（不知道他還遺漏了多少），這便突顯了一件事，亦即只要別人敢挑釁他，有損他的榮譽或威脅到他的地位，他的本能反應都是訴諸暴力。

在貝利欣根所處的社會階層中，男性皆有此種典型特徵，而這其實是騎士精神（chivalry）的本質。從現代的角度而言，騎士精神象徵英勇與光榮的騎士所應遵守的行為準則；然而，回顧中世紀，這個詞並非如此定義，其核心乃是暴力。騎士與貴族要替世人的目標而奮鬥，從而肯定他們屬於社會精英；針對穆斯林或異端發動宗教戰爭是最好的方式，但聰明的騎士可以將各種衝突轉化為振奮人心的積極事情。眾所周知，騎士很在乎自己的社會地位，若是受到波蘭僕人或任性號兵的侮辱，便得強力回應，否則根本不配稱為騎士。騎士不時得復仇雪恥，還會經常一怒之下便拔劍相向。

一五〇〇年，二十歲出頭的貝利欣根參與一場戰事，對抗崛起的瑞士聯邦（Swiss Confederation）及其恐怖的長矛兵。他那時「生平首度穿上盔甲」，而從那時起，他便認為自己是一名職業戰士。根據當時的說法，「騎士」屬於社會階層；「戰士」乃是一種技能與職業。它指的是通常手持長矛、拿著佩劍騎在馬背上戰鬥的人，從頭到腳穿著昂貴的鎧甲。在一五〇〇年左右，當貝利欣根踏上這條不歸路時，戰士在歐洲戰場尚未過時。騎士精神亦是如此。儘管戰爭的技術與後勤補給已經發生變化，但騎士精神並未消亡。其實，騎士精神已經融入貴族階級不斷變化的道德意識，這些貴族儘管面對時局變遷，依舊想在那個戰火連天的世界維繫自身的地位。

光榮的戰鬥無不美好，貝利欣根的回憶錄充滿這類戰事。他講述一則故事，說他曾驅使一輛**馬戰車**（Wagenburg，數輛馬車圍成一圈，上頭有砲兵，堅不可摧）衝鋒陷陣，即便自己已經負傷，馬匹也慘死腳下，依舊殺出一道夠長的空隙，讓同袍順利穿越。這種事情本是騎士生活的尋常經歷，但貝利欣根會隨口提到自己曾打劫與燒毀教堂、在戰鬥中殺死農民，以及替強盜騎士團伙賣力等諸如此類的事情，這與我們所知的騎士精神有所出入。然而，這些都是現代人的誤解。對於像貝利欣根這種男子漢而言，這種矛盾根本不存在。

收取報酬和光榮的戰爭之間也沒有任何矛盾；恰好相反。這與已經過時數個世紀「征戰沙場來換取土地」的觀念相去甚遠。現金乃是絕佳的獎勵，貝利欣根一生殺伐無數次，他與兄弟菲利普（Philip）曾替勃蘭登堡的弗里德里希侯爵（Margrave

Friedrich of Brandenburg）打過一場戰爭，最後向侯爵收取二千萊茵盾，這可是一筆鉅款。弗里德里希侯爵認為，只要付錢給戰士，他們便會效忠他。

從付錢請人打仗到與人簽訂合約請他上戰場，兩者之間差異不大。曾有一段時間，戰爭需求日益擴大，戰士單獨騎著馬、身穿盔甲和佩戴武器現身，已經不能滿足諸侯、國王和皇帝的要求。而在十六世紀初期，戰事急劇增加，加速了軍事變革的過程。貝利欣根之類的貴族仍然將戰爭視為志業，而可行的「軍事創業」（招募、組織和領導傭兵）便適時彌補他們的不足之處。

這便是貝利欣根身處的環境。他早年並非主要的戰爭合約承包商／立約人：他在回憶錄中提到第一份合約，牽涉到三位戰士，他本人和某位兄長便占了其中的二個名額。然而，貝利欣根的身旁都是合約承包商，參與程度很深。他對親屬關係的概念很淡薄；貝利欣根有六個已婚兄弟姐妹（第七位是基利安〔Kilian〕，他是條頓騎士團騎士〔Teutonic Knight〕，因此獨身），所以他幾乎與方圓一百英里內的貴族都有血緣關係。與奧格斯堡的商賈一樣，事業與家族乃是齊頭並進、共枯共榮。總有一個親戚會替戰爭招募戰士，好比他的堂兄弟奈德哈德（Neidhard）、格茨（Götz，並非貝利欣根，這個名字很常見）和西格蒙德·馮·圖恩根（Sigmund von Thüngen）。圖恩根聘請貝利欣根參與蘭舒特戰役，擔任某個武裝連隊的隊長，而貝利欣根便是在這場戰役中失去前臂。碰巧的是，他的兩位兄長處於敵對雙方，但貝利欣根不介意與他們對戰。這便是十六世紀初貴族生活的實況：征戰殺伐純屬事業與生意。

合約戰爭

數十名騎士喝住馬匹，盔甲與馬具叮噹作響，一名戰士喊道：「住手，住手！」他高聲嘶吼，希望別人能聽到他的話。這群騎士圍住兩個人，這兩人緊挨在一起，倒在林地上，猛烈互攻，地面鋪滿樹葉，塵土飛揚。其中一人翻滾到上頭，接著向後高舉結實的「鐵拳」，反覆捶打另一人的臉龐，打斷了對方的鼻梁，讓他噴出鮮血和牙齒。「住手！」戰士再度大喊，隨即將弓弩上膛以此震嚇。他的騎士也紛紛效仿。

「鐵拳」男子停手，抬起頭來，說道：「他毆打我的俘虜。」說這話的是貝利欣根，他指著一對靠在樹上的衣衫襤褸農民。他接著說：「如果你膽敢用手碰我，我會把你的手折斷。」不過，他還是跟著這群騎士，一起去客棧喝酒。嚴格來說，貝利欣根此時是一名囚犯，但這沒啥可擔心或感到羞恥的：當戰士本來就有風險，隨時主客易位，情勢極易逆轉。俘虜他的人兼酒友（貝利欣根說：「我們喝了酒，彼此很熱絡。」）是名叫格奧爾格．馮．弗倫茲貝格（一四七三年到一五二七年）的熟人，他是一位貴族，享有某種聲譽。他倆曾一起參與蘭舒特戰役，還一起掠奪過財物。他們無論喝酒或共赴沙場，抑或因為姻親關係（弗倫茲貝格稱貝利欣根為「小舅子」），彼此告別時都極為友善。

不難理解他們為何相處得如此融洽，能在擁擠的客棧裡痛飲啤酒與葡萄酒，彼此講述爭吵宿怨、朋友情誼與戰場殺伐的故事。在一五〇四年或一五〇五年的這個場合，他們有很多共同點。他倆因打鬥而相遇，並在酒館裡重新聚會：他們是一家人，身為騎士，有著同樣訴諸暴力的世界觀。他們來自德國的同一個地區，相距幾十英里，隸屬社會等級大致雷同的貴族。最重要的是，他們的職業相同。兩人皆是僱傭兵，但在那次讓他們進入森林的小規模戰爭中，他倆可能是互為敵人。

然而，在這個時期，從事業角度而言，他們也處於兩個極端。弗倫茲貝格帶著二十或三十名戰士出現，以追捕貝利欣根；對當時的他來說，這只能算是一小批軍隊，而且他早已習慣於招募更龐大的隊伍。在那個時代，軍事規模急劇增加，當弗倫茲貝格臨近生命的盡頭時，他將成為最大的戰爭合約承包商與指揮官。他在一五二七年簽訂最後一份合約，招募了一萬六千名僱傭步兵，數目令人瞠目結舌。當他沒有收到僱主支付的錢銀時，便去洗劫羅馬，甚至監禁了教宗。

在這段時期，弗倫茲貝格是讓戰爭轉型的關鍵人物之一，同時也讓戰事規模擴大不少，而他繼承了數個世紀前早已根深柢固的合約戰爭（contract warfare）傳統。當貝利欣根與弗倫茲貝格踏進這個行業時，整個歐洲已將此舉奉為標準與常態；數百年來，軍事與商業機構一直朝著這種共同形式演變。此種協議的確切術語因地而異。在英格蘭，這種合同被稱為契約（indenture）；法蘭西人稱它為**收入信函**（lettre de revenue）；義大利人把它稱為**委託**（condotta）；在德意志地區，它被叫做**委派**（Bestallung）。承包商的責任和交易形式也各不相同。義大利是歐洲商業化程度最高且合約最為複雜的地區，簽訂**委託**乃是一項精確而複雜之事。雖然德意志的商業也很發達，但是在一五〇〇年之前，**委派**通常並非很正式，可能不具書面形式，只有口頭承諾，甚至雙方默認而已。在英格蘭，負責招募士兵的首領通常會從僱主（一般是國王或大貴族）獲得預付款，然後將款項支付給戰士。在德意志，招聘通常得自行承擔費用與風險，「軍事創業家」乃是身兼債權人與戰士。

軍事承包主要分成兩種。首先，指揮官招募或招攬士兵，先組建一個軍隊，然後去探尋哪裡能簽訂合約。這批戰士可能是短暫湊合在一起，只為了參與某次戰爭，好比貝利欣根年輕時經常參與的戰事：他的圖恩根堂兄弟大概是僱傭兵團首領的分包商，於是把他拉進臨時籌組的軍隊，讓他前往巴伐利參加蘭舒特戰役，結果貝利欣根在這次戰役中被轟掉一隻臂膀。相較之下，十四世紀義大利的**偉大軍團**（Great Companies），譬如著名的僱傭兵首領約翰·霍克伍德（John Hawkwood）所統領的軍團，無不存在相當久遠。這些軍人年復一年持續操練、培訓和領取薪餉，同時為下一次戰事做足準備。十五世紀上半葉，義大利僱傭兵團**首領**（condottieri）無不雄心勃勃，比如穆奇奧·亞特多羅·斯福爾札（Muzio Attendolo Sforza）與布拉奇奧·達·蒙特內（Braccio da Montone，本名安德烈亞·弗泰布拉喬〔Andrea Fortebraccio〕）等首領。在他們眼中，維繫常駐軍團屬於常態，麾下的士兵會跟隨他們，替不同的僱主征戰。

在第二種軍事承包中，僱主會去找士兵，或者某一個人去找士兵，而非士兵尋找僱主。這種情形在法蘭西與英格蘭尤其普遍。英君特別喜歡「**僱用**」（retaining），亦即他們會定期向在戰爭時期簽署正式契約的人支付錢銀，而這些人會代表君王去僱用士兵。德語有個粗略相等的對應詞，將僱用士兵的中間人改稱「默認僕人」（Diener von Haus aus）。參加**玫瑰戰爭**的軍隊便是仰賴這種僱用方式來籌組編制，其他的英格蘭中世紀末期部隊也是以此來建軍。時至一五〇〇年，第二種形式不是成為整個歐洲的常態僱用戰士方式，便是變成以下情況：沒有不直接與僱傭國簽約的常駐軍團。

其實，歐洲的軍事體系早在一五〇〇年左右便已趨向一種共同的籌組安排。僱傭兵首領（幾乎是貴族）從僱主（諸侯、國王或皇帝）收到合約，然後招募一定數量的戰士，最後去執行命令。區別僅是招聘者與其僱主有何關係，以及僱主是否會向招聘者提供預付款。此種體系依賴龐大複雜的僱傭兵市場，而招聘者會根據合約，四處招募戰士。戰爭屬於私人業務，主要是從統治者轉包給「軍事創業家」，各國並未籌組常備軍。統治者籌組常備軍可能要維繫核心戰力，如同法蘭西的情況；然而，君王需要專業的僱傭兵首領來組建一支軍隊，才能發動一場重大的戰役。

貝利欣根成年後便開始參與生平第一次的戰役，放眼望去，淨是這種合約式戰鬥與軍事創業的環境。弗倫茲貝格沒在森林中逮捕貝利欣根的時候，通常都在四處招募成百上千的士兵，幫助馬克西米利安皇帝發動許多戰爭。貝利欣根的事業規模較小，卻也遵循相同的模式：他在一五一四年招募了一百五十名士兵，領導他們前去戰鬥，隔年更代表姐夫招募了七十到八十名戰士。無論如何，大型部隊是由十幾人、一百人或五百人的小型部隊組合而成，主要招募者會將業務轉包給較小的僱傭兵首領。招募者的經營規模各異，信譽（credit）是籌組軍隊的關鍵。招募僱傭兵的貴族，其土地和財產，連同他做為戰士的聲譽，全都是他會付款的保證。為何僱傭兵或一群步兵會與弗倫茲貝格或貝利欣根簽訂合約？因為他們相信，這兩人既然承諾了會付錢，就絕對不會食言。這便是信譽，也可視為實質的信用額度。

弗倫茲貝格與貝利欣根具備騎士精神，在這種環境中如魚得水，悠遊自得。沙場征戰既光榮，又適合他們這種貴族，而且通常利潤豐厚，與他們德意志南部家園常見的商業活動有諸多共同之處。無論織布工、銀行家或士兵，人人都了解合約，知道金錢可換取服務。戰爭也不例外。老實說，這樣更為貼切，因為戰爭仍然沾染些許古老的貴族氣息。

貝利欣根的回憶錄著眼於暴力殺伐，談論武力的用途與好處，卻沒有著墨於如何根據合約組織戰士趕赴沙場征戰。這並非因為貝利欣根沒有注意到它；恰恰相反。他念茲在茲，總想著替人打仗來賺錢，因此這一切便成為生活中的背景噪音。談論他如何加入僱傭騎士軍團，或者他是如何根據書面或口頭協議，替神聖羅馬帝國皇帝查理五世組建一支由一百名士兵組成的部隊，這些都沒有必要，讀者也不會感到新鮮有趣。在貝利欣根所處的世界，人人都知道這些。

國土傭僕與瑞士

德意志南部不僅是「將戰爭視為事業」的中心，也是國際僱傭兵市場的重鎮，一是這個地區商業貿易複雜，隨處可見人們簽訂合約，以及僱傭兵首領與和眾多諸侯富有聲譽，二是當地缺乏武力強盛、睥睨一方的霸主。正如前幾章所述，馬克西米利安皇帝雄心勃勃，卻無力阻止下屬領主發動讓貝利欣根失去右手的蘭舒特戰役。神聖羅馬帝國的權力是分散的，四處都有爭執不休的領主與城市，他們認為，為了莊園、城鎮或貿易路線而彼此爭鬥乃是上帝賜予的權利。因此，各個地區便不斷需要聘請僱傭兵。哪裡有需求，哪裡便有市場。在歐洲，僱傭兵市場最發達的地區，莫過於德意志南部。蘭舒特戰役的敵對雙方便是從這個市場招募步兵和貝利欣根這樣的戰士。

十六世紀初期，歐洲有數個區域性的僱傭兵市場。不少愛爾蘭小領主會僱傭北歐蘇格蘭人為他們作戰，這些揮舞斧頭殺敵的戰士被稱為蓋洛格拉斯（gallowglass，訓練精良的重裝步兵）。巴爾幹半島邊緣地區（現今的阿爾巴尼亞、克羅埃西亞、希臘與塞爾維亞）有精銳的輕騎兵，誰出價最高，便能僱用他們。在這段時期，義大利的市場特別複雜，因為在先前的一百五十年之間，這個半島的小城邦財大氣粗，頻頻出高價招募戰士，才會導致這種情況。威尼斯、米蘭、佛羅倫斯、教宗與拿坡里王國都需要僱傭兵替他們作戰，而僱傭兵團首領開發了一種獨特且有效的方式來發動戰爭，足以滿足市場需求。

傭兵團**首領**在持續多年的**義大利戰爭**中表現突出，尤其領導統御更是出色。十六世紀時，軍事作戰逐漸融合各項要素，這些**首領**具有專業且經驗豐富，得以順利融入這種軍事體系。然而，義大利無法提供足夠的（或足夠合適的）士兵來滿足法王與神聖羅馬帝國皇帝無止無盡的需求。唯有德意志南部的市場可以滿足這種需求，因為當地有一種特殊的士兵，而弗倫茲貝格擅長招募和領導這些精銳戰士。

所謂**國土傭僕**（Landsknechte），便是受過嚴格訓練的長槍傭兵，能夠密集編隊來並肩作戰。他們手持平均長度為十三到十八英尺的長矛，甚至可以擊退猛烈衝鋒的重裝騎兵：無論馬匹的裝甲有多麼厚重，或者牠們訓練多麼有素，這些戰馬都不願一頭撞上鋒利的長矛牆。此外，**國土傭僕**會緊密排列，圍成方形或矩形陣形，以此展現無比衝力，在前進時輾壓敵方步兵。這些長槍傭兵圍成方形，緊靠在一起，高舉尖銳的長矛，協調性絕佳，會以驚人的速度移動，爆發出強大的衝勁。長槍傭兵衝鋒殺伐之際，擋道的敵軍無不慘遭輾壓而潰不成軍。

然而，長槍傭兵也有弱點，說得更準確些，應該是有一連串的弱點。即使戰場條件理想下，長矛也是笨重的武器。戰士若想有效使用長矛，需要不斷接受訓練。更重要的是，他們要能在緊密的陣形中使用長矛。就算情況良好，要維持緊湊但機動的編隊卻非常困難。一旦戰鬥激烈，弩箭齊發，火繩槍亂射，大砲無情轟炸，殺伐聲刺耳欲聾，長槍傭兵要維持緊密的陣形就更為艱鉅。如果兩團長矛方陣對撞，衝擊威力甚大，連沙場老將都會顫慄。義大利乾脆稱它為「惡鬥」（bad war）：士兵拿刀互捅，木柄碎裂，鋒利的刀尖刺入脆弱的軀體，戰士倒下之後，屍體會被踐踏成肉醬。嚇破膽子或訓練不足的士兵根本扛不住壓力，他們會丟盔棄甲，潰散逃竄。紀律和專業是致勝關鍵，這種凝聚力源自強大的社區紐帶。這些戰士彼此認識，來自同一個社區，一起征戰沙場數十載，將武藝磨練得出神入化。他們具有獨特的身分，迥異於外人。然而，要僱用有此種紀律和專業精神的戰士當然得花錢，而且要花很多錢。

礙於這些先決條件及其相關成本，**舊瑞士邦聯**（Old Swiss Confederacy）[5]方能率先發明這種獨特的戰鬥方式。這片地區崇山峻嶺，與神聖羅馬帝國和哈布斯堡王朝的祖傳土地接壤，居民思想獨立，不想歸屬於任何一方。在十四世紀與十五世紀時，其農村和城市各州（canton，自治行政區）組成聯盟，彼此互助和相互協防。最初的八個州為烏里（Uri）、施維茨（Schwyz）、恩特瓦爾登（Unterwalden）、格拉魯斯（Glarus）、楚格（Zug）、琉森（Lucerne）、伯恩（Berne）和蘇黎世（Zürich）。為了追求獨立，他們先是共同抵禦奧地利的哈布斯堡王朝，爾後又對抗勃艮第公爵。他們一旦建立聯盟，便會向四面八方擴張，納入新的州，讓自己成為有實力的團體。這看似不可能，卻真能抵禦外侮。要持續且見機投入戰鬥，就必須有高效率的民兵體系，每個州為了發動短期戰役，便整備了訓練有素且裝備精良的士兵。定期培訓互相認識的戰士，才能讓軍隊紀律嚴明。農夫會與來自隔壁農田的好朋友練習射箭，店家會揮動戰戟，與鄰居切磋武藝，工匠會與表兄弟和兄弟一起練習長矛戰技。

好勇鬥狠是瑞士人的標誌：投身戰場，浴血奮戰，擊潰敵人之後，轉身回家。他們衝鋒時威猛強勁，號稱進攻壓路機（offensive steamroller），氣勢驚人，迥異於中世

5 從神聖羅馬帝國獨立出來的小政權所組成的鬆散邦聯。

紀末期其他使用長槍的歐洲步兵，亦即蘇格蘭人和法蘭德斯人。後者雖能驅散衝鋒的騎兵，卻會慘遭弓箭手、砲兵或槍手肆虐。瑞士人與敵人正面對抗雖會傷亡，但他們意志堅定，勇敢不屈，很快便可再回到田地與車間農耕與工作。瑞士民兵幾乎無懈可擊，二百年以來，奧地利騎士、勃艮第的職業戰士與義大利傭兵不時與他們對戰，但通常都會戰死沙場，付出生命的代價。

在一四七〇年代之前，外界不知瑞士人驍勇善戰，唯有中西歐的人知道這點。爾後爆發**勃艮第戰爭**（Burgundian Wars，一四七四年到一四七七年），當時勃艮第公爵「大膽查理」（歐洲最重要的軍事創新者，為人好戰，老想擴張領土）要對抗瑞士人與洛林公爵（Duke of Lorraine）的聯軍，而且法王還暗中支持這個聯軍。雙方連續交戰三場，殺得昏天暗地，瑞士長矛兵組陣殺伐，衝鋒陷陣，主導了戰局。聯軍最終獲勝，查理一敗塗地，國庫財銀散盡，本人更是戰死沙場。

媒體終於披露瑞士的軍事實力。一四八一年，法王路易十一（Louis XI）徵募了六千名瑞士勇者參加戰役；一四八二年，卡斯提爾的伊莎貝拉起兵攻打格拉納達，瑞士傭兵當時便上戰場替女王作戰；一四九四年，法王查理八世入侵義大利，隨後掀起長達六十五年的戰爭，當時傭兵已經成為數以萬計瑞士人次要的熱門職業。瑞士人原本根據行政區來組織和訓練民兵，藉此抵禦外侮，但同樣的體系卻可以用來與法王和米蘭的眾多公爵洽談合約，提供他們上沙場作戰的傭兵。瑞士人經常上戰場殺敵，因此有一大群堅韌的職業軍人，可以承擔艱鉅的任務，組成長矛陣列外圍邊緣，並且善用陣列中間經驗不足戰士的武力。有了高效率的組織系統，搭配高強度的長期訓練和獨特有效的軍事戰術，瑞士戰士便成為歐洲最受歡迎的傭兵。

德意志南部與不斷擴大的瑞士各州相鄰。要誠心恭維，就是仿效對方。未來要登基為皇帝的馬克西米利安之類的人士眼光銳利，觀察入微，發現瑞士人戰力十足。他們欽佩之餘，也心生警覺。因此，從一四七〇年代後期起，德意志也興起長槍步兵。這些戰士號稱**國土傭僕**，戰鬥方式直接仿效瑞士士兵。一四七九年，馬克西米利安親率這些長槍步兵到低地國家與入侵的法蘭西軍隊作戰，甚至親自高舉長矛，提振麾下新兵的士氣。在馬克西米利安眼中，這些長槍步兵**親愛**（liebe）、**忠實**（ehrliche）、**虔誠**（fromme），乃是他這位充滿活力的統治者珍貴的下屬[6]。

一四九三年之後，已登基為皇帝的馬克西米利安率先獲得**國土傭僕**的服務，但他們的核心是僱傭兵，並非絕對效忠於他：只要持有諸侯或領主合約，任何僱傭兵首領便可在酒館外高舉臂膀，吆喝招納願意作戰的士兵。奔赴沙場作戰是體面的職業，德意志南部無論內外，不時爆發軍事衝突，有了戰事需求，便創造了興旺的僱傭兵市場。年輕人若出身於城市，家裡開店舖，或者出生於農村，家裡務農，只要敢於冒險，當僱傭兵可以賺取不少錢銀，軍餉是臨時工薪資的兩倍，比熟練的工匠還要多一點。此

6 國土傭僕（Landsknechte）的德文單數由 Lands（更早的拼法為 Land）和 knecht 組成，Land 為國土，Knecht 為僕人。

外，他們還可博取不少聲望。根據帝國法令，非貴族不得穿著華麗衣服，但**國土傭僕**不受此限。他們會戴著鮮豔花稍的帽子，穿著剪裁合身的馬褲，佩戴醒目的護身符、珠寶、盔甲與武器，這些在在表明**國土傭僕**屬於社會的獨特次群體。**國土傭僕**無論走到哪裡都大搖大擺，他們自有充分理由。從來不缺士兵，缺的是他們這種戰士。

國土傭僕是瑞士人的勁敵，兩者比鄰而居。瑞士戰士十分憎恨**國土傭僕**，在戰場遇到對方時，很少會俘虜他們，而是將其當場斬殺。然而，在十六世紀初期，綜觀整個歐洲，可供徵聘的**國土傭僕**遠多於瑞士僱傭兵，從英格蘭到低地國家和拿坡里，到處可見他們的身影。瑞士人提供的僱傭兵服務是民兵體系的副產品，多餘的士兵才會去當僱傭兵，而相較之下，**國土傭僕**純粹是市場產品。要僱用與籌組**國土傭僕**和瑞士軍隊，必須耗費鉅額資金，因為得招聘數千人的僱傭兵才能發揮戰力。隨著戰事逐月拖延，這些僱傭兵的日薪愈來愈高，而且他們從不羞於索討別人拖欠的錢銀。瑞士人經常要求僱主付更多的錢銀，偶爾甚至會在戰鬥前夕提出要挾。一旦**國土傭僕**沒有領到薪餉，後果可能不堪設想：一五二七年，這些簽約的戰士沒有領到錢銀，便心生歹念去洗劫羅馬，燒殺搶奪，屠戮百姓。

貝利欣根在這個世界的中心長大。馬克西米利安皇帝最後打算讓瑞士各州歸哈布斯堡王朝控制而發動戰爭，貝利欣根便是在此首度體會真正的戰役，他看到教堂被燒毀，卻從未真正與人動槍動刀搏鬥。這可能是最好的結果：如果貝利欣根像當時的許多戰士一樣，拚死衝向瑞士人高舉的長矛，我們便讀不到他引人入勝的回憶錄。貝利欣根的手臂被砲彈炸斷之後，某個**國土傭僕**助他離開蘭舒特的戰場。貝利欣根一生戰鬥無數，**國土傭僕**多次作為背景，與他一起征戰。長矛看似普通，持長矛的戰士也不顯眼，但在作戰殺伐時，他們卻能發揮戰力，令人不寒而慄。在「鐵拳」格茨年代出生入死的重騎兵，無不對此心知肚明。

火藥

長矛在戰場上日益占據主導地位，僱傭兵系統更大量運用長矛，這些均屬軍事革命的關鍵部分。此外，火藥武器也日漸興起。在十七世紀中葉之前，長矛和手槍的獨特組合一直主導著戰場。與此同時，中世紀城堡和城鎮原本高而薄的城牆在火砲的攻擊之下，早已不堪使用，因此必須構築新的防禦工事，進而迅速引發了一場費用高昂的軍備競賽。

貝利欣根見證了這一切的發展。一發火砲打斷了他的右臂，而他那時已經一頭栽進大砲轟鳴的堅固陣地。他非常樂意在戰爭與戰鬥時使用火藥砲手，知道該如何在小規模衝突和伏擊中部署這些射擊手，並且知道盯著裝滿彈藥的槍管發射子彈有何感覺。貝利欣根從一開始打戰，便不時遭遇火藥四射轟炸，簡直猶如家常便飯。他仍然會看到戰士以弓弩來殺敵，但即使是平民百姓也很熟悉火藥武器：貝利欣根曾受僱於一名裁縫師，要他去跟人打鬥，以便要回一百弗羅林，而這些金幣本是這名裁縫師贏得射擊比賽的獎金。

貝利欣根最常看到的槍枝是著名的火繩槍。早期的槍枝是以普通的金屬管打造，用火柴引燃火藥後發射彈丸：銃械威力強大，足以穿透鎧甲，但準心欠佳，而且用起來有風險。在十五世紀中葉之後，火繩槍逐漸取代早期槍枝。它有幾項重大的改進：扳機與槍機相連，拉動扳機時，便可發射子彈，免去先前繁瑣的程序，另有可支撐槍枝與幫助瞄準的槍托。槍管加長，平均約四十英寸，讓射擊更為準確，同時大幅提升槍彈初速。最重要的是，火繩槍造價便宜且易於生產。就算技巧生疏的鐵匠，只要有鐵器和木頭，都能製造火繩槍。

與長槍步兵一樣，德意志南部是提出這項創新的核心地帶。城市遭遇戰亂時，士兵需要有方便攜帶且有效的武器來保衛城牆，因此火繩槍才會問世，而德意志南部戰爭不斷且城市密集，人們需要這種武器，也才有動力去改良槍枝技術。甚至「火繩槍」一詞也源自德語 Hackenbüchse（字義為**鉤銃**，即有「鉤狀物」的手銃，鉤狀物可用來依靠城牆或支撐物使槍枝更加穩定），透過語言轉借，成為英語 arquebus。在貝利欣根的回憶錄中，隨處可見各種尺寸 Büchse（槍枝）的俚語俗話。

就在貝利欣根看到火繩槍發射後的火焰，並且感受到子彈呼嘯而過的陣風時，這種武器正重新塑造歐洲戰場。一五〇三年，亦即貝利欣根被砲彈轟掉手臂的前一年，**且里紐拉戰役**（Battle of Cerignola）爆發，而這場戰爭乃是轉捩點。西班牙指揮官貢薩洛・德・科爾多瓦（Gonzalo de Córdoba）是曾在格拉納達參戰的老兵，他領導的軍隊搭配高舉長矛的**國土傭僕**和西班牙火繩槍手，擊退了由瑞士僱傭兵與騎兵組成的法軍。德意志長矛兵躲在溝渠和堤防後頭，擋住衝鋒而來的敵軍，火繩槍手則不斷向進犯敵軍發射子彈，形成了一處三十到四十公尺深的殺傷區，無論瑞士長矛兵或法國士兵皆無法順利穿越。有史以來，人們靠著槍械贏得了一場戰爭。然而，說句實話，溝渠和堤防也同樣重要，貢薩洛才能贏得勝利。從此以後，槍枝在所有的戰爭中都扮演重要的角色。人們使用槍枝，在一五一二年於拉芬納（Ravenna）擊垮進犯的**國土傭僕**，又於一五一五年在馬里尼亞諾（Marignano）打垮成千上萬的瑞士長矛兵，更在一五二五年於帕維亞擊敗法國貴族精英，擊斃了法蘭索瓦一世的戰馬，讓他遭到俘虜。

雖然火繩槍（以及後來更強大的滑膛槍〔musket〕）重塑了戰場，但若是論到圍城，改變戰局的還是火砲。當法王查理八世於一四九四年率領歐洲最精良且耗資最多的軍隊挺進義大利時，義大利人注意到的並非瑞士長矛兵或職業的重裝騎士，而是他攜帶的一整排巨砲。佛羅倫斯歷史學家弗朗切斯科·吉恰爾迪尼（Francesco Guicciardini）寫道：「巨砲迅速被安置於某個城鎮的城牆上，每回砲擊間隔甚短，砲彈飛越天際，速度飛快且威力十足，以往需要數日方能攻城掠地，如今僅需數小時便可完成……查理軍隊使用了大砲，縱橫義大利全境，如入無人之境。」這段文字說明義大利軍隊為何會潰敗得如此迅速，雖然有點過於誇大，言過其實，但還是指出一個核心事實：面對配備精良的大型火砲，中世紀的防禦工事已不再可行。

此種情況已經持續一段時間了。查理八世並非第一個動用大砲炸毀城堡或城牆的統治者。他的祖父查理七世只是威脅要用大砲轟炸英格蘭部隊和被英軍占領的諾曼第（Normandy）城鎮，如此便終結了**百年戰爭**，而鄂圖曼帝國若非使用大砲，也不能順利攻占君士坦丁堡。籌組像查理八世這般規模的成排火砲需要耗費大量資金，但到了一四九〇年代，火砲已是贏得勝戰的必備武器。進攻和防守孰占優勢，兩者有如翹翹板，你升我落，有起有伏，但這種趨勢即將朝有利於防守的一方傾斜。

軍事專家無不知道火砲的威脅；甚至在查理八世入侵義大利之前，防禦工事便有所改進，讓日後圍城軍隊更難越雷池一步。圓形的牆面足以偏轉大砲的火力，但真正的解決之道是構築較低但較厚的城牆，沿著牆壁建構突出的斜置堡壘以提供側翼火力，同時構築寬而深的溝渠。當時的人們將這種完整的防禦工事稱為**星形要塞**（bastion fort，義大利語：trace italienne）[7]。這種要塞有所必要但極其昂貴，其價值在於它能夠在整個戰事（甚至更久）拖住進犯敵軍。然而，這樣一來，又要籌組更大批的軍隊以及耗費更高軍餉。打造火力更強大的火砲、改良防禦工事和軍費不斷增長，三者反饋循環，乃是軍事革命的本質。

大戰爭，小戰爭；舊戰爭，新戰爭

貝利欣根頗不耐煩，假手鐵指不停敲打塔樓石雕。他的臉愈來愈圓，傷痕累累，細窄的眼睛掃視著從城堡高處向外延伸的山谷。他定睛看著從茂密樹林升起的煙塵，一切現象表明，有大批騎士正在接近。一百名重裝騎兵，身強力壯且經驗豐富：這是他下一次戰役所需要戰士，一支足以讓他代表符騰堡公爵烏爾里希（Duke Ulrich of Württemberg）征戰的軍隊。他已經向堂兄弟與姐夫詢問哪裡可找到合適的戰士，而他現在只能等待和抱持希望。

然後，向西望去，有一絲揚起的煙塵。貝利欣根看著模糊的身影逐漸變得清晰，騎士正奔向他的堡壘城牆，這座堡壘從岩石峭壁向上突出，俯瞰臨近小鎮。他算了一下有十來個人，包括四名重裝騎士，有一些人他熟識，還有八名見習騎士（page）[8]，負責攜帶武器和照顧馬匹。人數還不夠，但這只是開端而已。他從塔樓下來，院子的鵝卵石傳來達達的鐵蹄聲。此處是霍恩貝格城堡（Castle of Hornberg），貝利欣根才剛搬來。他最近用俘獲黑瑟公爵（Duke of Hesse）所賺得的贖金買下了它。城堡的部分結構已有數百年歷史。數個世紀以來，這些日曬雨淋的石頭已經見過不少次這種列隊：風塵僕僕前來的重裝武士，為了榮譽和利益參加私人戰爭。貝利欣根這位霍恩貝格城堡領主高舉鐵手打著招呼，面帶微笑，要人送上啤酒。

貝利欣根專門從事小型戰爭。神聖羅馬帝國政治結構支離破碎，貴族、城市、王

7 在火藥時代來臨之後，為了因應大砲而逐漸發展出來的要塞形式，起初出現於義大利，其特點是有許多三角形的稜堡。

8 年輕小夥子，接受訓練期間做侍從，可晉升騎士。

公主教（prince-bishop）和騎士、有組織的城鎮聯盟和大領主之間頻繁衝突，戰禍不斷。由於制度混亂，像貝利欣根之類崇尚暴力的鑽營之士便能八面玲瓏，悠遊其中，當個職業僱傭兵。貝利欣根既能藉此賺取錢銀，又能捍衛自身次等貴族的榮譽與地位，而他便是靠著小規模的戰爭來達到這兩項目標。

貝利欣根在回憶錄中講述一場又一場的小型戰鬥：從法蘭克福出發前去攻打科隆時，在路上搶劫科隆商賈；在與班伯格（Bamberg）主教發生爭執期間，僱用槍手伏擊河中船隻；俘虜一群商人索要贖金；為符騰堡公爵保衛默克米爾小鎮（Möckmühl），對抗**士瓦本同盟**（Swabian League）並因此而被捕。在前述的小摩擦中，涉及的人數不多。貝利欣根替公爵戰鬥時，只有招募三十名重騎兵，而他後來長期對抗紐倫堡市時，也只是偶爾召集了另外三十名戰士。在那場軍事衝突中，帝國當局命令四百名騎士對抗他。即使貝利欣根長年征戰沙場，勇敢不屈，也萬難對抗如此眾多的敵手。

騎士慘遭綁架，吃晚餐時遭人刺傷，一次又一次血腥戰鬥，這一切與同時發生的**軍事革命**帶來的巨大轉變似乎天差地遠。人們只會注意拉芬納和帕維亞等地的大規模屠戮、軍隊耗費鉅資圍攻嶄新的堡壘，以及成千上萬的長矛兵與手槍兵組成的壯盛軍隊，我們可以理解這點。與這些大規模戰事相比，貝利欣根和他微不足道的少數士兵、他的那座有百年歷史的堡壘，以及他投身的無數戰鬥，簡直就是個死胡同。這類私人的小規模戰鬥很落伍，似乎退回到了遠古時代。

然而，**軍事革命**若是沒有牽涉大量的軍事活動，根本算不上革命。這段時期的戰爭通常是小規模衝突、突襲、局部戰爭和小仇小怨，而非改寫政治和軍事歷史進程的大型戰爭。即使最關鍵的戰鬥也發生於大型戰役之中，呈現的形式是圍攻、掠奪、小規模衝突和突襲。地區性的對抗和殺伐，期間的血腥暴力，無不發生於更大的政治動盪背景之下。

戰爭無論大小，根本沒有區別，或者新舊戰爭如何，兩者也毫無區分。貝利欣根並非傻瓜，他曾多次體驗大砲的威力，但他顯然還是想住在城堡裡。城堡只要不遭受大砲轟擊，仍然足以禦敵。此外，全副武裝的重騎兵是承繼中世紀的騎士，他們在十六世紀中葉之前依舊能在戰場上所向披靡。貝利欣根永遠不會想到這種騎手（他招募來參加小型戰鬥的人）已經過時了。在那個時代，即使最精銳的軍隊也會有全副武裝的重騎兵，他們手持長矛衝鋒，與大砲、長矛兵槍砲手並肩作戰。若是要粗暴對付商賈、襲擊村莊和與人爭鬥，最強的戰士莫過於身形魁梧、全副武裝的恐怖騎士。

新舊大小戰爭之間的關聯更為明顯：同樣一批人參加了各種規模的軍事衝突，在地區或區域性戰鬥中不斷磨練戰技，然後奔赴數百英里之外，參與更大的軍事衝突，戰事結束後整裝返家，如此周而復始，循環不停。

貝利欣根於一五二二年在默克米爾被捕之後遭人囚禁數年，誰出手放了他？正是弗倫茲貝格。他當時是德意志南部最著名的僱傭兵招募者和領袖，更是神聖羅馬帝國新任皇帝查理五世的左膀右臂。弗倫茲貝格簽訂合約之後會招募大批軍隊，偶爾率軍前往法蘭德斯與義大利作戰，但他還是會插手地方政治，解救任性的朋友貝利欣根。

其實，弗倫茲貝格從默克米爾戰爭結束之後，便直接去招募**國土傭僕**，然後前往法國北部的庇卡底作戰。他是在這兩次戰爭中抽空去拯救貝利欣根。此時，弗倫茲貝格已經能夠招募到許多士兵，可替個別戰役召集成百上千的戰士。一五二六年，他抵押了全部財產，用以支付一萬六千名**國土傭僕**的薪餉。當查理五世無法支付他們錢銀，這支部隊便將羅馬洗劫一空。

許多人走同樣的路線，茲列舉弗倫茲貝格為例。他沒有區分戰爭大小，也不管未來的人會認為哪些是關鍵的戰事，哪些戰事又可能會被貼上無關緊要的標籤。弗倫茲貝格在所有戰爭都運用相同的工具，從長矛、槍枝、大砲與重騎兵，上戰場的戰士都是他根據合同招聘來的。普通的**國土傭僕**、槍手與重騎兵也不例外，他們會根據個人需求、社會情況、家族人脈和手頭機會，選擇參與不同的戰爭。大大小小的戰爭吸納了大量資金，支付了士兵薪餉，激勵了創新發展。職業戰士當然會繼續戰鬥，新加入者則會受到了大量的誘惑。由於衝突不斷，戰爭的車輪便不停轉動。

「鐵拳」格茨並非著名的指揮官或著名的軍事承包商。他是參與小規模的戰鬥，本質上是透過暴力手段解決法律糾紛，他沒有涉入國王和皇帝之間的大型軍事衝突。然而，**軍事革命**是大小衝突互為影響的結果。戰事不斷，催生職業戰士的市場，而這些戰士又能藉此不斷磨練戰技。這個時代戰爭的真正轉變是像貝利欣根這種人導致的直接結果：某些人有辦法將戰爭當成事業。

最後的戰役：聖迪濟耶，一五四四年

八月酷暑，法國東部潮濕悶熱，貝利欣根拿著手帕擦拭額頭，試圖緩解悶熱，汗水浸透了手帕。跟年輕的時候相比，如今要擦拭的可多得多。他一頭金髮，髮線早已從額頭往後退了。時值一五四四年，再過幾個月，他就要滿六十四歲了。當年他參與過蘭舒特戰役，如今回想起來，一切恍若隔世。時光飛逝，日月如梭，轉眼間已過了四十載。更多的汗水從他的腋下湧出，流過層層鎧甲下的桶狀身軀。他看著眼前**滾滾的熱氣**（The Devil's own heat），想到一幅粗糙的木刻版畫，畫裡有一隻惡魔在吞噬教宗。他多年前曾在一本印刷小冊子上看到這幅畫。他已經太老，記不清楚了。

火藥的氣味猶如肆虐的軍隊，爆衝到貝利欣根的鼻孔。這股氣味懸在令人窒息的空氣中，一整片白煙隨著微風緩緩飄動。一排大砲（重型大砲，攻城專用）發射之後，散發更多硫磺味與噴出陣陣煙霧。他瞇起眼睛，看到砲彈撞擊了不遠處的一堵矮牆，爆出一地碎石和激起一片灰塵。聖迪濟耶（Saint-Dizier）的防禦工事才剛構築好，至少到現在之前尚未受到風蝕雨淋和戰爭摧殘。與城堡牆壁相比，它們看似奇怪，貝利欣根沉思著：低矮、厚實、有角度、牆壁設置突出堡壘，提供側翼火力，同時還有安置火砲的平台。私人堡壘可以抵禦（至少曾經能夠抵禦）敵方騎士的攻擊，但眼前的防禦工事與其相去甚遠。多年來，他的霍恩貝格城堡一直能夠有效禦敵，至少在帝國當局將他關押在那裡十多年之前是如此：有大多的爭鬥和太多的敵人，還有他參與人們印象中最大宗的農民叛亂這檔小事。貝利欣根聲稱，那些叛亂的農民強迫他擔任指揮官。這個藉口不錯，在秋後算帳時他很走運，竟然沒被處死。

但現在他出獄了。他感受到盔甲的重量，左手舉著利劍，耳聞營地粗俗的戲謔聲，還有嗅聞到風中飄散的火藥味，真是太好了。兩年之前，神聖羅馬帝國皇帝查理五世要他招募一百名重騎兵來對抗卑鄙的鄂圖曼帝國。他抓住了這個從監獄脫身的機會。他召集的許多重騎兵在前往匈牙利的途中病死，而非死於鄂圖曼士兵的利箭或鄂圖曼騎兵**西帕希**（sipahi）的刀刃，但這樣也總比坐在家裡閒晃要好。一旦他被放出來，他就不會回去了。他要與另一群重騎兵跟隨皇帝出征法蘭西。然而，一旦要長期圍攻，駕馭全副武裝馬匹的鎧甲戰士便發揮不了多大的用處。他們把村莊毀得乾乾淨淨，但貝利欣根這種老江湖還是不滿意：他後來寫道：「我若是查理皇帝，姑且先這麼假設，就會踏上那條路，沿途留下記號，把一切燒毀殆盡，讓當地人在後續的一百年一直傳說查理皇帝到過那裡。這樣做的話，事情很快就可以走向和平。」

貝利欣根感到背部一陣疼痛。他多年前跌倒，導致椎間盤突出，這股疼痛讓他將注意力回到此時此地。一聲德語叫喊聲從隊伍前頭傳到隊尾。士兵停止射擊，槍聲不再響起，聖迪濟耶城門打開，一隊騎兵奔出，前去談判。貝利欣根臉上表情怪異，這次是因為右手刺痛。在過去四十年裡，他因為這隻手斷掉而產生幻痛（phantom pain）。他低頭看著鐵製義肢，想起自己失去和得到的，臉上露出了笑容。

1490

CHAPTER

FIVE

阿爾杜斯・馬努提烏斯與印刷術

1530

一五〇八年九月，威尼斯

破曉時分，晨光緩緩穿透霧氣，照亮簇擁在運河旁的磚石建築，威尼斯早已熱鬧滾滾。眾人忙裡忙外，市場小販兜售新鮮農產品，商賈忙著買賣簽約，銀行家在檢查帳戶、計算金額和敲定匯票。威尼斯是商業之都，做生意得趁早。

然而，有位路人不受喧囂干擾，腳步重重踏上一條運河的木橋，木板頓時搖搖晃晃。「Festina lente」是他的座右銘，這是句拉丁語，意思為「急事緩辦」[1]。他走路亦是如此，步伐快速而精準。威尼斯的街道與廣場錯綜複雜，但他知根知底，熟門熟路，一點都不會迷路。他抱著一疊陳舊的皮革手稿，凝神思索。他思想敏銳，訓練有素，眼下卻有個問題困擾著他：該如何將流傳數個世紀的手稿轉換為高品質且能大量製作的印刷品呢？

運河上傳來喧鬧聲，船夫搖著木槳，彼此大聲吆喝。滿載蔬果的細長船隻險些與兩位貴族商賈的船擦撞，雙方隨即互相叫囂。在狹小的運河上，兩派人馬激動揮舞船槳，險些打到往來船隻，引來一陣咒罵。船夫怒吼揮舞船槳，抱著手稿的男人左閃右躲，恰巧有人從二樓倒夜壺，險些把他給淋濕了。

男人名為阿爾多・馬努齊奧（Aldo Manuzio），他的同袍、客戶與後代則叫他阿爾杜斯・馬努提烏斯（Aldus Manutius）。阿爾杜斯是全歐最優秀的印刷商人。他創立阿爾丁出版社（Aldine Press），出版品印著「海豚與船錨」標誌，文字準確無誤，頁面排版精美，象徵最高品質，深受全歐藏書家與學者追捧。

阿爾杜斯即將年屆六十，步入耳順之年。他經常抱著書籍，背有點駝了，雙眼也近視，幾乎瞇成一條線，但他思緒敏銳，一如往常。他步履之間，思緒往返，於古典拉丁語、最愛的古希臘語和威尼斯方言之間反覆推敲。他走過狹窄巷道、跨越微鹹的運河，一邊琢磨優雅的詞彙，一邊品味美妙詩句的韻律。他不想被印刷業繁雜乏味的生活所苦，而是想時時刻刻感受語言之美。

阿爾杜斯不自覺地放緩腳步，一回神才發現已經接近當作印刷廠的自家門口。他那吝嗇的岳父兼合夥人安德里亞·托雷薩尼（Andrea Torresani）老早便等著他，對他抱怨連連，頤指氣使。阿爾杜斯暗想，**去死吧！**但他馬上責備起自己。托雷薩尼雖然不討人喜歡，做生意卻眼光獨到，鮮少出差錯。不過，阿爾杜斯倒是希望，他若能反過來就好了。

年邁的阿爾杜斯走到一座小廣場，望向聖奧斯定聖殿（Church of Sant'Agostino）的鐘樓。在威尼斯，這種小廣場隨處可見。這個城市昔日是一片潟湖，有不少小塊島嶼，每座島都建有住宅、工場作坊與一座教堂，彼此圍繞中心的**空地**（campo，特指威尼斯的廣場），這些廣場便是那煙波縹緲過往的遺跡。千年以來，威尼斯人竭力疏濬、打入木樁與填埋瓦礫，陸續造出陸地，填補了原本島嶼之間的空隙。如今，威尼

1 又譯欲速則不達。

斯的市容掩蓋了遭人遺忘的天然地貌，舊時渠道乾涸之後，成了眼下阡陌縱橫的巷弄，成排的房舍標誌昔日的旱地邊界。

阿爾杜斯的雙層家宅樸實無奇，他望著家門，嘆了口氣，心想此刻屋內必定十分忙碌：工人忙著排字、墨水四處飛濺、印刷機唧噹作響、小孩笑鬧哭號。如果豎耳傾聽，或許還能聽見托雷薩尼嘀咕著工人薪資太高，甚至還能聽見鹿特丹的伊拉斯謨（Erasmus of Rotterdam）沙沙的寫字聲。這位思想家暫居阿爾杜斯家，不久之後，他便會成為全歐最偉大的作家。阿爾杜斯顫抖的手拿著手稿，再次嘆息，打開家門，進入嘈雜的屋內。

當時，無論阿爾杜斯居住的威尼斯或整個歐洲，印刷廠不計其數。早在阿爾杜斯襁褓之際，約翰尼斯・古騰堡（Johannes Gutenberg）便在梅因茲以活字印刷書籍。在阿爾杜斯成長階段，印刷術猶如野火，席捲歐洲。這項嶄新技術不僅革新了出版業，更掀起顛覆訊息傳播的新浪潮，徹底改變從知識主義到宗教信仰的眾多觀念。說句實話，倘若沒有印刷術，引起動盪的宗教改革和全球探索，以及即將展開的**科學革命**（Scientific Revolution），這些十六世紀的劇烈變遷都不可能發生。

印刷業本是個殘酷的行業，早期印刷商通常都落得破產，甚至下場更悲慘，古騰堡也不例外。商人嘗試了數十年，想利用這項新技術創造顧客想要的商品，以及發展可行的商業模式，卻總是陷入絕境，或者剛起步便種下失敗的禍根。印刷商往往過多，大量書籍充斥市面，多到市場無法消化。話雖如此，從威斯敏斯特（Westminster）到布拉格（Prague），投資人仍不斷對印刷廠挹注資金，印刷產業的發展於是日趨穩健。

阿爾杜斯骨子裡是位學者。他年輕時曾擔任教職，而如今他以優美的斜體印刷書籍，率先大量印製古希臘經典作品供民眾閱讀，同時還與諸如伊拉斯謨的文學巨擘來往而名聞遐邇。現代收藏家願意高價收藏阿爾杜斯的精美印刷品，而他當年念茲在茲，渴求學問，體現了文藝復興人文主義的精神。阿爾杜斯與夥伴腳踏實地，具備商業頭腦，方能貢獻一己之力去傳揚知識，此乃十六世紀印刷產業的概況：人們為了追求利潤，如何善用顛覆世界的印刷技術去揭開訊息傳播的初始篇章。

古騰堡與書籍

在一四四〇年代末期，梅因茲的工匠古騰堡想到可以結合活字與螺旋壓具來印刷，而當時歐洲生產書籍的地點已從修道院轉移至私人書店，但僧侶依舊瞇著眼睛，擠在小書房抄寫《聖經》與古典文獻當作聖職。然而，到了中世紀末期，由於歐洲全境對書籍的需求漸增，在巴黎等設置大學的城市，抄寫工坊日益興盛。

貴族的圖書館蒐羅裝飾精緻、插圖華麗的傳奇文學與宗教儀式文獻；小孩求學需要文法書和入門讀物；大學訓練一批又一批鑽研神學、尤其是法律的學生，因此更需要大量的專業書籍；對佛羅倫斯、奧格斯堡、布魯日、倫敦和威尼斯等地的公證人與專業人士而言，閱讀與寫作是專業技巧，能讓他們出人頭地，而他們也嗜好閱讀書籍；

在卡斯提爾的伊莎貝拉等君王藏書閣任職的博采文士也熱中於遍覽群書。十五世紀中葉的讀者，其人數雖比先前世紀來得多，卻遠少於爾後的世紀。他們渴求更多的書，也希望能花較少的錢便能購得書籍。印刷術發明之後，恰好能滿足這種需求。

古騰堡在一四四八年左右著手印刷書籍，此前早已經商多年。他年近五十歲時便受過完善的教育，甚至可能曾在艾福特大學（University of Erfurt）求學過一陣子，然後才成為工匠。他在斯特拉斯堡（Strasbourg）期間曾教人打造金器和製作錢幣，同時投入資金去大量鑄造鏡子。附近的城市亞琛（Aachen）即將要展示一批令人驚嘆的聖物，而當時普遍認為，只要拿鏡子捕捉聖物的反光，便能保存聖物的部分靈魂之力。古騰堡於是與人集資生產鏡子，打算賣給前去觀賞聖物的朝聖者。不過，他弄錯了展覽年份，太早生產了這批鏡子。他雖有商業頭腦，執行卻老出問題，因此日後屢屢受挫。話雖如此，從這次事件便可看出，他工藝高超，從商經驗豐富，而這兩者兼具，才是讓印刷術興起的關鍵。

古騰堡可能早在斯特拉斯堡時便首度嘗試使用活字和壓具，只是他當時私下和商業夥伴打官司，彼此控訴，官司敗訴後機具落入對方手中，加上早期印刷品難以保存，因此沒有留下可信的證據。然而，古騰堡借款經驗豐富，十多年來四處張羅資金，投入資本密集的工藝產業。我們可以確認，他在一四四八年十月十七日回到梅因茲，向表親阿諾德·格爾薩斯（Arnold Gelthus）借了一百五十萊茵盾，利息為百分之五。此外，他也向梅因茲商賈兼貸款人約翰恩·富斯特（Johann Fust）商借了八百萊茵盾。

古騰堡確實高瞻遠矚。他應用鑄幣與打造金器技術，切割出數千塊活字，每個代表一個字母或縮寫。這需要有專業技術與精巧工藝，耐心與資金更是不可或缺，因為必須連月投入心血，方能鑄造足夠的活字來印刷獲利。一旦切割與鑄造完成活字，便可將其置入壓具，排列出字句，形成一頁可供印刷的活字板。壓具構造十分簡單，運用的技術類似於釀酒：利用槓桿將金屬板往下壓，並非壓榨葡萄，而是將紙張壓到沾滿墨水的金屬活字上。視情況所需，可能必須按壓數次，接著排字工人會替後續頁面排列活字，然後繼續印刷。如此周而復始，便可印出數十、數百，甚至上千張相同的書頁，最終便能印刷許多本書。

無論切割活字、採購印刷用紙、維持壓具運作數週或數月，每項印刷過程皆極耗人力且花費龐大，但比起手抄書可是簡便多了。一位抄寫員／文士（scribe）要花上數週甚至數月，方能抄完一本書，《聖經》之類的巨著甚至要耗費數年人工，而且一次只能產出一本書。印刷成本雖高，技術也較複雜，但好處也更多。

古騰堡可能用第一次的印刷成品去說服富斯特借他更多資金。這部作品並非他廣為人知的《聖經》印刷版，而是成百上千的印刷教科書：羅馬文法學家埃利烏斯・多納圖斯（Aelius Donatus）的著作《文法藝術》（*Ars minor*）。這部印刷品並不出名，使用者也未妥善保存，如今只剩斷簡殘篇，難以看出它是第一本採用顛覆世界的印刷術所印製的書籍。

相較之下，印刷《聖經》風險更大。畢竟《聖經》篇幅長、成本高，多數讀者卻不會天天使用。古騰堡首度進行的大型計畫便是要印刷這本聖典，因此《古騰堡聖經》（*Gutenberg Bible*）盡量仿效當時奢華手抄本的方式來印刷，每頁有兩欄，共四十二行，緊密排列，字體為典雅的歌德體。首批一百八十本，幾乎以高級紙張印刷，其中四十本更是印刷在更昂貴的犢皮紙（vellum）。買家可要求添加自己喜愛的插畫，售價也就更水漲船高了。

《古騰堡聖經》展現了早期印刷術的潛力，卻也不免突顯其中問題。要印刷整本《聖經》，需要先鑄造與排列十萬個活字，然後印刷一千兩百八十二頁的內容一百八十次，總共必須印壓二十三萬零七百六十次。需要十二位印刷工人和六位排字工人，讓六台壓具連續運作三百三十個工作天方能完工。從鑄字、裝幀到出貨，就需要費時兩年以上。儘管如此，《古騰堡聖經》首刷隨即一掃而空：紙製版一本二十萊茵盾，大約是巨匠一年的薪資，而犢皮紙版本更要價五十萊茵盾。一位抄寫員得花三年才能抄完一本聖經，而古騰堡一次便可印刷一百八十本，而且品質無可挑剔。

不過，印刷的材料與人力成本極高，古騰堡的資助者富斯特已經投入兩次資金。當《古騰堡聖經》印刷完成且賣給讀者時，富斯特也希望能回收資金。但是古騰堡還不出錢來，原因可能是顧客欠款，或者他將錢投入新的計畫卻失敗了。

無論原因為何，富斯特不願意空等，於是一狀告上法院且最終勝訴，法院判決古騰堡印刷廠的資產全歸富斯特所有，而這是古騰堡唯一的資產。《古騰堡聖經》印刷完成不到一年，這位發明印刷術的人就被迫離開這個產業。印刷業最早的核心問題就是投資與回報有所落差，必須花費數十載去嘗試，且經歷多次挫敗方能理解箇中困難，更不用說想要收支平衡了。

威尼斯與印刷術的傳播

富斯特擺脫了不可靠的古騰堡，便與另一位抄寫員合夥，亦即古騰堡助手彼得．舍弗（Peter Schöffer）。舍弗在訴訟中作證控告他的前僱主古騰堡，讓他從此退出這個產業。事實證明，這對搭檔攜手起來，銳不可擋：在後續十年，富斯特和舍弗密切合作，大量印刷了聖詠集、法律文本以及教會的贖罪券等一般文件。

然而，他們壟斷市場的時日非常短暫。早在一四六〇年時，班伯格市（Bamberg）便出現了另一台印刷機，使用的是古騰堡印刷聖經之前使用的相同原始機型。到了一四六〇年代末期，商人用印刷機在斯特拉斯堡、科隆、萊比錫、巴塞爾（Basel）和奧格斯堡等貿易城市大量印刷書籍，而舍弗則透過巴黎的一家書店發行他印刷的書籍。（富斯特於一四六六年死於瘟疫，舍弗與他的合作關係便宣告結束。）

一四七〇年，法蘭西首都出現了一台印刷機，同年紐倫堡也有了另一台。羅馬在一四六七年有了自己的印刷機，隨後非拉拉（Ferrara）、佛羅倫斯、米蘭、波隆那（Bologna）與拿坡里在一四七一年也陸續出現印刷機，而在接下來的一年，數個義大利城市也有了印刷機。不久之後，富裕的城市化低地國家也趕上潮流，布魯日、安特衛普和魯汶也出現了印刷機。一四七六年，一位印刷商在倫敦郊外的威斯敏斯特開設了店鋪。這種模式非常明確：商業中心能夠獲得投資金額來資助印刷商，使其得以建立銷售網絡來販售產品，而這些地區正逐漸成為印刷業的新重鎮。

資源最豐富的商業中心莫過於威尼斯，當地於一四六九年便首度出現印刷機。威尼斯位於一片沼澤地，城市建於許多小塊土地，受到一系列稱為立地（lidi）的沙洲的保護，不受亞得里亞海的影響。乍看之下，威尼斯起初似乎不太可能成為歐洲最富裕的貿易城市之一。威尼斯起初只是一群漁民和曬鹽者勉強度日的村落，但是在先前的一千年裡，當地已經從羅馬經濟圈的邊緣地區轉變為中世紀的世界樞紐。它是那個時代每條主要貿易路線的交匯點，連結亞力山卓與奧格斯堡、米蘭與君士坦丁堡，以及突尼斯與布魯日。主要糧食和奢侈品都會從威尼斯港口過境，穀物、木材、絲綢與香料在運往一百個不同地區的途中，皆會停靠於這座城市。數個世紀以來，貿易路線有所改變，從君士坦丁堡和失落的十字軍東征討伐的**聖地**國家轉移到亞力山卓與紅海，但威尼斯位於交匯點，貿易地位從未改變。

這些貿易路線是威尼斯的血管與動脈，透過它們流動的資本是這座城市的命脈。它有健全的法律體系，只要簽了合約，便不可毀棄，無論是經商的王子、外國商賈或修補器具的工匠，人人平等。威尼斯的市政府大多由封閉的富商貴族主導，他們會竭盡全力保護和促進當地的商業利益。政府資助的戰艦，亦即該市著名的兵工廠所建造的槳帆船（galley），船上配置足額戰士，保護著地中海的威尼斯商人，而威尼斯的眾多行政官則統治遍佈地中海東部重要的海軍基地和港口城市。

在那個時代，其他的義大利城邦與歐洲城市不時發生動亂，貴族之間內訌，社會動盪不安，但威尼斯共和國基本上局勢穩定，甚少受到影響。佛羅倫斯著名的梅迪奇銀行在這座城市開設了一家分行，承攬諸多業務，好比兌換貨幣與長途貿易。雅各布．富格爾穿越阿爾卑斯山南下至此，在著名的里阿爾托橋附近當學徒，期間接受磨練，學習到驚人的財務技能。在威尼斯經商很安全且有利可圖。資本放在那裡很安全，只要運用得當，有可能賺得盆滿缽滿。

新興印刷業自然而然能在威尼斯生根茁壯。這座城市與德意志有著深厚持久的關係，當地的第一位印刷商是德意志人，名叫斯派爾的約翰（John of Speyer），這也就不足為奇了。約翰與他的兄弟溫德林（Windelin）攜手在此創業，但約翰抵達威尼斯之後，不久就去世了。威尼斯當局授予他的印刷壟斷權也就不了了之，讓法國人尼古拉斯．簡森（Nicolas Jenson）撿了個便宜。

簡森神秘莫測，鮮為人知。一個世紀之後，法國藏書圈廣為流傳一個故事，傳聞他曾在巴黎鑄幣廠割切模具，法王查理七世親自挑選他前往梅因茲進行秘密任務，暗地從古騰堡先生本人學習印刷術的秘密。故事接著指出，簡森於一四六一年返法時，查理七世已經駕崩，改由兒子路易十一掌權；路易十一鄙視父親和他麾下的官員，因此對簡森提供的東西不感興趣。簡森被拒之門外，幾年之後，便出現在威尼斯，然後埋首工作，迅速成為該市最著名的印刷商。根據簡森本人的說法，印刷術其實是他發明的，並非古騰堡的創舉。簡森鐵定是法蘭西人，工藝十分精湛，而他可能確實曾在巴黎皇家鑄幣廠任職。印刷業剛興起，競爭非常激烈，其餘的傳聞很可能是簡森這位不擇手段的商人所吹噓，只是為了打響知名度。

簡森與威尼斯和別處的早期印刷商一樣，並未替大眾市場印刷書籍。當時閱讀風氣還不普及，而書籍（印刷品）屬於昂貴的商品，潛在客戶有限。威尼斯能提供充足的投資資金且具備許多的技工，資本密集企業很適合在這個城市營運，印刷商便在此地爭得你死我活。到了一四七三年，威尼斯有十幾台印刷機在運作。當時的讀者通常是備受推崇的學者，這些文士鍾愛古代拉丁作家的著作，因此印刷商會特別生產這類書籍，此外還會大量印刷其他的文本。在這座城市裡，除了資金最充足且技術最純熟的印刷商，其餘人等都慘遭淘汰。與昔日相比，威尼斯等地的早期印刷商讓更多人讀到更多的書籍，但即使如此，這個行業時而繁榮，時而蕭條，盛衰起伏，周而復始。

阿爾杜斯．馬努提烏斯與學術界

歡愉的閒談與笑聲在別墅大廳裡迴盪著，從灰泥牆壁上彈開，在光滑石地板上反彈。清涼酒品注入優雅的銀杯，流進飢渴的食道，激起更多喋喋不休。六名男子高談闊論，酒酣耳熱，臉脹得通紅。外人不可能聽得懂他們在交談什麼，因為他們在希臘語、拉丁語和義大利語之間來回切換，引經據典，言談間充滿哲理，間或讚美沒沒無聞學者的貢獻，或者痛斥他們，說這些傢伙毫無建樹。

這一小群人時常魚雁往返，多靠書面溝通，較少見面認識。他們皆是學者，或自以為是鴻儒，有老有少，年齡從二十出頭到中年不等。他們很高興來到米蘭朵拉鎮（Mirandola）附近。他們暫住的別墅屬於年輕早熟的喬瓦尼・皮科・德拉・米蘭朵拉（Giovanni Pico della Mirandola，後簡稱皮科）的家人所有。此次聚會就是由他籌辦的。另有熱情洋溢的希臘學者曼努埃爾・安德拉米特努斯（Manuel Andramyttenus），他是當代某些前途光明的年輕才子的熟人。其他則屬故作風雅和愛好詩書的貴族、古代手稿收藏家，以及涉獵阿提卡希臘語（Attic Greek）[2]的愛好者。

在這群人之中，最不顯眼的是阿爾多・馬努齊奧。他長髮及肩，勾勒出臉龐，鼻子頗長，眼睛雖瞇著，卻透露出睿智。他風塵僕僕前來，破舊補丁的長袍仍然沾滿旅途招惹的灰塵。馬努齊奧是一位流浪學者，剛落腳於米蘭朵拉幾英里外的卡匹（Carpi），擔任新家領主的專業導師。

他們喝著皮科提供的美酒，看著一堆珍貴手稿，興致盎然，一直聊到深夜。他們談論荷馬與拉圖，爭論西塞羅（Cicero）的風格，一起談論古羅馬諷刺詩人馬提雅爾（Martial）的詩歌，批評威尼斯印刷的版本品質低劣。皮科言詞最為激烈奔放，總是妙語如珠。其他人則更了解古典文本的精髓，而馬努齊奧努力維持和平的氛圍，總是

2 又稱雅典希臘語，屬於一種古希臘語方言，在雅典為中心的阿提卡地區使用。

尋求共同點，或者安靜認同附和。在場人士都深愛古典文學，認為學習和吸收古籍智慧足以改善世界。他們隔天分手，互道珍重，心想山高水長，不知何時能夠再度重聚。

阿爾杜斯算不上那個時代最傑出的學者，但他幾乎認識這些人。當時的學者書信往來，密切保持聯繫，彼此傳閱珍貴的古代手稿，新思想因而傳遞綿延，此乃文藝復興時期知識分子汲取養分之道。阿爾杜斯如同學術網絡中心的蜘蛛，負責溝通聯絡，這些學者原本只能透過書信神交，能夠這樣聚會，便能親身彼此認識。此次聚會的關鍵人物喬瓦尼．皮科．德拉．米蘭朵拉爾後成為當代最具創意的哲學思想家。阿爾杜斯在卡匹指導的年輕人是該市未來的王子阿爾貝托．皮奧（Alberto Pio），皮奧日後會持續贊助嚴肅的學術活動。安德拉米特努斯之類的希臘人正在推廣西方已經失傳數個世紀的希臘語，昔日哲人用這種語言提出前衛思想，探討哲學和現實的本質。阿爾杜斯走的道路不同，但同樣將帶來變革。

這條道路將阿爾杜斯帶到了威尼斯從事印刷業。從古騰堡到簡森，早期的印刷商幾乎都是工匠。相較之下，阿爾杜斯骨子裡是學者兼教育家，一生如此，不改其志。在他生長的義大利，知識分子勤奮好學，傑出學者比比皆是，身後追隨者眾，他們根據拉丁經典，從事尖端的研究與實驗。在一四八〇年左右，阿爾杜斯名聲尚未顯赫，當時暫居卡匹，擔任年輕王子的家庭教師。約在此時，馬丁．洛瑞（Martin Lowry）替他寫了傳記，如此描述阿爾杜斯：「性格穩健，為人溫和，年近三十，嫻熟拉丁語，文采斐然，屬於學術界邊緣人，一遇到機會，便不會輕易錯過。」

阿爾杜斯缺乏出色的資歷，對印刷業的影響也不大，同時代的人並未記錄太多他的童年生活。他於一四五〇年左右出生在羅馬附近，並在當地接受教育，聽取客座學者豐富多彩的講授課程。這些學者接受不同人贊助，於各個城市間遊走，求取功名利祿。在某個時期，有可能是一四七〇年代，他搬遷到了非拉拉，透過希臘語去學習拉丁語。當卡匹統治者為兩位幼子尋找家庭教師時，阿爾杜斯正是適當的人選。羅馬涅（Romagna）地區的知識分子都熟識他：阿爾杜斯精通拉丁語和希臘語，能夠吟詩構句。有將近十年的時間，阿爾杜斯悉心教導阿爾貝托．皮奧與萊昂內羅．皮奧（Leonello Pio），而時至一四八〇年代末期，他用拉丁文吟詩作賦，教育他的年輕學子。阿爾杜斯告訴弟子，要勤於學習，效仿凱撒大帝（Julius Caesar）與亞歷山大大帝（Alexander the Great）。此乃典型的勵志話語，純屬老生常談。

阿爾杜斯替阿爾貝托和萊昂內羅寫了詩句，爾後還印刷成文送給他們，甚至唸給這兩位學生的母親凱瑟琳娜（Catherina）聆聽。這些傳統詩句，完全符合拉丁詩句嚴謹的格律標準。我們從其他來源無法得知阿爾杜斯的為人處事，但藉由這些詩句，便可窺探他的個性。他未曾想過要留下學術成就，蜚聲海內外，而且視爭議如瘟疫，避之唯恐不及。與他往來者，皆是知識分子，這似乎有點奇怪：阿爾杜斯在帕多瓦大學（University of Padua）的兩位熟人（皆是知名學者）曾在一四八〇年代彼此口誅筆伐，阿爾杜斯卻並未選邊站或偏袒誰，與雙方保持良好關係。當時與人激烈論戰，從中獲得公眾認可之後，經常會有富人贊助，從此便能過上舒服愜意的日子。對於皮科而言，他住在精緻別墅，享受美酒佳餚，最終的目標不外乎是建構一套完整激進的哲學體系。阿爾杜斯與皮科是朋友，他支持皮科，兩人定期聯繫多年。皮科發表作品之後[3]，義大利的世俗當局和宗教權威人物憤怒無比，皮科便惹了相當大的麻煩，即使生活在思想較為開放的佛羅倫斯，他也過得並不輕鬆。這位才華洋溢的年輕人在一四九四年遭人下毒，雖風華正盛，才智無雙，無奈死於非命。相較之下，阿爾杜斯曖曖內含光，謹言慎行，不想挑戰學界宿儒或執政當局，撼動其基礎霸業。

若有不少財產，能隨時閱讀各類書籍，以及與志同道合的知識分子往來切磋，這種日子可謂舒適愜意，但奇怪的是，阿爾杜斯卻沒有這種念想。他的學生阿爾貝托成年之後，提議要讓阿爾杜斯過上好日子，但阿爾杜斯卻斷然拒絕。這位老師超然物外，或許有點刻板：他一絲不苟，謹小慎微，品味和觀點十分傳統，戮力追求喜好，而最重要的是，他全心致力於教育。他信念堅定，念茲在茲，無不思索該如何以正確之道教導基本的語言技能，亦即教授拉丁語。阿爾杜斯熱愛語言，無論形式、韻律和複雜結構，皆愛不釋手。他一生所為，皆是要將這種熱情傳給他人。

我們不知阿爾杜斯究竟為何要離開卡匹，拋下他的年輕學生。或許他想接觸更多的人，最終才會去從事剛起步且麻煩棘手的印刷行業。在一四九〇年左右，阿爾杜斯抵達了威尼斯。阿爾貝托一生漫長，頻遭變故波折，但他終其一生都很尊敬阿爾杜斯這位老師。因此，兩人並非有嫌隙，阿爾杜斯才會掛冠離去。我們可以肯定的是，在一四九〇年，阿爾杜斯打算利用印刷術來繼續推廣教育。

新的教育

早期的印刷商幾乎是創業工匠，他們是歐洲城鎮行會成員（guildsmen）[4]，一直往上攀爬社會階梯。金匠、鑄幣大師、富裕織布工的下一代與中等階級商人：這些行業提供了不少人才，那些人熟悉工藝流程和大規模融資，推動了印刷業從古騰堡草創期一路發展到阿爾杜斯的程度。然而，阿爾杜斯是學者兼教育家，博學多聞，浸淫於文藝復興時期的學術氛圍。

「文藝復興」（Renaissance）是難以捉摸的術語，將其套用於某個時代、文化趨勢或一系列知識運動有所困難，難怪歷代史學家都在質疑這個字眼是否合宜。產生現代個體、現代世俗主義和現代國家，以及替未來播下種子的包羅萬象文藝復興概念，其實已經消失無影。遺留下來的是富裕的義大利城市文明，民智逐漸開化，百姓熱中於鑽研古典文學。這種自認為「**復興**」（拉丁語：renovatio，英語：renewal）或讓羅馬（與後期希臘）昔日榮耀重生的運動於一三〇〇年至一五〇〇年之間蓬勃發展。十四世紀時，義大利詩人但丁（Dante）和佩脫拉克（Petrarch）發起運動，影響了更多的專業學者、政府官員和感興趣的業餘人士。到了阿爾杜斯的時代，接受教育便是

3 他曾大膽提出反駁宗教、哲學、自然哲學和魔法的九百論題而名聲大噪。

4 guild 為歷史專有名詞，特指歐洲中世紀的商人團體。行會分為商賈組織與傳統手工業組織，由同業或相關行業聯合組成，目的是為了限制競爭、規定生產或業務範圍以及解決業主困難和保護同行利益。

鑽研古代經典。

從廣義上來講，可以將這種教育範式（educational paradigm）及其焦點稱為「人文主義」（humanism）。使用這個詞，其實是年代錯置，人文主義是由某位德意志學者在一八〇八年或一八〇九年所創造的。它來自於**人性研究**（studia humanitatis），亦即精通語法、修辭學、歷史和哲學的**人文主義者**（humanista）可能會指導學生的一批學科。這門課程和促使它誕生的知識運動，其核心是認為古代博儒智慧高超，口才便給，仰之彌高，鑽之彌堅，譬如古羅馬歷史學家李維（Livy）、羅馬詩人維吉爾（Virgil）與奧維德（Ovid），以及古羅馬傳記作家蘇埃托尼烏斯（Suetonius），特別是西塞羅。透過這些學者的著作，便可親炙昔日的輝煌時代，而人文主義者認為眼下世界墮落腐敗，古今相較，對比鮮明。在人文主義者眼中，只要重新鑽研過往學儒巨擘的典籍，效仿其語言與道德思想，便可創造更美好的世界。

人文主義者闡明了一連串的遠大目標，總歸便是這種想法。他們通常熱中於深入研究和模仿經典文本，因為他們喜歡如此，因為他們身邊圍繞著喜歡這樣做的人，而且因為這樣做有益於他們。某些偉大的早期人文主義者深入參與政府運作，特別是在佛羅倫斯共和國[5]，他們看到了所處時代與地方的公民生活和古羅馬非常類似。隨著義大利政治精英逐漸形成號稱**大人物**（popolo grosso）的獨特寡頭政治（oligarchy），這個半島汲汲營營的城市商賈（商人、銀行家和工業企業家）的人數便翻了一倍。

在歐洲其他的地區，農村貴族主宰了政治，富裕的城市居民淪為次要角色，無法過於插手王國的事務。義大利並非如此：義大利城邦的政治複雜萬分，人若有口才，說服力絕佳，可能便是一種有力的武器，這些反映了人的**美德**（virtù），亦即推理判斷、穩健節制和自我控制的能力。人們普遍認為，古典文獻作家具備相同的**美德**，因此鑽研鴻儒的思想，便可提高自身的能力。

隨著十五世紀逐步推進，人文主義便落實於教育，並且如火如荼發展。只要細讀經典，便可獲取**美德**，更能學習可在政府任職或領導政府的實務技能。如此一來，中世紀的教育課程便明顯有了整體轉變，一反過去數百年來採用的嚴格分層的學習方法。多數的人文主義者都是單純喜好學識之士，或者是想替下一代尋求最先進教育的人物，而非皮科這類引人矚目的學者。

中世紀教育是要學生死記硬背語法以及**書寫技法**（ars dictaminis），人文主義者鄙視這種死板的規範並大加撻伐。他們提出更好的主張：早期的人文主義者皮埃爾·保羅·維杰里奧（Pier Paolo Vergerio）寫道：「對於思想高尚以及必須參與公共事務和社區的人士，學習歷史和道德哲學（moral philosophy）頗有益處。我們從道德哲學得知何謂舉止合宜，從歷史提取值得效仿的例子。口才便給，能言善道，方能贏得大眾的心。」

這種典範轉移（paradigm shift）為新的教育開創了蓬勃發展的市場。到了一四五

5 中世紀義大利的城邦國家，以佛羅倫斯為中心。

〇年，富裕的年輕人可以買到印刷精美的西塞羅拉丁文集，也能在義大利的任何一個城市拜師，向人文主義學者學習歷史、道德哲學和修辭學。阿爾杜斯出生於羅馬附近的小鎮，也非**大人物**的後裔，年輕時無法享受如此完善的課程。他接受標準的中世紀語法教育，爾後才接受在他那個時代流行的古典文學教育。遊歷四方的博儒用拉丁語和希臘語講授最新的趨勢。雖然大學在接受新知方面往往很慢，但這種現象不會永遠持續下去。

有各種途徑吸引學生學習古代典籍：年輕人可以跟隨阿爾杜斯這種溫和的老師學習；同好之間可深夜促膝長談交流，比如參與皮科別墅的聚會；競爭對手可以公開辯論，藉此贏得同行的欽佩；有了原始文獻可用，讀者閱讀經典文本之後，會愛不釋手且感到驚奇。

我們無法確認阿爾杜斯為何前往威尼斯踏入印刷業這行。在阿爾杜斯各種印刷品的簡介中也對此說得模模糊糊，讓人難以真切窺探箇中理由。然而，我們姑且可得出初步結論，亦即他認為印刷可帶來變革，讓大眾學習古代文學的智慧。阿爾杜斯認為，要提倡教育，自然得大量印刷書籍。他在希臘文語法介紹中寫道：「我決定奉獻此生，替同胞服務。上帝為證，我一如既往，無論身在何處，只想替同胞做點什麼，希望日後更能略盡棉薄之力。」

棘手的印刷業

阿爾杜斯印刷出第一批文本之後，在其中一本的介紹中總結了印刷這種棘手的工作：「雖然我可以過平靜的生活，但我選擇了這項艱辛麻煩的工作。」這位鴻儒老早便知道他新從事的職業很困難。他原本可在教室裡授課，享受平靜的教學生涯，卻投身印刷業，在喧囂混亂的工廠上班。然而，阿爾杜斯不僅踏進一個新領域，他進入的是一個競爭異常激烈且殘酷無情的行業。這是無情的戰場，印刷商必須盡量尋求優勢，而且經常會因為犯了輕微錯誤而破產倒閉。

阿爾杜斯大概於一四九〇年抵達威尼斯，當時應該是想從事印刷業，但他需要花費幾年準備，才能印刷出第一頁文稿。開展新事業既耗費時間，又得投入資金。他有大把時間，也許這得感謝他的老學生阿爾貝托慷慨支持，但要取得資金，必須花點工夫。這可能是阿爾杜斯前去威尼斯而非佛羅倫斯的原因：佛羅倫斯是最著名的學術中心，對希臘人而言尤其是如此；然而，在潟湖之上的威尼斯才更有可能獲取資金去開拓印刷事業。

威尼斯隨處可見富有的企業家，但為何精明吝嗇的投資者會把辛苦賺來的錢交給一位中年學者呢？阿爾杜斯從未創作出驚天動地的作品而名聞遐邇。他並非知識界的超級巨星，那些喜好人文主義的狂熱分子沒有擠滿義大利的演講廳，聆聽他講述希臘學術的最新發展。雖然阿爾杜斯與一大批更著名崇高的鴻儒碩學素有交情，但他只是個謙遜的教育家，聲譽平平，為人溫和，做事稱職。他與主導早期印刷業的工匠不同，沒有從事資本密集製造業的背景。印刷業風險極高，有大筆資金的人若想找人投資，阿爾杜斯絕非首選。

儘管困難重重，阿爾杜斯仍然獲得了資金。這花了他一些時間，因此可以肯定他到了威尼斯之後，仍然繼續教書。他還從事另一項同等重要的計畫：撰寫名為**《拉丁文語法》**（*Institutiones Grammaticae Latinae*）的書籍，而他在一四九三年三月請人把這本書印刷出來。這位印刷商名叫安德里亞．托雷薩尼（Andrea Torresani），來自阿索拉（Asola），為人吝嗇，但經驗豐富。在後續二十年裡，托雷薩尼將與阿爾杜斯一起經營事業，最終還成為他的岳父，因此他在阿爾杜斯的生活中扮演關鍵的角色。

就我們所知，托雷薩尼專橫跋扈、謹小慎微且吝嗇小氣，非常令人討厭。偉大的伊拉斯謨於一五〇八年逗留威尼斯期間，曾與阿爾杜斯和托雷薩尼住在同一個屋簷下。數十載之後，伊拉斯謨執筆為文，將托雷薩尼描繪成兇狠惡毒的商人。伊拉斯謨寫道：托雷薩尼是個吝嗇鬼，滿腦子只想賺錢，會販售酸臭稀釋的酒、骨瘦如柴的雞肉、從糞坑挖出來的貝類，以及用黏土發酵的麵糰做成的麵包。托雷薩尼只想賺錢，壓根不管兒子，這些敗家子整日只會喝酒、賭博和嫖妓，可憐的阿爾杜斯和工人則沒日沒夜在印刷機轟隆聲中辛勤工作。托雷薩尼說伊拉斯謨暫住阿爾杜斯家的時候，只知張口吃飯，不知回饋，因此筆鋒銳利的伊拉斯謨才會如此嚴厲批評托雷薩尼。不過，話說回來，托雷薩尼跟伊拉斯謨對他的描述根本沒有矛盾之處。從證據來看，托雷薩尼的熟人並不怎麼理睬這個傢伙。

然而，不可否認的是，托雷薩尼手藝高超。一四七〇年代中期，他當了年老的法國人尼古拉斯・簡森的學徒，開始投身印刷業。簡森在一四七〇年末期退休，托雷薩尼向這位師傅購買了活字，然後繼續經營業務，直到他在一四九〇年代初期開始與阿爾杜斯來往。在那段時期，托雷薩尼學習印刷業各種層面的事務。他曾投資其他印刷商，彼此短期合作；他曾替帕度亞（Paduan）印刷廠銷售圖書；他還印刷了自己的著作，如同阿爾杜斯印刷過自己的語法書一樣。從這些事情看來，托雷薩尼穩健保守，努力打進已成熟的市場，對於法律文本和拉丁文經典有傳統的品味。在印刷業剛起步時，務實的約翰恩・富斯特開啟了一片天，而從托雷薩尼的商業敏銳度和個人背景來看，他體現了成功經營印刷廠的精髓，可謂承繼了富斯特的精神。

阿爾杜斯確實有兩個優勢，每項優勢都讓他得以探索潛在商機：他熟稔古希臘語，而古希臘語這門新興學科日益流行，他也與該領域的頂尖學者頗有交情。阿爾杜斯的拉丁文語法書大賣，表示文法書必定有讀者捧場，阿爾杜斯可以提供托雷薩尼不同的印刷內容。市場上已經充斥拉丁文經典書籍，但古希臘書籍卻寥寥無幾；這種語言的典籍只印刷了十幾種左右，主要是印刷商認為讀者沒有這麼多。如果希臘語日後將廣受歡迎，成為學術界追捧的學科（阿爾杜斯和多數知識分子在一四九〇年代初期便如此認為），他可以幫助托雷薩尼在其他人站穩腳跟之前壟斷這個市場。

當時的印刷業剛興起，面臨的挑戰不少，若要印刷希臘文本，又得面對更多風險。

此外，人們認為希臘作品的市場很小，這便是為何古騰堡首度嘗試印刷這種文本之後，半個世紀以來鮮少有人再度嘗試。即使威尼斯是個國際化城市，工藝高超且精通希臘語的金屬加工者也並非隨處可得。若想印刷希臘文本，需要切割和鑄造新的活字模具，既費力又花錢，萬一找不到工匠，那更是雪上加霜。阿爾杜斯必須從手稿的「字跡」或當時流行的樣式中挑選一種字體，然後監督數千個活字的切割和鑄造。要能印刷出一頁希臘文稿，必須耗費數年的時間。更重要的是，這得花費大筆金錢。

由於成本太高，托雷薩尼想找人分擔風險，於是與皮爾弗朗西斯科．巴爾巴里戈（Pierfrancesco Barbarigo）。巴爾巴里戈家族是威尼斯最古老的貴族之一，財富和權勢皆有，在阿爾杜斯到達這座城市之前的十年裡，這個家族名利雙收，顯赫至極。巴爾巴里戈家族有兩位成員接連當選威尼斯總督（doge），而皮爾弗朗西斯科是第一位總督的兒子，又是第二位總督的姪子，因此他既富有，人脈也甚廣。這間最後被稱為奧爾丁出版社（Aldine Press）的企業從一開始便擁有穩固的財務和政治基礎。這家公司絕非如我們所想，阿爾杜斯這位可憐的善心教師迷失於學術夢想，埋頭印刷書籍來造福人類，根本不關心能否獲利；其實，這間公司資本雄厚，由托雷薩尼這位經驗老到的商人負責掌舵，另有威尼斯商業巨擘家族中人脈最廣且最為富裕的皮爾弗朗西斯科當靠山。

奧爾丁出版社

阿爾杜斯需要合作夥伴盡量從旁支持。從一四六九年至一四九〇年間（阿爾杜斯到達威尼斯的那一年），有一百多家印刷公司試圖打進這座城市的印刷產業。到了一四九〇年代，仍有二十三間企業存活，但其中只有十間倖存到十六世紀。威尼斯印刷公司的平均壽命為十八個月，絕大多數在倒閉之前只印刷了某本書的某一版本。阿爾杜斯不僅要踏入這個殘酷的行業，而且根據其商業戰略，他要專注於生產完全未經證實且未經市場測試的產品。

皮爾弗朗西斯科是這家公司的被動投資者，他投資了數千達克特；托雷薩尼提供資金與技術，而阿爾杜斯提供所需學識。兩者可謂堅強的組合，彼此攜手合作，源源不斷印刷書籍，賣到讀者手中。他們掌握商業趨勢且規劃妥善，故能順利出版書籍。一四九五年三月，該公司印刷出第一套書，乃是基礎的希臘語法書，作者是從君士坦丁堡流亡的康斯坦丁・拉斯卡里斯（Constantine Laskaris），另有兩本希臘語語法書和一本字典。他們早期還印刷了古希臘詩人忒奧克里托斯（Theocritus）與海希奧德（Hesiod）的詩集，以及古希臘作家阿里斯托芬（Aristophanes）的喜劇。

這些皆是教育書籍，是要從頭開始培養古希臘文本讀者的初始材料。教師可以使用語法書來教學生基礎的希臘語，然後教授忒奧克里托斯與海希奧德的短詩，以及講授阿里斯托芬喜劇中人物對話使用的阿提卡希臘語。與此同時，這間公司在三年的時間裡印刷了五大卷亞里斯多德（Aristotle）的文集。亞里斯多德是最著名和最受尊敬的古希臘作家，阿爾杜斯率先印刷了這位巨擘的全套著作。某些古籍如今讀起來相當艱澀，譬如迪奧斯科里德斯（Dioscurides）與尼坎德（Nicander）的藥理學著作，但在一四九〇年代時，學術界會針對這些書籍發起論戰。

事後看來，推動托雷薩尼和阿爾杜斯運營的計畫顯而易見：對希臘語教學的需求日盛，於是印刷希臘語教學材料，培養閱讀希臘語作品的市場，然後生產最搶手的文本。說來容易，做起來難，但從各方面而言，阿爾杜斯和托雷薩尼成功了。他們的產品賣得比對手貴，同名書籍的價格雖是對手售價的兩到四倍，卻仍然十分搶手。後來以作家身分名聞遐邇的伊拉斯謨曾在一封信中抱怨，說他無法買到烏爾班諾．瓦勒良修士（Friar Urbano Valeriani）撰寫的希臘語法書籍。阿爾杜斯推廣教育的總體願望與市場需求竟能無縫接軌。

話雖如此，印刷業非常殘酷。阿爾杜斯並非唯一將目光投向希臘語市場的印刷商，他面臨到激烈的競爭。例如，佛羅倫斯印刷商洛倫佐．德．阿洛帕（Lorenzo de Alopa）鍛造出精美的活字，並且能在該市輕鬆取得絕佳的希臘語手稿。阿洛帕於一四九六年倒閉，但阿爾杜斯在威尼斯仍有競爭對手，好比合作愉快的克里特抄寫員扎卡里亞斯．卡利耶熱斯（Zacharias Callierges）與棘手的競爭對手布拉西謝拉的加布里埃爾（Gabriel of Brasichella）。但幸運之神總是站在阿爾杜斯這邊：一四九〇年代末期，整體經濟衰退，他的對手紛紛倒下，他便成為威尼斯唯一的希臘語印刷商，同時也是義大利最著名的印刷業者。

然而，壟斷希臘語市場並不足以讓公司持續營運下去。不久之後，阿爾杜斯便擴大經營範圍。他最初幾年專注於生產希臘語書籍，但也順道印刷了一些拉丁語和義大利語的文本，其中包括短期委託他人撰寫的作品，這些商品不是替他賺取現金，便是獲得威尼斯重量級人士贊助後才出版。隨著市場愈來愈嚴峻，投入已成熟的拉丁語文本市場似乎是安全保守的做法，能夠保證有大量的盈利銷售。除了出版早期印刷的暢銷書，包括維吉爾、奧維德、尤維納利斯（Juvenal）、馬提雅爾、西塞羅與卡圖盧斯（Catullus）的著作，他還持續印刷希臘語文本，譬如斐洛斯脫拉德（Philostratus）、修昔底德（Thucydides）、索福克勒斯（Sophocles）和希羅多德（Herodotus）等人的作品。

阿爾杜斯印刷的拉丁語著作與其出眾的希臘語文本一樣，廣受讀者追捧。根據伊拉斯謨的說法，他發明了一種漂亮的斜體字體，「那些是世界上最美麗的小字體。」他還以小型八開本（octavo）印刷，這種格式便於攜帶，比大號成品便宜，且更適合大量印刷。所謂八開本，便是將十六頁的文字印在一張紙上，然後將紙對折三次，形成八頁的書頁（leave）；四開本（quarto）是將八頁文字對折兩次，對開本（folio）則是將四頁文字對折一次，與這兩者相較，八開本可節省多少紙張和尺寸有多小，便一目了然了。這些書籍的售價並不低於競爭對手的價格（某些阿爾杜斯印刷的書是如此，但多數並非如此），但由於成本較低，利潤便增加了。

憑藉希臘語和拉丁語經典作品，阿爾杜斯和托雷薩尼開拓了極大的市場。此外，某些市場快速成長，但某些則同樣迅速萎縮，他們便會不斷調整經營方式，滿足消費者突發奇想的胃口。伊拉斯謨於一五〇八年造訪威尼斯，他當時寄居阿爾杜斯屋簷下，完成了新作《箴言錄》（*Adagia*）。該書付梓之後脫穎而出，名列十六世紀的暢銷書。然而，威尼斯被捲入戰火，損失慘重，災難頻傳，令印刷業數度停擺。從一五〇九年到一五一二年之間，奧爾丁出版社被迫關門，但公司在阿爾杜斯去世之前為之一振，最後奮力一搏，印刷了拉丁語和希臘語文本，同時出版精選的義大利語名著。然而，到了一五一五年，奧爾丁出版社依舊被迫關門歇業。

在圖書市場做生意

十五世紀末期與十六世紀初期是書籍歷史上的變革時期，印刷書籍遠遠超過手抄本，從而確立未來媒介的地位。當時，印刷書籍已經可供大眾閱讀，足以改變與塑造讀者的品味。印刷業者歷經五十載的殘酷競爭，早已了解讀者的需求，也知道該如何迎合市場的喜好。隨著讀者口味慢慢轉變，印刷商出版的書籍也逐漸改變。起初，神學和靈修冊子占主流，其中包括《聖經》與《聖經》註釋、聖徒生平、祈禱書、讚美詩冊與佈道文稿。根據某項估計，這種流行於平信徒和神職人員的各類文本將近占了一五〇〇年之前所有印刷書籍總量的百分之四十五。從廣義來看，文學占另外百分之三十六，而法律和科學書籍則占其餘部分。

阿爾杜斯著眼於出版希臘語和拉丁語經典，而他並非當代成功印刷商的典型代表。他很少印刷靈修文獻，卻出版過西埃納的凱瑟琳（Catherine of Siena）用義大利語撰寫的書信，這顯然是個例外，而阿爾杜斯可能是為了替自己贖罪。阿爾杜斯平常會印刷古典作家的書籍，而這些僅占十五世紀所有印刷書籍的百分之五。然而，他在其他層面展現出更強的企圖心。他的八開本拉丁語書籍大多是最受歡迎作家的作品，好比西塞羅、維吉爾與奧維德的著作。他定期會替教師印刷希臘語和拉丁語語法書籍，此乃最穩定的市場之一。隨著讀者的需求改變，他從希臘語文本轉向拉丁語文本，然後涉足義大利語白話作品，印刷義大利詩人但丁和佩脫拉克的作品。務實的托雷薩尼與阿爾杜斯合作之前，曾替大學教師與學生印製法律文獻，此乃印刷業最可靠但品質要求最高的市場。阿爾杜斯在某些方面很有創意，包括使用的格式與字體，以及出版古希臘文本，但他選擇印刷品方面通常相當保守。絕大多數的印刷商亦是如此。

印刷商之所以如此保守，乃是早期印刷業受兩個基本問題所困擾。首先，經商要考慮成本。打造新字體屬於一次性投資，但耗資卻不少：阿爾杜斯打造希臘字體和精美的斜體字體時，花費了數千達克特，大致等於富格爾家族最初借給提羅爾的西吉斯蒙德大公的金額。格茨·馮·貝利欣根用這筆錢便可僱傭一支重騎兵去進行一場大規模戰役。最重要的是，印刷商印刷每一版書籍時，必須支付數千張優質紙張的費用。然後，還得考慮勞動力成本，工匠薪資大致相當於紙張花費：在一五〇八年，阿爾杜斯大約僱傭了十五人，廠內可能有五台印刷機，每台印刷機需要三名熟練的工人操作。總而言之，阿爾杜斯每月要花費二百達克特來維持營運，有莊園的富裕貴族一年的收入大概也這麼多。然而，經商必須不斷支出，而且從一開始就得支付，但收入卻來得較晚。印刷商出書之後，書要賣到讀者手上，他們才會有分毫的收入，甚至到了這個時刻，可能都還收不到錢銀。

早期印刷業面臨的第二個問題（老實說，如今印刷業還擺脫不了）乃是估計某部作品的市場規模以及找出讀者群。西塞羅寫給阿蒂克斯（Atticus）的書信，新版能有五百位或三千位買家？有多少人真正想要收藏亞里斯多德的全套著作？這些買家在哪裡？這些聽起來像是大規模製造和全球分銷網絡的後工業世界的基本問題，但是在印刷術發明之前，書籍皆是訂制的：倘若某人想要一份手稿，他們會向抄寫員訂購一份。抄寫員不必猜測作品有多少讀者，或者要去尋找買家。然而，印刷商必須推估市場規模，因此會不想嘗試印製新作品，我們也了解為何阿爾杜斯決定大規模推銷希臘語作品是膽大萬分的舉動。沒人知道印刷了這麼多書籍能否銷售得完，讓這種冒險投資可以回本賺錢。

更複雜的是，單靠一個城市，根本難有足夠的讀者來支撐阿爾杜斯的公司。即使威尼斯這種人口眾多且文化底蘊深厚的富裕城市，也無法單獨消化阿爾杜斯大量印刷的書籍。從一四九九年至一五〇四年，他可能是歐洲印刷量最大的廠商，而一五一二年之後，他可能又再次躍升成為印刷最多文本的商賈。因此，阿爾杜斯和其他印刷商一樣，不得不賣力尋找客戶。他通常一刷會印一千到三千本，所以必須將書賣到外地，不能僅靠附近的威尼斯貴族與帕度亞學者捧場。奧格斯堡商人、牛津學者、法蘭克福書商、里昂藏書者，以及匈牙利礦業巨擘：奧爾丁出版社為了付出心血之後能夠賺錢，必須讓這些人熟悉他們印刷的文本。

核心問題是普通讀者過於稀少。回顧當時，歐洲人口大多是鄉村農民，村野沒有許多有錢的讀書人，手邊有多餘錢兩可購買印刷書籍。潛在的消費者往往聚集於商人、神職人員、學生和其他受教育者居住的大城市。印刷商要能賺錢，必須維護能夠接觸這些讀者的分銷網絡，而且得仰賴支撐全歐商業的匯款、信貸與信任機制。紐倫堡印刷商安東·科伯格（Anton Koberger）是阿爾杜斯的同期對手，他的代理人遍佈整個歐洲，這些地方包括威尼斯、佛羅倫斯、米蘭、波隆那、里昂、巴黎、奧格斯堡、慕尼黑、因哥爾斯塔特（Ingolstadt）、維也納、但澤（Danzig）、波森（Posen）、布雷斯勞（Breslau）、克拉科夫，以及呂貝克。所有這些中介都以賒銷方式運作，先記錄收到多少書籍，然後才將款項匯給科伯格。阿爾杜斯則是與歐洲各地的重要學者保持聯繫，這些學儒分散各地，好比英格蘭、瑞士與德意志。這些學術界的人脈堪抵分銷網絡的兩倍銷售能力，吸納了很大一部分的印刷品。

由於銷售依靠遙遠的分銷網絡，以及偶爾探詢到的需求和定價的訊息，因此業務往往不穩定。印刷商不斷打探消費者對什麼感興趣、市面有多少書籍，以及誰在印刷什麼之類的訊息，但這並不能保證他們能夠成功。即使資金充足，市場嗅覺敏銳，仍會遭遇各種問題，一不小心便會陰溝裡翻船。印刷業困難重重，印刷商並不能夠掌控一切。他們可能印了一本書，結果根本賣不出去；他們也可能正確評估讀者需要哪本書籍，但高估了市場需求，結果印了太多而虧本；他們可能會印刷某本書，不料競爭對手也剛好印了五百本相同的書籍，將其傾銷到市場；他們也可能挑選了很糟糕的文本，內文錯字連篇和筆誤不斷，或者聘請的編輯沒有挑出錯誤。眼尖挑剔的讀者根本不會購買劣質文本。

即使一切順遂，印刷商也可能遭遇事故，好比運送的書籍慘遭損毀，或者遠方城市的代理商偷撈一筆，侵蝕了他們的獲利，或者出現不可預見的情況，讓書籍無法運送到分銷網絡，最終賣到讀者手上。從一五〇八年到一五一六年，威尼斯捲入**康布雷同盟戰爭**（War of the League of Cambrai），重創了阿爾杜斯的生意：威尼斯在一五〇九年到一五一二年陷入低潮，他只好關門大吉。要維持營運，必須賣出數千本書，但當時義大利北部持續爆發衝突，戰火肆虐，幾乎不可能銷出這麼多書籍。「高階政治」情勢緊迫，歐洲最多產印刷商都可能因此停業。阿爾杜斯很幸運，只是暫時歇業，其他人則是被迫關店，永久退出這行。

訊息革命

阿爾杜斯唸著：「Studeo（拉丁語，表示**專心**）。」他瞇起眼睛，盯著面前的一張紙。他略帶惱怒，反射性說出這個字，想要讓自己聽不見周圍印刷機發出的聲響。當印刷機刮擦和發出咔嗒聲響時，拓包／墨球（ink ball）砰的一聲，撞擊某個模具上，擦得印刷紙起了縐摺。排字工、拉拔工與上墨工彼此閒聊，喋喋不休。孩子們嘻笑哭鬧，小腳在地板上踩踏，天花板傳來陣陣的砰砰聲。阿爾杜斯修改面前的文稿時，還有幾人拿著筆埋頭寫字。名叫瑟拉分（Seraphinus）的編輯顯得過度勞累，他先重擬了部分的草稿內容，然後把稿子交給排字工。

一個鼻子尖挺的傢伙，年約四十出頭，依舊拿著筆，不停在紙上寫字。他穿著破舊長袍，坐在狹窄角落的辦公桌前。這位鴻儒雲遊四方，素以機智明辨、文筆高超和天賦聰穎而享有盛譽。他前來阿爾杜斯的店舖，想透過這位歐洲最好的印刷商將他的作品傳播至四方。鹿特丹的伊拉斯謨不久之後便會紅遍天下，名聞遐邇，但他知道阿爾杜斯可以讓他更快成名。

當時，伊拉斯謨最在乎諺語，在古代的古典文學中，眾所周知的諺語俯拾皆是。這些典雅諺語從伊拉斯謨的筆上流瀉至他面前的紙上，旁邊有他機智博學的附註，指出諺語的含義與應用場合。伊拉斯謨寫滿一張紙之後，便將其交給瑟拉分編輯，然後交回給伊拉斯謨再次修訂，最後交給阿爾杜斯。阿爾杜斯會閱讀文稿，動手修改，然後將最終文本交給排字工去排列活字和印刷。

阿爾杜斯不想被打擾。他一遍又一遍說道：「Studeo.」心神專注，眼睛周圍的皺紋因而更深了起來。伊拉斯謨與阿爾杜斯都說得一口流利的西塞羅時代拉丁語。伊拉斯謨問道，為何要如此費工校訂文稿。阿爾杜斯回答：「Studeo.」

拉丁語 Studeo 是個模稜兩可的單字，包括各種含義。阿爾杜斯之類的語法學家會對它津津樂道，如同老饕看到盛宴美饌一樣。一方面，這個字只是表示「我在忙」，只用一個簡單的字，便可叫別人不要來打擾。另一方面，它暗示阿爾杜斯正在學習、研究、汲取伊拉斯謨傾注於紙上的智慧，而這些智慧很快便會傳遍歐陸，供人閱讀。若非如此，阿爾杜斯會被家人、十五名員工、運轉中的印刷廠以及苛刻的岳父兼夥伴發出的喧囂聲響所吞沒。他不斷重複這個字，便可偷偷於瑣碎無奇的日常生活中，略微體會沉浸於高等知識的樂趣，這種樂趣轉瞬即逝，卻令他難忘。

馬丁．洛瑞（Martin Lowry）替阿爾杜斯撰寫自傳時寫道：「阿爾杜斯日薄西山之際，早已被現實壓垮，理想也破滅。從現在看來，他的事業顯然極為成功，可惜他無法看到這點。」希臘語能在早期的現代歐洲傳揚開來，全拜阿爾杜斯所賜。他的斜體字容易閱讀，印刷的書本易於攜帶，讓更多民眾可以閱讀到文本。然而，儘管他遺留了足以延續數個世紀的印刷書本，但印刷業壓力沉重，最終還是把他壓垮了。

許多人試圖利用印刷這項新技術來牟利，最終卻鎩羽而歸，一敗塗地。某些印刷商為了生存，反覆印刷暢銷書籍，小心謹慎踏入新的市場，甚至利用政治關係來壟斷市場和獲取獨家特權，正如同阿爾杜斯也費盡心思來求生存。然而，多數人落得血本無歸。最常見到印刷商破產倒閉，他們不斷追逐利潤，卻耗盡投資者的腰包。

從一四五〇年到一五〇〇年，超過一千萬本書籍被印刷出版，涵蓋四萬個書籍版本。到了十六世紀上半葉，又出版了五千萬本，大約包含十萬個版本。即使是第一次的一千萬本，這個數量也可能高於印刷機發明之前的一千年之間人類所抄寫的書籍數量。印刷品是真正推動變革的媒介，書籍可傳播訊息，從古代經典到基本語法，從新的語言到伊拉斯謨的智慧結晶，讓日益活躍且飢渴的閱讀大眾得以親炙各類知識。正如我們所知，印刷術締造了新聞與宣傳，因為愈來愈多原本朝生暮死的書籍可如同西塞羅的典籍與佈道文稿一樣傳揚開來。若非有大量印刷書籍讓民智大開，哥白尼（Copernicus）與伽利略（Galileo）引發的科學革命也不會順利到來。

即便如此，印刷業最重要的作品並未出現於威尼斯或奧格斯堡這類的商業重鎮，反而是出現在德意志東部的某個偏僻大學城。當地正是維滕伯格（Wittenberg，又譯威登堡）。名叫馬丁．路德的無名奧古斯丁隱修會修士在那裡發難，將印刷品當作威力強大的武器，在宗教界掀起一場滔天巨浪，最終分裂了歐陸民眾。

1490

1530

CHAPTER

SIX

約翰・赫里塔奇與日常資本主義

一五一二年四月十七日，英格蘭莫頓因馬什

風吹日曬而變形的大門關上時，鉸鏈處吱吱作響，聲響與數百隻綿羊叫聲和一對毛茸茸牧羊犬偶爾的吠聲融為一體。兩個男人在大門兩旁閒聊，你一言我一語，話說個不停。其中一位是農場主，女兒在今年稍晚收割羊毛之後便要嫁人。另一位則是羊毛商，他會去參加婚宴嗎？那是當然；此處是格洛斯特郡（Gloucestershire，又譯格洛斯特夏）的一隅，只要有社交聚會，便能與生產羊毛的農民交流，償還拖欠的錢銀。這位農夫每年都會提供羊毛商幾麻袋羊毛，只要他參加農夫女兒的婚宴，便能維繫彼此的關係。競爭對手鐵定也會到場慶賀，一邊付清欠款，一邊四處與人交際。莫頓因馬什（Moreton-in-Marsh）的羊毛商兼企業家約翰·赫里塔奇（John Heritage）絕不能錯過這個機會。

赫里塔奇微笑著，想到濃烈的麥芽啤酒、一頓佳餚和有待敲定的高額交易。然後他與農民轉而談論當前的業務，話語變得更加尖銳。言談之間，這位商人用銳利的眼光掃視了附近牧場上正在剃毛的羊群：他認為羊毛質量不錯，但並非科茨沃爾德（Cotswolds）[1]所能產出的最棒毛料。他以每托德（tod，販售羊毛的重量單位，等於二十八磅）十先令（shilling）收購羊毛。赫里塔奇心想，十先令很高了，但農夫想要十一先令：這是另一位羊毛商開出的價格，他說道。赫里塔奇回答，好吧！就這麼說定，但羊毛品質若不符標準，交貨時會扣很多錢。農夫想先收一半訂金，因為他要舉

辦婚禮，免不了得花錢。赫里塔奇同意了，前提是要讓他延後支付餘額，必須等到聖誕節，甚至要延到四旬期（Lent）[2]。這位農夫信譽卓著，非常可靠，赫里塔奇很篤定，即便他賒購羊毛，農夫還是會按時交貨。

他們來回討價還價，彼此經驗老到且耐心十足，出價砍價不知幾十回。直到最後，赫里塔奇從錢包裡掏出幾枚老舊銀幣，手穿過吱吱作響的舊門，把錢遞給農夫。**兩磅六先令**，他在心裡記下了這個數額。

赫里塔奇蹬了馬鞍，飛身上馬，向農夫告別，隨即踏上因前晚短暫暴雨而泥濘不堪的狹窄小路，向前奔馳而去。林間鳥鳴啾啾，遠處綿羊咩咩叫著，打亂了他的思緒。他在腦海裡重複早晨的三筆交易，以免忘記它們不同的金額。赫里塔奇愈往下騎，咩咩聲便益發響亮，只見羊群站在高聳的堤壩與破敗的牆壁旁低頭吃著草。有這些牆壁，表示此處曾是繁榮的小村莊。廢棄的教堂尖頂高聳，指向春天鐵灰色天際中低垂的雲層。碧綠的糧田早已消失，轉變成空曠的牧場。當年的瘟疫爆發之後，牲畜便取代了染病而死的村民。

赫里塔奇策馬前行，穩妥騎到離莫頓因馬什不到幾英里時，廢棄的村莊逐漸消失於目光之中。他的家位於村子外圍，他騎到院子，躍身下馬，抖掉披風上的泥塊，把

1 又譯科茲窩，乃是英格蘭中南至西南部一個地區。

2 基督教教會年曆的一個節期，從大齋首日至復活節為止，一共四十天。大齋首日大約落在二月中到三月初，而復活節則訂在每年春分滿月後的首個星期日，通常會落在四月十九日到二十五日之間。

韁繩交給侍候的僕人。他又想了一遍錢的數目，然後從低垂的木造門楣下走進屋裡。在他的書房裡，書架上放著一本皮革封面的本子，內頁記載了赫里塔奇的業務命脈。

赫里塔奇取出帳本，翻到空白頁。他在上頭寫下先前那位農夫的名字，並在要收購的羊毛總數上留了一個空格，然後寫下「**保證金兩磅六先令**」，接著又留下一大片空格，用來填寫其餘事項。他也記錄了當日忙了一上午所做的另外兩筆交易，記帳方式雷同。赫里塔奇會在剩餘空格處填寫一年中於不同時期付給農夫的錢、總共支付的金額，以及收購的羊毛數量，如此便能追蹤複雜萬分且利潤合理的總體業務情況。

赫里塔奇記完帳之後，闔上了帳簿，將其放回書架。他的妻子喬安（Joan）用陶罐給他裝了淡啤酒。他拿起罐子，倒了一杯啤酒暢飲。羊毛買賣非常艱鉅，事情總是忙不完。

赫里塔奇並非特別出眾，只是個成功的商人兼農民，在格洛斯特郡的這個角落經商，大體從事羊毛生產和銷售。二十多年來，赫里塔奇每年春季都會在附近來回穿梭，與不同的農民達成交易，每位農民都飼養了數百隻綿羊。到了秋天，他會去收集羊毛，僱車將羊毛運到八十英里外的倫敦，出售給掌控外貿的大盤商。即使在這個科茨沃爾德的一隅，赫里塔奇也有競爭對手，有些人的年度羊毛銷售額比他高兩倍，足以躋身商業大亨行列。當時的英格蘭商業發達，貿易興盛，他只是跑龍套而已。

在這個日益商業化的社會中，像他這種人無處不在。他們是不可或缺的中介商，將絕大多數人生活和工作的農村與城市的貿易中心聯繫起來，而貿易中心又將歐洲的各個地方聯繫起來，形成更寬廣的經貿區域。赫里塔奇的帳簿留存了下來，這等文獻極為罕見，異常珍貴，讓人得以窺探他在二十多年裡如何拓展生意。我們可以從中詳細了解赫里塔奇和他當年身處的環境。

赫里塔奇積極尋找商機，從土地買賣、羊毛銷售和進口奢侈品，無所不包。翻閱他的帳簿，便可知道他管理事務的能力，也能窺探他如何不斷與對手競爭。他的能力並不突出，但驚人之處在於，在這個特定的時期與地點，像赫里塔奇這類的人物竟然非常普遍。赫里塔奇與雅各布·富格爾之流一樣，乃是以利潤為導向的商人。他記帳時一絲不苟，深刻理解該如何賒帳購貨。他是一位資本家，至少是原始的資本家，為人冷酷無情，總能占得優勢。回顧當年，像他這種人無處不在，表示歐洲正處於巨變的風口浪尖，商業活動與貿易概念深入人心。在當時的歐洲，隨處可見赫里塔奇這類商賈，這些人摩拳擦掌，決心突破艱難，掌握時代賦予的機會。

中世紀晚期農村與封建主義的終結

乍看之下，威尼斯和奧格斯堡等城市似乎是一五〇〇年左右的歐洲經濟命脈所在。主要城市的中心其實是資本、商品和創新相繼湧現之處。然而，絕大多數人生活於農村，而非城市。即使在義大利北部與低地國家等都市化程度最高的地區，農村人口也遠多於城市居民。然而，鄉村農民也絕非純樸的人；這個時代能有經濟成長與改變，乃是這些黎民百姓貢獻辛勞與才智。他們生產原物料，促成了城市生活與大規模交流，進而重塑當時的歐洲經濟。這個經濟秩序充滿活力，持續發展，像赫里塔奇之類的人士可謂城鄉生活之間的關鍵紐帶。

鼠疫耶氏桿菌（Yersinia pestis）曾帶來黑死病（Black Death），這種瘟疫肆虐中世紀晚期的歐洲鄉村，引發大規模的死亡浪潮。在一三五〇年左右，第一波黑死病殺死了數千萬歐洲人。凡疫情爆發之地，人口銳減了一半。災難並非只有一次，而是反覆捲土重來，消滅了一代又一代的人。這種重複出現的大規模致死疾病衝擊甚大，但老天無情，似乎如此還不夠慘。氣候於十四世紀與十五世紀急劇惡化，迎來一個更寒冷與潮濕的時期，如今被稱為**小冰（河）期**（Little Ice Age）。各個年齡層的死亡率都在攀升，人類的預期壽命從大約二十五歲降到二十歲，生育率跟不上死亡率。簡而言之，到了十五世紀末期，農村人口比先前的二百年少得多。赫里塔奇策馬返回莫頓因馬什時曾途經一個廢棄村莊，該村便是眾多慘遭黑死病肆虐之地的其中之一（根據統計，在那塊小區域，被瘟疫肆虐的村莊便有二十九個）。瘟疫過後，居民死亡殆盡，只遺留搖搖欲墜的牆壁與逐漸下沉的小巷弄。

在後續數十年裡，人口銳減，慘不忍睹，嚴重衝擊經濟與社會。我們總認為中世紀歐洲是個封建社會，農民（不自由的農奴〔serf〕）被束縛於土地上，做牛做馬，終身替領主服務。當時許多貧困農奴擠在冷風吹襲的破敗茅屋裡，平日照料領主的作物，賺取微薄工資，過著半飢不飽的生活。幾乎每一塊可用的土地都必須種植穀物，其中多數土地位於邊緣地區且土壤貧瘠。若按每英畝土地可產生的卡路里計算，農作物可以養活最多人。由於土地稀缺，糧食昂貴，農奴便陷入困境：未經領主許可，他們不能離開或結婚。他們也沒有籌碼，無法向高貴的領主要求更好的生活條件。然而，在中世紀盛期（High Middle Ages，約從一一〇〇年到一三〇〇年）時，氣候溫和，物產富饒，歐洲人口激增，經濟快速成長。

歐洲社會能有這種增長，乃是剝削農民，使其拚死勞動卻仍身陷貧困。然而，一旦黑死病爆發，中世紀的社會秩序便崩盤了。瘟疫剛爆發之際經濟立即大幅萎縮，西班牙的國內生產毛額（GDP）下降了百分之二十六，義大利降低了百分之三十五到四十，英格蘭則重挫百分之三十五左右。爾後瘟疫數度盛行，氣候又變得更寒冷、更潮濕且更不可預測。多方因素衝擊之下，到了一四二五年，歐洲人口比前一個世紀少得多。這種窘境一直延續至赫里塔奇的年代，而在其後的久遠時日依舊沒有改變。

這種衝擊不僅重大，而且影響甚廣。人口變少，工人就變少，對勞動力的需求於是更大。既然勞動力市場緊縮，農民便更有價值，他們為何要替領主犁田或清理溝渠？假使瘟疫再度肆虐，附近城鎮工人的工資又會再度飆升，為何要讓自己永遠被綁在農地上而前途無望？此外，昔日對於穀物等大宗商品有很高的需求，領主便強迫農奴耕種他們的私人土地（直屬他們的領地），同時將其餘的土地出租給佃戶；然而，隨著人口減少，這種需求便消失殆盡。在這種情況下，領主更會轉而將土地租給以前的農奴來收取租金。

歐洲經濟在十五世紀期間嚴重衰退，但人口減少、土地豐富以及領主影響力被削弱，農民便從中獲益。土地眾多，價格便宜，工資也水漲船高。在黑死病肆虐歐洲之前，人們以穀物為主食，這種飲食習慣逐漸改變，百姓會攝取更多種類的蔬菜與肉類，因此購買食物的成本降低，飲食也得到改善。農民若有野心，便可擺脫農奴束縛，不斷循著社會階梯往上攀爬，提升地位，積累大量的土地與財富。因此，領主的影響力便會下降，無法要求下層階級的百姓替他們服務。由於糧食需求減少，各地便能專門生產不同的商品，貨幣就能高度流通，商業也日趨繁盛，替貿易路線注入活水而日益繁忙。這類發展遍佈各地，會因地區而異，甚至因地點而異。話雖如此，黑死病爆發之後，從英格蘭到萊茵蘭的多數西歐地區都普遍出現這種趨勢。赫里塔奇便是在這種環境中成長，將生意做得風生水起。

約翰．赫里塔奇及其家族

瘟疫爆發之後，赫里塔奇的家族便不斷攀登社會地位階梯，屬於最先力爭上游的分子。他們在沃里克郡（Warwickshire）東南部的柏頓．達塞特（Burton Dassett）教區擁有一塊廣闊的土地，這是他們世代相傳之地。赫里塔奇的祖父也叫約翰，到了一四六六年，大約是赫里塔奇出生前四年，約翰早已走遍四方，加入亞芬河畔史特拉福（Stratford-upon-Avon）的**聖十字會**（Holy Cross）。**聖十字會**之類的兄弟會既是宗教組織，又是社會組織。他們會集體聘請一名或多名神父替教眾禱告，支付會費來定期舉辦禮儀，同時舉行年度盛宴。這些兄弟會是寶貴的交際場所，有商業頭腦的精明工匠與商賈可在此互相交流，其中包括赫里塔奇的家族。

聖十字會的年費並不便宜，因此同時入會的老約翰和他的兒子羅傑（Roger）至少是有錢人。羅傑於一四九五年去世時，家境還算不錯：根據羅傑的遺囑，除了自家土地，他還向柏頓．達塞特莊園的多位領主租了兩百畝耕地和更廣的牧場，種植穀物、生產羊毛、製造乳品和農產品，以及畜養牲畜。羅傑擁有八百六十隻羊和四十頭牛，僱了六名僕人管理農場。他每年要支付二十英鎊租金，可能賺取十英鎊的利潤。對於鄉村自耕農而言，這樣足以過得非常舒適。赫里塔奇家族很活躍，屬於農村的創業階級，知道利用疫情之後的有利條件，從眾多農奴中脫穎而出。

本章的主角赫里塔奇（羅傑的兒子，約翰的孫子）大約出生於一四七〇年。羅傑去世時，赫里塔奇大約二十五歲，要照管父親遺留的巨額財產以及兄弟姊妹。他們有八兄弟姊妹，四男四女。赫里塔奇身為長子，必須挑起重擔，照顧一家子。我們不知道他對父親的看法，也不知他對這份職責有何感受。我們只有他處理家業的文獻，好比遺囑和帳簿，另有其他斷簡殘篇，但內容不甚讓人滿意。若有日記或編年史，便可得知他們的家庭關係，但這類文本都沒有留存下來。

無論出於何種原因，除了赫里塔奇之外，羅傑似乎對其他孩子沒有太大的信心。他在遺囑警告遺囑執行人，如果孩子是「敗家子」、「心存邪念或性格乖戾」，萬萬不可將遺產交給他們。女兒不可嫁給家族難以接受的男人，否則別想得到遺產。從這點可以看出，羅傑絕對是個嚴厲的家長，以鐵腕統治著這個大家庭。

年輕的赫里塔奇必須擔起重任，管理父親的遺產，同時照顧所有弟妹。羅傑要打理的事情不少，可謂千頭萬緒。他擁有土地，又另租了土地，還得買賣各種商品。羅傑生前在許多大城鎮與人有業務往來，而這些城鎮都在離家二十英里的範圍內；他欠四十英里外白金漢郡（Buckinghamshire）某旅店老闆錢。倫敦位於柏頓．達塞特東南方八十英里處，當時是英格蘭的商業兼政治中心，羅傑也在那裡做生意。

然而，羅傑沒有留下足夠的現金，讓兒子得以履行遺囑。赫里塔奇的弟妹逐漸長大成人，需要領取嫁妝和遺贈，方能離家獨立生活，而赫里塔奇必須籌集遺囑中指定給每人的金額。因此，他必須積極管理家族事業，確保有穩定的收入，同時照顧整個家庭。妹妹必須嫁人，弟弟則不但需要娶妻，還得有份職業。未來前途茫茫，他們都要做好準備。

圈地與資本主義

赫里塔奇眺望著家族土地。他知根知底，熟悉這五十英畝土地上的每一片地塊，哪裡有可能會擋住犁的大石頭，任性的母羊可能躲藏在哪個死角，炎炎夏季時可以躲在哪棵樹下乘涼。在過去的二十七年，他住在茅草搭建的農舍，不時俯瞰那片土地。

幾隻等著被屠宰和剝皮的老羊占據了農舍旁邊小圍欄圈起的一塊地。時值夏末，豔陽高照，農作物長得很高。這片土地肥沃，只要悉心照料，穀物便能豐收。近兩個世紀以來，赫里塔奇的家族便在此繁衍過活。

然而，一四九七年的收穫將是最後一次。工人很快便會收集穀物，但不會再播種。僱傭工人將在赫里塔奇的監視下移除小羊圈以及將他的土地與周圍田地隔開的障礙物。農舍已經清空；數代先祖留下的家產被裝進幾輛租來的手推車裡。他們會從柏頓・達塞特走二十英里，前往莫頓因馬什，那個村莊是赫里塔奇妻子幼時的家園，他們全家將搬進那裡的新居。

赫里塔奇將目光轉向周圍緩緩高低起伏的土地。貝爾克納普家族（Belknap family）是柏頓・達塞特莊園的領主，而這片土地屬於他們。曾經有許多年，他的父親羅傑租了這片土地的一大部分，用來放牧數百隻羊和幾十頭強壯的牛。家族土地和租用的牧場一直是赫里塔奇家族企業的核心，讓羅傑和已故的妻子伊麗莎白（Elizabeth）以及膝下八個孩子都過上舒適的生活。

對於赫里塔奇來說，這種舒適的日子還不夠。他飽受生活壓力。弟弟湯瑪斯（Thomas）遠在牛津，不斷寫信要求赫里塔奇支付生活費。他的妹妹們也都快要論及婚嫁，需要嫁妝才能結婚，展開新生活。此外，赫里塔奇一直雄心勃勃，不斷尋找機會往上攀爬。這種欲望烈火在他身上燒得更旺。他心懷夢想，要在柏頓・達塞特之外出人頭地。赫里塔奇想要賺得荷包鼓鼓，在金碧輝煌的繁華街道上擁有一棟半木造結構的豪宅，只要下一道命令，立馬有十幾位僕人聽命辦事，而且他還要讓兒子們接受昂貴的教育。他的岳父屬於帕爾默家族（Palmers），他們乖戾暴躁、冷酷無情，赫里塔奇也想爭片天地，讓這些姻親瞧得起他。要達到這些目標，就得經商賺錢，有了錢財，還能做更多事。

羅傑並非貝爾克納普家族的唯一承租人。大約有六十位柏頓鎮的居民也向他們租地來種植莊稼。在這片偌大的教區，教堂尖塔極其顯眼，輪轉的風車也十分醒目，世世代代，子孫跟隨著父祖輩的腳步，在此地耕種謀生，俯仰一世。然而，此情此景已不再，因為赫里塔奇與新任領主愛德華・貝爾克納普（Edward Belknap）達成了協議。這六十位居民都會被淘汰，被迫在遠離祖地的世界另謀出路。赫里塔奇將租用貝爾克納普家族的整個莊園，繞著這片可耕地建構樹籬和溝渠，將其轉變成飼養成群綿羊的牧場。

在貝爾克納普家族眼中，這樣做的好處顯而易見：他們只要跟一位承租人打交道，不必與幾十個人往來，只要花點精神，便能收取不少租金。羊毛價格持續飆漲，勞動成本居高不下，將土地改成牧場來放牧羊群，遠比種植作物更有利可圖，因為務農必須僱用大量勞工，報酬實在微薄可憐。對於赫里塔奇而言，他也能藉此機會出人頭地：如果他請到合適的人管理羊群，又能找到不錯的羊毛買家，他幾乎可以在一夜之間成為貿易大亨；假使他能夠冒更大的風險，監督更複雜的企業，便能贏過鬱悶不樂的父親，從事的業務遠比老父生前經營過的企業規模更大。

對於貝爾克納普家族與赫里塔奇而言，將田地圍起來變成牧場，乃合理的生財之道。這個構想應該是赫里塔奇提出，因此他是真正的企業家，既有雄心壯志，又冷酷無情，出手果斷。赫里塔奇可能從小便認識那六十位農民，而這些人將被迫離開先祖世代居住的土地。這樣做很無情，卻是完全合理的經商策略。柏頓・達塞特是赫里塔奇的家鄉，但他認為，撕裂這個教區的社會結構，只是讓社會進步所必須付出的一小筆代價。此種想法適切概括了這個時期新興的資本主義的邏輯，正如雅各布・富格爾幾乎未曾顧念被壓榨的礦工，克里斯托弗・哥倫布也不管加勒比地區的土著是否遭受虐待。

赫里塔奇對柏頓・達塞特所做的事有著悠久歷史，歷來爭議不斷。資本主義經濟如何在這段時期出現，人們對此爭論不休，爭議的核心便是所謂的「圈地」（enclosure）。有人指出，當地居民原本過著穩定的務農生活，但赫里塔奇之類的企業家卻把他們驅逐出去，以便騰出合理運用資本的空間，同時創造無土地的農村無產階級，使其成為推動新農業資本主義的力量。據此而言，赫里塔奇便是串連領主及其同夥來壓迫農民，使其身陷水深火熱之境。

確實如此。大約二十年之後，柏頓・達塞特的居民接受過一次正式調查，被問及他們先前被驅逐之事。受訪者指出，赫里塔奇與愛德華・貝爾克納普雷厲風行，強推資本主義，迫使他們離鄉背井，所以幾乎沒人感激這兩個傢伙。然而，從土地利用來看，牧場比耕地更有效率，也更有利可圖，這點不可否認。多數圈地其實是由農民自己進行的，通常是在他們租用或完全擁有的土地上進行。赫里塔奇並非領主，他不是為了追求財富而圈地的人。多數被圈的土地都是甚少使用的土地，某些土地甚至是完全廢棄不用。相較之下，赫里塔奇強硬大規模驅逐農民的行徑其實非常罕見。

當然，先前住在柏頓．達塞特的人即使知道這點，也不會感到欣慰。赫里塔奇與愛德華．貝爾克納普賺得盆滿缽滿，卻讓他們離鄉背井，吃足苦頭。赫里塔奇可能飽受先前居民的白眼，因此一咬牙便離開當地，舉家搬到莫頓因馬什。

帳簿

赫里塔奇為人精明，做事偶爾也鐵腕直斷，冷酷無情。他似乎不太可能因為柏頓．達塞特的租戶被驅逐出境而失眠。當我們再次窺探他的訊息時，他搬到莫頓因馬什已經過了數年。赫里塔奇利用姻親的人脈、新租牧場賺取的金錢以及從父親學習的經商技巧，將自己重新塑造成羊毛貿易商，另外也從事其他活動。

我們從一項罕見的消息來源得知，赫里塔奇從事多角化的事業。一五〇一年，赫里塔奇人在倫敦，很可能是去做生意。他在城裡買了一本有九十六張空白頁的紙質書本。他在後續的二十年裡，將羊毛交易記錄於這本帳簿，寫下姓名、地點、金額、羊毛重量和需要記載的事項。

那些訊息顯然對赫里塔奇很有用，而對於我們這些現代人而言，它可是異常珍貴，原因很簡單：這種商賈的交易紀錄鮮少留存至今。帳簿十分常見，但通常無法歷經數個世紀倖存下來。根本沒人會保留帳簿，因為帳簿內容只適用於特定的使用者以及這些人生存的經濟環境。羊毛貿易、城鎮工匠交換其客戶的債務、典當行的交易：此乃中世紀與現代早期經濟的基礎，但後代人根本懶得去保留相關的資料。赫里塔奇的帳簿是個特例，它竟然保存於西敏寺教堂（Westminster Abbey）的檔案室。這本帳簿沒被貼上標籤，也不為人所知。它安靜擺在那裡，歷經了數個世紀，沾滿了灰塵。到了一九九〇年代，名叫羅傑·鮑爾斯（Roger Bowers）的音樂歷史學家偶然發現了這本帳冊。鮑爾斯當時一直在尋找老舊樂譜，多餘的樂譜書頁經常用作裝幀書籍時的填充物。鮑爾斯告訴一位朋友他找到這本帳簿，那位朋友隨後告訴了歷史學家克里斯托弗·戴爾（Christopher Dyer），而戴爾研究了柏頓·達塞特地區的租約、遺囑和其他各種文件，發現帳簿是屬於赫里塔奇的。藉由這一系列不太可能發生的事件，這本帳簿最終落到一位歷史學家的手中。他透過帳冊記載，明確得知赫里塔奇在居住地以及其他地區的活動。

從赫里塔奇的紀錄可以窺探從其他來源很難發現的經濟活動：農村企業家的各種交易。這本帳冊記載了二十年的來往交易，井然有序，條理一致，可從中追蹤赫里塔奇羊毛交易的數量以及他曾在何處做買賣。他經歷了起起落落，與各方人士打交道，並且運用各種經商策略，某些策略成效較佳。這本帳簿告訴我們赫里塔奇的生平及其周遭世界發生的事情，而其他來源（譬如遺囑或土地交易）根本無法揭露這些。

在十六世紀初期，會計在歐洲各地十分普遍且不斷發展，而有系統地追蹤交易並非當時才發明的全新概念。當時歐洲最複雜的商業地區誠屬義大利，最先進的複式記帳法（double-entry bookkeeping）早在兩個世紀之前便已成為慣例。雅各布・富格爾在一四七〇年代與一四八〇年代於威尼斯當學徒期間便學會了最佳的簿記方法，並且在之後的數十載定期測驗新進員工的會計知識。梅迪奇銀行、富格爾家族及許多同時代的公司需要採取嚴格的管理措施，方能統整各地的分支企業，這點毫不奇怪。例如，梅迪奇銀行會去稽核每個分支機構的帳簿，進行詳細的年度審查。

然而，莫頓因馬什與佛羅倫斯和奧格斯堡距離甚遠，甚至連倫敦都遠在他處。赫里塔奇管理的公司並非在歐洲主要商業中心擁有許多分支機構，旗下也沒有數十或數百名員工，每年的營業額也沒有高達數萬達克特金幣。他是有進取心的獨立羊毛貿易商，手下只有幾個牧羊人、家族僱傭與一群臨時僱員。話雖如此，他的事業仍然非常繁雜，記帳仍是有用的。

乍看之下，赫里塔奇的帳簿有點混亂，科西莫・德・梅迪奇（Cosimo de' Medici）[3]若是瞧見，應該會嗤之以鼻，馬上解僱把這種帳簿呈給他過目的經理。雅各布・富格爾要求嚴格，這本帳冊肯定也難入法眼。赫里塔奇的帳簿不同於複式記帳法，甚至也有別於連續的交易清單。他只是在冊子裡記載交易事項，當作備忘錄，供自己參考。因此，它既是帳簿，又是輔助記憶的工具。赫里塔奇用它來掌握追蹤總體交易情況，並且提醒自己該做哪些事情。他並未完整記錄每一筆借貸。以下列出一五〇五年的帳簿內容，讓各位有個概念：

Thomas Kyte 42 tod prec' the tod 11s and to geve 2 Tot £23 2s 0d Flesys yn.
Payd yn ernys 40s. Payd at delyveryng 40s. Payd on Mychelmas evyn £6.
Payd yn Blokley £3. Payd yn Crystmas Halydays 40s.
Payd on Goodtyde Tewysday 42s.
Payd be hys servand the 28 day of April £4. Payd yn Stowe 20s.

赫里塔奇向一位名叫湯瑪斯．凱特（Thomas Kyte）的農民（顯然是個大戶，牧養不少綿羊）購買了四十二托德羊毛，一托德等於二十八磅。他同意**每托德**（prec' the tod）支付十一先令，並在後續的一年裡分期支付款項：敲定貿易時，支付四十先令的**保證金**（yn ernys，亦即 earnest money，這筆預付款其實是向牧羊農民提供的貸款），**交貨時**（at delyveryng）支付四十先令，於九月下旬米迦勒節（Michaelmas）支付大筆的六英鎊（每英鎊等於二十先令），在某個未指定日期於布洛克雷鎮（Blockley）再支付三英鎊。在聖誕節時又要支付四十先令，然後在四旬期開始時的**懺悔星期二**（Shrove

3 義大利文藝復興時期著名的佛羅倫斯僭主（非官方國家首腦）兼商業巨擘，俗稱「老科西莫」或被尊稱為「平民的保護者」。

Tuesday，大齋首日的前一天，帳簿記載為 Goodtyde Tewysday）又要支付四十二先令。再支付兩期金額便可完成交易：四月二十八日支付四英鎊，以及在某個未指定日期於斯托鎮（Stowe）支付最後的二十先令。頁面右側頂部記載交易總金額為二十三英鎊二先令。

赫里塔奇必須寫下不少資料，方能追蹤自己和湯瑪斯・凱特的貿易往來和陸陸續支付的款項。赫里塔奇每年都會從事許多類似的交易：他與凱特的交易金額略多於他一五〇五年購買總金額的百分之八，他當年達成不少大宗的複雜交易，這項交易是其中之一。記載這筆交易的同一張頁面包括五筆交易。赫里塔奇在每一頁的底部，都會記錄購買的羊毛重量和支出金額，連同最後的總數。他在每年年底都會這樣做，若非連續記載手頭的資源，便是想整理一份年度的業務概況。

赫里塔奇使用的簿記方式在當時很常見，號稱借出／償還系統（charge/discharge system），乃是皇家財政大臣以及英格蘭和其他地區的各種莊園會使用的基本記帳方法。借出／償還不太適合拿去追蹤複雜多樣的業務，更適合作為莊園經理和業主的稽核工具，但這項系統卻很適合赫里塔奇的目的。它主要的好處人們熟悉這套系統。赫里塔奇周圍的人，包括莊園經理和商人都在使用這套系統或稍微修改的版本。假使有人想打官司，指出某項交易不合法（當時競爭激烈，興訟風氣盛行），而這種記帳方式易於理解，赫里塔奇便可提供帳簿記錄來作為證據。他的那本保存完好的簡陋帳冊很有可能禁得起法官審查。

複雜的複式記帳法在英格蘭並非鮮為人知：早在一五一七年，名叫托湯瑪斯·豪厄爾（Thomas Howell）的倫敦商人到西班牙從事貿易時便使用這種記帳法。其他商賈會在分類帳的兩側保留借方與貸方的欄位，雖然這並非真正的複式記帳系統。若想日復一日、月復一月記帳，這些方式都比赫里塔奇使用的簡單記帳方法更有系統，也更為準確。赫里塔奇可能不知道有更複雜的記帳方式，或者即使他知道，也覺得不適合自己的需求。

乍看之下，赫里塔奇的帳本讓人搞不清楚，甚至感覺一團混亂。他記錄總數時會使用晦澀難懂的符號。他的交易年跨越了兩個不同的曆年（calendar year），表示他記載發生於「一五一一年」的多數交易其實發生在一五一二年。此外，他的帳簿有很多不完整的條目。如今有人詆毀赫里塔奇的帳本，說它「粗糙、晦澀和笨拙」，但我們應該著眼於這本帳簿的實際功用。那些晦澀的符號在倫敦羊毛貿易商的社群裡十分常見。與他同時代的人都和他一樣，使用相同的交易年度。這本帳冊有其內部邏輯和系統，對赫里塔奇是有意義的，足以讓他計算全年交易的總體進度和情況。昔日人們交易時只靠口頭約定，這本帳冊及其看似隨意寫下的資料，能夠幫助赫里塔奇記起交易細節。隨著時間的推移，赫里塔奇記錄於帳簿資料愈來愈多，他能從過去的行為和錯誤記取教訓，知道自己該記錄什麼。總體而言，這種方法非常適合赫里塔奇追蹤二十年持續盈利的事業。

帳簿之所以重要，不在於其系統是否嚴謹，內容是否準確，而是它所展現的脈絡。

赫里塔奇靠著帳簿來監控貿易，隨時調整與修正，同時根據長期盈收與累積的經驗去作出合理的判斷。無論他是否使用最先進的會計方式，他都真正展現了資本家的思維。

羊毛貿易

赫里塔奇骨子裡是一位企業家，他既有雄心壯志，又得擔起責任：照顧不那麼優秀的弟妹，又要在世間力爭上游。他的姻親帕爾默家族雖然有錢，卻是聲名狼藉，非常勢利。赫里塔奇可能感受到壓力，要讓這些傢伙瞧得起他。無論如何，他首先將家族世代相傳的土地變成一處租用的牧場，開始牧養牛羊。這筆生意很大且有利可圖，但他剛娶妻，又生了小孩，這樣還不夠。赫里塔奇即使在事業的巔峰時期，依舊只能算是個小人物。然而，他四處經商買賣，涉足複雜的交易活動，我們可從中窺探他當年身處的商業環境。

在一五〇〇年左右，英格蘭的經濟主要仰賴羊毛生產，這種情況早已持續了數個世紀。在英格蘭優質牧場放牧的綿羊可產出優質羊毛，然後出口到低地國家，甚至運送到義大利去紡織成布。英格蘭羊毛並非市場上唯一的羊毛品種，到了中世紀後期，優質的西班牙美利諾羊毛（Merino wool）逐漸壟斷法蘭德斯的布料供應市場。實際情況並不像看起來那般嚴重，因為英格蘭內部的布料產量正是在出口驟降時猛然增加。儘管如此，正如赫里塔奇經營的企業所示，當時的出口仍然是主要的產業。根據赫里塔奇帳簿涵蓋年份所記載的內容，他每年出口的毛料數量總是介於五千袋至一萬袋之間。他的巔峰時期恰好是一五〇五年到一五〇六年的產業低谷，赫里塔奇的出口量占英格蘭羊毛總出口量的百分之一左右。

從事羊毛產業的人形形色色，規模大小不一。某些農民只飼養幾隻羊，在村莊社區的共有牧場上牧羊。有些則更為專業，向地主租用大片牧場，在上頭放牧上百頭或上千頭羊隻。赫里塔奇在柏頓·達塞特租地牧羊，便屬於後者。數十年來，他放牧的羊隻從一千多隻增加到二千多隻。在赫里塔奇之上的大莊園業主，無論是領主或修道院，飼養的羊群可能高達數千頭。放牧羊群需要牧羊人，牧羊人通常是農民或僕人。到了剪羊毛的季節，還得僱用許多工人去收集剪下的羊毛，以及從毫無用處的綿羊刮取生皮（羊皮）。

替羊群剪毛並收集羊毛之後，羊毛必須加工、包裝並運到港口後出口。這便是赫里塔奇所從事的業務。他屬於被人稱為布羅格（brogger，一種掮客）的買家階層，會在鄉下奔走，四處收購羊毛，將毛料帶到倫敦，出售給大型出口商。這類大盤商隸屬某個專業、富有且強大的團體，這個團體被稱為「主要產品商賈」（the Merchants of the Staple）。他們擁有皇家授予的出口壟斷權，可將收購的羊毛運往歐陸的加來港（Calais），在那裡繳納通行費，然後將羊毛賣給最終買家。因此，赫里塔奇便是中間商，聯繫羊毛生產者與大型出口商，必須同時處理農村和城市的買賣業務。

幹這行競爭激烈。羊毛價格已經很高，並且在赫里塔奇的從商生涯中繼續上漲。

莫頓因馬什周圍的村野處處可見綿羊，當地有不少貿易商，無不野心勃勃，夢想靠著羊毛賺大錢。因此，羊毛生產者（從擁有幾十頭綿羊的小農民到擁有數千頭羊隻的大型莊園經理）在談判時處於主導地位。他們可以挑選中間商／掮客，從而推動競爭激烈的賣方市場。

羊毛貿易並非輕鬆致富之道。要有豐厚的利潤，必須大量買賣，而與赫里塔奇打交道的農民都會接觸幾位買家。赫里塔奇能一直從事這個行業，表示他公平誠實，聲譽卓著，此外還能洞悉市場，隨機應變，因地制宜。

赫里塔奇細心觀察市場走向之後，找到了一個利基：不要與大規模牧養綿羊的貴族和宗教機構往來，要和小型羊毛製造商打交道，亦即與那些放牧數百頭或不到數千頭綿羊的農民交易。因此，他便需要與更多的羊毛生產者（社會地位低落和收入較少的低層農民）合作，方能收集可觀的羊毛來出售給倫敦商人。如此一來，赫里塔奇從事的業務便複雜許多。與一名羊毛生產商從事單筆交易，便可能要分八期付款（好比他在一五〇五年向湯瑪斯．凱特收購羊毛時約定的分批付款），因此每年付款的次數高達十五次以上。若向幾位大型生產商收購羊毛，事情便簡單許多，但赫里塔奇反其道而行。他只有經商的初期，亦即一五〇一年和一五〇二年，才向鄉紳（landed gentry）收購大批羊毛。但他此後再也沒有這樣做。

為何赫里塔奇會決定這樣做，最有可能的理由是大型生產者想要事前收取巨額款項。例如，在一五〇一年時，他不得不向富有的地主威廉．格雷維爾（William

Greville）支付四十一英鎊的保證金。這筆巨額款項與他付給湯瑪斯・凱特的四十先令相比，簡直是天差地遠。其他羊毛生產者也許與富有的商人或有流動資金的地主有交情，因此比較容易事前收取如此一大筆的保證金。赫里塔奇事前付不出這麼一大筆資金，也不想承受這種壓力。我們幾乎可以肯定，他根本不想與牧養大批羊群的農民合作。我們可以推測，他深刻了解當地的羊毛市場，也熟知每位羊毛生產商的良窳優劣，而且他善於討價還價和談判。他對當地情況瞭若指掌，又懂得經商之道，可謂相得益彰。此外，他略通會計，這也助益甚多，讓他比不甚精明的對手更能密切掌握更多的交易。

這樣謀生可不簡單。做生意時要掌握價格與了解產品質量，因此赫里塔奇經常騎馬在鄉下四處走動，與農民、牧羊人和小商人閒聊，順道打探消息。凱特的羊群看起來如何？他討厭的姻親兼競爭對手「莫頓的帕爾默家族」打算每托德付多少錢？農民佩林（Peryn）會不會很快就到斯托鎮，所以赫里塔奇可以在集市當日付給他最後的二十先令？帳簿裡的每一項條目、每一筆付款或銷售紀錄，全都代表某次與人見面和某次談話內容。赫里塔奇應該和藹可親，擅長與許多人保持聯繫，然後抽絲剝繭，獲取必要的訊息。

赫里塔奇幹這行確實賺了錢，但從來無法從自耕農升格為鄉紳。羊毛貿易對於知識淵博的聰明專業人士來說是一筆大生意，赫里塔奇必須苦幹實幹，方能賺取利潤。其實，他直接牧養綿羊並出售羊毛總是比他耗費大量時間和精力當中介賺得更多。幸虧赫里塔奇習慣記帳，似乎察覺到了這點，因此逐漸縮減收購羊毛的數量，以便專注於其他的領域。

商人與商業社會的運作

八月下旬，陽光炙熱，車夫們汗流浹背，牽著轠繩，引導馬匹沿著車轍深陷的小徑前行。他們熟悉這條路線，巧妙避開反向而來的馬車，偶爾也有貴族騎著寶馬，橫衝直撞而來，其後還跟隨一群護衛。車夫如此前行，絕非易事，這小型車隊有七輛推車，每輛車裝有兩大捆稱為**薩普勒**（sarpler）[4]的羊毛，高高聳起，重量將近兩千磅。

車隊接近倫敦時，交通變得更為擁擠，車夫與其他運載羊毛前往倫敦的車夫互相交談，有些人很友善，有些人則否。他們一路不辭勞苦，沿著格洛斯特郡的小徑抵達莫頓因馬什，前後總共花了五天，才抵達這座城市。其他車夫來自更遠之處，這些人全都聚集到這處英國的商業中心。當他們快抵達倫敦時，僱用他們的人也加入他們的行列。赫里塔奇披著他最好的斗篷且戴著帽子，鬢角露出一絲灰髮，臉頰輪廓分明，掛著滿意的微笑。他走進這幾輛自己僱來的推車，準備迎接忙碌的一天。

赫里塔奇整整忙了一年，才有這種成果：他精心挑選了這些羊毛，經過評估後從眾多農夫收集這些羊毛，如今要將毛料出售給倫敦大盤商。交易已經確定，至少原則上是如此。赫里塔奇於今年稍早前來倫敦，與市內的富商達成了一批協議。在他的名單上，首先是同名的湯瑪斯·斯普林（Thomas Spring）和湯瑪斯·帕格特（Thomas Pargetter），這兩人都屬於「主要產品商賈」，這家公司享有皇家壟斷權，唯有他們才能向歐陸出口羊毛。其他買家則隸屬「默瑟」（Mercers），這是另一家由倫敦富商組成的精英商業公司。所有商人會向包括赫里塔奇在內的各種賣家收購羊毛。

車隊接近倫敦時，遠處煙塵四起。赫里塔奇心不在焉，騎著馬沿著他走過數十次的道路前行，內心不斷整理想法並計畫當天該如何做。他會先向斯普林和帕格特收取欠款，然後在中午左右於國王秤桿（King's Beam）（擺設替羊毛秤重的官方秤之處）會見一位來自「默瑟」的商人。他心想，一五〇九年會是個好年頭，於是催馬前行，把車隊拋在後頭。泰晤士河散發出異味，民眾燒著柴火，煙霧彌漫，數千名沒有洗澡的百姓熙來攘往，人人散發著體臭，街道泥濘不堪，也傳出陣陣臭味，這些交織融合，形成一股惡臭，充斥倫敦四處。赫里塔奇聞到這股臭味，差點暈倒而摔下馬。然而，他深深地吸了一口氣，加快了前進速度。對他來說，空氣中彌漫著金錢的味道。

赫里塔奇是典型的掮客，將城市和農村聯合起來，構成充滿活力的經濟體。他每年都會煞費苦心，向十多位農民收集羊毛，將其堆放於租來的推車上，然後將羊毛從莫頓因馬什運送到八十英里之外的倫敦。正如我們所見，他並非唯一做這種生意的人：滿載貨物的沉重推車擠滿了英格蘭的道路，河流、運河和沿海航線則充斥駁船、船隻

4　一薩普勒等於八十托德，亦即二千二百四十磅，折合為一千零二十公斤。

和高大的船舶。英格蘭已是高度商業化的社會，隨處都有人生產貨物，民眾會在市場購物，並非只有靠勞動而勉強度日的人。在這種社會，各種商人群體會將貨物從甲地運輸到乙地，然後從交易中獲利。

在高度商業化的社會中，商人處理了多數的交易，但交易卻也並非全部由他們經手。平民能夠自由買賣，他們從農村走到鄰近城鎮，到市場上出售多餘的商品，並且添購所需物資。例如，在中世紀末期的艾克希特（Exeter），這種低水平商業大約足以涵蓋六英里的範圍，此乃農民能夠在一天之內運送貨物的距離。要將貨物運輸得愈遠，所需資金便愈多；資金要求愈高，從事貿易的商賈便愈富有；商賈愈富有，便愈可能會請專家處理這類交易。

赫里塔奇正好位於商賈等級的中間。「商人」是個模糊的說法，涵蓋各種職業，可包括貧困的流動攤販、普通零售商、藝匠以及極為富有和從事多角化經營的商業資本家。處於頂端的是城市的大盤商，他們屬於享有官方特權和壟斷某些商品的企業組織或行會，譬如交易羊毛的「主要產品商賈」、從事精細紡織品交易的「默瑟」，以及涉足香料販售的「葛羅瑟」（Grocers，直譯為雜貨商）。

這些商賈腰纏萬貫，富甲一方，勢力龐大。他們透過所屬的行會組織（偏向於企業遊說團體，而非工會），集體向政府高層談判。他們將錢銀上繳國庫並捐錢給政客，從而享有獨家特權與壟斷權。紅頂商人可能坐擁數千英鎊資產，這些資產分散於倉庫、城鄉物業、工業投資、高價值貿易商品以及流動資金。「主要產品商賈」就屬於這一類，他們可出口羊毛，就算沒賺得盆滿缽滿，至少也能過上富裕的生活。赫里塔奇將大部分的羊毛賣給「主要產品商賈」，其次是「默瑟」商人，以及其他身分不明但必然很富有的買家。

商人通常都在城市做生意，最富有的商人尤其如此。城市乃是獲取商品和服務的中心，小商人會直接到城市提供這些貨物。相較之下，赫里塔奇只是農村商人。他住在農村，也在當地交易買賣，只是偶爾去倫敦進行交易。然而，他和許多像他一樣的商人是商業化鄉村與更廣的貿易網絡之間的必要紐帶，讓歐洲成為一個綜合經濟體。我們經常在來源文獻中看到「主要產品商賈」與「默瑟」商賈的身影，這些人影響力更廣，也坐擁更多資產；然而，有了赫里塔奇和其他像他這樣的小商人，歐洲經濟方能興起，也才能推動那個時代的歷史進程。

關鍵的事實在於，赫里塔奇在英格蘭並非獨一無二，而就其商業化的程度和深度而言，英格蘭也並非歐洲經濟發展的局外地區。在那個時代，許多不同的地區也有類似赫里塔奇的小商人，我們也能講述他們的生平事蹟。茲舉卡斯提爾為例：從世界各地運來的貨物會流經許多巴斯克（Basque）與坎達布連（Cantabrian）小港口，然後用牛車和騾車運送到內陸的城鎮和城市，在這片土地上的各種商人都會積極參與其中的貿易。販售的動物與產品雖各不相同，但在歐洲全境，商業化的鄉村會漸次融入當地、區域和國際貿易路線。隨處可見赫里塔奇之類的小商人。

賒帳與金錢

赫里塔奇仰賴賒帳／信貸（credit）來經商，歐洲整體的商業也依靠信貸來提供動力。赫里塔奇從未給農民一次付清全額，與他交易的倫敦羊毛採購商也從未向他全額付款。他會給供應羊毛的農民「保證金」，這種預付款其實是貸款；他從倫敦聯繫窗口收到的保證金也是如此，比如帳簿記載，他從「尼奇爾斯大師」（Master Nychyls）收到六十英鎊，這位大師應該是城裡的某位商人。因此，赫里塔奇在一年之中，資金會不斷流入和流出，達到收支平衡。他會借錢給供應羊毛的農夫，收到別人的分期付款，然後又分批支付欠款，從而建構一種不斷發展的複雜信貸網絡，這個網絡將農民、農村商人和城市資本家聯繫在一起。

話雖如此，當地的社會已經深度商業化，流通的現金不足以滿足市場的大量需求。這種情況在歐洲各地比比皆是，不僅是赫里塔奇居住的英格蘭如此，但英格蘭的情況可算是典型案例：在一五〇〇年左右，流通的硬通貨／強勢貨幣（hard currency，指保值貨幣）只有九十萬至一百萬英鎊，但到了一五二〇年，這個數目將會翻倍。這相當於每個人大約可分到八先令現金，而當時每人的每年收入超過四英鎊，這個數字真的不多。更複雜的是，硬通貨通常是黃金，但其價值太高，在商業經濟中較偏僻的地區根本無法用這種貴金屬來交易。臨時工要工作兩週，方能領到一枚金幣作為工資，而買一杯淡啤酒或一塊餅只要幾便士，根本不可能拿金幣去購買。

以物易物（barter）可以解決這個問題。即使是像赫里塔奇這種老練的商人仍然會不時以物易物。他會用綿羊、其他牲畜或讓人夏季時在他的牧場放牧以換取牲畜、穀物或乾草，甚至木柴。這樣做是有道理的；沒有現金，只好將一種商品換成另一種，但即使以物易物，也得根據貨幣來計價。赫里塔奇和同時代的人生活於同一個經濟體之中，雖然經常缺乏現金，但這個經濟體仍可算是完全貨幣化。

從最卑微的臨時工到國王本人，人人都會經常使用信貸。這便創造了一個遍佈歐陸的密集交易和債務網絡：先從城市到城市，然後到農村。赫里塔奇的羊毛主要從英國控制的加來港運往低地國家，藝匠會在當地將毛料製成精美布料，再出口到歐陸全境。在這個過程中，每個階段都涉及債務和信貸以及承諾和交易，流通的資金通常是虛擬金錢（theoretical money），這些錢在帳簿之間移來轉去，而誠信是將整個商業系統結合在一起的黏合劑。每個人都欠別人錢。

終結與約翰．赫里塔奇

雨滴淅淅瀝瀝，落在茅草屋頂上，成片往下流，把院子弄得泥濘不堪。年邁的赫里塔奇臉龐充滿擔憂之情，他拿出遠行時經常攜帶的帳簿，查看條列的金額，計算支付和收到的款項。他心想，數字兜不攏。到了一五二〇年，赫里塔奇將年屆半百，頭髮日漸稀疏，早已全白。他的眼睛銳利，透露出一絲精明的眼神，但如今眼周也已滿佈皺紋。赫里塔奇在過去的二十五年忙著管理羊群，過去的二十年則不斷穿越鄉村，四處收購羊毛，他還曾前往倫敦數十次，忙著處理積欠的債務，如此日夜操勞，如今已經顯得老態龍鍾。

或許是時候嘗試不同的東西了。他的兒子湯瑪斯（Thomas）正在倫敦當某位皮革商的學徒。他是在**皮革公司**（Skinners' Company）任職，一步步邁向光明的未來。赫里塔奇把兒子教得很好，湯瑪斯未來有可能像父親一樣，成為經營多角化事業的商人。他們的另一個兒子理查（Richard）最近去世。赫里塔奇心想，喬安也許想住在倫敦。為免妻子觸景傷情，遷居倫敦之後，她有可能會走出陰霾。理查這個小夥子生前頗讓人煩心，老是在莫頓因馬什打架，招惹了不少麻煩，赫里塔奇曾為此煩心，頭髮都白了好幾綹。

多年以來，赫里塔奇調整了業務，以便因應不斷變化的市場。他起初想靠著買賣羊毛來壯大事業，然後安頓下來，堅守自己的利基，從小農場主收集羊毛販售，同時管理好自己放牧的羊群。當羊毛價格上漲時，赫里塔奇便會多飼養綿羊，減少買賣羊毛的活動。對他來說，羊毛貿易的競爭實在太激烈了。比他年輕的競爭對手威廉·威靈頓（William Willington）手段更為無情，他將佃農從圈地牧場上驅逐出去，比赫里塔奇在二十五年前於柏頓·達塞特的做法更為兇狠。如此一來，威靈頓便有更多可供運用的資金。威靈頓是莊園領主，也是「主要產品商賈」的成員，手頭資金甚多，赫里塔奇難以與他抗衡。即使在羊毛價格上漲的時期，威靈頓也能從事更多且更大的交易，利潤也總是比赫里塔奇高得多。

因此，赫里塔奇不得不投入更多心血去牧養羊群，同時買賣焦油和火藥等其他商品，甚至直接踏入放款借貸業務。他仍然可以過舒適的生活，雖然賺的錢比開始時更少，但他現在已經很疲累了。他心想，搬到倫敦之後，他或許能重拾活力，倘若能多看看湯瑪斯，那就更好了。赫里塔奇砰的一聲，闔上帳簿，拉直了帽子，走進大雨中，躍上馬匹，向著莫頓因馬什騎去。

赫里塔奇於一五二〇年在帳簿上寫下最後一個條目，之後便從人間消失。到了一五二二年，他不再住在莫頓因馬什，他在一五三〇年代初期，在倫敦的克里波門（Cripplegate，直譯「瘸子門」）之外擁有一棟房子。除此之外，我們對他便一無所知，就連他何時去世也不清楚。諷刺的是，儘管英格蘭的經濟持續成長，他的個人財富似乎有所下降，而其他人則效仿他，通過圈地將鄰居驅逐出去。我們知道，他的兒子在**皮革公司**幹得不錯，跟隨父親的腳步踏入商界，成就斐然。因此，赫里塔奇在離世之後，總算憑藉兒子而留下了些許東西。

赫里塔奇是個多角化經營的商人，從他的身上可知道當年的歐洲商業興盛，處處充滿商機，但陷阱也無處不在。赫里塔奇為了賺錢，不斷鞭策自己，他的毅力熱情絲毫不亞於資助哥倫布遠航探險的熱那亞金融家、資助阿爾杜斯·馬努提烏斯印刷事業的威尼斯投資者，或者格茨·馮·貝利欣根所處德意志南部的軍事企業家。赫里塔奇只是個普通人，一心追求利潤，滿足市場需求。然而，這些小商人對當時的歐洲經濟非常重要。社會若能誕生赫里塔奇與其他像他這樣的人（並且無處不在），表示這個社會的群眾願意承擔風險，想要投資各種事業，譬如資助遠航探險、投資火藥戰爭和挹注金錢給印刷產業，而且不會有過多的顧慮，擔心誰會因此受苦或受益。

1490

CHAPTER

SEVEN

馬丁路德、印刷機與教會分裂

1530

一五一七年十月三十一日，維滕伯格（Wittenberg）

一位修士（friar）[1]快步行走，踏過陰暗的水坑，維滕伯格的街道髒水飛濺，點點泥巴弄髒了修士黑色長袍的拖尾捲邊。時值十月清晨，寒意刺骨，穿透修士獨特的毛料袍服，但他並未留意這點。他的思緒早已飄至別處，雙手不停摸弄一疊捲起的厚紙。這位修士是大學講師，本週稍晚要替學生授課，而且他身兼傳教士，在即將到來的週日要向維滕伯格的信徒講道。此外，他還有諸多事情要處理，但他奔赴遠處尖頂高聳的城堡教堂的時候，根本無心掛念這些事情。修士正被神學問題所困擾。他是這門學科的博士，有資格在公共場合與旁人辯論，而他眼下關注的，便是神學議題。

馬丁修士與一位教友擦身而過，這位教友是藝術家學徒，喜愛聆聽他的佈道。他面露恭敬之色向馬丁問候，但馬丁幾乎沒有注意到他，不自覺地偏了頭，那雙棕色眼睛目光銳利，瞥了一眼對方。他的腦海中同時迸發太多拉丁短語，讓他無法做出回應。

要替公共辯論提出觀點時，精確至為關鍵。他抱著的文件上寫著許多論述，措辭強硬，切中要點，條條皆能引起爭端。馬丁修士關心教友，而兜售贖罪券（亦即那些深受喜愛的免罪卡〔get-out-of-jail-free card〕[2]）會讓他們無法踏上救贖之路。他一如既往，憤怒萬分，內心頓感挫折，手指捏著紙張。他很清楚自己時常發怒，這是他的缺點，他經常為此祈求上帝的寬恕。

清晨陽光普照，穿透了雲層，但在十月的天空中，光線略顯暗淡。馬丁修士禿頭，禿頭周圍環繞一圈奧古斯丁隱修會修士（Augustinian friar）[3]所需蓄留的剃髮，他感覺一股溫熱在他禿髮之處洋溢開來。雖然天寒地凍，他依舊不停出汗，汗水從眉毛滴到他削瘦的顴骨和尖挺的鼻子上。馬丁修士看到城堡教堂的尖頂就在不遠處，頓時鬆了一口氣。

這座教堂是一棟新建築，十年前才剛竣工，乃是選帝侯弗里德里希（Elector Frederick）龐大的文藝復興風格宮殿的核心。教堂落成後的數年之內，某些基督教最神聖的遺物便安奉在那裡，譬如一瓶聖母瑪利亞的母乳，一根從燃燒的荊棘（Burning Bush）[4]取來的樹枝，以及存放於金銀聖物盒的成堆聖骨。這些遺物總共一萬八千九百七十項，每項皆經造冊編目，所有物品都能淨化虔誠朝聖者的靈魂，使其擺脫罪惡。

教堂有扇大門，上面貼著一層又一層的印刷文字，有維滕伯格鎮頒佈的條例、教宗發佈的公告、薩克森選帝侯頒佈的法令，以及各類呼籲學術辯論的文告，形形色色，

1 天主教托缽修道會成員。這種化緣修士不同於修道士（monk），前者專注傳道，於世結交同胞和行乞且居無定所，修道士則在固定的僻靜之地讀經參道。

2 《大富翁》遊戲的一種卡，比喻為可讓人擺脫罪惡的方法。

3 中世紀最重要的修會之一，根據奧古斯丁（Augustine）的修道規章組成。

4 燃燒的荊棘出自於〈出埃及記〉，這株植物位於西乃山，因焚而不燬，故名。根據《聖經》，耶和華在燃燒的荊棘向摩西顯現，命他帶領以色列人離開埃及，前往迦南。

彼此爭搶版面。馬丁．路德失魂落魄，展開了他寫的〈九十五條論綱〉，瀏覽了一下這份略帶污漬的文件，內容略顯粗糙且未經雕琢潤飾。大學印刷商約翰恩．羅—格魯嫩伯格（Johann Rhau-Grunenberg）善於用小字印刷小幅作品，但他動作緩慢，為人刻板，缺乏想像，遠遠無法符合馬丁修士的嚴格標準。假使他要印一本書，他會去請別人幫忙；眼下姑且湊合著用，他只想用〈九十五條論綱〉呼籲別人與他進行學術辯論，不必印得非常精美，而他也只印幾份而已。不過，哪裡可以找到鐵鎚和釘子呢？

馬丁修士在大門附近找到了可用的工具，拿起鎚子猛力敲了幾下，將釘子穩穩釘牢於木門上。他辦完了事，便轉身離開教堂。〈九十五條論綱〉跟其他釘在門上的六篇文告沒啥兩樣，字跡潦草、歪歪斜斜，有點粗糙，劈頭便用令人難忘的句子寫道：「奉我主耶穌基督之名。阿們。」

時辰尚早。沒人在附近或教堂的門口閒逛，得以見證這歷史性的時刻。即使有人看見，他們興許會想，那又是一份呼籲學術爭論的文件，而這裡不過是偏僻的大學城，還能惹出什麼大事？薩克森選帝侯根本不太理會眾多教授及其迂腐的論點，更別說教宗了，他身在羅馬，天高皇帝遠，哪裡會管這檔事。

馬丁修士穿過維滕伯格回到大學時，也許已不再關心贖罪券和他呼籲學術爭論的文件，反而想起自己還有許多要事得處理。他平日要授課，週日要講道，他和其他人都尚未意識到他的所作所為將激起萬丈波瀾。這位奧古斯丁修士提出論綱之後，便開了第一槍，即將引起動盪，徹底改變基督教世界。此乃宗教改革的開端，將讓基督教世界分裂，使得原本的普世教會降為眾多教派的其中一支。數百年以來，分散於千萬里的信徒緊密團結在一起，但馬丁修士發難之後，撕裂了這個團體，猶如覆水難收，一切已無可挽回。

在後續的一百三十年裡，印刷業興起，不斷印製各種煽動文件，搞得人心惶惶。有人狂熱追求宗教信仰，有人短視近利，只想獲取政治權力。各方勢力彼此抗衡，歐洲便逐漸四分五裂，衝突四起，烽火連天，數十萬人因此命喪黃泉。

人們長期渴望教會進行改革，恰好遇上那段奇特時期，多事之秋，時局動盪，加上路德發揮獨特才能，幾相激盪之下，方能掀起滿城風雨。馬丁．路德充滿激情、為人聰明且天賦出眾，善於與人溝通，傳遞思想。他猶如一根點燃的火柴，掉進了十六世紀歐洲的火藥桶，結果引爆熊熊烈火，毀天滅地，改變了歐洲的未來走向。

〈九十五條論綱〉

梅因茲大主教阿爾布（Bishop Albrecht）在該市協助販售贖罪券，激怒了馬丁．路德及其教會的直屬上級。因此，這位奧古斯丁修士便在當天稍晚，亦即十月三十一日傍晚，給阿爾布寄了一封措辭嚴厲的信件並附上一份論綱。他寫道：「我再也無法對此事保持沉默。」馬丁．路德批評時措辭謹慎，甚至語氣恭順，卻不假辭色，表露出憤怒。「信仰虔誠和表達愛心，總比買贖罪券好得多，但我們卻沒有透過儀式或熱情宣講這些概念……有人說，只要購買靈魂脫離〔煉獄〕或購買贖罪券的人不必懺悔。」馬丁・路德認為，這樣做錯到離譜。他向阿爾布提出了解決之道，而主教當然不知情，事前也沒有同意。馬丁・路德的批評並不輕，他批評時從來都不僅點到為止而已。

這封信首先送到馬格德堡（Magdeburg），有人於十一月十七日在那裡拆開信讀了內容，然後信又被送到亞夏芬堡（Aschaffenburg）的主教宅邸。想也知道，主教權勢滔天，尤其他又是顯赫高貴的霍亨索倫家族（Hohenzollern family）的成員，根本不理會一位不起眼的維滕伯格教授所提出的抱怨。

然而，阿爾布確實讀了他的信，便將論綱轉交梅因茲大學（University of Mainz）的神學家，徵求他們的意見。這些神學家又建議將信送給羅馬檢視。事情持續進展，教會當局很快便對路德所謂的正統觀念作出了判斷。

馬丁・路德提出的問題觸及救贖和教會權威的核心問題，即使這些大學神學家之間彼此辯論，也無助於解決困境。除了梅因茲大主教阿爾布，路德還向其他人寄了**〈九十五條論綱〉**的副本，包括布蘭登堡大主教（bishop of Brandenburg），但這些人不想牽扯這項爭議。然而，路德的另外兩位熟人接受了他的想法。一位紐倫堡的朋友重印了這些論綱，從那裡發散出去，事情便像野火般蔓延開來。伊拉斯謨當時是歐洲最知名的作家，作品廣受歡迎，他很快便將一份在巴塞爾（Basel）印刷的精美論綱副本轉發給居住在英國的朋友湯瑪斯・摩爾（Thomas More）。摩爾崇尚人文主義，撰寫過《烏托邦》（*Utopia*）一書。不到幾個月，歐洲的重要知識分子便紛紛討論馬丁修士反對贖罪券的理由。

起初便有不少有志之士接受馬丁．路德的觀點，宗教改革於焉開展。**〈九十五條論綱〉**可能已經在紐倫堡印刷的另一個版本中被譯成德文，討論者不再只是神學界，普通受過教育的歐洲人應該也接觸到這些資料。名叫若望．特次勒（Johann Tetzel）道明會修道士受委託大肆推銷贖罪券，他被激怒了，於是自行印刷材料去回應馬丁．路德。路德當然會反駁特次勒，於是用白話德語撰寫《論贖罪券與上帝恩典》（*Sermon on Indulgences and Grace*），專供非鑽研神學的平信徒閱讀。這本小冊子非常暢銷，德意志與其他地區的書商攤位隨處可見。到了一五二〇年，馬丁．路德成了歐洲最受歡迎的作家。

其實，**〈九十五條論綱〉**不太可能是引發歐洲宗教改革烈火的主要原因。馬丁．路德身處神聖羅馬帝國的偏僻一隅，遠離主流的傳統神學圈子，在一所新大學教授神學，根本沒沒無聞。當時，歐洲人口多數是文盲農民，而且**〈九十五條論綱〉**起初以拉丁語撰寫，黎民百姓通常都無法理解。

話雖如此，**〈九十五條論綱〉**的**某些東西**觸痛了教會。馬丁．路德雖是學者，但條理清晰，論述有力。更重要的是，他天賦異稟，而且尚未完全發揮潛力。他才能兼具，態度合宜，在正確的時刻和正確的地點提出價值非凡的論述，其引發的結果足以影響後續的數個世紀。

礦工之子

一五〇五年七月二日，一名年輕的學生騎馬往返於曼斯費爾德（Mansfeld）的家與他上大學的艾福特（Erfurt）之間。沿途地貌單調，放眼望去，淨是平坦的田野和牧場，偶爾可見山丘聳立。那日天氣陰沉，烏雲籠罩著山巒。鎮日眼瞧著要降臨到他身上的風暴終於爆發時，這位學生離目的地只剩四英里。雷聲不時轟鳴，雨水向他襲來。閃電在四面八方閃爍。

青年哀號，高喊：「聖安娜（Saint Anna）。」他呼喚這位礦工守護神，尋求她的護佑。他吸了一口氣，他答應女神，如果她拯救他，他會立即入修道院。奇蹟發生了。雷電頓時停止，於是這位學生必須遵守諾言。

這位年輕人就是馬丁，那時才二十一歲，前途一片看好。他是長子，父親名叫漢斯．路德（Hans Luder），在銅礦場當礦工，工作勤奮，賺了不少錢。馬丁受過完整的教育，獲得了艾福特大學的文科碩士學位。他若是依照父親替他規劃的路，很快便會去研讀法律，從而幫助父親的採礦事業，或者能在選帝侯弗里德里希不斷擴增的行政機構中謀得一官半職，賺取高額的薪餉。此後，他必定會與曼斯費爾德優渥商業精英聯姻，不斷向上攀爬，一路步步高升。

這場風暴打亂了一切。馬丁放棄所有的計畫，將目光投向艾福特的奧古斯丁隱修會，打算虔誠信奉上帝，過簡樸的生活。他踏上這條修道之路，日後便在一五一七年十月前往維滕伯格城堡教堂，將論綱釘在大門上。

這位宗教改革者的早年生活已深刻塑造了他的思想。他始終認為，上帝嚴厲專橫，隨時會審判凡人。馬丁的父親雖然處事公正，卻非常強硬。馬丁會有前述的想法，肯定跟他兒時的成長經歷脫不了關係。這位父親最寵愛馬丁，但這個兒子卻讓他失望了。馬丁可能要遭殃了！

漢斯．路德晚年時請德意志著名的文藝復興時期畫家盧卡斯．克拉納赫（Lucas Cranach）替他繪製肖像，畫中的漢斯眼睛直向外盯著。隨著時間的推移，他的臉開始出現皺紋，有點飽經風霜之感。他似乎無法抑制自己，一副好鬥尋釁的模樣，想要開口咆哮，發洩憋了一肚子的怨氣，但臉頰又透露著天生的睿智。採礦業複雜萬分，瞬息萬變，漢斯．路德在這個行業打滾了數十載。他不時遇到鬥毆之事，還要進入黑暗的隧道挖礦，複雜的借貸也讓他暈頭轉向，而他甚至必須面對心生怨恨的工人，這一切都在漢斯的臉上留下了印記。這幅肖像似乎在傳達，想跟這個男人作對，就等著吃苦頭吧！漢斯素以兇狠好鬥而著稱。他曾將啤酒倒在鬥毆群眾身上，然後拿空酒瓶把他們打得頭破血流，才讓這群醉酒打架的傢伙停手，不再鬧事。採礦是個殘酷的行業，礦坑裡充斥有毒氣體，隨時都會發生危險，而且競爭激烈，又要面對很高的財務風險。礦工們會互相偷竊，也常為了劃定礦井邊界而爭吵不休。他們在酒吧喝酒時，經常一言不和便持刀互捅。要在如此艱困的環境中生存（更別說要賺大錢），需要有強壯的體魄，運氣也不能太差。

正如富格爾家族所示，採礦可以賺錢，而且可能賺很多。漢斯．路德嘗試過，失敗了，又再試一次，而當他賺到錢時，恰好讓年輕的馬丁步上成功的坦途。

年輕的馬丁無論未來如何，他依舊是在礦工爭強好鬥世界中長大。他習慣人們彼此辱罵和拳頭相向。他年齡漸增之際，雖然沒當礦工，卻將這些經驗套用到印刷業與神學爭論之中。我們不難看出，路德繼承了父親固執且敢於冒險的性格，才勇於寫一封語帶挑釁的批評信件，寄給有權有勢的大主教。

漢斯知道，馬丁未來要出人頭地，必須接受教育。他身為父親，認為讓孩子讀書是一項投資，能夠保障家族的未來，但這種投資很昂貴，其他的兒子沒有機會讀書。採礦業經常面臨法律糾紛，因此男人有很多機會可管理礦場，漢斯打算讓他天賦聰穎的兒子從事這行。

年輕的馬丁首先在曼斯費爾德的一所當地學校讀書，學習基本的拉丁文語法、邏輯和修辭學，奠定了日後求學的基礎。然而，他後來認為，這種早期教育毫無用處，只是將知識硬塞到他腦中。他的母系親屬非常富裕，居住在愛森納赫（Eisenach）這個約有四千人的小鎮；馬丁在那裡上了一所教區學校，進一步學習拉丁語及其語法。到了一五〇一年，十八歲的他再次離家，這次要前往艾福特大學讀書。他就讀大學時，將學習重心轉向了哲學，此乃中世紀大學的基礎學術研究方法，但路德後來卻十分厭惡這門學科。他是個年輕人，對事物感到好奇且講究實際，認為哲學枯燥乏味，沒有吸引力。他花了四年才完成文科的學士和碩士學位。他在艾福特大學只當了幾週的法學院學生，便遇到那場驚心動魄的風暴，從而踏上不同的道路。

在德意志東部這個特定角落，年輕的馬丁身為礦工的兒子，為了能在社會出人頭地，於是接受前述的完整教育，但他並非是唯一這樣努力的年輕學子。馬丁的成長和教育歷程其實很普通，足以說明那個時代和他生活的環境：他家境尚可但並不富裕，出身於必須努力工作來謀生的家庭，他知道有社會階層之分，有人高他們一等，也有人低他們一級。曼斯費爾德和該地區的其他礦業城鎮隨處可見漢斯．路德之類的企業家，他們既有頭腦懂得算術數錢，也有強韌的雙手，可以跟愛鬧事的醉漢一樣輕鬆忍受高溫的熔爐；然而，漢斯發現兒子有更多更好的機會，並且盡量提供他這些機會。

在馬丁．路德的時代，經濟蓬勃發展，局勢巨幅轉變，而在他將**〈九十五條論綱〉**釘在教堂門口並替嚴肅的宗教改革做出不可磨滅的貢獻之前，他早已是那個時代的產物。當時的採礦業蓬勃發展，仰賴資本密集的新技術與廣泛的分銷網絡，而且被富格爾家族之類的金融家所掌控。漢斯．路德靠著採礦賺到了足夠的錢銀，讓兒子能夠接受教育。倘若沒有印刷文本，馬丁．路德將永遠無法接受教育，學習到語法、哲學和法律，而且費用低廉（至少在他棄學信教之前是如此）。正如我們所見，印刷業也是依靠這些以利潤為導向的融資機制而發展起來。馬丁．路德當時年少，不了解更廣闊的外界，但缺乏了這些關鍵的轉變，他也不可能存在。

然而，巨變即將來臨，這只是蜻蜓點水而已。在當時的金融化世界，風險持續存在，局勢變動劇烈，年輕的馬丁深刻了解局勢，能敏銳感知世界的變化。他明白按息放貸有其必要，但他終生鄙視資本家，不喜歡沾染銅臭。他曾將礦場的盈利分紅戲稱為**假錢**（Spielgeld，英語：play money），不接受這種錢銀。最重要的是，他發現竟然有人想花錢去擺脫罪惡，因此痛恨這種觀念。其實，用金錢是無法拯救靈魂的。替馬丁・路德寫自傳的琳道・羅普耳（Lyndal Roper）寫道：「馬丁這位礦工可以向聖徒呼救，尤其是聖安娜。然而，他最終還是要獨自面對上帝。」

馬丁修士與教會

一五〇五年七月，年輕的馬丁・路德在艾福特奧古斯丁修道院宣誓成為新進神職人員。無論當時他在聖壇（high altar）[5]前跪下時是什麼身分，他絕對不是想過輕鬆的生活。這些奧古斯丁隱修會修士素以苦行禁慾與信仰虔誠而著稱。他們必須嚴格遵守教規，時刻沉默禁言、懺悔思過和嚴格奉行禱告時間，此乃修道院的常規生活。新進人員除了祈禱和沉思，還要從事體力勞動，甚至清潔廁所。艾福特的奧古斯丁修道院不僅恪遵奧古斯丁修道規章，更與艾福特大學密切聯繫，而馬丁・路德不久之前還在那裡讀書。修道院有四十五到六十名修士，其中多數人是在這所大學任教。

馬丁・路德並非只能待在這所修道院。艾福特大約有二萬四千位居民，不僅有第二間奧古斯丁修道院，還有加爾都西會／卡爾特修道派（Carthusian）、道明會／多明我會（Dominican）和方濟會（Franciscan）的修道院。馬丁・路德選擇了遵守教規的奧古斯丁修道院，便充分說明了他的個性。奧古斯丁隱修會很興旺，擁有可創造收益的財產來支持修道院開銷。許多教派的修士因信仰不堅而屢遭批評，但奧古斯丁隱修會修士卻能時刻警醒。年輕的馬丁．路德可在這個專注嚴格的環境中追求學術抱負，信守誓言，並且滋養痛苦的靈魂。

宗教世界何其遼闊，馬丁．路德成為修士之後，便踏進了這個世界的一隅。普世教會（universal Church）觸及西歐的每一個角落，從政治到市場行為等生活的各種層面，形形色色，無所不包，但教會並非單一的機構。恰恰相反：教會幾乎引導並涵蓋百姓的精神生活，因此它必須像一個大帳篷。

教會裡有各類人士，住在不同的地區與建物中：偏僻的鄉村教區裡有貧窮的文盲神父，他們私下娶妻生子，甚少關心信眾；道明會傳教士魅力十足，能夠在許多城鎮吸引成千上萬的百姓信教；全新的維滕伯格城堡教堂之類的建築以文藝復興時期風格建造，裡頭擺放昂貴的鍍金盒子，盒裡裝滿聖物；高聳的哥德式大教堂有數百年歷史，建構了歐陸繁榮城市中心的天際線，乃是有錢富裕且權勢震天的主教總部。從倫敦到萊比錫，這些主教一直主導政局；有些修道院屋頂漏水，裡頭住著幾位穿著破舊長袍的老修士，乞求民眾捐款來修理破敗的膳廳；大學的神學家沉浸在湯瑪斯．阿奎那

5 high altar 指教堂的主祭壇，又譯祭台或聖餐桌。這個字原指宗教禮儀或獻祭施行之處，可引伸為猶太人宣講律法書，或者各種基督教會施行聖餐之處。

（Thomas Aquinas）[6]和伐坎的威廉（William of Ockham）[7]艱澀的著作，他們會教導學生並爭論經院哲學（scholastic philosophy）；虔誠的平信徒婦女會在富裕的家裡私下抽空閱讀祈禱書籍；僧侶騎士團的成員揮舞著刀劍，乃是身穿盔甲和黑色袍服的戰鬥修士（soldier-monk）[8]。他們會在地中海蔚藍的天空下，在船隻的甲板上將穆斯林水手斬首。

教會既腐敗又聖潔，既世俗又神秘，一方面富可敵國，一方面又極度貧困。某些修道院艱難度日，有些修道院則擁有數千頭牲畜並管理著綿延數英里的土地，這些土地還環繞著華麗的建築。有些主教天生就是政治動物，他們是權貴家族的後裔，譬如梅因茲的阿爾布，而某些主教則是獻身教會的牧者，會時刻滿足教眾的精神需求。若將教會視為單一事物，或者以為它是從聖伯多祿大教堂的高層向下延伸的嚴謹等級制度，根本就沒看清教會的真實面貌。最好將這個時代的教會視為四處延伸的重疊網絡和眾多機構，彼此偶爾相互競爭，某些機構受到嚴格控制，某些則完全不受監督。教會參與了各種事物，會去管登基的國王是否合法，也會照顧窮人，甚至插手國際金融。

放眼歐洲全境，無處不見宗教勢力與教會建築。馬丁．路德身處的艾福特奧古斯丁修道院僅是這個宗教世界裡的一處偏僻小角落。

教會的中心便是教宗。當馬丁．路德於一五〇五年進入修道院時，教宗權力早已不像數百年前一樣臻於頂峰。教宗權勢滔天並能睥睨歐洲中世紀最強大君主的日子早已遠去。時任教宗為猶利二世，為人兇狠且雄心勃勃，對於戰爭和擴大教宗的世俗政權比對追求靈性更感興趣。猶利二世的前任教宗為臭名昭彰的歷山六世／亞歷山大六世（Alexander VI）。歷山六世名為波吉亞，為人腐敗，而猶利二世鄙視他，並非他倆惡性競爭長達數十載，而是波吉亞荒淫無度，且愛搞裙帶關係。當然，猶利二世也同樣會利用教會的權力，讓其家族從中獲利。

教宗曾避居羅馬，住在普羅旺斯的亞維儂（Avignon，又譯亞威農）上百年，但聖座如此移居受辱，卻對局勢毫無助益。一三七八年到一四一七年之間爆發的天主教會大分裂（Western Schism）[9]，數位教宗同時宣稱自己合法，導致教會分裂，造成更深遠的破壞。由於教宗身處危機，有人便發起運動，試圖將教會內部的權力從教宗轉移到常規會議（regular council）。雖然教宗熬過了壓力而倖存下來，最終返回羅馬並力壓議會成員，但此後教宗再也無法重新掌管財務，或者重掌昔日擁有的絕對權力。在這段過程之後，教宗的合法性受到嚴重打擊，國王重新奪回數個世紀前讓給教宗的多數權力，尤其是收稅和任命關鍵職位的權力。

十五世紀的教宗於是將重心轉移到義大利，而猶利二世及其繼任者便跟隨他們的腳步。教宗除了擔任教會的精神領袖，還會控制義大利中部的一系列領土；教宗的宮

6 中世紀義大利神學家兼經院哲學家，道明會修士。
7 英國哲學家，反對阿奎那的哲學。他是晚期經院哲學唯名論的創立者。
8 又稱 warrior monk，既是有宗教信仰的苦行僧，也是受過訓練能上戰場的士兵。
9 又譯亞維儂分裂。

廷（「教廷」）與文藝復興時期義大利諸侯的宮廷類似，兩者僅在規模與財富上有所差異。來自歐洲各地的資金不斷湧入，使得羅馬成為整個歐陸銀行業不可或缺的資金提供者。**羅馬教廷**（curia，亦即教宗的官僚機構）逐漸由義大利人掌管。教皇聘用親戚和支持者，組成**樞機團**（College of Cardinals）[10]來輔佐教會事務。裙帶關係轉化成為某種政治藝術，讓親朋好友擔任教宗的官吏，便可獲得從各地搜刮的戰利品。例如，梅迪奇家族會費盡心思，讓家族成員打進教會的最高層級。

馬丁修士在修道生涯的前幾年是不可能過於關注千里之外教宗的政治陰謀。羅馬遠在天邊，神聖不可侵犯，根本不是真正的政治中心，裡頭充滿心懷世俗名利且不得其志的官僚。然而，不久之後，真相便會水落石出，而這點不可避免。

改革

人們認為年輕的馬丁・路德具有天賦且虔誠，因此潛力十足，能在奧古斯丁隱修會內往上攀爬。因此，他被選中前往羅馬替艾福特修道院提出的意見向教廷辯護，這點便不足為奇。

此乃牽扯改革修道會（order，教團）所引發的爭議。馬丁・路德和德意志境內外的不少人都屬於改革派，偏好從更嚴格的角度詮釋奧古斯丁修道規章。然而，如此一來，他們便與其他的奧古斯丁修道會產生分歧，因為後者奉行修道院規章時比較寬鬆。

為了避免奧古斯丁修道會徹底分裂，馬丁．路德的精神導師和直接上司（具有影響力的神學家兼教會智囊約翰．馮．斯塔皮茨〔Johann von Staupitz〕）促成了一項兼顧改革派與非改革派的協議。可惜的是，沒有人感到滿意。像馬丁．路德教會的改革修道會對此尤其不滿意，便想向教宗提起上訴。因此，馬丁．路德便前往羅馬，而此乃他生平走過的最長旅程。

這項爭議牽涉廣泛，包括義大利與德意志數十所修道會與數千名修士之間的衝突、修道院祈禱的真正原則、奧古斯丁隱修會內各階層的爭鬥，以及約翰．馮．斯塔皮茨等人的私心等等。前段的說法只是蜻蜓點水，一筆帶過而已。衝突和分歧乃是宗教體系的特徵，而非錯誤。

改革是神職人員和平信徒體驗宗教生活的基本部分。中世紀教會的歷史就是改革的歷史，乃是教會內外的人士為解決諸多問題而不斷努力（無論成功與否）的歷史。神職人員經常犯罪，國王希望他們犯罪後能接受世俗法律的制裁；「神職人員犯罪」（criminous clerks）的問題一直存在，但從來沒有讓人滿意的解決方案。平信徒除了奉獻，還想更深入參與教會事務，或者他們想要更合適的神職人員（他們偏好比較不荒淫、比較不愛喝酒或教育程度更高的人）來滿足他們的精神需求。有人想在教會內

10 樞機團可在樞密會議上輔佐教宗處理教會事務，以及在教宗逝世或辭職後召開教宗選舉秘密會議以選出繼任者。

部進行改革，但偶爾會被貼上異端的標籤而接受調查，甚至會被處以炮烙之刑。然而，改革之士有時也會被視為正義之士，日後注定會被奉為聖徒。在十五世紀初期，試圖將權力從教宗手中轉移到常規會議的主張者並不是想摧毀教會。他們看到教會分裂數十載且腐敗叢生，因此想拯救教會。

當馬丁・路德於一五一〇年十一月啟程前往羅馬時，他與同伴是繼承教會持續改革運動的人士，並且親自投身其中。教會沉痾難起，有些人戮力推動改革，馬丁修士便是這種人。至於要如何改革，各方意見不一：貪污腐敗和裙帶關係，教宗權威過大或不足，平信徒不夠虔誠或方向錯誤，以及哪些是不合格的神職人員，諸如此類的抱怨層出不窮。馬丁・路德爾後在**〈九十五條論綱〉**和後續的文件中提出改革措施，乃是教會充滿活力與會眾願意參與的標誌。當時的教會尚未處於衰敗的狀態。

贖罪券

馬丁・路德長途跋涉，沿途遇到不少義大利人，但並非所有人他都喜歡。他抵達羅馬之後，感到筋疲力竭。他在羅馬的所見所聞讓他憤慨不已，卻也讓他心有共鳴。他驚嘆於宏偉的聖地與精美的教堂，但鄙視匆忙參加彌撒以擠出時間去從事有償服務的神父。羅馬神職人員腐敗無能，讓他萬分震驚。他在晚年之際，更是回想起年輕時的所見。馬丁・路德在艾福特與奧古斯丁修士一起成長、獲得博士學位、搬到維滕伯格並開始教授神學，同時向教區居民講道。他是完美的修士，一心遵奉正統。無論他在羅馬看到什麼，他都沒去質疑教宗至上的基本概念。

馬丁．路德參觀羅馬這個基督教世界的中心時看到不少東西：諸如羅馬競技場這種搖搖欲墜的古蹟、放牧牛群的廣闊草地、各種教堂和聖週遊行，以及一座於梵蒂岡拔地矗立的新大教堂。在先前的一世紀裡，教宗念茲在茲都想去整修古老的聖伯多祿大教堂，但近期的修整計畫更為雄心勃勃。簡單改建根本不夠。教宗掌握了新的權力，需要打造一座全新教堂，作為基督教世界最精緻華美的建築來彰顯權威。基石於一五〇六年鋪下，亦即馬丁．路德加入奧古斯丁隱修會之後不久，但建構教堂的進展非常緩慢。不久之後，人們很快便得知箇中問題，進展緩慢並非巨型圓頂設計不易，而是教會沒有支付工程款。

馬丁修士剛到羅馬時不可能知道這點，但建造新的聖伯多祿大教堂所費不貲，從而引爆危機，讓他舉世聞名。

當時教會允許贖罪（又稱大赦），亦即信徒做出特定行動之後便赦免其罪過，譬如購買大赦證明書、捐款幫助鄂圖曼帝國海盜的受害者、施捨幫助窮人，以及拜訪特定教堂或聖地。馬丁．路德在**〈九十五條論綱〉**中痛批贖罪這類舉止。贖罪可替各種計畫提供資金，乃是教會於中世紀末期出於各種目的來籌措資金的核心方法。贖罪的想法源自於**煉獄**（Purgatory）的教義，亦即心善虔誠的靈魂在升天之前也得在這個過渡地帶度過一段時間。透過大赦，便可將心愛親人的靈魂從煉獄解放出來，直接將其轉移到天堂。路德本人在羅馬時便善用這項規定，為了拯救祖父的靈魂而以膝蓋爬上**聖階**（Santa Scala）。

贖罪非常重要，可讓教會保護弱勢群體，但煉獄卻是比較新的概念。雖然探討贖罪的文獻可追溯至十二世紀，但贖罪只有在路德撰寫**〈九十五條論綱〉**之前的幾十年才有意義。

印刷機普及之後，人們便開始關注贖罪券的神學意義。由於印刷術興起，贖罪運動便如火如荼開展，備受媒體關注。民眾只要花錢，便可購買大規模生產的贖罪券。馬丁．路德及其同時代人心生反感的，並非贖罪的基本神學概念有了徹底轉變，而是印刷技術興起之後，教會可以印刷贖罪券斂財。馬丁．路德在**〈九十五條論綱〉**中詳列更深層的問題，但其重要性遠不如印刷的贖罪券。贖罪券成本低廉，讓教會可隨時拿它來換取現金。贖罪簡直無所不在，只要心繫拯救靈魂的神職人員都無法避免這個問題。

到了一五一六年，販售贖罪券已成為教會的主要收入來源。西班牙利用贖罪券來籌集對格拉納達發動戰爭的軍費，在十年內募得了超過一百萬達克特。倘若沒有贖罪券，根本無法打持久的戰事。一四九二年，有人在偏遠的艾斯垂馬杜拉兜售贖罪券，幫哥倫布籌集了首度遠征的費用。

販售贖罪券是行之有效的籌資方法，無論在歐洲何處兜售，都能賺取錢兩。基督徒只要擔心自己的靈魂狀況，或者替正在煉獄受苦的死去親人而煩惱，有誰不想花點小錢消災，讓自己安心？販賣贖罪券有兩種好處：籌募錢銀可做善舉，可以幫助貧民窟的窮人，也能讓國家發起十字軍東征，而當時戰亂頻傳，令人深感恐懼，百姓買了贖罪券，可權充精神慰藉。此外，教會也可將其當作募款的手段。

良十世、阿爾布與雅各布

假使馬丁．路德沒有恣意批判梅因茲大主教阿爾布、教宗良十世以及（間接）攻擊富格爾家族，即使他痛斥教會將贖罪當作商品來兜售，甚至批判贖罪背後更深層次的神學，也不會引起軒然大波。像路德這種大學教授有權討論教義及其神學基礎，但緊張的政治氛圍與金融關係則是更嚴重的問題，需要多加留意。

大主教阿爾布的手下於一五一七年十二月收到路德的信件時，阿爾布尚未滿二十八歲。他是霍亨索倫家族的一員，而這批貴族是神聖羅馬帝國最有威望的家族之一。他的兄長約阿欣（Joachim）是布蘭登堡侯爵，乃是七位神聖羅馬帝國選帝侯之一。由於阿爾布本人無法統治布蘭登堡，他和他的家人乃向教會尋求擴大權力和影響力的機會。一五一三年，年僅二十三歲的阿爾布成為馬格德堡大主教（同時兼任哈柏斯塔特〔Halberstadt〕教區的臨時管理者）。馬格德堡是富裕的教區，而哈柏斯塔特是有價值的教區，但它們與隔年空出主教缺額的另一個教區相比，立馬相形見絀。

梅因茲大主教是歐洲最多人追捧的職位之一。它是德意志最大的主教教區，其牧座可說是整個地區的總主教（primate）或首席主教。梅因茲大主教也是神聖羅馬帝國的諸侯，亦即擁有大片領土和豐富資源的統治者；更重要的是，他也位列選帝侯。因此，無論何時，梅因茲大主教都掌握了滔天的權力，而在這個特殊時刻，這個職位更具價值：現任神聖羅馬帝國皇帝馬克西米利安已年近六十，早已日薄西山。眼見皇位選舉近在眼前，爭奪王位的候選人將會為了選票而撒大錢賄賂。梅因茲大主教可獲得的錢銀，將數倍於為博取這份職位所投入的資金。

換句話說，假使阿爾布除了擔任馬格德堡大主教，還能成為梅因茲大主教，他便可以連本帶利撈回來。阿爾布承諾償還梅因茲的債務並保護該市免受薩克森選帝侯的侵犯，因此便如願當選梅因茲大主教。然而，他仍然得克服兩個問題：首先，他年紀太小（嚴格來說，他太年輕，無法擔任公職）。其次，教宗愈來愈不贊成一個人同時擔任多個主教。擁有多個聖俸的神父和主教可以聚斂財富，絕對會腐敗，乃是神職改革者和憂心的平信徒要打擊的對象。無論如何，教宗良十世是個務實的人，或許可以讓雙方彼此妥協，找出折衷方案。

妥協最終牽扯到金錢。阿爾布將付錢給良十世，以便獲得教皇特許權，讓他能夠擔任梅因茲大主教。那筆錢不少：二萬三千達克特，等於哥倫布首度遠航花費的三到四倍。阿爾布手頭沒有那麼多現金，但奧格斯堡的富格爾拿得出這筆錢。他們很樂意把錢借給阿爾布，並且將錢匯到羅馬。

然而，後續的問題是，富格爾家族投資了阿爾布這位梅因茲大主教兼選帝侯，他們該如何回收錢銀？推銷贖罪券就非常符合這項要求。幸運的是，一五一五年時便已經有這種銷售活動，當時是為了籌募資金，替良十世在羅馬興建新的聖伯多祿大教堂。阿爾布在馬格德堡與梅因茲販售贖罪券之後，會留下一半的錢銀來償還富格爾家族的債務，另一半則會轉給羅馬。富格爾家族也會處理這筆轉帳，順道額外收取服務費。

為了達成目標，販售贖罪券需要籌集將近五萬達克特。這是一筆不小的數目，如要積累這筆巨額，需要仰賴熟練的推銷員來吸引大眾的胃口。這是一項艱鉅的任務，但並非難如登天。阿爾布便找到這樣一個人，他是道明會修道士，名叫若望．特次勒。

特次勒嫻熟整個銷售過程。馬丁．路德曾對他說過一句名言：「金庫的硬幣一響起，煉獄的靈魂便會躍起（As soon as the coin in the coffer rings, the soul from Purgatory springs）。」這句話說得並不完全正確，卻一語道出特次勒如何兜售贖罪券的精髓。他夸夸其談，很有說服力，會四處遊走，壓根不知疲倦，行走數百英里去銷售贖罪券。從這點看來，特次勒與那個時代流行的巡迴傳教士幾乎沒兩樣。巡迴傳教士將佈道作為公共劇院來表演，精心包裝之後吸引人潮。特次勒則是一流的推銷員，賣的產品是救贖。

到了一五一七年，販售贖罪券成了一項有條不紊、規劃嚴謹的業務。特次勒之類的組織者會提前與印刷商簽約，替即將到來的佈道和大赦證明書製作媒體廣告，同時預先印製概述如何購買以及允許大赦的紙張，只要填上等待救贖靈魂的名字即可。印製數量多到令人難以置信，偶爾會高達數萬份，還會留一個空格供人填寫購買者姓名。

早在一四九〇年時，奧地利便出現一場販售運動，結果發了五萬張贖罪券。印刷商喜歡印這些東西：簽合約去印刷大赦證明書和大幅紙張的廣告，利潤十分豐厚。印刷大批書籍風險很大，因為前期要投入許多成本，閱讀大眾口味也十分多變；然而，印刷贖罪券屬於短期工作，讓商人能夠在動盪起伏的印刷產業存活。教會也很愛贖罪券：兜售贖罪券如同印鈔票，也能減輕信徒的擔憂，使其不再擔心自身的命運和死去親人的靈魂。

然而，馬丁·路德痛恨這一切。

兜售贖罪券簡直愚不可及、令人不快，而且從神學上來說也大有問題。會如此認為的人，遠遠不止馬丁·路德一人。樞機主教卡耶坦（Cardinal Cajetan）日後將與馬丁·路德針鋒相對，但他即便不知道路德的**〈九十五條論綱〉**，卻也同時根據神學去擬定自己對於贖罪的批判意見，試圖減少教會濫用這種教義。從這點便可看出，兜售贖罪券不甚妥當。這些精英神職人員的抱怨與大眾對教會為了斂財而兜售贖罪券的冷嘲熱諷相互吻合。例如，在一五〇三年，某位贖罪券推銷員曾前往德國城市呂貝克（Lübeck）。當時有位旁觀者指出，這位推銷員雖然關心如何拯救靈魂，但依舊不厭其煩帶著幾千弗羅林離開。諸如此類的冷嘲熱諷，一次又一次出現。

無論宗教改革背後的基礎為何，**〈九十五條論綱〉**引爆的危機與當時民眾對兜售贖罪券的批評以及梅因茲的阿爾布有密切的關係。平信徒與神職人員組成的廣大信眾嚴厲批判贖罪券，衍生的問題日益尖銳，爾後直接讓更多民眾批評教會的教義和貪污腐敗。特次勒在一五一七年大肆兜售贖罪券牟利，而這種行徑與歐洲某些最有權勢與人脈最廣的人士之間關係密切，因此不難看出，一場席捲天地的風暴即將爆發出來。

印刷術、路德與宗教改革

如果沒有印刷術，便不可能發生宗教改革，這種想法早已人盡皆知：按照其邏輯去推理，出現印刷術這種新的大眾傳播媒介之後，教會便無法控制訊息傳播，遲早會有某位或某些改革者將利用它來分裂基督教世界。如此推論的確有道理，但強調這必然會發生，卻是大錯特錯。如此論斷的人也犯了錯誤：他們覺得，有人可以取代路德。只要時機得當，其他改革者都可能辦到他所做的事情。在一五一七年與後續幾年，各種情勢交疊影響，實際情況要比想像的更為錯綜複雜和獨一無二。會有宗教改革，乃是路德堅持不懈且才能出眾，加上印刷媒介與當時的各種因素相互作用，彼此交融。

馬丁·路德身為大學教授，才能非凡，以德語撰述為文，條理清晰，引人入勝且幽默風趣。誰能料到，路德是位神學家，平時工作時幾乎全用拉丁語，但他卻極具天賦，竟然能用白話德語去洋洋灑灑寫文章。這種偶然的轉折，儼然成為宗教改革的基礎。他將拉丁短語轉譯得絕佳，不僅吸引學術精英的目光，也觸及黎民百姓的心靈。與他合作的印刷商也扮演舉足輕重的地位，很快便掌握商機。路德及其改革夥伴不僅是運用既有的印刷技術，他們更是在吸引一批閱讀公眾，創造不斷擴大的廣大市場，讓印刷商可以迎合其需求和銷售商品。

當**〈九十五條論綱〉**出現在梅因茲阿爾布的信箱時，印刷術已經存在了數代人的時日；路德從未經歷沒有印刷機的世界，阿爾布亦是如此。其實，牽扯宗教改革爭議的主要人士都只生活在有印刷品的環境。阿爾杜斯・馬努提烏斯之所以能踏入人文主義書籍消費旺盛的罕見時代，乃是印刷業成長所導致的其中一項結果。路德童年時期的教科書和後來大學讀到的課本都是印刷品。當時，高等教育機構的附近隨處可見印刷廠，大學教授會委託廠商印刷少量文本當作課堂之用；路德當然會仿效一般人的做法，請人印刷**〈九十五條論綱〉**。推行大赦者憑藉印刷的大幅廣告來宣傳贖罪券，還用紙張或厚牛皮紙大量生產贖罪券。路德走過維滕伯格時，看到了大量的廣告單、傳單、小冊子、佈道和書籍。舉目所見，淨是印刷品。話雖如此，印刷業尚未釋放全部的潛力，而此乃宗教改革（尤其是路德）可以發揮關鍵作用之處。

〈九十五條論綱〉屬於極為深奧的神學文本，以教會和學者熟稔的拉丁語撰寫。因此，最初有人回應論綱時，自然是用拉丁語書寫意見。神職人員與富裕的各國學者（譬如伊拉斯謨和湯瑪斯・摩爾）彼此討論時，都是使用這種語言。然而，在路德生長的德意志地區與歐洲其他地方，百姓通常不懂拉丁語。只要人們爭論**〈九十五條論綱〉**時仍然使用拉丁語，它引發的改革運動都將止於受過教育的精英階層。先前的諸多改革風潮皆是如此：無論廣大的平信徒對教會缺失有何看法，他們都無法對教會改革置喙。

然而，如果不使用拉丁語來討論贖罪券及其影響，改用工匠、市民、商人和鄉村自耕農日常使用的方言，教會改革便有可能受到廣泛的關注。

眼下只剩一個大問題：在一五一七年十月三十一日，亦即馬丁．路德在維滕伯格城堡教堂門口釘上論綱的那日，沒有人（尤其是路德）知道許多民眾願意掏錢去購買宗教文本，好比《聖經》的譯本、教義問答（catechism）與讀之令人激動的小冊子。

宗教改革之所以能立竿見影，其關鍵在於：德語區的印刷商很快便發現有這些讀者，他們了解百姓想要什麼，於是發行大量文本以滿足讀者的需求。就在此時，路德恰好提出不錯的觀點，寫作技巧又高超，能夠將想法灌輸給讀者，使其樂於接收。他的作品十分暢銷，能夠真正賣給讀者。有了這番銷量，便奠定了宗教改革的基石，使其迅速傳播且影響深遠。

反擊

路德雖有成千上萬的讀者，但這些人並未不加懷疑便完全採納他的觀點；他反而從一開始便得面對他所攻擊和威脅的人士，亦即必須應付教會內部人士的反撲。這些人受到路德攻擊之後，同樣也是利用印刷品來反擊。印刷品會引爆衝突，而衝突又能主導印刷品市場，宗教改革思想則因為各方人士彼此爭論，方能傳揚出去。

路德起初是直接抨擊濫用贖罪券，但局面旋即演變成更大的事情，因為反對路德的人察覺到他隱含激進的思想，於是逼迫路德加以解釋。路德便日益以極端與辛辣的言論回應對手的尖銳批判。一心想發財的印刷商看到雙方激烈交鋒，察覺到可以藉機賺取錢銀，於是非常樂意印刷討論改革的小冊子和長篇大論的文稿，然後發行到市場，供民眾購買閱讀。愈來愈多人留意到雙方的來回論戰。民眾熱中於閱讀論戰資料，印刷商又為了賺錢，願意提供材料，因此滿足所有條件，讓雙方陣營書面爭論日益火熱，逐漸達到了高潮。

若望．特次勒受託監督贖罪券的銷售。這位道明會修士舌粲蓮花，推銷技巧高超，卻非正人君子。他推銷贖罪券，惹惱了路德，兩人便結下樑子。不出所料，路德的這位主要對手率先出手，將批判路德的說法印刷成文件，散發出去來回擊他。特次勒的論點被印了八百份，然後有人將其帶到維滕伯格，按照指示將它們分發給大學的學生傳閱。然而，有一群憤怒的人士卻力圖阻止，他們搶奪每一份文稿，然後將其燒毀。這種情況隱約暗示，在未來的時日，宗教改革者將變得日益激烈，需採取愈來愈激進的抗爭手段。

路德決定豁出去了。他用簡潔有力的白話德語寫了文稿回應特次勒，亦即《論贖罪券與上帝恩典》。這份文稿有別於〈九十五條論綱〉，不是針對他的學者同儕所寫，而是寫給德意志的民眾閱覽。路德決定將神學家之間的辯論轉變成公眾話題。印刷商很樂意幫忙：《論贖罪券與上帝恩典》在萊比錫出了四版，在紐倫堡、奧格斯堡和巴塞爾各出兩版，而維滕伯格至少也發行了兩版。

無論特次勒有何缺點，他絕對不是傻子。他知道路德在幹什麼，於是也用白話德語寫了小冊子《駁斥包含二十篇錯誤文章的放肆論述》（*Rebuttal Against a Presumptuous Sermon of Twenty Erroneous Articles*）。這份文稿條理清晰，論證充分，內容大體禮貌，文中提出某些關鍵要點：路德正步上約翰．威克里夫（John Wyclif）與揚．胡斯（Jan Hus）的後塵，宣揚遭人譴責的異端邪說。揚．胡斯正是因為信奉邪說，在一個世紀之前遭火刑處死。特次勒的文稿證明，他可用白話文來傳遞想法，可惜印刷商不願意幫忙，讓特次勒及其教會中的支持者感到失望。路德立即拿到了《駁斥包含二十篇錯誤文章的放肆論述》，但他將其稱之為「徹底無知的文稿」，然後寫了另一本白話小冊子來回應。在一五一八年年底之前，這份小冊子至少出了九份德語版。路德不斷印刷文稿來批判特次勒，使其精神崩潰。特次勒魅力十足，能夠夸夸其談，大肆推銷贖罪券，結果教會高層竟然不顧廉恥，公開羞辱他。不久之後，他便抑鬱而終，撒手人寰。

從那時起，局面便開始脫離路德或其他人的控制。阿爾布將路德的著作呈給羅馬當局過目，受人景仰的神學家普里里亞斯（Prierias）只花了幾日便認定**〈九十五條論綱〉**是異端邪說。他對此事的論斷在羅馬被印成小冊子，然後在奧格斯堡與萊比錫重印。做為教宗使節的樞機主教卡耶坦抵達奧格斯堡親自與路德打交道時，這位改革者的命運便已注定。卡耶坦本人深切擔憂贖罪券一事，不久前才寫了一篇嚴厲譴責此等做法的文章。倘若在不同的情境，他或許能與路德敲定令人滿意的方案，甚至能夠促使教會往前邁進。然而，此時局面已超出大赦的範疇，直接牽扯到教會權威，最終可能危及教宗對全體教會至高無上的權力。教會與卡耶坦無論如何都不會讓步。路德不是要被迫放棄言論，就是得被逐出教會。

此一決定讓路德及其支持者與教會爆發衝突，雙方便拉開了戰線。新聞媒體成了新戰場，印刷商發現，要改革教會的辯論可促銷他們的商品。閘門打開了，洪水大肆入侵，局面將一發不可收拾。各方人士紛紛加入戰局，譬如傑出的神學家約翰・埃克（Johann Eck）[11]和路德的助手安德烈亞斯・卡爾施塔特（Andreas Karlstadt），雙方陣營紛紛發表觀點。事已至此，不可能和解了。

路德的暢銷著作

路德發表**〈九十五條論綱〉**之後，從一五一八年到一五一九年又寫了不少書籍與文稿。他出了四十五部著作，其中二十五部以拉丁語撰寫，其餘二十部則以德文書寫，內容廣泛，涵蓋了艱澀難解的神學、教牧關懷指南與辯論文章。隨著馬丁修士筋疲力盡趕稿、寫到幾近崩潰之際，他出的書籍和小冊子日漸充斥歐陸市場。他甚少留意教會高層或世俗政府可能會如何逼迫他。只要有人抨擊路德或他對《聖經》的詮釋，無論立論良窳好壞，都會有人立即回應。答辯文稿很快便會傳給廠商，印刷之後便傳到公眾手裡。

假使路德沒有輕鬆掌握印刷業的運作機制，這一切都無關緊要，而這些機制包括：印刷商能生產什麼，以及印刷的時程表；他的各版著作如何傳播到德意志全境和其他地區；民眾想要閱讀什麼；他們願意且能夠支付多少錢來購買印刷品。他找到了印刷商和讀者需求之間的最佳平衡點，然後因地制宜，適時調整寫作產量。

從那幾年的出版數字可看出兩則引人注目和相互交織的情況，亦即路德迅速崛起之際，印刷業也蒸蒸日上。德意志與其他地區的印刷商知道該如何利用他的知名度來提升銷售量與擴大業務範圍。一五一七年，路德出版了三部著作，總共印刷了六次（業界用語為六版）。一五一八年，他又出了十七部著作，至少印刷了八十七次。一五一九年，他又寫了二十五部著作，印刷商也順水推舟，至少替他出版了一百七十個版本。根據近期對這個時期的估計，個別印刷的總數接近二百九十一次。其實，路德在一五二〇年產量更高：寫了二十七部著作，至少印了二百七十五版，數量幾乎等於前兩年的總和。我們永遠無法確切知道，有多少路德的作品曾被印刷過，但保守估計，每一版大約為一千本（份），表示在短短三年之內，他至少有五十萬份的作品流通到市面。

這一切皆以令人眼花撩亂的速度發生，改變了印刷產業、閱讀大眾與宗教改革的格局。情勢既發，便不可逆轉。在一五一八年初，路德還是沒沒無聞的大學教授，住

11 文藝復興時期的歐洲天主教神學家。他激烈反對馬丁・路德，一生致力於打敗新教。

在維滕伯格，用拉丁語著書撰文，讀者僅限於學術圈。但到了一五一九年底，他已經著作等身，成為歐洲出版最多的作家和德語區最著名的人物。到了一五二〇年底，他是印刷術問世以來最多產的在世作家。

他的出版物通常都很簡短。在路德於一五一八年與一五一九年撰寫的四十五部獨立作品之中，二十一部是八頁以下的小冊子。由於它們通常以四開本格式印刷，每面有四頁文字，每本小冊子只需要一張紙便可印完。因此，印刷商只要想賺錢，每版印一千份根本輕鬆寫意，投資不大，頂多兩到三天的工作日便可印完，而且很快便能銷售一空。在那些時日，路德只需將稿子寄給住在德意志印刷產業重鎮（譬如：奧格斯堡、萊比錫和紐倫堡）的朋友，那位朋友便會替他找到隨時準備且樂意印製版本的廠商。印刷商對市場走向很敏銳，會不斷尋找新的盈利方式。廠商每印刷一版，前期成本都很高，而且不確定讀者是否買單，能否暢銷而獲利仍在未定之天，但路德的作品廣受歡迎，絲毫不必擔憂這點。

因此，路德在印刷業中結交了不少盟友。無論這些廠商是否認同路德的想法，他的作品能夠大賣，對這些商人而言，這才是最重要的。

梅勒西奧．洛特（Melchior Lotter）是萊比錫的印刷商，他便搭上這股風潮，讓事業蒸蒸日上，飛黃騰達。洛特在一五一八年年初替特次勒印刷他對路德的回應文稿，爾後又印製了兩版羅馬官方對路德針對贖罪券的批評而撰寫的反駁文案。然而，幾週之後，他就印刷了一版路德的作品，甚至隔年便在維滕伯格開設了一家分公司來滿足路德的需求。不久之後，他便成了路德的親密戰友。

洛特並不想捲入這場論戰。他沒有真正認同宗教改革，或者對其訊息深信不疑。他只是知道風潮走向，看到哪裡有商機。德意志地區與歐洲其他地方的印刷商無不抱持這種想法，接二連三投入戰場，此乃路德思想得以傳播出去的關鍵所在。如果教會以拉丁語或德語撰寫的回應能夠大賣，印刷商也會大量印製這些文稿。然而，讀者只想聽取福音派信徒／新教徒（Evangelical）[12]的訊息，而福音派便是路德與其他改革者的自稱，尤其是路德本人。

除了和洛特維繫關係，路德還與著名的藝術家盧卡斯·克拉納赫（Lucas Cranach）建立深厚且互惠互利的夥伴關係。克拉納赫在維滕伯格名聞遐邇，也是選帝侯弗雷德里克（Frederick）的宮廷畫家，更是當代產量最多且才華洋溢的藝術家，而他的興趣不止於繪製肖像畫。他與洛特合夥，在維滕伯格擴張印刷事業，而且他本人是非常精明的商人，涉足各種事業。克拉納赫的投資項目包含一家造紙廠和一家推車運輸公司，專門負責分銷自己印刷公司生產的書籍。其實，克拉納赫建立了一家垂直整合的印刷公司來生產和銷售路德的作品，而這只是他多元投資組合中的一部分。

克拉納赫不僅會投入資金去打造（印刷業的）基礎結構，更能引領風潮，率先運

12 這個名稱起初指的是宗教改革運動，特別是在德意志地區和瑞士，日後逐漸被新教徒（Protestant）取代，用來指新教教會。「福音派信徒」一詞是強調《聖經》權威和基督代贖受死。

用精美的木版畫（woodcut）來印製圖像，使其商品更能吸引讀者。印刷插圖的扉頁甚至讓路德原本不起眼的小冊子變成了藝術品。這類印刷品非常精美，讓人感覺內文傳達的訊息和闡述訊息的人十分重要。路德的名字印在醒目的圖像中間，非常顯眼，民眾路過市場上的書商攤位時會立即被它吸引。正如歷史學家安德魯·佩特格瑞（Andrew Pettegree）所言，這種品牌推廣極為有效。路德的作品洋溢某種獨特的視覺風格，他本人也參與其中，因此他的書籍和小冊子立即廣受民眾追捧。

書籍外觀美麗，內容引人注目，兩相結合，獲致不錯的整體效果，在在顯示路德及其合作夥伴精準掌握了市場偏好。路德的作品通常簡短有力，並且以尋常語言向讀者傳遞訊息。透過印刷設備和專業的品牌行銷，路德的思想便得以傳揚出去。路德本人及其訊息愈來愈有爭議，但他卻日漸受人注目，讓更多支持改革之士或捍衛教會的保守人士加入論戰。受過教育的都市人紛紛出版自己撰寫的小冊子來支持改革。道明會的神學家也不落人後，不惜挺身而出，力抗公眾輿論。廠商印刷了各種材料來滿足大眾需求，因此印刷產業得以生存並能持續獲利。

路德在同夥的幫忙之下，壓倒了同時代的人和競爭對手。路德寫道，印刷商出版愈來愈多他的作品，閱讀大眾則是狼吞虎嚥，一律買單。路德又撰寫更多的作品，如此反覆循環，無止無休。此乃宗教改革的精髓，從中可看出路德的貢獻，以及這項運動最終如何超出他的掌控，使其萬難理解緣由。路德的作品日益增加，讀者愈來愈多，他的論點也愈來愈偏激。他開始公開挑戰教宗至上和教會的階層制度，進一步表明他的觀點所隱含的意思。愈來愈多人接觸到改革訊息。他們旋即提出自己的想法，印刷商從中發現了商機，十分樂意去出版他們的觀點。

此種局面出現之後，昔日無法想像之事（基督教世界的分裂）便愈來愈有可能發生。一五一七年時，路德在某個關鍵的日子走向維滕伯格城堡教會，心裡所想或所要的不多；然而，局面演變至此，他的著作便猶如一列失控的火車，急速下坡時不斷積聚動力，產生的影響遠遠超出他起初的所思所欲。

沃爾姆斯會議

馬丁修士心臟怦怦跳，卻盡力保持呼吸平穩規律。密室悶熱不堪，汗珠在額頭上凝結。他最近幾天身體微恙，加之多年操勞，突出的顴骨更加明顯，深褐色眼睛周圍的凹陷也加深了。然而，他掃視擠滿人的房間時，仍然一如既往目光銳利。貴族們衣冠楚楚穿著皮草和天鵝絨，大汗淋漓，與諸侯、伯爵、選帝侯和其他組成帝國會議（imperial diet）的高貴人物並肩作戰。所謂帝國會議，乃是神聖羅馬帝國重量級決策者的集會。主持會議的是二十一歲的查理五世皇帝，他的下巴突出非常明顯。路德的目光在查理身上定格了片刻。傳聞這位皇帝說話時會流口水，他心想是否果真如此。

帝國發言人此時出聲，拉回了路德的注意力。這位男子問道，這些是你的書嗎？你願不願意放棄書中的論點？路德已經有兩次針對這個問題重中意見，拒絕放棄自己的觀點。對方不會給他第三次機會。

馬丁修士感覺眾人都在注視著他。在他們強烈的注視下，他禿頂的頭皮一直發熱，彷彿在燃燒。房間內危機四伏，令人毛骨悚然：眾人對他充滿敵意，怒目而視，既是憤怒，又厭惡他，因此嘴巴扭曲，皇帝也握緊了拳頭。然而，馬丁修士很久以前便已作出選擇。早在沃爾姆斯（Worms）市民大張旗鼓歡迎他造訪之前，早在人們聚在維滕伯格送他踏上長途旅程之前，早在神聖羅馬帝國傳喚令抵達他簡陋的修道院之前，他便已經下定決心。房間內氣氛緊張，直到馬丁修士開始說話時才緩和下來。他起初說話精準小心，用詞也是精心挑選，但隨著他情緒逐漸激昂，語氣便激動起來：

「我受我引用的《聖經》所約束，我的良心完全跟隨上帝的話語，我既不能也不願意放棄，因為違背良心既不安全也不正確。求上帝拯救我。阿們。」

眾人瞬間暴怒。皇帝受到此種侮辱，面容扭曲，憤怒咆哮。某些人則微笑和點頭，表示贊同，與另一批憤怒人士發生衝突。馬丁修士只是站在那裡，靜靜看著一切。無論如何，眼下會如何判決，完全不是他能掌控的。

沃爾姆斯會議劍拔弩張，令人難以置信，人們通常認為此乃宗教改革第一幕的高潮。對路德而言，他此時便踏上了一條不歸路，真正成為不法分子，要挺身對抗教會與皇帝。他站在德意志地區權勢滔天的貴族和官員面前（無論來自俗世或教會），甘冒巨大的風險，而他所引爆的後續衝突，無人能夠置身事外。自從馬丁修士三年前針對贖罪券引發爭議以來，薩克森選帝侯弗里德里希便一直保護他，他才沒有步入其他頑固異端分子的後塵，被處以火刑而活活燒死。

然而，若將沃爾姆斯會議視為高潮，卻會忽略某些基本訊息，沒有注意前幾年發生的事件以及隨後而來的結構變化。路德在會議上表現得很勇敢，眾人皆知，這點不可否認。此時此刻雖是個頂點，卻顯現事過境遷之後的疲軟，而非真正的高潮。初期宗教改革的關鍵時刻已經過去：回想當時，路德一篇接一篇撰寫文稿，然後走到印刷商約翰恩．羅—格魯嫩伯格在維滕伯格開設的印刷店；向奧格斯堡和萊比錫的印刷廠發信，也請人將文稿送去影印；印刷工人忙碌加班，印製成千上萬本的小冊子和書籍；民眾紛紛掏出現金買書，熱切閱讀路德最新的著作，作品包羅萬象，有嚴謹的神學論述、討論上帝與罪人之間正確關係的溫和教牧書信，以及猛烈抨擊膽敢批評他的人而撰寫的文稿。

在他參加沃爾姆斯會議之前的幾年裡，路德完全主導了初期的宗教改革運動。當他抵達這座城市去參加這場重大會議時，民眾看到他的畫像，都會油然生起一片崇敬之心。貴族帶著他的書籍去參加沃爾姆斯會議。人們公開討論他的作品。亞歷山大（Alexander）雖是代表教宗參加會議的使節，想去拜訪他也吃了閉門羹。當他走在街上時，陌生人會觸碰他們的劍，以此表示尊重。印刷商出版討論他和教宗的小冊子，文辭之間懷有敵意，卻未曾遭受懲罰。路德寫道：「此處的人除了買路德的書，不會買其他的東西，即使在宮廷也是如此，因為人們非常團結，而且有很多錢。」

路德能夠風靡大眾，乃是他著作豐富、能掌握不同體裁的寫作技巧、熟悉拉丁語和德語、聲名遠揚，以及印刷商認為他已經建立口碑，深信他的著作能夠賣錢。然而，沃爾姆斯會議之後，其他人也開始發表意見，逐漸搶了他的鋒頭。在後續幾年裡，路德仍然算是頂樑柱，但在沃爾姆斯會議之後，尤其是一五三〇年之後，他的龍頭地位急劇下滑。路德在沃爾姆斯之後躲藏在瓦堡（Wartburg），其他的改革之士（包括昔日的親密盟友安德烈亞斯．卡爾施塔特）接續他去推動改革，並將問題導向某些方向，例如在聖餐（Communion）提供餅和酒，這是路德不願意也無法討論的議題。當路德仍然屬於非常重要的人物之際，宗教改革的範疇卻已逐漸脫離他的掌握。

我們可以從出版數量和地理層面去了解路德的重要性。到了一五二五年，路德的作品被印刷和重印了一千四百六十五個版本，安德烈亞斯．卡爾施塔特的著作量居次，作品出版了一百二十五個版本，路德是他的十一倍。相較之下，著名和有影響力的瑞士改革家烏利希．慈運理（Huldrych Zwingli）在同一段時期只出了七十個版本。即使是這些數字也低估了路德的龍頭地位，因為在這段時期，其他也出版不少著作的福音派人士（比如早期的卡爾施塔特，以及腓力．墨蘭頓〔Philipp Melanchthon〕）皆是路德在維滕伯格的同事和盟友。

然而，儘管路德在一五四六年去世之前一直賣力寫作，但在他一生的作品之中，一半是在一五一七年撰寫〈九十五條論綱〉和一五二五年之間的八年內所完成的。四分之三是在一五三〇年以前印刷的。在一五二五年以前，他的作品平均每版重複印了六次；爾後，他所寫的書只能印三版。斯特拉斯堡、巴塞爾和奧格斯堡等城市是早期重印路德著作的主要地區。在一五二五年之後，他的作品產量下降了一半至三分之二，讀者愈來愈局限於德意志北部和中部。

前面的數字清楚說明了一點：路德的想法仍然很受重視，但他的影響力逐漸限縮於更少的地區，信奉他的民眾也日漸減少。改革的格局發生了變化，引領運動的韁繩從路德手中滑落。其他人則提高聲量，在重要的議題與他意見相左，譬如彌撒的聖餐／聖體聖事（Eucharist）以及救恩的本質。原本大家認為教會需要改革，以及福音派都在追尋共同的目標和利益，但這種普遍共識很快便消失殆盡。

能尊重別人的不同意見，這點從來都不是路德的強項。他天生好鬥，認為楚河漢界，非友即敵，中間沒有灰色地帶，歸順敵營的人有禍了。他也不打算安撫調解。他認為自己的觀點正確無誤，別人必須聽從。任何人只要膽敢反對，都不是心懷善意的異議者，而是粗魯、邪惡且固執的敵人。卡爾施塔特以前是他的密友，兩人卻長期鬥爭，分歧日益嚴重，卡爾施塔特最終不得不低聲下氣投降，彼此的爭執方能劃上句點。

唯有最接近路德的人才能忍受他的脾氣，知道他有哪些長處，這些人才能與他一起共事。多數人沒有辦法跟他合作，至少無法長時間相處。諷刺的是，路德之所以能在宗教改革初期如此爆發戰鬥力，原因之一就是他勇於戰鬥和爭論，這就表示一旦改革運動達到臨界點，他將無法成為團結眾人的領袖。其實，路德的性格和特質讓他無法凝聚向心力，組成意識形態的堅強陣線。然而，他堅毅勇敢、具有職業道德且固執己見，因此能夠引發宗教改革。

終束收尾與馬丁・路德

宗教改革興起之後，福音派和教會支持者彼此激烈爭執。路德單槍匹馬，挑戰世俗社會和宗教社群的管理高層。他撰文發表觀點之後，有人便抨擊他，於是他又回應對方，如此便挑戰了教宗至高無上的權威與既定秩序。路德要過了許久之後，才完全認清自己所造成的影響。其他人比他更為激進，根據他的想法推演到合乎邏輯的結論，但連他自己都不願意接受這些論點。路德發表了觀點，引領了風潮，吸引讀者目光，讓廠商知道可以印刷想法更激進的材料來牟利。如此一來，路德便打開了潘朵拉的盒子，暴力改革便無法避免了。

路德始終堅信自己的所作所為都是對的。他於一五二二年回到維滕伯格，便在前幾次講道的其中一次告訴教區民眾：「大家務必跟隨我……我乃上帝率先置於這個舞台之人，上帝亦是首度向我啟示，要我宣講祂的話語。」然而，想改革教會的人不只有路德本人。路德想改革奧古斯丁隱修會的特殊傳統以及嚴格奉行《聖經》，這也並非唯一的改革途徑。捍衛傳統教會的人並非他唯一的敵人，也不是他最重要的對手。隨著時光的推移，福音派的挑戰者出現了。

其中最難對付的是湯馬斯・閔采爾（Thomas Müntzer），他先前支持路德的想法，和路德算是同一種人。閔采爾曾在一封信的結尾自稱是「因福音而生的人」，但他很快便朝著完全不同的方向發展。閔采爾所走的是屬靈道路，強調末世觀點（天啟主義）：上帝不僅透過《聖經》傳遞思想，還會主動藉由夢與異象與信徒交談，而且審判之日已經臨近。這一切並非突如其來的。神秘主義（mysticism）[13]深深植根於中世紀的基督教，而路德和閔采爾對最近的某位神秘主義代表人物約翰內斯・陶勒（Johannes Tauler）深感欽佩。

當時，末世的想法隨處可見。閔采爾強調末世，走上了不同的道路，但仍然可算是改革之路。成百上千的教區居民蜂擁而至，聆聽他的講道。他火熱的演說內容被印刷成冊，廣為流傳。閔采爾大聲疾呼，必須在地上建立天國，必要時不排除使用暴力。路德對他的憎恨甚至超過他對卡爾施塔特的恨意。

德意志地區的百姓騷亂日益嚴重，最終導致局部罷工和各方勢力結盟，最終引爆全面的農民起義，閔采爾傳達的訊息便愈來愈極端。他和名叫海因里希・菲佛（Heinrich Pfeiffer）的激進傳教士將苗爾豪森市（Mühlhausen）轉變成微型的神權政體，根據他們視為純正的基督教思想來統治。他們甚至主張要暴力對抗世俗當局。閔采爾在一五二五年寫了一封信給曼斯費爾德的阿爾布雷希特伯爵（Count Albrecht），信中說道：「上帝吩咐天上的飛鳥去吃眾諸侯肉，而野獸要飲權貴們的血。」

德意志農民戰爭（German Peasants' War）是那個時代最大規模的社會起義事件。從某些方面而言，它是整個中世紀直至一五二〇年代盛行的那種類型的叛亂：農民要

13 重視神臨在的直接經驗，因此神秘主義者往往著重於祈禱、默想與禁食。

求廢除農奴制（serfdom）、爭取自由狩獵，以及不再替領主從事繁重的勞動工作，諸如此類的要求。然而，這次起義事件與眾不同，因為福音派從中介入，他們套用《聖經》章句來推行改革與支持農民的要求，同時明確針對教會財產。路德先前教導民眾公開反抗權威當局，直接影響了黎民百姓，而農民對此是心知肚明。起義農民提出了《十二條款》（*Twelve Articles*），此乃農民戰爭的基本訴求，其序言明確指出：目標是「聆聽福音，根據福音而生活」，另有其他據此而來的要求。大約有八十五種農民宣言的印刷版本和閔采爾的著作在德意志地區流傳，讀者人數遠超出了活躍的叛亂分子。

即使在受過教育的精英中，某些人也同情叛亂分子：伊拉斯謨當時待在阿爾薩斯（Alsace），臨近叛亂爆發的地點，但他卻寫道：「農民搗毀了某些修道院，似乎很可怕，但這些修道院的確很邪惡，所以才激怒農民。」

局勢混亂不堪，閔采爾又在煽風點火，宣揚末日與審判，刺激農民去訴諸暴力，引發規模驚人的流血事件。有一群叛亂分子洗劫了城堡、修道院和莊園，最終公然與眾多德意志諸侯的軍隊戰鬥。然而，這些衝突發生之後，農民卻下場悽慘。閔采爾在他的支持者被屠殺之後遭到俘虜並處決，他的頭被懸掛在苗爾豪森的城牆外供眾人觀看，藉此殺雞儆猴，以起到震懾作用。這場社會動盪造成無數的破壞，數以萬計的德意志人（也許多達十萬人）因此喪命。

路德不想與這一切有任何牽連。他曾針對農民起義寫過一些書籍，第一部名為《和平勸籲》（*Admonition to Peace*）。他在書裡對此次暴力事件引發的混亂表示遺憾，但也警告諸侯，說這是他們自己造孽，叛亂事件是對他們的懲罰。這種聲明非常大膽，如同路德曾經抨擊既定的社會秩序一樣，但他很快便噤聲，不再對此發言。隨著農民戰爭愈演愈烈，他便不再同情叛亂分子。他寫過一些惡名昭彰的作品，其中有一本小冊子，名為《反對農民集體搶劫與屠殺》（*Against the Robbing and Murdering Hordes of Peasants*），他在冊中明確表達立場：「因此，讓每個可以暗地或公開攻擊他人、屠殺和刺傷別人的人都記住，最惡毒、最傷人或最邪惡的，便是叛亂者。他們就像一條瘋狗，必須除惡務盡。」多年以來，他與教宗爭執以及偶爾和其他福音派改革者衝突時，就會使用這種語言，但他從未用它來抨擊支持者。這種轉變無助於他維繫聲譽。

對路德來說不幸的是，《反對農民集體搶劫與屠殺》是在大約六千農民被屠殺和閔采爾本人被處決之後才出版。當時早已血流成河，他寫了這本小冊子，充其量只能說他見識不明。但在最壞的情況下，路德在小冊子表達憤怒的情緒，基本上讓讀者對他的形象感到破滅。他們原本以為，路德是善良體貼的牧者，關心他們的精神與物質需求。透過印刷品將路德形塑的理想形象最終與他充滿爭議且固執的真實性格發生矛盾。**農民戰爭**爆發之後，人們真切了解到理想與現實是有落差的。

印刷商在德意志地區全境印刷並重印《反對農民集體搶劫與屠殺》，明確傳揚了路德針對此事的立場，或許這樣也算適得其所。小冊子大賣，印刷商也從中獲利，這就如同他們先前靠出版路德的作品獲利一樣。然而，路德卻毀壞了名聲，再也無法挽回聲譽。

先前福音派的改革浪潮席捲歐洲之際，路德身為領袖，毫無爭議，但那些光輝歲月早已結束。他早已淪落，只能算是眾多改革者的其中一位，用惡毒的語言、滿腔的怒火去表達偏執的意見和反對猶太人的想法，從而玷污自己辛苦爭取到的名聲。他的追隨者令他黯然失色，而約翰．加爾文（John Calvin）領導的第二代改革者亦是如此。

路德這位維滕伯格牧師逐漸變胖，思想日益狹隘，不再是位苦行修道者，反而結了婚，生了六個小孩，慢慢淡出人們的視線。路德待在舒適的家中，表達他的世俗智慧和神學觀點，偶爾還會長篇大論。他的信徒與他共餐進食，收集文稿，出版了《馬丁路德桌邊談話》（*Table Talk*）。路德又做為眾多改革運動的代言人，繼續發表文章，讓基督教世界持續分裂。此時，路德已經成為肥胖的老政治家，他讓自己的時代與後續的時代充斥暴行，也讓極端主義橫行。血腥的農民戰爭落幕之際，成千上萬的人不幸喪命。在下個世紀及以後，還有更多人會滅亡，最終導致哀鴻遍野的**三十年戰爭**。

路德掀起小型反叛之後，世界將從此徹底改變。與這段時期的諸多事情一樣，金融和借貸使這一切成為可能：有了金融化的採礦業，路德在成為修士之前方能接受教育；教宗良十世、大主教阿爾布和特次勒的贖罪券爭議引發了宗教改革，而這是由富格爾家族的貸款和國際金融匯款所造成的；印刷機本就是複雜的投機信貸的產物，它能印刷數以百萬計的文本，讓宗教改革得以持續推動。一五一七年十月三十一日，路德走向維滕伯格城堡教堂，他當時可謂那個世界的代表，但他將世界愈推愈遠，讓它滑過即將到來的深淵邊緣。

1490

CHAPTER

EIGHT

蘇萊曼一世
與超級強權鄂圖曼帝國

1530

一五二六年八月三十一日，匈牙利王國

大雨滂沱，如瓢潑盆傾瀉於帳篷上。雨滴紛紛砸在這面裝飾精美的紅色織物上。雨滴嘩啦啦四濺，與低沉的談話聲、偶發的笑聲及斷斷續續的高嗓聲融合在一起。時值八月，天潮地濕，刀刃擊打著肉體，節奏穩定，聲響間或打斷環境噪音。每隔一段時間，一聲短促的哭聲或痛苦的嚎叫便穿透滂沱而下的雨幕。有人十分熟練，拿著一把沉重的彎刀，刀起刀落，囚犯立即身首異處，頭顱接連滾落於地。動脈噴濺鮮血，血水伴隨著雨水，一起落入翻騰攪動的泥濘地。不久之前，那裡還是兩軍殺伐的戰場。

精製的紅色帳篷遮擋住雨水，蘇萊曼一世舒適坐在帳底的金色寶座，面容肅穆威嚴，看著囚犯逐一遭到斬首。他頂著一團巨大的纏頭巾，頭頂裝飾華麗的紅色羽毛，白巾遮住他削瘦蒼白的臉頰。在他的鷹鉤鼻之下，纖細的鬍鬚向外延伸，伸展到稜角分明的顴骨上。蘇萊曼一世是鄂圖曼帝國的統治者。刀刃落下之際，他沒有顯示任何不適的跡象，更沒有表露情緒。他已目睹無數次的處決場景，知道將來還會看到更多。

匈牙利人被斬首之後，這位蘇丹（sultan）掃視了一眼，匆匆看了他們渙散無神的雙眼。他麾下的土耳其新軍（Janissar，又譯耶尼切里軍團，豢養的奴隸士兵，做為侍衛或常備軍隊）撿起地上的頭顱，小心翼翼將其置於帳篷前成排的鋒利長矛之上。其他的頭顱則被拿去堆砌一座不斷疊高的金字塔，此乃血腥恐怖的紀念碑。蘇萊曼看到戰俘被處死，並未感到不適，但他卻無法忍受滂沱大雨，處處覺得不便。他在征戰日記中記載當日情況，提及了斬首之事，也不忘提到那天下著傾盆大雨。

兩天之前，蘇萊曼一世（準確說來，應該是他麾下的將士）在莫哈奇（Mohács）大獲全勝，殺死了匈牙利國王及其眾多的士兵和貴族。那時，一群維齊爾（vizier，高官大臣）與貝伊（bey，地方長官）[1]包圍著這位蘇丹，這些人是文官和武官，權勢滔天，負責管理屬於鄂圖曼皇室的帝國。鄂圖曼王朝將軍事組織、後勤補給和戰略規劃發揮到極致，方能克敵制勝。只見兩千名全身濕透且衣衫襤褸的戰俘在被斬首之前，逐一行經蘇萊曼精美的紅色帳篷，所謂成王敗寇，此乃誇耀戰功的行徑。蘇萊曼一世率軍長征，鐵騎踏進廣闊的中歐，征服一個又一個敵手。匈牙利首都布達（Buda）隨後陷落，維也納將緊隨其後，羅馬肯定也會被征服，或許歐洲的其他地區也會步上後塵。蘇萊曼一世的領土已經從紅海（Red Sea）延伸到多瑙河（Danube），從伊朗西部的山脈延伸到北非的沙漠。如今，他一擊之下，匈牙利的平原便落入他的手中。他為何不繼續前進呢？

蘇萊曼於莫哈奇大勝的兩個世紀之前，他的祖先奧斯曼（Osman）[2]乃是安納托力亞（Anatolia）的一位小軍閥。他於一三二四年去世，隨後該王朝的八名直系後裔成員，

1 有「總督」或「老爺」的意思。在鄂圖曼帝國時期，這個詞先是對貴族或旁系王子的尊稱，後來泛指各省區的執政者。

2 奧斯曼一世，領導鄂圖曼土耳其人部族開創了鄂圖曼王朝。

子承父業，陸續登基為王。蘇萊曼一世是第九位。斗轉星移，鄂圖曼王朝逐漸發展，從原本的小**貝伊國**（beylik，位於邊境的小公國／侯國）[3]轉變為領土橫跨三大洲的龐大帝國。蘇萊曼一世仍然是個軍閥，也許是鄂圖曼帝國最後一位身兼這種角色的蘇丹。然而，他野心勃勃，並非只想征服安納托力亞的**貝伊國**，從中搶奪俘虜和掠奪財物。他真正的盤算，是要毀滅眾多王國。他的鄂圖曼帝國將成為當代的超級強權，與西班牙特拉斯塔馬拉王朝（Trastámaras）、法蘭西瓦盧瓦王朝與貪婪的哈布斯堡王朝平起平坐，互別苗頭。然而，這些王朝聯合起來，或許也鬥不過他。

蘇萊曼一世從一五二〇年到一五六六年統治鄂圖曼帝國。在那個黃金時代，鄂圖曼帝國不斷擴張領土，從事內部改革，文化昌盛發達，勢力遍及四方。首都君士坦丁堡（Istanbul）是世界中心，富裕繁榮人口眾多，古老而精緻，倫敦、巴黎與馬德里相形見絀。蘇萊曼的軍隊具備最先進的軍事戰技，麾下戰士善於圍城攻占，砲手更是技術嫻熟，別處兵將無人能出其右。這位蘇丹更有大筆錢銀可支配，而且兵多將廣人強馬壯，反觀歐洲各國國庫常年空虛，權力過度擴張，因此萬難與其匹敵。此外，貿易網絡蓬勃發展，更是將君士坦丁堡、亞力山卓、大馬士革、阿爾及爾（Algiers）、巴格達（Baghdad）和貝爾格勒（Belgrade）聯繫在一起。沒有哪位統治者能比蘇萊曼挑選到更好的臣屬，因為蘇萊曼推行所謂的**德夫希爾梅**（devşirme）系統[4]，可從平民百姓挑選才華出眾的男孩，日後將其提拔為只效忠於蘇丹的官僚、高官大臣、土耳其新軍統領**阿迦**（agha）[5]和騎兵指揮官。只要蘇丹的基督教和猶太臣民繳納了必要的稅款，

宗教裁判所便不會去騷擾他們。鄂圖曼帝國是歐洲和亞洲西部最強大的勢力。在這個王國紛紛崛起的時代，沒有哪個國度能向它看齊，國力強盛，版圖廣袤，如日中天。

然而，這便引出了一個問題。蘇萊曼統治下的鄂圖曼帝國處於黃金時代，正值帝國的鼎盛時期，從此便會踏上了一條不歸路。如果鄂圖曼帝國主宰了這個時代，但為何未來的全球秩序卻是根植於負債累累、飽受戰爭蹂躪、相對貧瘠的西歐，而非博斯普魯斯海峽（Bosporus）[6]周圍的肥沃土地？

荒野邊境

在十四世紀初期，安納托力亞是動盪不安的邊境地區。它位於亞洲的最西端，位於巴爾幹半島（Balkans）和歐洲對面，中間橫跨愛琴海（Aegean Sea），乃是三個世界的交匯點，分別是：拜占庭（Byzantine，東羅馬帝國）、穆斯林與拉丁基督教徒。希臘人住在當地最久，其定居點能追溯至二千年前到一千五百年前尚未分裂的羅馬帝

3 有表示由貝伊（Bey）管轄的領土，貝伊的頭銜相當於歐洲社會中所稱的領主或爵爺（lord）。
4 英語為devshirme，又稱「血稅」或「兒童稅」，此乃鄂圖曼帝國從其基督教臣民的男孩中募集兵丁的制度。這種制度是鄂圖曼人對傳統將戰俘奴隸變為士兵的「古拉姆制度」的改革。
5 阿迦，意為「主人、兄長或首領」，乃是鄂圖曼帝國文武大官的尊稱。
6 又稱伊斯坦堡海峽。

7

國與拜占庭帝國統治時期。在將近五個世紀之前，塞爾茲克土耳其人（Seljuk Turk）將拜占庭人逐出小亞細亞（Asia Minor）東部，那時穆斯林已經開始侵犯安納托力亞。西方基督徒直到近期才抵達此處，有順著沿海貿易路線來做生意的義大利商人，亦有為上帝而戰的十字軍聖戰士，一心開拓領土，追求榮耀與財富。

這便是鄂圖曼帝國誕生的世界。此處是文化碰撞、移民頻繁、宗教摩擦、烽火連天與戰亂不斷的大熔爐。穆斯林、操突厥語的游牧民族和被稱為土庫曼人（Turkoman）的半游牧民族戰鬥力堅強，其中許多人是近期才從歐亞大草原（Eurasian steppe）遷移此處。這些人善於騎射，任何人若想當軍閥，只要提供適當誘因，便可將他們收歸麾下，命其征戰殺敵。聲稱受到神靈感召的聖者經常在土庫曼人中掀起一波又一波的宗教狂熱，鼓動這些半游牧民族投身沙場與製造衝突。此外，安納托力亞不受該地區任何強權的直接控制，譬如蒙古後裔波斯的伊兒汗人（Ilkhan）、昔日具有統治地位的塞爾茲克蘇丹國（Seljuk Sultanate）、埃及和敘利亞的馬穆魯克人（Mamluk），以及國勢衰敗的拜占庭人（Byzantine），這些勢力都能互相較量。換言之，只要野心勃勃、暴力血腥且有幸掌控當地，便能逮住機會，趁勢崛起。

突厥部落首領埃爾圖魯爾（Ertugrul）有個兒子，名叫奧斯曼，應該具備上述的所有特質，甚至還有其他未知的能力。我們對他知之甚少。他一直統治到一三二四年，但幾乎沒有留下資料可供現代人研究。這並不奇怪。奧斯曼幾乎只在安納托力亞西北部一隅活動，那裡是君士坦丁堡以東的俾斯尼亞（Bithynia）地區。他征戰沙場，獲勝無數，全都發生在東西約一百五十英里、南北約一百英里的區域之內。無論奧斯曼建立了什麼，它鐵定只是個小公國，建了幾處堅固的避難所，以此掌控一大片村野，不時出兵襲擊鄰邦、基督徒與穆斯林。安納托力亞的山脈、高原和岩石海岸線上有數十個類似的軍閥和小政體，奧斯曼統治的小**貝伊國**與他們相比，幾乎沒有什麼區別。

奧斯曼於一三二四年去世，兒子奧爾汗（Orhan）繼承了他的領土，然後一直統治到一三六二年。奧爾汗成就更高，以先父的小塊領土為根據地來開疆拓土，奠定了鄂圖曼王國的基礎。奧爾汗於一三二六年從拜占庭人手中奪取了布爾薩（Bursa），爾後在一三三一年打敗拜占庭人，攻下尼西亞（Nicaea），更在一三五六年從穆斯林統治者手中奪取安卡拉（Ankara）；他還在一場重大戰役中擊敗拜占庭軍隊，並且征服了穆斯林酋長國（Muslim emirate）卡雷西（Kareşi）。鄂圖曼人戰果豐碩，於是搖身一變，成為安納托力亞西部的霸權；然而，這些戰功與奧爾汗最重要戰役相比，立即相形見絀：由於奧爾汗娶了拜占庭公主西奧多拉（Theodora），鄂圖曼士兵於一三五二年參與拜占庭內戰，藉此機會首度踏進歐洲。他們在加里波利半島（Gallipoli Peninsula）的岩石高地構築堡壘。五百五十年之後的第一次世界大戰期間，他們的後代在此替同盟國（Allies）[8]固守戰線，殺得血流成河。

7 塞爾茲克／賽爾柱王朝是中世紀時期由烏古斯突厥人建立的遜尼派穆斯林王朝。

8 同盟國由德意志帝國、奧匈帝國、鄂圖曼帝國和保加利亞王國組成，在一戰中與協約國對敵。這場攻堅戰役為加里波利之戰（Battle of Gallipoli），乃是一戰中最著名的戰役之一，也是當時最大的海上登陸作戰。

鄂圖曼人扎根於達達尼爾海峽（Dardanelles）沿岸的安全基地，逐漸向歐洲內陸擴張勢力。他們從那裡伺機派兵向四方入侵和征服，勢力切入到希臘以及君士坦丁堡以西的色雷斯（Thrace）平原，並且深入巴爾幹半島。只要打勝仗，便可奪取寶藏、貢品和奴隸，金銀財寶全都湧入鄂圖曼王朝以及他們的臣屬和盟友的金庫。

鄂圖曼人迅速崛起，箇中原因甚多。首先，他們開疆拓土之後，顯然能從中掠奪物資。早期的鄂圖曼王朝和那些聞其名而臣服於他們的人，說穿了都是掠奪者。他們一如既往，心心念念都想掠奪別人的資產。他們突襲了鄰國俾斯尼亞（Bithynia，又譯比西尼亞）和安納托力亞西部，然後侵犯更遠之處：色雷斯、希臘、安納托力亞東部與塞爾維亞（Serbia）。誰都是他們攻擊的目標，無論基督徒或穆斯林都難逃其手，誰想追隨他們都行，信奉什麼都無關緊要。鄂圖曼帝國吸引了許多穆斯林土庫曼人，因為放眼安納托力亞西部，土庫曼人驍勇善戰，隨時皆能整編入伍，征戰沙場。話雖如此，鄂圖曼人也樂於接納任何背景的支持者。鄂圖曼王朝四處掠奪與征服各地，獲得了無比的財富與土地，遂能以此吸引更多追隨者。如同滾下山坡的雪球不斷蓄積質量和動能，鄂圖曼帝國靠著突襲與征服，逐漸躍升為區域霸權。

第二個關鍵因素是宗教。學者曾經認為，早期的鄂圖曼帝國是打著伊斯蘭教聖戰士的旗號而聲名顯赫，他們是**加齊**（gazi）[9]，擊敗了異教徒並傳播自身的信仰。然而，重新評估早期（極其單薄的）證據之後發現，（掠奪）物資才更加重要。這並不表示宗教信仰無關緊要，而是它以動態方式與其他動機相互作用並強化了這些動機。**加沙**

（gaza，聖戰）其實等同於**阿金**（akin），意指掠奪戰利品與爭取榮耀。這些掠奪者**阿金西**（akinci）甚至不必是穆斯林。其實，在不同的時期，鄂圖曼帝國主要是從統治的基督教領土徵召或招募掠奪者。與異教徒作戰的虔誠穆斯林期望且應該得到物質報酬；效忠蘇丹的基督教臣民理應如此。這兩種相互交織的動機（世俗的收穫與精神上的義務）都融入了新興鄂圖曼帝國的ＤＮＡ之中。

風起雲湧的鄂圖曼浪潮

綜觀鄂圖曼王朝的發展，起先是貝伊，然後是蘇丹，蘇丹這個頭銜更為崇高，體現了悠久的穆斯林統治傳統。鄂圖曼人是四處掠奪來建立國家。然而，倘若國家只知掠奪和伺機征服別人，沒有依靠組織來強化自身，國祚萬難長久。鄂圖曼帝國位於三個世界的交匯處，每個世界皆有悠久的制度傳統，因此鄂圖曼人可借鏡之處不少。

鄂圖曼人只是接管既有的拜占庭土地占有體系（landholding system），將**蒂馬爾**（timar，英語：holding，土地）分配給追隨者，讓他們願意在軍隊中擔任**西帕希**（sipahi，鄂圖曼騎兵）來替帝國效勞。然後，收入便流入鄂圖曼人的金庫，而非先前

9 阿拉伯語的原意爲「軍事入侵或擴張」，伊斯蘭教興起後，這個詞又帶有聖戰含義。如今它成為伊斯蘭世界的頭銜，可以解作信仰武士與發動聖戰的人。

土地擁有者的庫房。鄂圖曼人又從他們的鄰居伊兒汗國學習官僚制度、稅務登記和稅收制度，以及以蘇丹王室為主軸來構建組織規範。「王室」（household，原指家庭）包括處於權力中心的臣屬／僕人，其中多數人是奴隸，能享有崇高地位，乃是鄂圖曼統治者慷慨施予和認可他們，他們不必去討好個別的權力人士。

穆斯林統治者有僱傭被奴役者做為士兵的悠久傳統。這些被奴役的人來自遙遠之處，只仰賴蘇丹而活，不依靠任何的地區權力掮客。鄂圖曼人也採納這種做法，但稍微調整：鄂圖曼帝國沒有像埃及的馬穆魯克人長期從高加索（Caucasus）購買索卡西亞人（Circassian），也沒有從歐亞大草原購買土耳其人，而是對基督教臣民徵收人頭稅（human tax）。

俗稱的**德夫希爾梅**系統可提供許多雄心勃勃、向上流動的人力，而這些人是直接效忠於蘇丹。蘇丹從這批人選中招募了令人望而生畏的耶尼切里（yeni çeri，「新軍」），這些是專業而忠誠的步兵。對於來自塵土飛揚的色雷斯貧窮農村的男孩，或者岩石嶙峋的巴爾幹高地的牧羊人來說，**德夫希爾梅**可讓他們往上攀升，飛黃騰達。他們可以憑藉自己的天賦而非血緣和出生地，便能在社會上獲得崇高地位。鄂圖曼的奴隸制並非寬容的體系，但它與在大西洋世界日益流行的動產奴隸制（chattel slavery）[10]在本質上並不相同，而動產奴隸制將在數個世紀之後在美洲成熟發展。在鄂圖曼帝國，蘇丹之下最有權勢的人便是最高等級的維齊爾，嚴格說來，他們便是被奴役的人士。對於既有天賦又極其幸運的人而言，在蘇丹王室為奴役，便可掌握權力，享受榮華富貴，而他們出身卑微，能享有這般殊榮，簡直是難以想像。鄂圖曼帝國持續擴大，邊境勢力不斷想要擺脫鄂圖曼統治者的掌控，而在前述精英統治的推波助瀾之下，耶尼切里與蘇丹王室結合成一股核心力量，足以抗衡那些離心離德的邊境勢力。

鄂圖曼帝國渴望掠奪四方、稍微懷抱宗教義務且組織結構日益國家化，因此得以在混亂的巴爾幹地區橫行無阻，並未遭遇太多頑強的抵抗。他們占領了君士坦丁堡西北部的愛第尼（Edirne），並將其作為首都。色雷斯的多數地區以及希臘北部和巴爾幹中部的大片地區都落入他們的手中。在一三八九年，**科索沃戰役**（Battle of Kosovo）爆發，死傷慘重，塞爾維亞淪為鄂圖曼帝國的附庸國，其實就是成為其領地（vassalage）。蘇丹巴耶濟德一世（Bayezid I）圍攻君士坦丁堡，與其說這是實際進攻，不如說是佯裝攻擊，然後於一三九六年在尼科波利斯（Nicopolis）擊潰了一支由法蘭西、勃艮第、德意志與匈牙利十字軍組成的軍隊。巴耶濟德在一四〇二年在安卡拉被兇猛的征服者帖木兒（Timur Lenk，又稱泰摩蘭〔Tamerlane〕，意為「跛腳帖木兒」）打敗，結果被俘虜和遭受羞辱。他的眾多兒子逃往塞爾維亞，直至帖木兒逝世為止。爾後鄂圖曼帝國陷入數十年的內戰，各方人馬爭奪王位（史稱「鄂圖曼帝國大空位期」），死傷慘重。即使如此，鄂圖曼帝國依舊持續擴展，無人能擋。

到了一四五一年，當十九歲的穆罕默德二世（Mehmet II，號稱「征服者」）從父

10 做為奴隸的「人」不再被視為道德上重要的「人」，這與飼養動物本質上沒有區別。

親穆拉德（Murad）繼承王位時，當時鄂圖曼的領土從安納托力亞中部的連綿高峰和鬱鬱蔥蔥的綠色牧場一直延伸到多瑙河，再向西延伸至匈牙利平原（Hungarian Plain）的邊緣。穆罕默德二世即使掌控了大片江山，依舊心有不滿。這位年輕蘇丹從小便痴迷於亞歷山大大帝（Alexander the Great）的豐功偉業，一心想征服全世界，於是便將注意力轉移到博斯普魯斯海峽的那座宏偉城市：君士坦丁堡。穆罕默德二世循序漸進，慢慢將帝國的大量資源用於完成這項單一任務，逐漸進逼拜占庭首都君士坦丁堡。這位蘇丹使用先進的火藥大砲和足以摧毀千年城牆的炸彈來圍城，以陸路運輸大型划槳式戰艦數英里，以此突襲港口，甚至運用人海戰術發動襲擊，終於在一四五三年五月攻下君士坦丁堡。這座位於歐亞交匯點的古城終於落入他的手中。

穆罕默德二世在新都安頓下來之後，幾乎年年對外發動戰爭。他的軍隊與瓦拉幾亞人（Wallachian）、匈牙利人、塞爾維亞人和伊朗的白羊王朝（White Sheep Turkomans／Aq Qoyunlu，土庫曼人王朝，以白羊旗幟為標記）作戰，也和安納托利亞叛亂的附庸國、阿爾巴尼亞人和威尼斯人發生衝突。除了某些小的飛地（enclave）[11]，整個希臘和巴爾幹半島都在鄂圖曼帝國的統治之下。唯有受多瑙河保護的匈牙利沒有被征服。鄂圖曼帝國曾與海上威尼斯共和國對戰長達十六年，雙方傷亡慘重，鄂圖曼士兵點燃大火，燒遍整座城市，他們還占領了愛琴海和亞得里亞海（Adriatico）沿岸的主要港口，讓這個基督教世界最富有的國家幾乎破產。一四八〇年，亦即穆罕默德二世駕崩的前一年，一支鄂圖曼軍隊登陸義大利南部，洗劫了奧特蘭托（Otranto）的港口，清楚表明穆罕默德二世的意圖：下一個目標將是羅馬。假使穆罕默德二世並未在隔年離奇死亡，他可能會攻下羅馬。

穆罕默德的兒子巴耶濟德二世（在位期間一四八一年到一五一二年）並不太熱中於征服四方。他父親不斷征戰讓他感到筋疲力盡，而且西方政局不穩，讓他更是綁手綁腳，裹足不前。巴耶濟德二世的兒子和蘇萊曼的父親塞利姆（Selim）被後人稱為「冷酷者」（the Grim），繼承了祖父穆罕默德二世的好戰性格。塞利姆將注意力轉向伊斯蘭世界和東方，於一五一四年的**查爾迪蘭戰役**（Battle of Chaldiran）中粉碎了波斯薩非王朝／薩法維王朝（Safavids）及其魅力領袖伊斯邁爾（Ismail）開疆拓土的野心。兩年之後，塞利姆的軍隊橫掃埃及的馬穆魯克人，占領了敘利亞、黎凡特和埃及，同時接管聖城麥加（Mecca）和麥地那（Medina）。在短短數年之內，塞利姆讓鄂圖曼帝國的規模擴大了一倍，使其從穆斯林世界邊緣的小國家躍升為最負盛名的大國。

面對兩個世界

蘇萊曼的父親塞利姆於一五二〇年英年早逝，時年二十五歲的蘇萊曼便承繼大統，他治理的龐大帝國是他先祖數個世紀以來侵略征服，不斷開疆拓土所創下的基業。這

11 飛地屬於一種地理概念，意指在某個地理區內有一塊隸屬於他地的區域。

位新蘇丹從歷任君王繼承了某些東西：他長得很像曾祖父穆罕默德，有鷹鉤鼻，鼻子略大，面容削瘦且目光敏銳。蘇萊曼蓄留淡淡的鬍子，類似於父親塞利姆，但「冷酷者」激進好戰，蘇萊曼卻有點像祖父巴耶濟德，天性沉穩且深思熟慮。

然而，鄂圖曼王室的蘇丹都非常血腥殘忍，著實令人震驚。穆罕默德曾在博斯普魯斯海峽往來船隻眾目睽睽之下，拿一根鈍木樁活生生刺穿某位違抗他命令的威尼斯船長。塞利姆曾在率軍前去對抗伊朗的薩非王朝途中，在安納托力亞下令處決數以萬計的土庫曼臣民。此外，塞利姆可能還暗殺了父親巴耶濟德。蘇萊曼曾在莫哈奇監督屬下處決戰犯，表示他絕非靦腆羞怯的人。人們經常指出，這位新蘇丹臉色蒼白，但他並不會在施暴時忍受不了血腥的場面。

鄂圖曼帝國擴張版圖時，一直將焦點擺在歐洲。他們可以跟南高加索的游牧民族土庫曼人作戰，或者討伐埃及的馬穆魯克人、塞爾維亞人、匈牙利人或威尼斯人，但是接連幾位鄂圖曼蘇丹都選擇進攻西方。他們西進時可掠奪更誘人的戰利品，也比較容易激勵鄂圖曼戰士去跟基督徒作戰，而且鄂圖曼帝國的政治組織更適合對西方發動戰爭。「冷酷者」塞利姆在八年的統治時期，多數時間都在扭轉這種趨勢。他首先解決了可能不信奉伊斯蘭教的薩非王朝，然後攻打搖搖欲墜的馬穆魯克人。如此一來，蘇萊曼承繼的帝國便更為廣大且更加富裕，也統領更多民族，但其規模和結構缺陷卻和先前統治者所面臨的有所不同。

穆罕默德在其統治時期幾乎都在四處征戰，多數時間都與敵人激烈戰鬥。塞利姆亦是如此。蘇萊曼也必須對外征戰，既要讓重要的耶尼切里（新軍）始終效忠他，又得親自面對重要的臣民。他原本可將軍事力量投注到西方，轉向基督教世界，讓鄂圖曼帝國在穆斯林世界維繫新獲得的威望。然而，與此同時，他又不得不設法去鞏固新的領土。他的父皇一生戎馬，征戰四方，馳騁天下，而某些歷史學將塞利姆的征戰視為十六世紀各方殺伐，烽火連天，漫無休止的開端。話說回來，要統治這些領土，必須採取不同的手段。蘇萊曼必須同時兼顧所有的環節。

多數歐洲人看到塞利姆掉頭離去，感到非常高興。塞利姆在統治初期便吞併了埃及，以及讓薩非王朝邊緣化，因此老一輩的鄂圖曼人都認為，他會將注意力轉移到西方。長期以來，塞利姆一直想侵占歐洲。這位蘇丹前不久才將令人聞風喪膽的巴巴羅薩兄弟（Barbarossa brothers，巴巴羅薩指「紅鬍子」）納為附庸。這兩位海盜控制著阿爾及爾（Algiers）的港口，此乃地中海中部和西部的戰略要地。塞利姆名義上控制了北非海岸，因此整個地中海盆地極易受到鄂圖曼帝國的襲擊，甚至連西班牙都處於危險之境。由於歐洲強權都捲入日益擴大的**義大利戰爭**，各國根本無法齊心一致，共同抵禦鄂圖曼帝國。儘管教宗與眾多國王盡了最大的努力，依舊一無所獲。自從基督教聯軍最後一次於一四四四年在瓦納（Varna）的戰役慘敗之後，歐洲的宗教和世俗統治者只有零星發動幾次小規模戰役來遏制鄂圖曼人的入侵。當時只要關注局勢的人都注意到，塞利姆在遙遠的東方四處征伐，占領土地，鄂圖曼人變得更危險了。這位蘇丹挺進埃及和波斯之後，西方人士感到驚恐，但西方統治者都不願與強大的塞利姆為敵，以免其震怒。

其父威震八方，名聲顯赫，蘇萊曼與其相比，被認為欠缺恢弘氣度。義大利歷史學家兼牧師保羅．喬維奧（Paolo Giovio）寫道：「人人皆認為，溫順羔羊取代了兇猛野獅。蘇萊曼尚且年輕，欠缺經驗……因此會休養生息，低調行事，按兵不動。」教宗良十世一聽到塞利姆逝世的消息，立即「下令全體羅馬人唱誦連禱文（Litany）[12]和祈禱書（common prayer）。」

他們高興得太早。蘇萊曼即位時已是成人，他多年以來任職官員，輔理國政，累積些許治理經驗，早已準備充分，足以擔當蘇丹的新角色。此外，蘇萊曼是唯一的王位繼承者，這在鄂圖曼的歷史上極為罕見。蘇丹通常會有很多子嗣，沒人是既定王儲，確定能承繼大統。因此，鄂圖曼帝國的王儲會不斷爭奪王位，各方明爭暗鬥，頻耍手段，危機四伏。爭奪大位之戰，可能持續數年，甚至數十年都不為過。塞利姆登基時已經四十多歲，他花費數十載精心策劃，廢黜了父親，除掉了三位兄弟與一些姪子，終於在一五一二年繼承王位。

潛在繼承人之間的勾心鬥角導致衝突不斷，讓這個龐大帝國內部局勢緊張萬分。在蘇丹去世的那一刻，各方之間的斷層（fault line），譬如蘇丹王室與邊境領主、久經沙場的新軍和宮廷大臣、熱愛自由的半游牧民族和稅收官員之間的斷層，都會瞬間崩裂。此時是鄂圖曼帝國最脆弱的時刻，鄰國對此心知肚明。然而，由於塞利姆冷酷無情，殘忍嗜血，有誰會追隨他，這點毫無疑問。先前蘇丹駕崩之後通常會爆發內戰，但塞利姆死後卻沒有發生。如此一來，蘇萊曼便無須耗費大量時間去整合各方勢力。他只需扮演蘇丹的角色，按照規定支付新軍錢銀，使其聽命行事，然後便可治理國事。

蘇萊曼有幾項事情得處理。塞利姆冷酷無情，生性好鬥，四處征服，但並非所有臣民都喜歡他。蘇萊曼既然繼任為蘇丹，首先得消除人民心中的怨恨。敘利亞才剛被占領，受到鄰近波斯國王伊斯邁爾煽動，旋即起義叛變，但蘇萊曼長袖善舞，兵不血刃便安撫了叛逆的敘利亞省長，同時應付了有潛在危險的薩非王朝。他釋放了一些被塞利姆驅逐到君士坦丁堡的埃及名人，恢復了與伊朗的自由貿易，釋放了被監禁的商賈，並且處決了他父親統治期間最不受歡迎的官員喀非・貝伊（Cafer Bey）。

蘇萊曼一登基便公開處決號稱「嗜血者」（the Bloodthirsty）的喀非・貝伊，表示他想向百姓發出強烈的訊息，強調自己要當公正的統治者。他即位之後不久，寫了一信給埃及總督：「吾誡命莊嚴崇高，猶如命運，不可逃避，有所約束，無論貧富貴賤，無論身於城鎮或鄉村，無論隸屬臣民或納稅者，人人必須服從閣下。倘若有人遲遲不履行職責，無論彼等為埃米爾（emir）[13]，抑或托缽僧（fakir），千萬不可猶豫，務必對其施以重懲。」套用蘇萊曼的話，即使社會地位最崇高的人不公不義或違反蘇丹的命令，也必定會受到糾正。

12 連續呼求神的祈禱方式，例如以「上主，求祢垂憐！」開始的禱文。

13 指穆斯林酋長或王公，或者軍隊的司令或軍長。

年輕的蘇萊曼伸張了正義，但仍缺乏父親好戰的本能，而百姓都冀望鄂圖曼帝國的蘇丹能夠發動戰爭。他必須讓新軍時刻忙碌，必須集結**西帕希**，使其整裝待發，騎馬奔赴戰場。從許多重要層面來看，鄂圖曼帝國仍得四處征戰：要維繫國家財政和社會活動，其實需要征戰他國和獲取領土。占領新的土地與掠奪物資，便能滿足政治秩序中主要利益者的野心和需求。蘇丹不得不讓蠢蠢欲動的**阿金西**（位於邊境的襲擊戰士）去四處劫掠，也不能讓省長和新軍得以空閒。蘇丹肩負沉重的意識形態包袱，必須發動戰爭，最好去攻擊西方基督徒，不要攻打穆斯林同胞。

貝爾格勒與羅德島

馬匹鐵蹄與士兵沉重的靴子踩在通往君士坦丁堡的石板上，重踏聲響持續不斷，幾乎掩蓋了閱兵時悲鳴的笛聲與敲打的鼓聲。從安納托力亞、色雷斯與希臘鄉村招募的**西帕希**騎馬帶隊，引領前行；他們背著裝飾精美的箭袋，袋中裝滿弓箭，腰繫威力強大的反曲弓，旁邊佩掛厚實的月牙劍。**西帕希**先行於新軍戰士，頭戴高聳的平頂帽，手持細長的火繩槍與嚇人的長柄武器。他們是蘇丹軍隊的核心。大批突襲騎兵，亦即騎著腳程飛快小馬的**阿金西**，以及成群的徵召或志願參軍的步兵，亦即舉著斧頭和盾牌的**阿澤布**（azab），則緊隨其後。在這大陣仗的中間是蘇萊曼，只見他騎著一匹驃騎，頭頂巨大的白色纏頭巾，其上鑲滿珍貴珠寶與裝飾奇特羽毛。此時是一五二一年二月六日清晨，冰冷的陽光照耀在鋼盔、裸刃和砲管上。為了在這場盛大的遊行行軍中展示武力，砲管被打磨得格外耀眼。鄂圖曼的戰爭機器編制龐大，一旦運轉起來將極其可怕，令人生畏。蘇萊曼及其謀士知道，敵方間諜與各國大使無不監視他們的一舉一動，隨後將撰寫報告，上呈西歐君主過目。因此，他們必須傳達清晰響亮的訊息。

蘇萊曼即位之後，立即派遣使者去拜會年輕的匈牙利國王拉約什二世（King Louis II），提議進貢以換取和平。各方說法不同，一說鄂圖曼特使被割掉耳鼻送回君士坦丁堡，另一說是特使死了。無論如何，蘇萊曼都有了發動戰爭的藉口。

此外，與匈牙利的戰爭乃是不可避免的。匈牙利是基督教王國，與鄂圖曼動盪不安的巴爾幹半島北部領土接壤。這兩國衝突不斷，彼此對抗了一個多世紀。匈牙利國王馬加什．科爾溫（拉丁語：Matthias Corvinus）曾以強盛的武力統治中歐，然而，到了十五世紀下半葉，匈牙利已經不再享有承平時期。拉約什二世只是十五歲的男孩，手握大權的匈牙利貴族早已耗盡國庫錢銀，摧毀了匈牙利王國的大部分軍事力量與財政能力。此時對其發動進攻，時機再好不過了。

蘇萊曼並未直指匈牙利，而是將目光投向了塞爾維亞首都貝爾格勒[14]這個南方要塞。長期以來，鄂圖曼蘇丹念茲在茲，一直想攻下這座城市：即使偉大的蘇丹穆罕默

14 在十五世紀中期，塞爾維亞王國多數地區被鄂圖曼帝國征服，但貝爾格勒卻受到匈牙利王國的保護。鄂圖曼帝國始終將貝爾格勒視為其深入中歐的障礙，時刻想攻占下來，除之而後快。

德二世也曾於一四五六年圍攻貝爾格勒，結果在該城高聳的城牆外幾乎戰死。穆罕默德與匈牙利人和來自西方十字軍的聯合部隊鏖戰，最終兵敗城下，鎩羽而歸，幸好逃過死劫；然而，一五二一年的匈牙利遠遠不如一四五六年時那般強大。蘇萊曼統治的帝國也絕非「征服者」穆罕默德治下的帝國。事過境遷，征戰之下，勝負易位。

在炎熱的七月，蘇萊曼的軍隊穿越塞爾維亞，前往貝爾格勒。他們沿途殺伐，誰敢阻攔，便得命喪黃泉。軍隊行經的道路遍佈砍下的頭顱，這些死者是拒絕向鄂圖曼帝國投降的匈牙利要塞駐軍。到了七月的最後一日，蘇萊曼抵達貝爾格勒的城牆外頭，麾下軍隊為了圍城，已經忙了數個星期去構築進攻工事。論到攻城戰，沒有哪個歐洲國家能與鄂圖曼帝國相提並論。大砲不斷轟炸，新軍不停狙擊城牆上的防禦軍隊，士兵手持圓鍬和十字鎬，不斷挖掘戰壕和潛道，一次又一次猛攻敵方弱點：鄂圖曼兵丁不斷對城牆守軍施加壓力，直到城堡倒塌或守軍投降。他們進攻威猛，遠非對手所能企及。在貝爾格勒之戰，經過幾次準備充分的襲擊和長達一個月的猛烈砲擊，只消一場大規模的爆炸攻勢，便將一座塔樓炸倒。貝爾格勒的塞爾維亞守軍於一五二一年八月投降，而匈牙利人堅持戰鬥，最終被屠殺殆盡，一人不剩。貝爾格勒既然落入他的手中，蘇萊曼向北通往中歐的道路自然暢通無阻。

蘇萊曼暗示要在一五二二年春天再對匈牙利發動戰爭，甚至告訴威尼斯特使，他已將砲兵留在貝爾格勒，省得日後還得運輸火砲。然而，他已經決定來年要追求另一項目標：攻下僧侶騎士團的總部羅德島（Rhodes）。這座島嶼猶如芒刺在背，世世代代刺痛著穆斯林。穆罕默德二世在一四八〇年，就在他去世前不久，曾試圖去征服羅德島，但該島固若金湯，守城騎士足智多謀且紀律嚴明，連他也未能與其抗衡，只能徒呼負負。

僧侶騎士團會從宏偉的防禦工事和受保護的港口派出裝備精良、航行快速的戰艦去襲擊地中海東部航道的敵軍。俘虜和戰利品紛紛湧入羅德島。此外，十字軍東征結束後過了很長的一段時間，虔誠的西方基督徒為維持秩序以求生存，也會紛紛慷慨解囊，資助僧侶騎士團防禦。他們不時出動戰艦來發動聖戰，不僅擾亂貿易往來，也危及前往麥加的朝聖路線，讓穆斯林世界的統治者坐立難安。

更令人不安與感到危險的是：僧侶騎士團經驗豐富，對鄂圖曼人知根知底，掌握鄂圖曼帝國政治的微妙之處。由於他們出手干預，巴耶濟德二世的弟弟傑姆王子（Prince Cem）方能在一四八〇年代潛逃至基督教統治的歐洲。傑姆有可能仰賴一個或多個基督教勢力的支持，返回鄂圖曼帝國爭奪王位，如此一來，巴耶濟德便無法對西方發動戰爭。

即使曾祖父失敗了，蘇萊曼也決定要扳回一城，並且一勞永逸，將這批確實和可能威脅帝國的騎士團殲滅。蘇萊曼很清楚，他的軍隊穿越貝爾格勒之後，西方世界不會派軍援助匈牙利。神聖羅馬帝國皇帝兼西班牙國王查理五世正被**義大利戰爭**搞得焦頭爛額。法蘭索瓦一世亦是如此，他雖承諾過要幫助騎士團，但很快便食言了。教宗欠缺資源，無法協助騎士團在這個遙遠的東方之地對抗敵人。僧侶騎士團只能靠自己。

匈牙利人數十年國政治理不善，內部衝突不斷，各方離心離德，紛亂不已。然而，僧侶騎士團與匈牙利人不同，在先前的數個世紀裡，他們在羅德島的據點分階段建構了堪稱奇蹟的防禦工事，並且參照火藥技術與防禦工程的發展而同步更新工事。

蘇萊曼於一五二二年七月二十八日抵達該島，指揮一支人數超過十萬人的部隊。這位蘇丹當時立即面臨了一連串艱鉅的挑戰。圓形塔樓帶有圓形砲口，於多邊形舷牆（bulwark）後面往上突出；外圍防禦塔與高聳的主城牆相連，主城牆架滿火砲，某些牆面厚達十二公尺。較為脆弱的石頭結構前面構築了防禦土牆（rampart），可以吸收來襲砲彈的衝擊力。稜堡（bastion，另一批從主牆向外突出的低矮結構）俯瞰一道寬闊的石面溝渠，溝渠前面還有第二道更寬闊且更不易通過的溝渠，溝渠前面構築了名為**斜堤**（glacis）的土堤。即使進襲部隊衝向這些溝渠之際受到砲彈、砲火和弩箭齊發的火力掩護，仍然得面對一系列高聳石壁的障礙，其上有經驗豐富的士兵負責防守。此外，有長達四公里的陸牆向內彎曲，使突出的塔樓可以提供側翼火力，發射火砲與子彈去射殺攻堅至主要防禦工事的敵軍。僧侶騎士團將羅德島堡壘化為死亡陷阱，一層一層誘捕圍攻士兵，使其血流成河，命喪黃泉。

對蘇萊曼而言，這一切都不是秘密。當他踏上羅德島的岩岸時，身旁跟隨數以萬計的士兵和工人，另有數百艘船艦與大砲。這位蘇丹知道，要奪取羅德島，需要耗費時間、投入資源以及犧牲無數生命。僧侶騎士團一次又一次擊退進犯的蘇萊曼軍隊。城牆雖被炸出一個又一個缺口，眾騎士卻能加以修補，並且挺住了鄂圖曼人不斷轟炸的火砲。數以千計的蘇丹士兵倒斃在城牆旁，死狀一個比一個悽慘，望之令人生畏。十一月三十日，大雨傾盆，狂風驟雨，蘇萊曼發動最後一次襲擊，淹水的溝渠裡堆滿了戰死的鄂圖曼兵丁。

然而，騎士團也遭受重創，損失慘重。爾後又發生零星的衝突，他們只好接受投降的提議。投降條件很慷慨：除了留下幾個人質，騎士們可以自由離去，前往任何地方。維利耶・德・利爾・亞當（Villiers de l'Isle Adam）是僧侶騎士團的領袖，他披上盔甲，挑選了十八名最優秀的騎士，走出城堡去迎接蘇萊曼這位蘇丹。他親吻了蘇萊曼的手，兩人佇立良久，相對無語，場面令人傷感。

蘇萊曼日後告訴他的大維齊爾（grand vizier，相當於宰相或總理）：「把那個人趕出他的宮殿，我真的很難過。他是條硬漢，乃是真正的騎士。」

一五二三年一月一日，僧侶騎士團離開了羅德島，永遠不再回去。蘇萊曼獲勝了，卻付出慘痛的代價。鄂圖曼帝國輕輕鬆鬆便攻下貝爾格勒，圍攻羅德島城堡雖損兵折將，卻展現了強大的武力。沒有任何歐洲國家能夠儲備如此龐大的軍隊、派出一大批支援艦隊以及使用數百門大砲，與頑強對手浴血奮戰五個多月，最終造成數萬人傷亡。假使查理五世或法蘭索瓦一世發動類似的戰爭，國家肯定會破產並引發災難。其他君王雖會失敗，蘇萊曼卻成功了。

當馬丁．路德的宗教改革持續撕裂基督教社會與其信仰體系時，從潘普羅納（Pamplona）、米蘭到庇卡底，戰火連綿，烽煙四起，歐洲的王公諸侯與眾多君王耗盡彼此的力量，蘇萊曼卻在觀望與等待。這位蘇丹雖擁有龐大資源，圍攻羅德島時卻付出高昂的代價，國力被損耗到崩潰的邊緣。蘇萊曼的帝國需要暫時休養生息，方能再次發動戰爭。更糟的是，他最信任的某位臣屬先前在埃及叛變，幾乎讓埃及這片富庶而寶貴的領土脫離帝國的掌控，幸好蘇萊曼即時恢復了秩序，讓帝國免於分裂。此後，蘇萊曼不得不萬般依賴新任的大維齊爾，那位奴隸來自於希臘，名叫易卜拉欣．帕夏（Ibrahim Pasha），才華橫溢，乃是蘇萊曼蘇丹最親密的朋友。他的崛起和殞落，本身就是一則膾炙人口的傳奇故事。易卜拉欣．帕夏非常稱職，蘇萊曼何其有幸，能延攬這位下屬協助處理國政。

蘇萊曼眼下並沒有打算對西方發動另一場戰爭。他若有任何盤算，便是要進襲東方。波斯薩非王朝的創立者伊斯邁爾沙阿（Shah Ismail）[15]三十七歲便因縱慾過度且失望沮喪而英年早逝，他的兒子名為太美斯普（Tahmasp），年僅十歲便繼任為王。蘇萊曼給這位新沙阿（國王）發了一封恐嚇信：「朕已決定攜帶軍械前往大布里士（Tabriz）與亞塞拜然（Azerbaijan，又譯阿宰爾拜堅），並於伊朗和圖蘭（Turan）[16]，於撒馬爾罕（Samarkand）與荷拉善（Khorasan）架起帳篷……倘若汝根據真主之愛來吾家門口乞討麵包皮，朕十分樂意應允，汝將不會失去爾之國度……朕將時刻關注汝，根據真主恩典奪取汝，使汝這般兇煞之人從世界剪除。」

然而，法蘭西於一五二五年二月在帕維亞之戰（Battle of Pavia）[17]中慘敗，蘇萊曼便有了在西方揮灑戰略的空間，太美斯普與波斯便因此暫時逃過一劫。法蘭索瓦一世在戰鬥中被俘，因此亟需與人結盟，方能持續與西班牙和神聖羅馬帝國的查理五世持續抗衡。此時，鄂圖曼帝國的軍隊可以侵入查理五世從西班牙到拿坡里與中歐的廣袤領土。蘇萊曼統治著這個強大的帝國，誰能比這位蘇丹更值得成為盟友？法蘭西派出兩名特使向蘇萊曼尋求結盟，一名在波士尼亞（Bosnia）被殺，但另一位卻抵達了君士坦丁堡，給蘇萊曼這位蘇丹留下了深刻的印象。蘇萊曼讓被人囚禁的法蘭索瓦燃起一線希望。他致函給這位法蘭西國王：「請務必振奮，不可傷心欲絕。」鄂圖曼帝國將向查理五世開戰。

新軍需要上戰場殺敵。由於沒有戰事，他們在軍營裡顯得焦躁不安，甚至於一五二五年三月在君士坦丁堡發生騷動，瘋狂傷人。蘇萊曼處決了他們的統領阿迦和其他幾個帶頭鬧事者之後，便發下大筆錢銀，安撫其餘將士，暫時平息了這場騷亂。

15 shah 表示國王，對波斯或伊朗國王的尊稱。
16 波斯語中對中亞的稱呼，本意為圖爾人的土地。
17 義大利四年戰爭的一場決定性戰役。

然而，這只是權宜之計，蘇萊曼必須讓新軍出征殺敵，目標將是征服匈牙利。夾在鄂圖曼帝國以及查理五世於神聖羅馬帝國內薄弱領土的最後一道障礙，便是匈牙利王國。匈牙利之外是維也納與奧地利，此乃哈布斯堡王朝的中心地帶。蘇萊曼若能占領匈牙利與奧地利，便可能會將統治範圍從多瑙河延伸到萊茵河。只要打這場戰爭，便可讓新軍忙碌一段很長的時間。

五年之前，蘇萊曼進軍貝爾格勒，拉約什二世拒絕了這位蘇丹的要求。到了一五二六年春天，鄂圖曼大軍又再度來犯，最能夠擊退敵人的，莫過於這位匈牙利國王。一五二六年戰事爆發之際，拉約什二世年僅二十歲，頭髮卻已少年白。他面對強大的穆斯林對手，在敵軍的威逼之下，臉色顯得比平常更加蒼白和死氣沉沉。拉約什二世向大舅子查理五世尋求援助，但查理五世正在對抗法蘭索瓦一世及其歐洲盟友，根本自顧不暇。他的另一位大舅子，亦即奧地利大公（Archduke of Austria）和查理五世的弟弟斐迪南（Ferdinand），向神聖羅馬帝國議會請求提供軍餉和士兵，但議會眾人猶豫不決，什麼也沒資助。匈牙利貴族是該國軍隊的核心，唯有他們才能阻止敵軍入侵，但這些人並沒有心理準備要去面對久經沙場的鄂圖曼戰爭機器。更令人擔憂的是，數個世代以來，匈牙利精英彼此勾心鬥角，禍起蕭牆，無論他們如何統一戰線，都無法對抗來犯的大軍。

話雖如此，至少有一些匈牙利人決心奮戰到底。他們選擇了莫哈奇平原作為戰場。這處平原位於鄂圖曼大軍前進的道路上，而且便於集結分散的匈牙利人。匈牙利擁有眾多騎兵，此處乃是有利於騎兵殺伐的絕佳陣地。鄂圖曼軍隊於一五二六年八月二十八日晚上抵達平原，平原邊緣遍生沼澤與灌木叢，擋住了匈牙利戰士的視線。鄂圖曼有大約五萬名具備戰鬥能力的士兵，數量大概是匈牙利人可以投入戰場的兩倍，並且鄂圖曼人在火砲和火藥手槍方面具有相當大的優勢。相較之下，匈牙利人擁有大量的重騎兵。這些中世紀騎士的後代雖然尚未落伍，但在現代戰場上，他們必須配合專業的步兵和大砲，一起進攻殺敵。與鄂圖曼人相比，匈牙利人非常缺乏步兵與火砲支援。

如果匈牙利人佈兵於防線後頭，讓鄂圖曼人攻伐備妥的陣地，他們在人數和部隊組成上的劣勢，可能不會那麼致命。假使他們趁著鄂圖曼勉力穿過沼澤，打算踏上莫哈奇平原之際便立即發動進攻，有可能零星擊垮入侵者。然而，匈牙利人反而是等待鄂圖曼士兵來犯。在匈牙利人開始進襲敵人時，整整三分之一的鄂圖曼軍隊已經在戰場上部署完畢。不過，匈牙利人選擇了一個合適的進攻時機：那時剛過中午，已部署好的鄂圖曼士兵認為，匈牙利人應該會按兵不動，結果他們誤判情勢。匈牙利人希望能在其他鄂圖曼士兵加入戰鬥之前，便先捕獲這一部分的敵軍。

匈牙利的戰術非常完善。一波裝甲騎兵衝入準備不足的鄂圖曼防線左翼，迫使他們陷入混亂。然而，蘇萊曼調來了他的新軍，並以大砲轟擊來支援己方將士。連日下雨，蘇萊曼走下一處泥濘的陡坡，掃視了戰場範圍，心裡有了底數。他看著他的第一個師正在向後撤退，也發現匈牙利武裝人員緊跟其後殺敵。馬蹄達達，不停敲打地面。

尖叫聲伴隨叫喊聲，鋼刀與鋼刀相互碰撞，濕漉漉的刀刃刺入兵將身軀，火繩槍不時發出劈啪聲響，大砲轟鳴聲震耳欲聾，這一切都撕裂了厚重潮濕的夏季天際。新軍拿著手槍對準正在衝鋒的匈牙利人開槍，火繩槍點燃的火繩冒出滾滾濃煙，煙霧遮掩了他們長滿鬍鬚的臉龐。砲兵將大砲拖到適當位置，將砲彈和火藥塞進砲管，瞄準大批身穿盔甲的敵人發射砲彈。

一陣白煙捲起，蘇萊曼眼前的世界便旋即炸開。重型火繩槍彈擊穿了鋼板盔甲。砲彈讓馬匹開膛破肚。新軍重新裝填彈藥三到四次，子彈一波接一波齊射而出，掃射在他們面前兜圈的重騎兵群。不知何故，一群匈牙利騎士在這番鉛鐵的風暴中倖存下來，直接衝向蘇萊曼。這位蘇丹看見他們正在逼近，箭射和槍響，亂成一團，騎士們呼嘯而來之際，佩劍和長柄武器與盔甲相碰，頻頻發出叮噹聲。在這場豁出性命的混戰中，鋒利的長矛刺向蘇萊曼，但被他胸甲抵擋之後彈開，隨後這位蘇丹的護衛勒住眾多攻擊者的馬匹，將馬上的騎兵撂倒在地，拿利劍和匕首刺死他們。

匈牙利步兵（許多人是曾與鄂圖曼人戰鬥過的僱傭兵）緊隨騎兵之後前進，但鄂圖曼新軍奮力抵擋，手槍頻發，令這些步兵難以越雷池一步。匈牙利人被困在戰場中心，他們的重騎兵被子彈逐一殲滅。鄂圖曼人從三面包夾匈牙利步兵，將其屠殺殆盡。鄂圖曼歷史學家凱末爾帕薩澤（Kemalpas¸adze）當時人在現場，日後以詩情畫意的手法如此描寫：「盾牌爆裂而開，猶如玫瑰之心，頭盔灑滿鮮血，如同玫瑰花蕾之唇瓣。血霧如深紅雲朵，蔓延至地平線，恍若注定勝者頭頂上之豔紅天際。」

夜幕降臨，包括拉約什二世在內的可憐倖存者撤退至安全之處。這位二十歲國王差點便能逃走，但他坐騎絆倒了，摔落於溪流或溝渠之中，將其困於底下。拉約什二世不幸溺斃。獨立的匈牙利王國便與他一起沒入歷史的長河。

這場戰鬥落幕之後，留下令人毛骨悚然的現場。成千上萬具屍體散落於莫哈奇平原。兩千名戰犯仍被扣留在鄂圖曼人手中。這些衣衫襤褸的倖存者很快便會碰上劊子手，他們的頭顱注定會被長矛刺穿，或者堆砌在蘇萊曼紅色帳篷前的臨時金字塔上。

此後又下了幾天的暴雨，鄂圖曼軍隊繼續前進，占領了匈牙利首都布達。只有一小部分匈牙利王國領土尚未被鄂圖曼帝國所控制。如今，蘇萊曼這位蘇丹統治的領土從尼羅河一路延伸到匈牙利大平原，止於奧地利與中歐的門戶之前。

維也納

蘇萊曼的下一個目標遠比贏得莫哈奇戰役更為艱難。他最終的對手永遠是身兼西班牙國王、神聖羅馬帝國皇帝、勃艮第公爵與哈布斯堡王朝當權領袖的查理五世。查理的弟弟斐迪南被封為奧地利大公，並且統治與現已被占領的匈牙利接壤的卡林提亞（Carinthia）、施蒂里亞（Styria）和提羅爾。斐迪南決心再多爭取幾個王位。他的妹夫拉約什二世戰死之後，他便有了擴展勢力的機會。波希米亞議會（Diet of Bohemia）選舉斐迪南為國王，因此拉約什二世兩個王位中的一個便傳給了哈布斯堡王朝；匈牙利人比較頑固一些，許多人偏好特蘭西瓦尼亞大亨（Transylvanian magnate）[18]約翰・扎波利亞（John Zápolya），而非外國王子。

斐迪南並未因此而氣餒，他率領一支專業的德意志僱傭兵進入匈牙利，並且占領該王國的部分地區。扎波利亞向外尋求協助。他向蘇萊曼求援，而蘇萊曼喜歡這位勢力弱小大亨治理與其帝國接壤的匈牙利，不想讓貪婪且野心勃勃的哈布斯堡王朝撿便宜。出於展現帝國威望與大國政治的因素，蘇萊曼一直都知道自己將與哈布斯堡王朝抗衡。如今他正處於風口浪尖，雙方即將爆發衝突。

在莫哈奇戰役結束之後的幾年裡，蘇萊曼一直作壁上觀，而斐迪南和扎波利亞則爭得你死我活。他要應付安納托力亞爆發的一連串叛亂事件，而他在早期統治時期頻頻發動戰爭，勞民傷財，耗盡了國力。此外，如果發動戰爭，進攻歐洲中部心臟地帶，直達維也納城門，則後勤補給將異常艱鉅，鄂圖曼帝國可能會因此面臨崩潰。

維也納堅不可破，要想占領這座城市，必須派出龐大的軍隊，其規模甚至要比蘇萊曼於一五二六年攻占匈牙利的部隊還要龐大。除了人力與設備，圍攻還需要耗費大量火藥，用來發射大砲和火繩槍以及引爆地雷；大砲要用鐵，石弩要用石頭；士兵和工人得吃口糧；成千上萬的馬匹和馱獸也得吃飼料。所有補給品都必須從君士坦丁堡向外運送，穿越崎嶇的地形，包括山脈和幾條主要河流，行經一千多英里之後方能抵達戰場。某些必要的供應品可以從靠近維也納的鄂圖曼領土（譬如：塞爾維亞、波士尼亞和被占領的部分匈牙利領土）來獲取，但協調出必要的數量和運送到戰場仍是困難重重。如果這些還不算困難，時間是難以掌控的變數。軍隊不可能在外頭度過冬天，因此可以征戰的時間其實很短。過早動身，物資和人力都還尚未準備妥當。離開太晚，則沒有足夠的時間好好圍攻維也納。

蘇萊曼率領大軍於一五二九年五月十日從君士坦丁堡出發，麾下精兵眾多，有成千上萬的新軍以及來自各行省的大批**西帕希**，另外攜帶數百門大砲，更有無數的**阿金西**掠奪者和輔助部隊隨行。然而，天氣卻瞬間變幻莫測，令這批大軍寸步難行。暴雨擊打行軍的道路，沖走了橋梁，淹沒了營地，道路成了泥淖，險象環生，實所罕見。大軍花了整整兩個月才抵達貝爾格勒，比預期多出一個月。蘇萊曼直到九月二十七日才到達維也納。大雨傾盆，連綿不斷，大型攻城火砲的運送更加落後於原訂期程。

即使情況一切完美，要攻下維也納也是困難重重。奧地利人提前被告知敵軍來犯，因此加固了該城的中世紀城牆來抵擋砲火轟炸。他們還清理和加深了防禦溝渠。維也納守軍為了讓七十二門可用大砲與數千名火槍手不受阻礙開火，拆除了城牆之外的數百座民房。經驗豐富的德意志傭兵和久經沙場的西班牙火繩槍手剛從義大利的血腥戰場趕來，與數千名當地徵召的士兵共同組成了維也納駐軍。斐迪南任命了某位年事雖高但戰功顯赫的士兵來領導守軍。尼古拉斯・馮・薩爾姆伯爵（Count Nicholas von Salm）久經沙場，從法蘭德斯、瑞士再到倫巴底的戰場，都可見他的身影。薩爾姆伯

18 特蘭西瓦尼亞（Transylvania）為羅馬尼亞西部的地區，十一世紀到十六世紀隸屬匈牙利。

爵一生戎馬，征戰沙場超過五十載，熟稔如何上陣殺敵。

蘇萊曼的紅色華麗帳篷搭在維也納郊外三到四英里的山坡之上，他坐在帳篷內觀察了整個情勢。重型大砲遲遲無法送達，這位蘇丹的地雷兵在城牆下挖掘隧道來製造缺口，但只順利打開了一小處缺口，而輕型火砲無法摧毀守軍堅強的防禦工事。連日暴雨，雨水衝擊了鄂圖曼帝國的營地。冷霜來得過早，暗夜霜降，兵將當此苦寒，縉纊無溫，墮指裂膚。每次進襲皆告兵敗，傷亡人數也日漸增加。維也納守軍堅守陣地，鄂圖曼兵將的士氣卻一落千丈。蘇萊曼最後一次發動進攻時為了激勵士氣，提供了大筆黃金，要賞給首個越過城垛的兵丁，但即使如此，他仍然兵敗城下，損失更甚。來自阿爾巴尼亞（Albania）和希臘的新軍、來自安納托力亞連綿起伏丘陵的**西帕希**和波士尼亞的**阿金西**紛紛戰死，屍體散落於維也納城牆之前的地面，他們的進攻幾乎沒有讓守軍感到任何壓力。

蘇萊曼最後下令撤軍。他沒有別的選擇。那時已是十月中旬。天候不佳，而且愈來愈糟。新軍幾乎要叛變，但即使是這些心腹，他們的心情也比其他戰士要好。當鄂圖曼兵將燒毀營地並啟程回國時，蘇萊曼和易卜拉欣·帕夏宣佈獲得勝利，但孰勝孰敗，毫無疑問。鄂圖曼帝國已達到鼎盛時期，日後將開始走下坡。

鄂圖曼帝國的運作方式

從一方面而言，圍攻維也納是鄂圖曼帝國的頂峰。雖然鄂圖曼帝國士兵持續從義大利北部到波希米亞劫掠俘虜和燒毀村莊，四處製造混亂，但他們未能攻占維也納，也就無法徹底征服歐洲。一五三二年，蘇萊曼打算二度進襲維也納，卻在圍攻某個匈牙利堡壘時被拖住，戰局陷入膠著，最終甚至未能抵達維也納。

另一方面，鄂圖曼帝國於一五二九年受挫之後，便將注意力轉移到其他地區（但這也更令人擔憂）。鄂圖曼帝國對基督教世界政治的參與日漸加深，最終與法蘭西結盟，共同對抗查理五世及其弟斐迪南。地中海成為蘇萊曼及其繼任者與西班牙及其盟國長達數十年鬥爭的場域。蘇萊曼與海雷丁．巴巴羅薩（Hayreddin Barbarossa）和北非海盜結盟，頻頻在義大利和西班牙海岸發動戰爭。此外，鄂圖曼帝國也同時進襲穆斯林世界。蘇萊曼對薩非王朝發動一連串的戰役之後，將巴格達、美索不達米亞下游區（lower Mesopotamia）、底格里斯河（Tigris）和幼發拉底河（Euphrates）河口以及波斯灣沿岸納入領土。鄂圖曼帝國對這些地區的興趣愈來愈濃厚，其海軍不時出現在印度洋。印度洋十分廣闊，貿易興盛，利潤豐厚，新來的鄂圖曼人與葡萄牙人不時發生衝突，互爭貿易的掌控權。鄂圖曼人與歐洲人一樣，皆是大航海時代的參與者。他們都是初步踏入歐亞大陸以外世界的人。

蘇萊曼統領的帝國在同時代人面前並非堅不可摧。蘇丹不像先前的梟雄成吉思汗

（Genghis Khan）或帖木兒（Tamerlane）征服過四海八方。然而，他治理的鄂圖曼帝國乃是當時最強大的國家，其餘諸國難以望其項背。當時唯一真正能與鄂圖曼人抗衡的只有哈布斯堡王朝。兩國在一五四二年與一五四四年之間爆發衝突，蘇萊曼當時雖在帝國最邊緣的地域與離家不遠的哈布斯堡軍隊作戰，最終卻克敵制勝，羞辱了對手。

這一切絕非偶然，也不是純粹偶發事件。鄂圖曼帝國之所以能在這個時代具備優勢，乃是歷代統治者致力於整軍建武，臣屬才幹出眾，戰技熟練，且君臣克勤克儉，奠定扎實的制度與結構基礎。與基督教的競爭對手相比，鄂圖曼人在建設帝國的過程中援引諸多先例，同時採取各種形式，取各家之長為己用。然而，這並非截然不同的過程，其目標是讓統治者掌握更多的中央權力，透過稅收、官僚體系和軍事能力來治理國政。然而，即使蘇萊曼時代的鄂圖曼帝國如此強大（直到十八世紀，仍屬超級強國），但他們日後會衰敗卻是因為這段時期統治得當。蘇萊曼的統治時代既是帝國的黃金時期，亦是過渡時期。對於繼任者來說，在蘇萊曼之後，鄂圖曼帝國與其競爭對手之間的結構差異就不這麼明顯了。

從本質而言，蘇萊曼繼承的鄂圖曼帝國是四處征服各國來獲取領土。社會學家查爾斯·蒂利曾針對西歐各國說了一句名言：「戰爭造就國家，國家製造戰爭。」然而，對鄂圖曼人而言，情況並非如此，但如果確實如此，國家與戰爭的聯繫會更為直接。掠奪各國和奴役人民所得到的果實，替國家機器和日後的戰爭提供了錢銀。占領了新的領土，便可招募更多鄂圖曼帝國的騎兵骨幹**西帕希**，每位**西帕希**都能透過**蒂馬爾體**

系從國家領取一塊土地來養活自己。**蒂馬爾**不同於西歐的封地／領地（fief），**蒂馬爾**並非世襲，擁有者去世時，土地得歸還國家。剛被征服的基督徒受制於**德夫希爾梅系統**，這是為了招募有才幹的新軍和蘇丹王室成員而設置的人頭稅。為了打某一場戰役，或者要長期與外國衝突，鄂圖曼帝國控制的任何土地都可以用來招募新兵或籌備糧食、牲畜、木材與金屬之類的物資。鄂圖曼軍隊行軍時，通常不會掠奪所屬臣民，而是依靠複雜的後勤體系來補充軍資。蘇萊曼多次在日記中指出，曾有新軍犯下此種特殊罪行而被斬首。

簡而言之，鄂圖曼人順利征服四方之後，便能更有效地發動更大規模的戰爭：他們能招募更多的士兵、籌集更多的資源以及積累更強大的國力。他們還能替帝國創造收益。鄂圖曼的稅收制度絕非專橫霸道或胡亂規劃，而是十分有效率，通常由專業官僚人士妥善管理。地方官員會定期根據所在地區情況來更新的稅務資料。非穆斯林臣民必須繳納**吉茲亞**（jizya），這是一種人頭稅，乃是帝國最大的收入來源。農民都要繳納某種稅，通常繳給地區的**蒂馬爾**所有者。在其他地區，富商財團集中資金購買特定地區或特殊產品的徵稅權，他們向國家繳納現銀，然後再將徵稅業務外包給當地專家。國家官僚會密切關注這些繳稅的農民**穆卡塔特**（mukataat），定期懲罰任何過度抽稅的行徑，更新農民的欠款資料，並且每隔幾年更新合約，以防止財務停滯（financial stagnation）。採礦和專業資源（亦即鹽）則提供另一大塊收入大餅。上述措施都能替鄂圖曼蘇丹籌措鉅額錢銀，用於支付對外征討的軍餉。

蘇萊曼有大量稅收，而且貢品和掠奪品也經常流入國庫，因此經常有盈餘，不像他的基督教對手，永遠身無分文，被迫四處舉債。例如，在一五二七年到一五二八年，鄂圖曼的國庫幾乎滿溢：當年盈餘高達 1,027,016,000 阿克切，約略等於二百三十五萬達克特。這是雅各布．富格爾借給查理五世讓他當選神聖羅馬帝國皇帝錢銀的四倍多，而查理五世則是拿後續幾年的國庫收入去支付這筆借款。這一年的財政狀況確實出奇的好，但國庫有盈餘卻很常見，而且很少會有連續兩年都出現赤字。這些屬於一般性的收入來源，鄂圖曼帝國若要發動重大的軍事行動（例如討伐羅德島或維也納），便會額外徵稅，在位蘇丹又能籌措到更多錢銀。

鄂圖曼稅收制度除了可以收到高額錢銀，其組織也非常嚴謹。士兵們會按時領到薪餉，剩餘的錢足以支付獎金和額外開支。當新軍於一五二五年鬧事時，蘇萊曼處決了他們的頭目，但是付了二十萬達克特（超過一千萬阿克切）來安撫這些軍人。蘇萊曼麾下將士於一五二九年圍攻維也納時，提供每人一千阿克切的獎金，激勵他們深入險境去進攻敵人。對於蘇萊曼來說，這筆獎金只是九牛一毛，只要能夠盡快攻下維也納，花這點小錢不算什麼。然而，這筆錢卻相當於一名維也納守軍八個月的薪餉。相較之下，**國土傭僕**、瑞士長矛兵和西班牙火繩槍手不斷被拖欠工資，而正是如此，才會有一五二七年的羅馬之劫。

為了防止錢幣在地方或區域之外流通，官員會在多個層面協調稅收和收入。財務訊息流向中央官僚機構，讓蘇丹的主要官員可即時了解有多少錢銀可用以及可徵收到的稅額有多少，但現銀不必上報。行省的村或鎮的長官有權下令去修理橋梁或替即將到來的軍事行動徵集物資，並且運用當地可用的資金。這位官員隨後會將資金的使用通知轉達給中央國庫，以利會計核算。上面引述的預算數字和盈餘令人印象深刻，卻不包括這些地方收入或透過**蒂馬爾系統**分配給**西帕希**的稅收。

鄂圖曼帝國可運用的資源十分驚人。蘇萊曼曾率領五萬名士兵前往莫哈奇作戰，當地離首都君士坦丁堡六百英里。以當年的標準來看，他所面對的匈牙利軍隊並不算少，大約等同法蘭索瓦一世前一年帶到帕維亞征戰的特遣隊規模。蘇萊曼討伐莫哈奇的五萬人是一支規模龐大且素質精良的部隊，但人數肯定少於他在一五二二年帶到羅德島的士兵。

除了人力，蘇萊曼及其臣屬比當時任何的統治者都更清楚自己擁有何種資源，可以將其部署在何處，以及如何有效配置。這位蘇丹不必依賴獨立的僱傭軍承包商或對其有疑慮的軍事供應商；如果他打仗時需要使用大砲，可以求助於君士坦丁堡的鑄造廠。例如，在一五一七年至一五一九年之間，該鑄造廠總共生產了六百七十三門大砲和迫擊砲，其中許多是當時最大門的火砲。硝石（saltpeter）是火藥的關鍵成分，政府官員會密切關注硝石的生產。雖然企業家的確會在鄂圖曼帝國的軍事供應鏈發揮關鍵作用（尤其在十六世紀，時代總是會變），但戰爭業務從未像遙遠的西方那樣變成私有化或者得耗費鉅資。鄂圖曼帝國從未出現類似於格茨·馮·貝利欣根或格奧爾格·馮·弗倫茲貝格之類的人物。在那個年代，戰爭花費愈來愈多、戰爭規模膨脹到令人匪夷所思，鄂圖曼帝國卻能比對手投入更多的金錢、動用更多的物資與人力，並且在更遙遠的戰場作戰，但這一切都得付出代價。要推動這種制度，需要聘用大量的行政人員，而官員在地方勒索百姓，可能會讓農民甚至享有特權的**蒂馬爾**所有者心生不滿，新軍也可能貪婪無度，索取禮物和賄賂。然而，在那個時代，基督教統治者都會想要擁有類似鄂圖曼帝國的財政體系，哪怕效率或收益只有一半。馬丁·路德曾在《致德意志基督徒貴族書》（*Address to the Christian Nobility of the German Nation*）頗不以為然指出，他從基督徒那裡聽說，「鄂圖曼人採納的是更棒的世俗統治制度。」

然而，從長遠來看，雖然西歐的基督教統治者不得不竭盡全力尋找可用資金，他們（應該說他們仰賴的銀行家）卻能發展一套愈來愈複雜的金融工具。鄂圖曼帝國憑藉龐大的財力與權力，以及他們的國庫經常有盈餘，國家便無須長久承擔必須支付利息的債務，而西歐國家背負了這種債務，其財政便出現革命性的改變。國家向商人和其他富有的債權人借款，乃是為了暫時應急，不能奠定金融家和國家機器之間相互依存和最終富有成效的長期關係。

雖然鄂圖曼帝國沒有神聖羅馬帝國那種貪婪豪取、不受拘束的軍事企業家，卻也缺乏像雅各布·富格爾以及在十六世紀後期替西班牙君主的擴張野心提供資金的熱那亞富豪之類的人物。西歐諸國拚命舉債，最終將會出現債務、支付鉅額利息和宣告破產的情況。他們只顧著打仗，然後再看能否找到金融籌碼，但如此一來卻奠定了重要的基礎；反觀鄂圖曼帝國最終採取的權宜之計，乃是加稅以及臨時向有權勢的王室官員借高利貸款，這類做法沒有效率，根本不可能行之久遠。西歐國家採納的金融機制最終讓他們得以投資更昂貴的軍事技術，在更遠的地區進行更長期的戰爭，進而超越強大的鄂圖曼帝國。

缺乏遠見卓識的人無法看到這個即將降臨的未來。其實，在蘇萊曼及其繼任者的統治期間，鄂圖曼帝國之所以無法持續開疆拓土，絕對不是礙於財政的缺陷，而是其作戰地區遠離其核心領土。一五六五年未能占領馬爾他（Malta），一五七一年在勒班陀（Lepanto）海戰中慘敗，甚至在一五九三年到一六〇六年與哈布斯堡王朝的長期戰爭中陷入僵局：這些戰事最終都只能不了了之。很明顯的是，即使蘇萊曼在一五六六年統治結束時，鄂圖曼帝國已無法再征服任何地方。他們不能再靠著侵占領土而獲得意外的好處。即使鄂圖曼帝國在戰爭中的表現並未受到太大的影響，但戰爭卻變得更漫長和更艱難，而且能獲得的利益更少。在這種情況下，除非持續進行重大的改革，否則鄂圖曼的財政體系遲早會出現問題。

蘇萊曼長期統治期間透露關鍵的過渡過程。他征服匈牙利和美索不達米亞之後，鄂圖曼帝國便沒有再併吞別處的領土。他多次率領士兵參戰，體現了數個世紀以來鄂圖曼王朝的君王作風，但他之後的蘇丹很少這樣做。從奧斯曼到塞利姆，鄂圖曼帝國的蘇丹都經歷殘酷的王位競爭，因此能力出眾，但這種君王特質在蘇萊曼之後便消失殆盡。補充一點，蘇萊曼在一五五三年處死了他最有前途的兒子穆斯塔法（Mustafa）。

另一個兒子巴耶濟德（Bayezid）在一五六一年叛變失敗後，也成了刀下亡魂。蘇萊曼最後一個倖存的兒子塞利姆二世（Selim II）則不太爭氣。塞利姆二世之後的蘇丹更是糟糕。

另一方面，這些君王不必給人留下深刻的印象。鄂圖曼帝國已經是由職業官員組成的成熟官僚國家。蘇丹不必率領將士御駕親征或運籌帷幄，自有大臣、策士和高官代他處理國政。鄂圖曼帝國仍是一流強國，但它在鼎盛時期所遺留的弱點必將緩慢顯現出來。無論從優缺點來看，鄂圖曼帝國始終屬於歐洲的一部分，不亞於統治西班牙和德意志的哈布斯堡王朝，或者當時的其他歐洲王朝。

1490

CHAPTER

NINE

查理五世與普世統治

1530

一五一七年九月二十日

料峭風寒，攪動湛藍海水，岸邊狹窄，稜岩甚多，浪濤拍打礁岩，湧起滾滾雪白浪花。空氣夾雜碩大的雨滴，突然狂風吹襲，迫使雨滴近似水平飄動。

濁浪滔天，跌宕起伏，數艘小船於汪洋中掙扎。陡峭的懸崖與蔥鬱的山丘在船前升起，於傾盆大雨中若隱若現。山丘夾著一條小河，河水流一處小港口。海灣太小，無法保護停泊在先遣部隊之後的艦隊，霧氣濃郁，幾乎遮隱棕色桅杆的身影。

一位年輕人披著厚重的披風，坐在領頭的小船上。他頭戴一頂時髦的寬簷帽，帽子隨意斜向一邊。這個人名叫查理，名字傳承自他性急魯莽卻英勇果敢的祖父。年輕人沒有蓄留鬍鬚，顯眼的下巴向前突出。他嘴巴微微張開，呼吸著海洋的鹽霧。查理留著一頭棕金色直髮，髮尾垂向脖子。船逐漸靠近小河時，他沒說任何話。查理通常沉默寡言，下巴幾乎變形，不擅言語。對他而言，說話是件苦差事，寧可讓別人代勞。任何男人只要位居他目前的高位，即使剛剛成年，也能享有此種待遇。

所以，這就是西班牙啊！查理心想，順手拉下帽子，遮風擋雨。此地迥異於他的故土。阿斯圖里亞斯海岸山丘高聳，岩石崢嶸，參差不齊，與低地國家長而平坦的海灘和廣闊的洪氾平原構成鮮明對比。查理試想一下，覺得自己對西班牙知之甚少。這是他首度造訪，但眼前景象並未顯露吉兆。小海灣籠罩於低矮的雲層，也受陣陣雨水遮蔽，而此處並非他預定的目的地。天氣突然轉變，迫使他們駛向這個貧窮港口避難。

他剛繼任西班牙國王，本想駕臨這個王國，以外人身分，給臣民留下好印象，不料天公不作美，使他輾轉來此窮鄉僻壤。

查理很慶幸能看到陸地。他從吉蘭（Zeeland）南下，過去十日，始終逆風而行，頗為艱辛。他輕咳一聲，感覺想打個噴嚏。雖然他經常狩獵與騎馬，身體卻未能鍛鍊得十分強健，朋友與謀士不時擔心他會染病。萬一查理駕崩，局勢將混沌不明，錯綜複雜，他掌控的眾多王朝都將劃上句點。這位君主年僅十七歲，毫不起眼，而前述的擔憂並非杞人憂天，乃是關乎整個歐陸未來政治格局的基本問題。

查理是卡斯提爾伊莎貝拉與亞拉岡斐迪南的孫子，亦是神聖羅馬帝國皇帝馬克西米利安與勃艮第瑪麗的孫子。這些君王統領天下，掌控格拉納達和阿斯圖里亞斯、西西里和拿坡里、法蘭德斯和荷蘭、奧地利和提羅爾，而這些廣闊的領土都將屬於這位西班牙新任國王。不到幾年之後，雅各布·富格爾會借錢給他行賄，讓他當選神聖羅馬帝國的皇帝。在他的監督之下，歐洲人將征服**新世界**的阿茲提克與印加帝國，其種族滅絕的殘暴行徑，震撼全球。然而，他們卻搜刮了大量財富物資，讓查理的國庫得以充盈不匱。不那麼謙虛的維滕伯格教授兼修士馬丁·路德在這位年輕皇帝的管轄地區聲名鵲起。查理一再努力遏止路德的行徑發言，但路德的影響力仍然在蔓延。格茨·馮·貝利欣根收了查理的錢，於是為他效勞，上戰場殺敵。查理及其手下始終與蘇萊曼大帝抗衡，彼此從維也納大門戰到北非沙灘，雙方陣營無役不與。

建設國家、鞏固王朝、帝國於全球擴張，以及金融家的影響無所不在：此乃當代的基本趨勢，而查理體現了這些趨勢。他的所作所為（也許是他的不作為）煽動了宗教改革的火焰，讓還在世的馬丁．路德儼然成了殉道者。查理是那個時代最有權勢的基督教君王，但他能有這種地位，卻也出於偶然。數十載深刻的結構轉變以及出生、死亡、法律細目和精神疾病等出人意料之事交織融合，他方能獨攬大權於一身。這位皇帝既是此番因果網絡中心的蜘蛛，又是被困於其中的受害者。他名義上無所不能，卻也無能為力。世局演變發展，浪潮萬難阻擋，查理雖權勢滔天，卻也起不了作用。

從這個意義而言，查理體現了這段時期的歐洲。他是勃艮第王子、西班牙國王和神聖羅馬帝國皇帝，透過領土主張和血脈承繼，將廣闊的歐陸串連起來。他是某件事的結束，也是另一件事的開始。他既是結果，也是開端。

相當不起眼的年輕人

到了一五二一年，二十一歲的查理在沃爾姆斯會議與馬丁．路德對決時已是勃艮第、布拉奔、洛蒂爾（Lothier）、林堡（Limburg）與盧森堡（Luxemburg）的公爵；納木爾侯爵（Margrave of Namur）；勃艮第的帕拉蒂尼伯爵（Count Palatine）；阿托瓦、夏洛萊（Charolais）、法蘭德斯、埃諾（Hainaut）、荷蘭、吉蘭與巴塞隆納（Barcelona）伯爵；卡斯提爾、亞拉岡、西西里和拿坡里的國王；神聖羅馬帝國皇帝；以及羅馬人民的國王。他最近將奧地利大公的頭銜交給了弟弟斐迪南，而這個頭銜屬於他的祖父馬克西米利安以及悠久的哈布斯堡王朝家族。他出於意外與繼承的結構因素，故而擁有這一連串響亮的頭銜。

查理坐擁這些頭銜，便得以掌控廣闊土地、收取巨額稅款，以及讓眾多臣民效忠於他，成為數個世紀以來歐洲權傾天下的君王，若非前無古人，也可能後無來者。除了法蘭西、一小部分的義大利、不列顛群島與斯堪地那維亞，幾乎整個中歐和西歐都承認他為終極統治者。

從多瑙河大平原一直到直布羅陀海峽的岩岸，他一個人是如何獲得如此多的頭銜，以及擁有如此多的權利要求？原因是數個世紀以來，位於奧地利的哈布斯堡王朝與西班牙的特拉斯塔馬拉王朝不斷積累這些權利。

在中世紀末期的歐洲，隨處可見貪得無厭的貴族家庭。無論是英國中部地區最卑微的鄉下紳士到鑲金戴銀的法蘭西統治者，人人皆無所不用其極，爭奪、購買或透過聯姻，拚命爭搶土地與頭銜。大夥為此爆發了各種規模的戰爭，小自幾十名戰士混戰的地方爭鬥，大至數萬名士兵參與的跨國軍事衝突。只要擁有流動資金，便可從現任統治者直接購買一項權利主張，亦能賄賂代表機構去承認他擁有某項權利主張，如此上下其手，便可輕鬆買到新的領土或頭銜。若成了一樁聯姻，有可能改變某個郡、某個王國或整個歐陸的權力平衡，一切都取決於繼承之後擁有哪些權利主張。對於貴族而言，此乃十分嚴肅之事，亦是自娛之道。

最成功的貴族，莫過於哈布斯堡家族與特拉斯塔馬拉家族。哈布斯堡王朝是從現在瑞士亞高（Aargau）的一座城堡發跡，爾後奪取了奧地利公國（Duchy of Austria），此後再也沒有走回頭路。時至十三世紀，哈布斯堡成員多次被選為神聖羅馬帝國皇帝。到了一四三八年之後，哈布斯堡王朝連續霸占這個皇位。查理的祖父馬克西米利安成就最為斐然。除了世襲財產，他還獲得堂兄西吉斯蒙德（Sigismund）在提羅爾的土地，當地豐富的銀礦於是也落入他的手中。更重要的是，他迎娶勃艮第的女繼承人瑪麗，而瑪麗是「大膽查理」的獨生女，繼承了這位死去的公爵四散於法蘭西邊緣的土地和權利。馬克西米利安的父親腓特烈於一四九三年去世，他立即當選神聖羅馬帝國皇帝[1]。這是早已安排好的戲碼。

特拉斯塔馬拉家族也沒有懈怠，他們早已獲得西班牙的兩個主要王國，亦即卡斯提爾與亞拉岡，在別處也享有各種權利主張，其中最著名的是西西里與拿坡里。伊莎貝拉與斐迪南這對堂姐弟聯姻之後，這些權利主張同時落在兩人最年長的倖存孩子胡安娜手中。藉由巧妙的安排與精心的算計，胡安娜嫁給費利佩一世，費利佩一世是馬克西米利安和去世的勃艮第瑪麗的兒子，他也許是哈布斯堡王朝唯一擁有美貌的成員。

費利佩和胡安娜兩人感情不睦，婚姻失和。費利佩老是在外拈花惹草，讓胡安娜深感苦惱。她是否只是壓力過大，或者罹患稍微嚴重的精神疾病，這點無人知曉，歷來備受爭議。有人說她有嚴重的抑鬱症，也有人說她罹患精神分裂症；無論如何，我們可以肯定：首先是胡安娜的丈夫費利佩想利用她，然後在費利佩死後，胡安娜冷酷無情且渴望權力的父親斐迪南也想如法炮製。這兩人都希望她被視為情緒不穩定而無法獨自統治國家，從而上下其手，不受胡安娜或任何人的干預，隨意擅用她的頭銜與權力。

查理出生於一五〇〇年，乃是費利佩和胡安娜的長子。他出生之後，立即陷入人際關係和王朝權力政治極度失衡的局面。他幾乎完全在勃艮地屬尼德蘭（Burgundian Netherlands）[2]長大，在他的成長過程中，父母幾乎沒有關照過他。費利佩與胡安娜於一五〇六年啟程前往西班牙奪取因伊莎貝拉女王去世而虛懸的卡斯提爾王位，但不久之後，費利佩竟然身亡。胡安娜因丈夫之死，不僅情緒崩潰，也無力統理國政，十多年來甚至沒有再去看她的長子。胡安娜的父親斐迪南在妻子伊莎貝拉於一五〇四年之後便統治著卡斯提爾，他也不願放棄王位。斐迪南若想繼續運用卡斯提爾的資源來征伐拿坡里與西西里，唯一方法是宣佈女兒無法行使女王的權力。他下令將胡安娜幽禁於修道院，不讓她與外界聯繫，更不用說讓她去瞧瞧位於八百英里外法蘭德斯的年幼兒子。

儘管斐迪南在伊莎貝拉死後再婚，卻沒有生下更多子嗣，使其繼承亞拉岡、西西里和拿坡里。這些王位將在他去世時傳給他年幼的長孫查理。卡斯提爾的王位亦是如此，斐迪南囚禁女兒之後，方能受託行使這項權力。由於查理是費利佩一世的長子，

1 馬克西米利安是當時德意志唯一的統治者和哈布斯堡家族的領袖。

2 一系列神聖羅馬帝國以及法蘭西王國的低地地區領土。

勃艮第的所有土地（包括荷蘭、布拉奔、法蘭德斯、埃諾和其他地區）已經歸他所有，原本費利佩將在父親奧地利大公馬克西米利安去世後繼承這些頭銜，可惜他英年早逝。此外，當選神聖羅馬帝國皇帝的最佳機會又將轉到馬克西米利安的長孫身上，而這位長孫，恰好又是查理。

歐洲最貪婪的兩個王朝數個世紀以來努力爭奪權力，積累頭銜，打了十年又十年的戰爭，不斷花錢購買王位，甚至不惜利用聯姻來擴展勢力，最終竟然讓一位小男孩獨攬大權。在中世紀後期，強大的王朝往往變得更加強大，合併先前隸屬不同統治者的獨立領土，而部分原因是結構性的：在那個時代，權力不斷集中，軍事技術有所提升，政治運作有所改變，這些因素交織融合，方能出現這般結果。然而，要讓查理同時匯聚這些繼承權力，需要發生一連串不可預料的事件：「大膽查理」於一四七七年戰死沙場；五年之後，勃艮第的瑪麗騎馬時發生事故後早逝；伊莎貝拉與斐迪南唯一的兒子生病和早逝；費利佩只短暫統治了卡斯提爾便駕崩；以及胡安娜王后遭人囚禁而無法視事。

除了意外出生在這種環境，查理本人並未做任何事來奪取落入他手中的巨大資源，他也沒想過要去承擔這些責任。傑佛瑞·帕克（Geoffrey Parker）是近期替查理寫傳記的作家，成果斐然。帕克如此寫道：「年輕查理的記載幾乎付之闕如。」

查理即將統治四方，而這種起手式並非特別帶有好兆頭。

來到西班牙

年輕的查理並未時常表現出獨當一面的跡象，或者應該說根本沒有任何歷史評論員認為他有值得一提的事蹟。他無論是與人共餐或在有觀眾的正式場合都沉默寡言，這是他的特色。旁觀者很難判斷，他到底是顢頇遲鈍，還是深藏不露。查理偶爾會顯露些許個性，但我們無法從中洞察他的心思。查理十二歲時責備了一名僕人，因為這個傢伙試圖誘使他把一名對手打發走。他不喜歡發誓，總是實話實說。他不喜歡別人奉承以及搬弄是非。

以上是對查理的概略描述。他的兩位祖父都曾歷經萬難，如同少年英雄，抱持浪漫的騎士精神。馬克西米利安於一四七七年掌握機會，抱得勃艮第女繼承人瑪麗而歸，斐迪南則於一四六九年抓住時機，擄獲伊莎貝拉的芳心。然而，查理從未做過類似的事情。

總之，他十分依賴（有些人說，他過於依賴）手下的一批策士，包括謝夫爾勳爵（Lord of Chièvres）、威廉・德・克洛伊（William de Croÿ）以及烏德勒茲的阿德利安（Adrian of Utrecht），亦即未來的教宗亞德六世／阿德利安六世（Adrian VI）。唯一能暗示查理想法的事件，乃是他曾用匕首在布魯塞爾（Brussels）臥室的窗台上刻出 Plus oultre 字樣，意思為「通向更遠方」。這兩個字翻譯成拉丁語為 Plus Ultra，成為他後續四十載的座右銘。查理這位年輕人肯定是從他讀過的特洛伊戰爭（Trojan War）

的傳奇故事摘錄了這句話。

一五一七年，查理步下船隻，登上他新領土西班牙王國的海岸。他當時面對臣民，仍然沉默不語，顯示他並不是個特別引人注目的年輕人。他身材中等，喜愛狩獵和騎馬，因此體格健壯。然而，並非每個人看到他，都會說他英俊瀟灑。他下巴明顯，向外突出，鼻子又大又尖，嘴巴微微張開。肖像畫家無論技巧多麼高超或樂於替他遮掩缺陷，都無法將他修飾得更為英俊。儘管如此，查理似乎仍受異性喜愛；他一生追求女色，如同那個時代的多數高級男性貴族一樣，很早便體會了性愛歡愉。他征服了不少女性，有侍女、貴族婦女、中產市民的妻女以及傭人，至少生了四個私生子女。他還與他的妻子，亦即表妹葡萄牙的伊莎貝拉（Isabella of Portugal）鶼鰈情深。兩人育有七個孩子，其中三個活到成年。

查理若非身材魁梧，就更無法引人注目了。當時有一位威尼斯外交官如此評論他：「他很少說話，也不是很有智慧。」另一個英國人更口無遮攔：「卡斯提爾的國王只是個白痴。」查理不是特別勤奮用功，或者對學業特別感興趣，但他接受了當時最良好的教育，可惜他不會說卡斯提爾語或亞拉岡語。他學了許多年的拉丁語，但還是沒有精通。法語是他的母語，也是他最習慣使用的語言。

他從未去過西班牙，與這個新王國的主要權力掮客和貴族沒有直接的個人或政治關係。他的策士和同夥皆來自北歐，大多講法語或是法蘭德斯人，另有一些荷蘭人和德意志人。

情況看似不太妙。查理的新臣民不知道該對這位新國王有何期望，反之亦然。簡而言之，查理與西班牙王國有很多王朝方面的關聯，但他本人幾乎與此地沒有任何交集。他擁有西班牙的統治權，這點毫無疑問，但他對這個王國毫無所悉。根據數個世紀以來的政治婚姻和貴族幾近亂倫的雜交行徑，我們可以合乎邏輯地下這個結論。查理並非首度蒞臨新的領土，但西班牙王國龐大、強大且內部複雜，但他卻對此地萬分陌生，這種情況簡直前所未見。由於他不熟悉西班牙內政，面對的挑戰將愈來愈艱難，即使在最好的情況下也難以應付。

查理甚至在離開勃艮地屬尼德蘭的家園之前，便無法妥善管理這片最近獲得的廣闊領土。儘管他的母親還活著，但查理卻在祖父斐迪南去世之後，立即宣佈自己是西班牙的國王，這讓亞拉岡的**皇家委員會**（Royal Council）感到不安。他們在一五一六年二月去信給查理，寫道：「吾等自忖，殿下不該如此行。此等舉止不符合神聖或世俗法律。殿下將能平順承繼此王國；無人否認，今後您可在此治理施政與發號命令。女王眼下仍然在世，因此您無須使用國王稱號。」前述說法可能不切實際，胡安娜可能會很長壽，而王子終究不是國王。話雖如此，查理及其策士應該留意信中表達的保留態度和怨恨憤慨。

但他們沒有留意到。此外，年輕的查理國王及其策士並未立即去掌權，而是待在布魯塞爾，他們在那裡收到了各項報告，指出從格拉納達到拿坡里的王國狀況一切良好。這並非完全誤導事實：卡斯提爾的攝政王樞機主教希門尼斯·德·西斯內羅斯

（Cardinal Jiménez de Cisneros）權勢滔天，曾經長期擔任伊莎貝拉和斐迪南的策士，將國政處理得十分妥當。當斐迪南去世的消息傳開時，拿坡里總督平息了一場小規模的叛亂。查理尚未踏足西班牙，便有足夠的信心，下令遠征北非的阿爾及爾港。查理和眾多策士（主要是謝夫爾勳爵）更擔憂法蘭西新國王法蘭索瓦一世以及他對荷蘭的威脅，比較不擔憂一千英里外正在發生的事情。

沒過多久，事情便土崩瓦解。原本想征服阿爾及爾，不料卻帶來一場災難。西斯內羅斯其實沒有完全掌控卡斯提爾的局勢；他專橫貪婪，名不正言不順，令眾多王公貴族頗感不安，某些人甚至前往布魯塞爾向這位新國王表達不滿。查理被告知，除非他在一五一七年十月之前抵達西班牙，否則西班牙**國會**（Cortes）將逕行召開會議。這可能會引發叛亂，或者導致更糟的情況。

這便是查理於一五一七年九月二十日前往西班牙北部海岸的原因，當地離他的目的地很遠，而且他認為那裡是尚未開化的蠻荒之地。查理長期未曾謀面的母親被關押在托德西亞斯（Tordesillas），他花了幾個月才從維雅維休沙（Villaviciosa）的小港口抵達托德西亞斯。查理因旅途勞頓而病倒，用獨角獸角粉和其他藥物治療都未見成效。他從小居住的勃艮第宮廷非常奢華，此處的住宿條件和伙食供應非常糟糕。托德西亞斯之行意味著他沒有立即前往召開**國會**的瓦雅多利德（Valladolid），因此他讓西班牙最有權勢的人枯等他加冕為國王和自我介紹。如此一來，查理並未立即喜歡上西班牙，西班牙人也沒有馬上喜愛他。

就在查理登陸西班牙並前往托德西亞斯之後不久，西斯內羅斯便於一五一七年十一月上旬去世。無論西斯內羅斯有何缺點，他一直是西班牙政壇的知名人物，有數十年的行政和決策經驗，資歷非常深，也是幫助查理祖父母順利施政的左膀右臂。這位樞機主教也是托雷多（Toledo）大主教，而托雷多是西班牙最重要且最富庶的教區（diocese，主教轄區）。他去世之後，主教職位隨即空缺。誰有了這份主教職位，每年便可賺取八萬達克特。但有誰能料到，失去西斯內羅斯已經夠慘了，欠缺經驗的十九歲外國人（謝夫爾勳爵的姪子）竟然被提名去擔任這個大主教，讓事情變得更糟糕。這明顯違反伊莎貝拉的遺願，因為她生前規定，不得讓外國人擔任教會職務。查理已經在某些小事上違反了這點，但任命外國人當托雷多的大主教可不能算是小事一樁。此外，亞拉岡的阿方索（Alfonso de Aragón）是斐迪南的私生子，擔任沙拉哥薩大主教，而且從他父親去世以來一直擔任亞拉岡的攝政王，因此他可算是西班牙最有權勢的人。阿方索也想擔任托雷多的大主教。不料，查理不僅沒把這個職位給阿方索，還告訴這位舅舅不必來覲見他。人人都認為查理這樣做既粗魯又無禮。

這與查理對待他十四歲的弟弟斐迪南的態度相比，根本微不足道。查理在法蘭德斯長大，乃是道道地地的勃艮第王子，而斐迪南卻在西班牙土生土長，以他為奪取權力而「不擇手段的」（Machiavellian，這個字源自於義大利政治家馬基維利〔Machiavelli〕），但老實說，馬基維利可是非常欽佩斐迪南）[3]祖父斐迪南來命名。這對祖孫甚至還是同一天出生。斐迪南是徹頭徹尾的西班牙王子，如同查理是道道地地的勃艮第王子。老國王亞拉岡的斐迪南很想保護心愛的孫子，便在去世之前與查理的代表烏德勒茲的阿德利安談判，過程複雜萬分，最終談出讓年輕的斐迪南有所依靠的條件。然而，查理最後竟然毀約，對先前承諾置之不理。查理本來答應要讓斐迪南在沙拉哥薩建立宮廷，但查理在前往這個城鎮的路途中卻將斐迪南送到他從未到過的荷蘭，讓年輕的斐迪南與所有的童年夥伴分開。亞拉岡其實很難管理，並且有跡象表明，強大的亞拉岡利益集團打算讓斐迪南取代查理。查理這位新國王不想冒這個險，就算讓弟弟遠走他鄉，不讓他與親人朋友團聚也在所不惜。

出於政局需要，肯定得出手無情。話雖如此，年輕的斐迪南比胡安娜過得要好得多。查理堅持要繼續囚禁胡安娜，讓她身處更加虛無的幻想世界而無法逃脫。沒有人告訴胡安娜她父親的死訊，也沒人讓她知道外面的世界發生了什麼大事。這樣做根本沒有必要，因為還沒有人會四處叫囂，要讓胡安娜恢復神智，過積極的生活，而且這樣做也是殘忍到了極點。

年輕的查理便是如此開始統治西班牙：驅逐新臣民早已熟悉的王子、孤立母親、侮辱舅舅亞拉岡的攝政王，而且宮廷還充斥鄙視西班牙人的外國策士。有人提出一些相反的論點，比如查理很快便學會了卡斯提爾語，以及他愈來愈能在公共場合自行發言，但這些與前述的失策相比，根本不值一提。查理慢慢巡視他的新王國，期間會見重量級人物，從代表機構（卡斯提爾、亞拉岡和加泰隆尼亞的**國會**）騙取稅收並作出承諾作為回報。十多年來，無論誰在掌權，西班牙都會陷入衝突。統治者能否順利安撫檯面下暗潮洶湧的各方角力，這都是值得懷疑的。查理當然辦不到，歷史證明，不到幾年之內，一場嚴重的公然叛亂就會爆發。**卡斯提爾公社居民**（Comuneros）很快便會威脅到查理最重要的財產，而在他前往這些新王國之前，根本想不到會發生這種事情。

購買王位

在**卡斯提爾公社居民**讓西班牙烽火連天之前，年少的查理老掛念著其他事情。一五一九年一月下旬，亦即他開始巡視新王國一年半之後，查理收到消息，驚聞祖父馬克西米利安已經駕崩。

這是查理個人的悲劇。查理的姑母瑪格麗特（Margaret）兩度喪偶，能力出眾，曾在勃艮第擔任攝政王，親自撫養這位年輕的王子。除了瑪格麗特，最能影響查理的人便是馬克西米利安。這位老皇帝喜愛自誇吹牛，心懷遠大志向，卻無法實現抱負。馬克西米利安偶爾會展現才華，但他經常會幹蠢事，與他同時代的人、他的父親腓特烈三世和他的女兒瑪格麗特對此心知肚明。馬克西米利安失敗了；他自己也這麼說。他在一五一三年向帕拉蒂尼伯爵腓特烈（Frederick）透露他想透過孫子爭取神聖羅馬

3 近代政治學之父，所著《君王論》提出現實主義的政治理論，主張權謀政治，被後人稱為「馬基維利主義」。

帝國的王位：「你看，我為帝國付出了鮮血、金錢和青春，最終卻一無所獲。」查理是馬克西米利安的繼承人，也是他摯愛的孫子。他對查理寄予厚望，希望查理能為他的王朝打下一片江山。查理憑藉西班牙和勃艮第的資源，可以在馬克西米利安力有未逮之處取得成功。這位老傻子的俠義夢、無情的陰謀詭計、背叛和屢屢失敗的計謀，一切都落實在他的長孫身上。

十八歲的查理一生只有幾位與他親近的成人，馬克西米利安的死不僅是對他個人的打擊，也是一場高層政治的危機。富有雄心壯志的年輕國王法蘭索瓦一世雖然只有短暫在位為王[4]，卻締造了諸多成就，讓法蘭西步入全盛時期。一五一五年，他親率大軍，在義大利北部的馬里尼亞諾（Marignano）擊潰了強大的瑞士軍隊。這次勝戰之後，**義大利戰爭**耗時八年的第三階段[5]結束了，法蘭西占據了上風。法蘭索瓦一世初出茅廬便功成名就，從而名聲大噪。他明確表示要不惜代價去取得神聖羅馬帝國的皇位。然而，眾多選帝侯並非傻瓜，他們樂於聆聽他有何提議。如果不出意外，他們可以善用法蘭索瓦一世對王位的興趣，搭配英格蘭國王亨利八世比較不熱中的王座競標，以此讓各方爭奪他們手中的選票。

查理不會說任何德意志方言（他並不比法蘭索瓦一世或亨利更熟悉德意志地區，而且從未踏入該帝國廣闊的德意志領土），但他卻不能讓祖父的皇位落入最大敵人的手中。查理對義大利的米蘭和拿坡里都有興趣，法蘭索瓦一世知道如何去對付他。更嚴重的是（至少從查理的角度而言），法蘭索瓦一世總是威脅他在勃艮第屬尼德蘭的財產。這位年輕的國王一想到法蘭索瓦一世會效法先前幾代的法蘭西國王，揮軍向北進攻阿托瓦、法蘭德斯和布拉奔，就足以激發內心的防衛反應。查理在那裡長大，仍然認為（並且永遠如此）自己是勃艮第王子。他首先考慮到的，便是要保護這些領土。

馬克西米利安在去世之前，一直在盤算是否有這種可能。他在義大利的最後一場戰事成了一場苦澀的鬧劇，爾後健康狀況更是每況愈下。他於是加倍努力，投入最後的精力，確保皇位最終能落入孫子的手中。

有七位選帝侯可以選出神聖羅馬帝國的皇帝：梅因茲、科隆與特里爾的總主教；波希米亞國王；布蘭登堡侯爵；萊茵－法爾茨伯爵（統領萊茵河周圍的一連串支離破碎的領土）；以及薩克森公爵。只要出得起價錢，絕對能夠收買每一位選帝侯。馬克西米利安於是四處打探，確定每人想要的價格，同時思考該如何支付。

然而，馬克西米利安一直負債累累，身無分文，不時得求助於雅各布・富格爾，向他借一千弗羅林來支付家庭開支。因此，這位老皇帝根本拿不出錢銀去賄賂選帝侯。然而，他的孫子查理繼承了兩個光鮮亮麗的王國，可以利用其收入來籌足銀兩。

查理最初給他祖父十萬弗羅林來購買神聖羅馬帝國的皇位。這雖是一筆鉅款，但仍遠遠不夠。馬克西米利安直言不諱，告訴查理：「如果你想得到這頂王冠，就絕不

4 其實不短，法蘭索瓦一世在位長達三十多年。

5 一五〇八年到一五一六年。法蘭索瓦一世在馬里尼亞諾戰役擊敗米蘭公爵馬克西米利安，遂在一五一六年擁有米蘭，並獲得「騎士王」美稱，同年更逼迫神聖羅馬皇帝將義大利北部移交給法蘭西和威尼斯。

能留一手。」馬克西米利安不僅要錢，還要查理聽他的安排，透過聯姻與別人結盟。然而，查理在一個星期內沒有給他滿意的答覆，馬克西米利安語氣更加直率，而且還想操縱他。「如果出現任何過錯或疏忽，我們會非常生氣。我們一生費盡心思來壯大和提升我們的王朝，培養我們的後代，但你玩忽職守，一切都會崩潰，危及我們所有的王國、領地和領主地位，從而讓我們失掉王位繼承權。」

謝夫爾此時是勃艮第和西班牙的首席財務官，他收到馬克西米利安的財務主管雅各布·維林格（Jakob Villinger）語氣更為直率的信件。「你已經知道這項選舉的重要性，但讓我重新讓你回想起來。」維林格寫道。查理若當選，他們將會「征服我們的敵人和那些希望我們痛苦的人，而反過來說，我們將會陷入徹底的痛苦和混亂，必將永遠痛苦，後悔不已……注意我剛剛說的話，否則我們會迷失。不要再渾渾噩噩了！」

馬克西米利安一生都在為此努力，若有必要，他會把每一分錢都花在孫子身上。這位老皇帝給別人錢時一向很慷慨，如今到了生命的盡頭，更是不必去改變。在他去世前不久，馬克西米利安與眾選帝侯達成了一項初步協議，承諾預先給他們五十萬弗羅林，每年還會提供數萬弗羅林的養老金，甚至還有其他誘因。然而，馬克西米利安就在要簽署、密封和交付協議之前，竟然於一五一九年一月十二日駕崩。

馬克西米利安離世之後，事先的安排也就煙消雲散。法蘭索瓦一世的外交官語氣辛辣，提醒萊茵－法爾茨伯爵，指出法蘭西國王「擁有力量、鉅額財富、熱愛武器、具備專業知識且戰爭經驗豐富。」這既是一種誘因，也是一種隱晦的威脅。法蘭索瓦一世寫信給德意志的官吏：「想要得到你想要的，只能賄賂對方或使用武力。」他準備同時使用棍棒與胡蘿蔔。法蘭索瓦一世身材魁梧，成果斐然，不成熟的查理與他相比，並不特別令人印象深刻，看起來也確實不怎麼樣。似乎沒有什麼人能阻止法蘭西軍隊進入神聖羅馬帝國去支持法蘭索瓦一世。

然而，查理決定不惜一切代價，而他從馬克西米利安繼承了達成這項目標的關鍵因素：雅各布・富格爾對他有信心。富格爾絕對不是笨蛋。他與哈布斯堡家族合作了三十多年，賺取令人瞠目結舌的錢銀。只要成為代理人，替查理籌錢去買到皇冠，將可打開財富之門。任何金融家只要想到這點，便會瘋狂不已。原因為何？因為西班牙和拿坡里王國，加上奧地利的世襲土地和低地國家勃艮第的遺產，歐洲歷來的統治者都未曾擁有過此等龐大的財富。只要借錢給這位君主，便可獲取金山銀山。富格爾幾乎想都沒想，便拒絕兌現法蘭索瓦一世的信用狀，反而立即借給查理五十多萬弗羅林。這筆貸款以西班牙未來的稅收作為擔保，由奧格斯堡帳房的熟練會計以（西班牙流通的）馬勒威迪銀幣精確估算出金額。

此乃查理當選的關鍵：歐陸多數地區的資源都是藉由以奧格斯堡為中心的金融網絡來匯集。查理擁有高貴的血統，其雄心勃勃的祖父讓他登上神聖羅馬帝國的王座，但富格爾家族及其代表的金融世界則買下了查理的王冠。

過度擴張

時至一五二〇年，查理已經取得後續三十五年該有的頭銜與權利。這些總加在一起，讓他成為自查理曼（Charlemagne，又稱「查理大帝」）[6]以來歐洲歷來最強大的統治者。這位新皇帝的領土觸及北海（North Sea）、波羅的海（Baltic）、亞得里亞海（Adriatic）、大西洋和地中海，甚至遠及加勒比海與太平洋，另在**新世界**還擁有鮮為人知的島嶼。歐洲最富裕的地區，包括法蘭德斯、德意志南部和安達魯西亞繁華的港口，都在他的統治之下。查理當選神聖羅馬帝國皇帝的目的，除了追求皇冠這等共同目標，便是要善用這些地區的財富及其金融網絡。

在許多觀察家眼中，查理似乎能以君王之姿號令天下，統領萬國四方。他可謂普世君主，能讓普世享受和平，體現深刻的中世紀世界觀（雖然這是一種多面向的世界觀，融合教宗的教義宣傳、義大利詩人但丁〔Dante〕的思想，以及羅馬帝國的法律），以普世信仰和普世教會為核心。即使興起攸關統治與教會角色的新人文主義思想，這種普世傳統仍在整個歐陸知識分子中間流傳並保持原有的活力。查理的新御前大臣梅爾庫里諾・迪・加蒂納拉（Mercurino de Gattinara）是經驗豐富的義大利律師兼行政官。他表達了對普世主張的看法，讓查理發表下列演講，指稱他是為了謀求卡斯提爾的利益：「德意志人同意授予吾此**帝國**（imperium），而吾自忖，此乃上帝之意願與命令……因為唯有上帝，方能令帝國存在。」

查理比歷來任何君主擁有更多的權利要求。然而，這些權利之間有所衝突，這既是一樁好事，卻也是緊箍咒。除了被查理本人獨自擁有，它們並未以任何方式整合在一起。使查理成為布拉奔公爵（Duke of Brabant）的主張與他是拿坡里國王的主張毫無關聯；拿坡里王國的臣民對其統治者的看法有別於布拉奔公國對其統治者的看法。某個王國的稅收不能輕易轉移到另一王國。假使查理需要錢銀來發動戰爭，他必須分別向神聖羅馬帝國**議會**、卡斯提爾**國會**和亞拉岡**議會**請求撥款，而查理的領土上有更多的代表機構，上述只是其中的三個。每處領土的臣民對於他們想從統治者得到什麼、統治者虧欠他們什麼，以及他們的最終利益為何，都有自己的一套想法。無論查理對普世君主有何主張，無論他採用何種普世統治的儀式與象徵，而且即使他的策士想方設法從事深入的意識形態宣傳，查理都無法乾綱獨斷，讓臣民完全聽命行事。

為何布拉奔貴族或薩克森教士會關心查理對米蘭公國的個人規劃，或者查理為何要攻占北非阿爾及爾港口來保衛格拉納達和西西里海岸？拿坡里的貴族能夠如何從庇卡底對抗法蘭西國王的戰役中受益？西班牙海岸巴斯克港口的羊毛商人是否應該繳稅，用來對抗鄂圖曼帝國對匈牙利的侵略行徑？我們提出這些，便可輕易看出查理的權力和能力是有所局限的。

6 中世紀早期法蘭克王國的國王，其流行譯名「查理曼大帝」之中的「曼」字（法語：-magne）已含有「大帝」之意，故譯為查理曼或「查理大帝」。

此乃查理治國理政的核心難題。他看似十分強大，但他卻得獨自統治眾多領土，而每處領土都有自身的王公貴族、等級制度、爭論問題、關注焦點、政治結構與風俗特點，若想妥善管理，絕對異常艱鉅。查理勤奮不懈，黎明即起，鎮日處理國務，但國事如麻，讓他無法單獨應付。中世紀政治錯綜複雜，處處令查理掣肘，但他統領新興國家，又能一展鴻圖。多方因素交錯，查理置身其中，肩負之重責與統領之臣民，彼此衝突競爭，頓感千頭萬緒，無所適從。

這些矛盾與問題立即便顯露出來。查理於一五二〇年年初離開西班牙，前往神聖羅馬帝國內的新領土。不到幾個月，一場號稱**卡斯提爾公社居民起義**（Revolt of the Comuneros）的大規模動亂便蔓延卡斯提爾全境。托雷多、布哥斯、瓦雅多利德和許多城市都出現騷亂。這場烽火遍地的反抗行動，起因是上述城市的居民對當前局勢深切不滿，還有他們有強烈的認同感，想要發洩怒氣。相較之下，農村發生動亂時，動亂之士卻打著反精英口號。叛軍向托德西亞斯進發，並且釋放了胡安娜王后，打算讓她取代兒子查理。

查理當時遠在德意志，腦子裡全想著其他事情，絲毫沒有意識到事態的嚴重。他的西班牙代表烏德勒茲的阿德利安並非在伊比利亞半島土生土長，看到人民起義，卻不知其根源，或者不了解局勢的緊張程度。查理本人也一頭霧水，反而繼續要求官員呈交他們在叛軍控制地區所收到的稅金。無論怎麼看，這樣都是滑天下之大稽。幸好胡安娜拒絕被當成傀儡，年輕查理國王最終任命了沉穩幹練之士做為代表，令其召集軍隊去鎮壓叛軍。此外，屋漏偏逢連夜雨，瓦倫西亞也同時爆發了幾乎同樣嚴重的動亂。與卡斯提爾的情況一樣，解決危機的唯一辦法，便是公開宣戰鎮壓叛軍。其後便有強力鎮壓，包括在瓦倫西亞大規模處決叛軍、對札摩拉（Zamora）主教施以酷刑和絞刑，以及要求鉅額罰款，最終便平息了動亂。然而，動亂起初之所以爆發，乃是有代表權、稅收與王室統治失能等根本問題，而鐵腕鎮壓根本無法釜底抽薪解決問題。

西班牙只是查理的其中一處領土。身兼國王與皇帝的查理還得與名叫馬丁·路德的奧古斯丁隱修會修士打交道，因為他正在四處傳播會招致麻煩的論述。正當卡斯提爾的**公社居民**以及瓦倫西亞的**阿格馬納特**（agermanat）[7]叛亂時，路德正在沃爾姆斯會議慷慨陳詞，為己辯護。難怪當蘇萊曼大帝向貝爾格勒進軍時，查理根本懶得出兵幫助妹夫匈牙利國王拉約什二世。這也是同時發生的。無論鄂圖曼帝國進軍中歐有何戰略意義，查理根本分身乏術，無力多管閒事。

重要之事一次又一次遭人遺忘。這位皇帝能關注的事就只有這麼多。查理一生統治萬國，這種問題反覆出現，而隨著歲月的流逝，情況將愈來愈糟。

7 加泰隆尼亞語，動詞形態為 agermanar，表示「合群」和「友好」。Germà 有「兄弟」的意思。

發動戰爭，締造和平

查理行使權力時會遭遇許多阻礙，但他一旦決定投入資源去完成某項計畫時，他幾乎無所不能。查理被加蒂納拉和其他理論家灌輸了普遍君王的想法。他還認為，追求先前幾代哈布斯堡王朝和特拉斯塔馬拉王朝所主張的權利是他的職責。然而，他沒有宏遠的戰略和統一的目標，也沒有仔細權衡各方勢力，更沒有深刻掌握和平的機遇，或者明瞭衝突的風險。查理及其策士並不愚蠢（絕對不笨），但他們的算計之道迥異於我們習慣的做法。發動戰爭既是國王的基本職責，亦是國王的娛樂消遣。它有本身的邏輯和理由。

查理可在很多地區遂行其軍事野心。從一四九四年起，義大利與歐洲的多數地區都陷入一連串衝突，統稱**義大利戰爭**，而查理在這些戰事的休兵期間繼承了西班牙和神聖羅馬帝國的王位。他的祖父斐迪南和馬克西米利安都在不同階段親身參與這些無休無止的戰爭。總體而言，查理的特拉斯塔馬拉這一方家族比哈布斯堡那一方家族在戰事方面斬獲更多。馬克西米利安花費鉅資，多年競選拉票、背叛盟友和換邊站隊，卻沒有獲得實質利益。相較之下，斐迪南囊括了拿坡里王國（衝突的起因），讓特拉斯塔馬拉王朝在義大利站穩了腳跟。查理現在擁有拿坡里，因此長期對義大利抱持著興趣。然而，值得注意的是，由於查理獲得一系列頭銜和領土，表示從庇卡底到加泰隆尼亞，他的領土都與法蘭西國王法蘭索瓦一世的領土接壤。

就在**卡斯提爾公社居民起義**以及馬丁．路德在沃爾姆斯不願公開認錯和收回言論之際，有兩支法蘭西軍隊正在行軍：一支沿著法國東部的默茲河（Meuse River）前行，另一支則進入西班牙北部的納瓦拉／納瓦赫（Navarre）。更糟糕的是，法蘭西國王煽動海爾德蘭公爵（Duke of Guelders，萊茵河沿岸小而強大的領主）入侵查理在夫里士蘭（Friesland）的領土。因此，查理被迫要應付這三方威脅。對手不停派兵攻占他的領土，令他受到百般的威脅，上述軍事衝突只是開端而已。

儘管這些戰事遠離義大利半島，但雙方交戰卻開啟了**義大利戰爭**。自一四九四年以後，各個強權以令人眼花撩亂的形式合縱連橫，讓戰火從陽光普照的義大利南部席捲到英格蘭的北部荒野。西歐大國都被捲入戰爭，連英格蘭和蘇格蘭都難以置身事外。曾幾何時，威尼斯共和國竟獨自對抗法蘭西、西班牙、神聖羅馬帝國和教宗的聯軍。馬克西米利安皇帝多次改變過立場，試圖（但通常失敗）從混亂的局勢獲得蠅頭小利。然而，法蘭西與西班牙確實發生了衝突，而且主要是在義大利兵戎相見。法蘭西國王宣稱對拿坡里擁有主權，但亞拉岡國王也如此宣稱。義大利的強權不得不選邊站。最終的結果如下：到了一五二一年，大批傭兵在義大利半島肆虐數十載，搶劫、殺戮、焚燒等事件層出不窮，偶爾交戰雙方還會殺得屍橫遍野。

查理此時必須效法兩位祖父，長期與法蘭西對抗並承擔征戰損失。在一五二一年到一五二二年的冬季，查理及其策士一直在思考該於何處發動戰爭。即使如此，這位年輕皇帝依舊生下了至少三個私生子，並且經常狩獵與打網球。他還訪問了英格蘭，並且待了很久。英王亨利八世娶了查理的阿姨凱瑟琳（Catherine），而查理又與亨利的女兒瑪麗（Mary）有婚約。一五二二年四月，在沒有查理直接參與的情況下，一支由西班牙專業人士和德意志傭傭兵組成的軍隊接受了他的報酬，由名叫普羅斯佩羅．科隆納（Prospero Colonna）的義大利老將領導，在比可卡（Bicocca）擊潰了一支法蘭西軍隊。到了該年年底，這位皇帝待在西班牙，盡情享受時光，順道監督屬下懲罰**卡斯提爾公社居民**。當法蘭西最重要的貴族波旁公爵從法蘭索瓦一世叛逃，歸順查理這位西班牙國王兼神聖羅馬帝國皇帝時，情勢便看起來大好。法蘭索瓦一世與那個時期的其他統治者一樣貪得無厭，因為手頭拮据，便奪取了波旁公爵原本可以繼承的土地。波旁公爵驍勇善戰，勢力龐大，立即與法蘭索瓦一世切割，轉而投靠查理。

查理原本打算與亨利八世聯手，卻從未實現這項計畫，但是到了一五二四年，他卻掌握了主動權。他的拿坡里總督查爾斯．德．蘭諾伊（Charles de Lannoy）將法蘭西的駐軍從義大利北部的多數地區驅逐出境。波旁公爵未能在法蘭西境內裡應外合，對抗法蘭索瓦一世，但他卻率領帝國軍隊入侵普羅旺斯（Provence），圍攻馬賽（Marseilles）並放火燒毀美麗的村野。然而，情勢從那時起便急轉直下。一五二五年二月，法蘭索瓦一世截斷了波旁公爵的退路，率領一支勁旅進入義大利北部，圍攻帕維亞的帝國駐軍。查理當時幾乎錢銀用盡。他的部隊也正在撤退。與英格蘭的聯盟計畫告吹。他將失去在義大利的戰果，甚至可能會丟掉拿坡里的王位。然而，更糟糕的事情還在後頭。查爾斯和宮廷諸臣憂心忡忡，認為只要聽到任何消息，便絕對沒有好事。

一五二五年三月十日，約莫晌午，這位皇帝正與一群策士商討義大利的嚴峻局勢。此時一位信使騎著一匹疲憊的馬，氣喘吁吁地進入馬德里王宮。信使呈上了信件；查理一看，頓時僵住，有一會兒什麼話也沒說，然後又重複了一遍。「法蘭西國王被我軍俘虜了，我們贏了？」這位皇帝再次沉默，然後回到住處，在聖母瑪利亞像前跪下，祈禱了半小時，最後出來慶祝勝利。

法蘭西在**帕維亞之戰**（Battle of Pavia）一敗塗地，損兵折將，這是他們自一四一五年**阿金庫爾戰役**[8]以來最慘重的戰事失利。法蘭西軍隊被擊潰，失去了在義大利北部的戰略地位。法國的貴族精英同樣戰死沙場。法蘭索瓦一世本人更是遭到囚禁。在那個時代，王朝統治者便代表國家，因此囚禁了法王，簡直可以對法國予取予求。無論查理想要什麼，好比駁回法蘭索瓦一世對他領土的主張、直接要求對方割讓土地，或者索取一大筆贖金（king's ransom，直譯為「國王的贖金」，確實能以國王為人質去勒索錢銀），一切都在他的掌握之中。全部的牌都在查理手上，他非出牌不可。

然而，或許可以預見的是，過不了多久，這些可大撈一筆之事便會引發混亂和帶來災難。

8 英法百年戰爭中著名的以寡擊眾的戰役。英格蘭軍隊在亨利五世的率領下，以步兵和弓箭手為主力，擊潰了由大批貴族組成的法蘭西精銳部隊。

聚合，分離

就在查理的德意志傭兵與西班牙火繩槍手在帕維亞將法蘭西軍隊打得潰不成軍的前幾天，住在巴伐利亞（Bavaria）美明根（Memmingen）的農民向該市的市長（行政官，magistrate）提出了一份很長的清單，單上詳細列出他們的要求。席捲德意志的福音派宗教改革風潮起了一定的作用：這些村民要求自行選擇傳教士，不想繼續受制於教會。這已經夠激進了，但遠不止於此。從邏輯而言，宗教改革的終極目標就是要追求平等，讓基督教修士彼此平起平坐。美明根的村民打算重塑壓迫他們的整個階級結構，讓這些人聽從社會上比他們更好的人士。

這些村民並非唯一想爭取公平的人。在一五二四年的收穫季節與一五二五年年初的前幾個月裡，德意志西南部掀起了一場大規模的農民起義，此乃歐洲幾代人以來規模最大的一次百姓抗議事件。在**帕維亞之戰**後的幾個月裡，這場起義蔓延到德意志的西部和中部，沿萊茵河、巴登、符騰堡和圖林根（Thuringia）傳到法爾茨。不久之後，農民與德意志諸侯的軍隊便開始彼此廝殺。情況自此逐漸惡化，更激進的農民還會殺死貴族，劫掠他們的城堡。德意志諸侯為了報復，僱傭了頑強的**國土傭僕**軍隊，讓他們恣意屠殺農民、對民眾施以酷刑，以及處決許多叛亂分子。路德可能激勵了農民叛亂，但他以煽動性和冷酷無情的口吻否認此事。這一切都發生在神聖羅馬帝國皇帝查理的領土，其中包括一些哈布斯堡王朝的世襲土地。然而，查理此時正在別處忙著，只能仰賴弟弟斐迪南和**士瓦本同盟**的貴族為他平定判亂。他只是希望農民弄出的問題遲早會消失。

叛亂最終確實平定了，但德意志各地死傷無數，許多地區被破壞得滿目瘡痍。**農民戰爭**（Peasants' War）並未直接影響到查理，因為他當時在一千英里之外的西班牙居住，絞盡腦汁在思考贏了法蘭索瓦一世之後該如何做。然而，這只是一個跡象，預示未來會有更多的事情發生。

到了一五二六年春天，查理幾乎已經揮霍掉捕獲法蘭索瓦一世所獲得的優勢。為了換取自由，法蘭索瓦一世同意查理的要求，包括將他的兩個兒子和繼承人做為人質交換出去，但他一回到法蘭西邊境便立即食言。與此同時，法蘭索瓦一世幹練的母親一直忙著籌組聯盟，準備向查理宣戰。教宗克勉七世、威尼斯共和國、佛羅倫斯和被廢黜的米蘭公爵法蘭切斯科・斯福爾扎（Francesco Sforza）在英格蘭亨利八世做為擔保人的情況下，加入了法蘭索瓦的**干邑同盟**（League of Cognac）。他們的要求非常驚人，包括歸還法蘭西王子，償還亨利八世的八十萬達克特金幣，以及如何解決義大利領地的各種保證。

查理的厄運才剛開始。匈牙利國王拉約什二世愈來愈懇切求助於查理這位哈布斯堡的姻親。蘇萊曼大帝已經將目標鎖定在匈牙利，正率兵要大舉進犯。然而，查理和斐迪南拒絕協助心煩意亂的拉約什二世，幫助他對抗入侵的鄂圖曼人。斐迪南如今是奧地利大公，正在代替兄長處理麻煩的路德派改革者，同時要解決農民起義的最後餘孽，只能顧及眼前的問題。查理仍待在遠方的西班牙，什麼也不做。他寫信給斐迪南：「如果我們能夠得到和平，你知道我肯定會投入一切資源去協助匈牙利。但是，如果牽扯我財產的戰爭會持續下去（我確信會這樣），我讓你去判斷我是否應該先保護自己並為此投入我所有的資源。」查理建議斐迪南寬容處理德意志的路德信眾，以便能夠派遣軍隊去應付鄂圖曼帝國的威脅。即使查理收到拉約什二世的最後請求時，仍然沒有讓步。他回信道：「我已經有一個令人厭煩的『（鄂圖曼）土耳其人』[9]要對付，他就是法蘭西國王。」由於哈布斯堡家族沒有派兵支援或提供資金，蘇萊曼在莫哈奇殺死了匈牙利國王和多數的匈牙利貴族。通往中歐的道路（亦即進入施蒂里亞、奧地利和提羅爾等哈布斯堡祖傳土地的道路）便向鄂圖曼帝國敞開。無論一五二六年在匈牙利與鄂圖曼人作戰時可能需要付出何種努力與投入多少錢銀，在後續數年內，鄂圖曼人侵門踏戶，打到哈布斯堡王朝的家門口，到時要抗敵則是得花費更多。

查理分頭處理許多事物，該付的帳單已經到期，遑論還得支付治理國政與發動戰爭的實際開銷。這位皇帝能解決這些問題嗎？其中還有彼此交織的問題。查理認為**干邑同盟**威脅甚大，必須立即處理，根本不相信鄂圖曼帝國會更加危險。就在蘇萊曼進軍匈牙利之際，斐迪南奉查理之命在德意志招募僱傭兵，並派遣這些戰士南下，替這位兄長在義大利征戰。即使拉約什二世和斐迪南能夠說服查理，使其相信最大的威脅是在匈牙利（但考慮到基督教軍隊〔包括教宗本人〕正要侵略查理的土地，這點基本上很難辦），但查理的資源已經被耗盡，根本分身乏術。當匈牙利淪陷的消息傳到查理耳中時，他寫道：「我已經將自己所能籌集到的最後一枚達克特送到了義大利。」查理等到匈牙利兵敗莫哈奇之後，才驚覺鄂圖曼人是最大的威脅，但為時已晚。

事情還有可能惡化。查理有足夠的錢可在義大利組建一支龐大的軍隊，其中包括由老將格奧爾格·馮·弗倫茲貝格從德意志派遣南下的一萬六千名薪餉不低的**國土傭僕**，但他卻沒錢維持這支軍隊的開銷。西班牙士兵是從拿坡里駐軍調來，其中某些人已經有二十個月沒有領到半點錢銀。德意志戰士自從幾個月前離開家園以來，也一直沒有獲得報酬。此外，讓事情更複雜的是，查理從未明確指出誰才是軍隊的指揮官。波旁公爵嗎？抑或指揮最多士兵的弗倫茲貝格？還是拿坡里總督查爾斯·德·蘭諾伊？

災難已經準備要爆發。士兵要領到薪餉，才願意服從命令。弗倫茲貝格是最受尊敬和最有經驗的指揮官，但他一看到即將爆發兵變，人就中風了，根本無法領導將士。蘭諾伊與教宗克勉七世達成協議，但軍隊不聽他發號施令，他根本無法下達命令。兵將喜歡波旁公爵，而波旁公爵為了讓戰士們效忠，便允許他們掠奪財物，因此軍隊開拔之後，一路從倫巴底向南瘋狂掠劫，直到他們抵達羅馬。到了一五二七年五月六日，飢餓和憤怒的軍隊襲擊了「永恆之城」（Eternal City）羅馬，數千人橫死街頭，整座城市被洗劫一空，搞得面目全非。

9 鄂圖曼人的祖先是西突厥烏古斯人的游牧聯盟，因此土耳其人是突厥人的後代，如今的亞塞拜然、哈薩克、烏茲別克、土庫曼、吉爾吉斯以及中國的新疆、青海循化、甘肅和蒙古等地的人都有突厥人血統。

查理這位皇帝試圖擁有一切而耗盡手頭資源。因此從邏輯推論，這樣必定會引發羅馬之劫。兩年之後，蘇萊曼大帝率軍出現於維也納城門外。查理也只能稍微抵抗一下，作勢保護祖傳財產。鄂圖曼人之所以被迫撤軍，讓維也納得以倖存，除了查理做了（或可能做了）一點事，還得歸功於當時天氣惡劣，以及鄂圖曼人的後勤支援不到位。銀行家會願意借錢給查理，而這位皇帝則用廣闊領土的未來收入來保證還款，但整個歐洲根本沒有足夠的金錢來支應他需要做的一切事情。

全球帝國

查理很幸運，還能意外獲得大西洋彼岸的收入。哥倫布出海遠征之後，加勒比海地區有不少地方被殖民和征服，這些地方的宗主權（suzerainty，某國統治另一國的權利）名義上都歸給西班牙王室。查理這位新國王首度抵達西班牙時，這些地產並不多，只有加勒比海的幾座島嶼以及巴拿馬地峽（Isthmus of Panama）上的一些荒涼前哨站，沒有一處特別富庶或前景看好。只有五千名左右的西班牙人居住在那裡，另有數百名非洲奴隸以及更多的原住民。然而，在查理的統治期間，西班牙在**新世界**的領土面積擴大了四倍多，納入墨西哥、秘魯和其他大片土地，這些領土皆由卡斯提爾王室直接統治。查理身在遠處，只有稍微留意他在當地四處掠奪的臣民。他監督了人類歷來最廣泛、最恐怖和最有利可圖的征服計畫。

土著居民飽受（歐洲傳來的）新疾病肆虐，還被暴力相向，慘遭剝削，幾乎死傷殆盡。在哥倫布抵達後不到兩代人的時間，只要在西班牙人去過的加勒比海地區，當地原住民幾乎盡數滅亡。為了確保這些新殖民地的勞動力供應充足，區域性的奴隸貿易蓬勃發展，但結果可想而知：例如，有一萬五千名原住民被強行運送到伊斯帕紐拉島，十年之內死了不少人，只剩兩千人存活。根據一項估計，在一四九三年至一五一八年之間，西班牙控制下的四個最大加勒比海島嶼上約有二十萬人死亡。西班牙人起初便一心想賺取錢銀，於是剝削當地百姓。他們鐵腕統治，帶去歐洲的疾病，讓被奴役的人情緒崩潰。這些原住民營養不良且過度勞累，因此傷亡眾多，景象令人觸目驚心。

這項剝削過程並非始於查理，他的繼任者也好不到哪裡去。然而，西班牙對美洲大陸四處擴張領土，其殘暴行徑和剝削手段簡直前所未見、聞所未聞。埃爾南·科爾特斯為人精明且極其殘忍，率領部屬征服墨西哥，四處掠奪資源。據他自己的說法，他在一五一九年卓路拉鎮（Cholula）的某次事件中屠殺了三千多人。在後續幾年裡，他與手下在阿茲特克帝國首都特諾奇提特蘭（Tenochtitlan）[10]幹下了更為傷天害理的事。

查理一直對屬下從他新領土帶回的外來動植物深感興趣。他喜歡祖父斐迪南生前

10 遺址位於今日墨西哥城的地下。

豢養的花鳥與一隻鸚鵡。這位皇帝偶爾會關心土著的福祉，但很諷刺的是，他竟然為此推動從非洲大規模進口奴隸。然而，查理最終只關心他在美洲的產業能提供多少財富。他需要錢銀來支付兵將薪餉、建造船隻戰艦、賄賂外國君主，並且償還許多債權人的欠款。**新世界**可以提供大筆錢銀。

一五二〇年三月，來自**新世界**的第一筆現金注入國庫。科爾特斯送回許多寶藏，其中多數是他在卓路拉鎮大屠殺之後搜刮的。科爾特斯曾與古巴總督發生爭執，他之所以呈上財寶，乃是想博得查理的好感。查理立即把這筆錢拿去支付前往英格蘭和低地國家的行程，花得一毛不剩。這位皇帝用沾染卓路拉鎮居民鮮血的錢銀來支付自己在歐洲的開疆拓土計畫。

這很快便成為一種模式。只要錢一到，查理就想辦法把它花光。科爾特斯野蠻征服特諾奇提特蘭和墨西哥腹地之後，於一五二四年送回十二萬比索（peso）金幣。當時，義大利的戰事方興未艾，查理立馬將錢拿去支付軍餉。數以萬計的美洲土著慘死，方能支付查理數個月的軍餉。這位皇帝隨後又再度錢財耗盡，身無分文。

查理只是運用美洲臣民掠奪的鉅額財富，卻沒真正統治當地。不妨看看他在一五二九年於冒險家法蘭西斯克·皮澤洛從巴拿馬出發前往秘魯之前發出的指示：「根據有關當地之既有訊息，其居民具備智慧與能力，足以了解吾等神聖天主教信仰，因此無須武力征服彼等。吾等應懷抱關愛，慷慨以待之。」想也知道，皮澤洛絕對沒有這樣做。一五三二年十一月，皮澤洛及其小隊以大砲轟炸集結的印加（Inca）貴族，靠著騎兵將其逐一撂倒，足足有兩千多人被殺，印加帝國皇帝阿塔瓦爾帕（Atahualpa）也被俘虜。他的贖金超過六噸黃金和十二噸白銀。皮澤洛在錢銀到手之後，命人勒死了阿塔瓦爾帕。

到了一五三五年，查理可以聲稱統治了一個真正的全球帝國。他贊助了麥哲倫（Magellan）的環球航行，使他得以宣稱擁有摩鹿加群島（Moluccas），此處傳統稱為香料群島（Spice Islands）。這批群島與查理其他的產業一樣，也能當作償還債務的替代品（fungible）：這位皇帝需要現金來防禦維也納，以此抵抗進犯的鄂圖曼帝國，他便將其以高昂的價格賣給葡萄牙國王。他的臣民強迫墨西哥土著勞動，定期將壓榨土著的血汗錢運回西班牙，但運回的財寶根本不敷使用。

一五三四年，第一批令人難以置信的印加珍寶運抵塞維爾，但查理並未感到驚訝；他只保留最吸引人的掠奪寶物，命人將其餘部分熔化之後鑄成錢幣。這位皇帝一如既往，需款孔急，便將注意力轉向突尼斯，並且投入大量精力和資源，打算奪取這個北非海岸的重要港口。

突尼斯

汗水浸濕了查理五世的金色短髮，順著修剪整齊的鬍鬚流下，使鬍鬚緊貼突出的下巴。查理蓄留鬍子，本就是為了掩蓋突出的下巴，但他這一流汗，不就白費心機了嗎？話雖如此，目前烽火連天，仍在戰鬥，至少這裡沒人會在意這位皇帝突出的下顎。大砲不停咆哮，火繩槍不斷噴煙，鋼鐵與鋼鐵強力碰撞：數千名士兵聚集在北非突尼斯港口拉格萊塔（La Goletta）的城牆之外，猛力進攻該鎮。蔚藍海水在港口沖激塵土飛揚的棕色海岸，一批低矮的細長戰艦和船舷高聳的大帆船（galleon）[11]不停向守軍發射砲火。在查理眼中，一五三五年七月十四日是個美好的日子。他那天親身經歷了戰鬥，感覺生龍活虎，不虛此行。他出生三十五年以來，別的經歷都無法讓他有這種感覺。回顧過去數十載，他耗費錢銀，發動大規模戰爭，卻只能從宮殿和野營帳篷運籌帷幄、指揮戰事，如今終於親身體驗戰爭場面。他一直想御駕親征，如今終於得償所願。其實，查理是不顧策士的建議和判斷，堅持親自督軍，領導將士對抗穆斯林敵軍。當砲彈打穿磚石和刀刃刺入脆弱的肉體之際，這位皇帝心滿意足看著。他終於辦到了。

這支軍隊和運送他們的船隻是從查理遼闊的帝國各處聚集而來：**國土傭僕**來自德意志，向南越過阿爾卑斯山，然後在熱那亞附近登船；西班牙士兵曾在拿坡里和西西里服役多年，乃是沙場老將。他們攜帶老舊的火繩槍，盔甲更是佈滿凹痕；義大利戰士經驗豐富，願意為財賣命。數十年來，他們在義大利半島歷經無止無休的戰爭，繼承了扎實的軍事傳統；以馬爾他島（Malta）為基地的僧侶騎士團是昔日十字軍東征騎士的傳承者；查理的大舅葡萄牙國王[12]提供精良的葡萄牙軍艦，查理用航行到印度群島所得的財物來支付費用。大約二萬六千名戰士登上四百艘船，船上也許另外載著二萬五千名船員，他們來自歐洲基督教世界的各個角落，聚集在這個穆斯林海盜的溫床。

西班牙人謀殺了印加人，從他們手中搶奪了大批財寶，所得錢銀被用來支付這次遠征的軍餉開支。然而，這些殘殺人所得到的錢，卻讓更多人流了鮮血。

查理最輝煌的時刻是攻占拉格萊塔，不久之後，突尼斯便被攻陷，其令人望而生畏的統治者海盜巴巴羅薩棄城遁逃。查理的士兵掠奪了大量寶藏，能帶走的都不放過，而且還俘虜了百姓當作奴隸。原本這群海盜會不時襲擊西班牙和法國海岸，如今這種威脅已不復存在。

查理五世耗費了無數錢銀，一直對抗其他的基督教君主。他先前全神貫注於義大利情勢而忽略了中歐，使得妹夫因此殞命，爾後還捲入一連串戰爭，付出更高昂的代價，方能保衛奧地利和波希米亞（Bohemia），使其免受鄂圖曼帝國染指。普遍認為，查理在突尼斯找到了合適的敵人（穆斯林），他投入大量資源，打了一場聖戰。有此功績，連與查理鬥了一生的法蘭索瓦一世都得勉為其難與他和解，讓雙方戰時休兵。

然而，此次征戰與查理的所有戰事一樣，雖然贏得勝利，成效卻不長，甚至可說是虛幻的。巴巴羅薩逃往阿爾及爾，爾後與蘇萊曼大帝更緊密結盟，指揮了整個鄂圖曼艦隊，反而擁有十倍以上的權力。在後續幾年，巴巴羅薩不時突襲義大利，造成數千人死亡，同時俘虜了許多人，讓穆斯林世界的奴隸市場為之興旺。巴巴羅薩先前當

11 又譯加利恩帆船，它是至少有兩層甲板建構的大型帆船，無論用於貿易或海戰，一般都配備火砲。

12 作者應該指約翰三世（João III），他是查理的皇后「葡萄牙的伊莎貝拉」的兄長。

海盜時只是偶爾騷擾各國，如今卻是屢屢進犯，相較之下，他昔日的行徑只能算是針刺，根本不痛不癢。查理攻占突尼斯所費不貲：根據某項估計，他花了一百零七萬六千六百五十二達克特，遠高於他賄賂選帝侯而當選皇帝的金額。

從印加帝國奪取的寶物都拿來支付這整場戰爭的花費。查理在巴塞隆納集結軍隊，並將王國的鑄幣匠都召集到加泰隆尼亞。這些工匠需要立即將每一盎司血腥橫財轉變成錢幣，方能付錢給士兵、水手、船長、軍械師、餅乾製造商、鹽肉加工商，此外當然還得付款給銀行。甚至連安地斯山脈（Andes）的財貨也僅能用來當作其他更大支出的擔保品（security，押金）。這一切的錢銀周轉支付，都是藉由當時日益複雜的財務措施來處理。當時最會運用資源，或者最能發揮創意來吸引資金的人，莫過於查理五世。光從遠征突尼斯的物資籌措與開支安排，便可略窺其運作方式以及為何我會如此論斷。

到了一五三五年，除了威尼斯這個擁有海外帝國的商業城邦，歐洲沒有哪個國家能比西班牙在資助大規模軍事遠征方面擁有更多的經驗或具備更好的工具。自一四八二年征服格拉納達的戰役以來，卡斯提爾與亞拉岡總是處於戰爭狀態，雙方衝突不斷，期間僅有幾年的承平時期。拿坡里、米蘭、威尼托、羅馬亞（Romagna）[13]、熱那亞、普羅旺斯、加泰隆尼亞、納瓦拉與希臘海岸：這些只是西班牙耗費資源去支付戰爭開銷的地方。查理的兩位祖父都想開疆拓土，但查理比他們更有雄心壯志。幸好他有一群熟練的財務顧問來協助他打理國事，其中最傑出的是弗朗西斯科·德·洛斯．科伯斯（Francisco de los Cobos）。查理統管許多王國，其中的骨幹是卡斯提爾，而科伯斯或許是唯一能夠完全掌握卡斯提爾王室複雜財務狀況的人。

印加寶物於一五三四年首度運抵西班牙，總價值約為二百萬達克特。查理做為西班牙國王，有權按照慣例抽取其中的五分之一，金額大約是四十萬達克特。這筆錢不算少，但查理心懷鴻圖之志，這筆錢遠遠不夠。話雖如此，科伯斯知道該如何籌措剩餘的金額。他利用西班牙國家財政的基本工具，亦即**乎羅**（juro），這些是債券，提供低利率的長期報酬。他們發行這些債券，而不給付現金。因此，查理和科伯斯將運抵的印加寶物全都扣押起來，同時要求該支領錢銀的人收取**乎羅**作為回報。查理及其策士這樣做非常有創意，綜合運用了這兩種收入來源，如此便能籌措攻占突尼斯所需的多數資金。然而，這樣仍然不夠，還得採取權宜之計，亦即向富格爾家族商借大筆貸款，以填補資金缺口，讓其餘寶物在運抵國門的途中，國內仍然能夠持續備戰，不至於耽擱計畫。此外，有十二萬達克特匯給了安特衛普的銀行，銀行再將錢匯給查理的姑母兼低地國家的攝政王，亦即才華橫溢且性格沉穩的奧地利瑪格麗特。如此便足以打消法蘭索瓦一世在所謂的休戰期間打哈布斯堡王朝腦筋的想法。

為了討伐突尼斯，查理運用了先前數十載和幾個世紀開發的每一種金融工具，同時以美洲掠奪的財富作為擔保品。他仰賴當時最傑出的銀行家，讓資金從奧格斯堡流

13 位於義大利北部，原為宗教領地。

向西班牙，再轉移到安特衛普。有了這些錢，查理便可從廣闊的領土招募士兵，以自身名義將戰士團結起來；自此，漫長的積累與整合（人力和物力）的過程便宣告結束。在那個轉型時代，查理的士兵使用長矛、火藥手槍與大量火砲，展現了最先進的技術。宣傳品瘋狂印刷，將查理塑造成捍衛信仰之君。突尼斯戰役結束之後，「消滅土耳其人的英雄」和「馴服非洲的戰士」等字眼廣為流傳。民眾紛紛以文字或雕刻與木刻圖像歌頌查理，歐洲全境都在宣揚這位皇帝打了勝仗。查理能立下豐功偉業，又能宣揚威名，讓眾人皆知，足以反映整個時代的變革規模著實巨大無比。

查理與其終結

突尼斯之戰以後，查理隨後前往義大利慶祝勝利，遊行隊伍穿越整個半島。他從西西里一路前往拿坡里、羅馬和佛羅倫斯，此刻是他以皇帝之尊統領天下的鼎盛時期。然而，勝利的喜悅並未持續太久。不到一年，法蘭索瓦一世和查理又開始投入另一輪毀滅性的戰爭。查理當年未能於突尼斯斬殺海盜巴巴羅薩，而當巴巴羅薩接手指揮鄂圖曼軍隊時，鄂圖曼帝國便威脅日增，更加危險。在一五三八年的**普雷維札戰役**（Battle of Preveza）中，巴巴羅薩擊潰了由查理部下率領的基督教艦隊，造成數萬人傷亡。然而，情況卻愈來愈糟：查理的兩大敵人蘇萊曼大帝和法蘭索瓦一世已經在一五三六年簽署正式聯盟，準備聯手搶占他的領土。一五四二年，查理皇帝在中歐與鄂圖曼人作戰（與查理隨行的有古茲・馮・伯利辛根，以及一批重騎兵）。查理投入了大量資源，最終卻以慘敗收場。在一五四〇年代後期，查理擊敗了德意志新教諸侯組成的**施馬爾卡爾登聯盟**（Schmalkaldic League），但除此之外，他再也沒立下任何戰績。戰爭時日愈來愈長，代價也愈來愈高，身為皇帝的查理連年作戰，早已筋疲力盡，但又得急於化解一個又一個危機。

到了一五五五年，查理心力交瘁，於是選擇退位。他將德意志的職責交託給弟弟斐迪南，西班牙與荷蘭則交給兒子菲利普／腓力（Philip）。這位退位皇帝突出的下巴如今長滿鐵灰色的鬍鬚。數十年來，他飽受壓力，面容日漸消瘦，神情也逐漸憔悴。他在一所漂亮的西班牙修道院隱居，度過最後三年的餘生。查理一生捲入無止無休的**義大利戰爭**，直到生命結束之際，這場戰事仍未結束。他的帝國後續仍與鄂圖曼人爭鬥了數十年，無論地中海和中歐都爆發戰事。查理心愛的低地國家在他死後十年發生叛亂事件，交戰雙方斷斷續續衝突，足足打了八十年。

查理並非最有才幹的人，但他也不是傻瓜。多數觀察家都認為他勤於國政，甚少做出愚蠢至極之事。他的確冷酷無情，但在那個時代，統治者必須有這種個性。綜觀當時的貴族，查理看似極為普通，無論他的果決勇敢、對戰功的追求、對狩獵的喜好，以及他對自身信仰和權利的要求，一切都無特殊之處。從來沒人說他才華洋溢，但才幹並非他這個階層的人所追求的。

查理懷抱鴻圖大志，意欲統領四方，但最終夢想都落空。然而，他並非一敗塗地。

他曾嘗試穿著冰刀爬坡，但最終失敗了。無論哪個才幹多麼驚人的統治者，他們都未曾面臨查理遇過的挑戰：要團結基督教歐洲去對抗鄂圖曼帝國；與德意志及其他地區的宗教改革者達成和解或扼殺他們；監督臣民在美洲的惡毒自私的行徑；針對義大利問題以及牽涉更廣的哈布斯堡－法蘭西衝突達成長期的解決方案。

從這點來看，查理五世可謂體現這段時期的整體歐洲局勢，從他身上可看出什麼可以做以及什麼不能做。這些牽涉到國家的基礎、金融體系、生產和傳播文字的技術、求新求變的軍事技術以及關鍵的宗教改革。從摩鹿加群島到秘魯，有許多地方等待探索。查理掌握了一切，而他無論好與壞，總是發揮了影響力。他一直深居歐洲的奢華宮殿，並未沾染血腥，大體可算清白無辜，但他的手下卻作惡多端，雙手沾滿了鮮血。

結論

查理五世統治過偌大帝國，一生跌宕起伏，令人眼花撩亂，反映出那個時代的整體情況。這位皇帝體現了那個時代的主要趨勢：國家持續發展，遠航探險不斷擴展，與此同時，遠航探險和火藥戰爭充斥暴力傾向，宗教改革興起，而最重要的是，金錢展現出無比的力量。

與此同時，查理五世既代表統一，又象徵分裂：所謂統一，他比前後數個世紀的君主統治更遼闊的西歐領土，最有可能成為自羅馬帝國垮台以來一統天下的君王；所謂分裂，他在位期間，基督教逐步解體，而且他還進行直至當時為止耗時最久和最具破壞性的各種戰爭。

綜觀查理的統治時期與那整段歷史，局勢持續緊張，戰火一觸即發。從格洛斯特郡的羊圈到威尼斯熙熙攘攘的運河，歐洲人都有很多共同點。他們有普世教會，教會只有一個等級制度（至少理論上如此），下至最低階的教區神父，上至教宗本人。數個世紀以來，歐洲人不斷接觸與交流，因此各自的政治結構非常相似。

最重要的是，歐洲人對於如何做生意有共同的看法。他們會從相似的角度去看待貨幣、信貸、投資和利潤，同時採用大致相同的工具。阿爾杜斯·馬努修斯根本不懂約翰·赫里塔奇所操的英語，但他絕對看得懂這位羊毛貿易商的帳本、了解他記錄的內容及其經商方式。格茨·馮·貝利欣根從事軍事業務，但約翰·赫里塔奇就算聽不懂貝利欣根所說的方言，也能完全了解他使用信貸的方式及其延遲付款的週期。讓這些人經商打仗的框架與制度無處不在，而且人人都了解彼此如何交易、借貸與投資。不同行業和不同地區之間雖然存在差異，但與其共通之處相比，這些差異不算什麼。

有了這些相似之處，那個時代的主要進程方能迅速傳揚發展：遠航探險、國家崛起、借貸金錢給國家、印刷機、火藥戰爭與宗教改革。伊莎貝拉和斐迪南轉而採納長期債務以便籌措資金來替西班牙發動戰爭，不到一代人的時間，法蘭西人便起而效仿。土生土長的熱那亞人克里斯托弗·哥倫布使用商業投資語言，讓塞維爾的富商以及卡斯提爾和亞拉岡宮廷的財政官員引起共鳴、心有同感。雅各布·富格爾的經紀人在里斯本、安特衛普和威尼斯賺了大筆錢財。約翰·赫里塔奇兜售的羊毛可能會在低地國家被編織成布料，爾後在義大利製成服裝，由此再衍生一系列的交易行為，好比米蘭裁縫師領了錢就會去購買披風，格洛斯特郡的牧羊人收到了錢，便會到（淡啤酒）小酒館去支付積欠的酒錢。這個時代的主要進程能夠如此迅速站穩腳跟並流傳至今，乃是因為替其付出代價的機制早已在西歐全境傳播開來。

話雖如此，若說這些經濟體系整合了歐洲，其導致的後果，卻也讓這片大陸分崩離析。

查理五世原本夢想可以建立大一統的帝國，卻得面對一群好鬥的國家。火藥戰爭無休無止，烽火遍地，生靈塗炭，這場美夢終究是鏡花水月。透過新的金融機制，便可發揮創意去籌錢支付所有的軍餉物資，因此一代一代的人便得在戰火連天的日子下存活。印刷廠在歐洲各地開設，讓民眾得以輕鬆獲取學習文本，但歐陸卻沒有因此立即統一；情況恰好相反，廠商發現可印刷各方爭論宗教觀點的文本來大撈一筆，從中助長了宗教改革的火苗，進而引發大規模的動亂。美洲有數百萬人死亡，全球更有無數人遭遇悲慘的情況，同時在印度洋從事貿易的各方勢力彼此刀槍相向，暴力橫生，而這些皆是遠航探險直接導致的結果。這些變革過程都集中在十六世紀的前幾十年。這段時期動盪不已，混亂局勢前所未見，不僅重塑了整個歐陸，還影響了全世界。

西歐在這個時代尚未開始成為霸權。當時，位於歐亞大陸的鄂圖曼帝國最為強盛。蘇萊曼大帝國庫充盈，手頭有大把錢銀，反觀查理五世卻長期負債累累，身無分文，簡直荒誕可笑。這位皇帝未能支付軍餉，他派出的軍隊只好洗劫羅馬。相較之下，蘇萊曼為了激勵將士奮勇殺敵，於下令最後一次進攻城牆高築的維也納時祭出獎勵措施，給每位攻城得手的士兵一千阿克切作為獎金；對於貧窮的西班牙長矛兵來說，這筆錢比他們六個月的薪餉還要多。查理根本籌不出錢來發放軍餉，但這筆錢在蘇萊曼眼中，僅僅是九牛一毛。

然而，這四十年非常關鍵。歐洲在這段時間奠定了日後主宰全球的重要基礎。不到三個世紀，查理的繼任者（以及他競爭對手的繼任者）將徹底掌控全球的多數地區。在一四九〇年時，局勢仍混沌不明，難以看清未來趨勢，但在那個時期，模糊的未來情勢便逐漸聚焦，開始清晰起來了。

這些變化在一五三〇年時幾乎沒有停止，但我們可以將後續數個世紀的諸多重大發展追溯到哥倫布首度出海遠征和羅馬之劫之間的那些多事之秋的年代。北海首先成為歐洲的經濟重心，爾後成為世界的經濟重心，這項趨勢確實在這段期間內發生，主因是富格爾家族在此處從事無數次的金融活動，以及葡萄牙決定以安特衛普作為香料轉運站。雖然經濟重鎮的確切所在地先從安特衛普轉移到阿姆斯特丹，最後再轉移到倫敦，但在後續的四個世紀之中，北海仍是全球金融的中心。此處誕生了一切，包括可流通和可轉讓的匯票以及股份公司（joint stock corporation），最終經濟重鎮在第一次世界大戰的劇烈動盪中橫渡大西洋，轉移到了華爾街。

這便是低地國家與不列顛的**小分流**根源，而它是**大分流**的重要前身，**大分流**至今仍然影響著我們的世界。它與**荷蘭起義**（Dutch Revolt）[1]齊頭並進，北部的低地國家（亦即現今的荷蘭）脫離西班牙哈布斯堡王朝的統治，成為**荷蘭共和國**（Dutch Republic）。這一切都源自於哈布斯堡王朝的陰謀詭計以及伴隨**宗教改革**而來的教會動盪，這兩者都在一五〇〇年左右的幾十年中出現。

如果沒有**宗教改革**導致的教會分裂，或者沒有一四九〇年至一五三〇年之間國家急劇成長以及財政迅速提升，便無法想像會有帶來數十載災難的**三十年戰爭**（一六一八年到一六四八年）。教會各派互鬥了一個世紀，加上歐洲王朝彼此競爭，最終便順水推舟，到達這個衝突的高潮，一切軍事費用皆由**義大利戰爭**期間首次建立的國家財政工具來支付。**三十年戰爭**之後，時光推移，到了十七世紀末期和十八世紀，那時財政軍事國家逐漸興起，這些國家在歐洲內部不斷彼此衝突，卻也躍升為真正的全球帝國。這些便是最終促成**工業革命**的因素。隨著十九世紀降臨，**大分流**便出現了。

大分流可謂巨大的上層結構，到了二十一世紀仍然屹立不搖。它的影響無處不在：印度的板球比賽、南非後種族隔離時期的真相與和解委員會、納瓦荷保留地（Navajo Nation）[2]的沙漠岩層上放牧的成群綿羊、日本的上班族文化，以及將帶來大災難的北極環境惡化。這一切皆是在那個看似遙遠的時代所奠定的基礎上逐漸形成。

資本是這個故事的核心。各國對臣民徵稅來發動戰爭。士兵要求在拿起槍管或舉起長矛作戰之前收到報酬。從里斯本、阿姆斯特丹和倫敦遠航至印度洋香料豐富的港口或加勒比海產糖島嶼所費不貲。無論做任何事，都得付出成本。歐洲之所以有獨特的優勢，並非它資源豐富或者文化特別先進，而是在這個特定時刻恰好它具備有助於達成這些特定目標的經濟制度。一切都得付出代價，而在這四十年裡，歐洲人善於尋找錢銀去支付開銷。

這段時期讓全球歷史出現天翻地覆的轉變，歐洲百姓付出了無比的代價，而他們在別處遇到的民族則付出了更為慘痛的代價。羅馬之所以被洗劫，乃是攻城士兵未能

1 哈布斯堡尼德蘭（或西屬尼德蘭）與西班牙帝國於一五六八年至一六四八年之間的戰爭，因此又稱八十年戰爭。戰爭過後尼德蘭七省聯邦共和國獨立，成為「荷蘭共和國」，因此這場戰爭也被視為荷蘭獨立戰爭。此外，八十年戰爭又稱法蘭德斯戰爭（西班牙語：Guerra de Flandes）。

2 又稱納瓦荷國，是美國的一塊半自治的印第安保留地。

收到軍餉以及出於不同的宗教信仰而心懷敵意。戰士攻城之後燒殺擄掠，城內街頭高高疊起屍堆，但這與**荷蘭起義**和**三十年戰爭**的傷亡相比，只能算是一盤小菜。葡萄牙人初期遠航至加那利群島和西非時擄獲成千上萬的奴隸，而這只是開端而已，日後將有數百萬人被當作奴隸，落入悲慘的情境，被人運到大西洋彼岸的歐洲販賣。

帳本乍看之下枯燥乏味：在外行人眼中，成排的數字如同神秘的符號系統，根本難以理解。它看似枯燥，但其實是一種錯覺。帳本就好像二十一世紀生活中源源不斷生成的電子表格，在這些數字、日期和簡短描述的背後，隱藏著真實的事物和有血有肉的人。里斯本商賈的文件記錄了買入與賣出的人命，人的苦難竟然成了資產。出納員記錄了**國土傭僕**在劍尖上舔血廝殺所支領的薪餉。地區性羊毛商人登記了牧場上放牧的羊群，而先前在那裡務農的人被攆走之後，這些牧場才能空出土地讓人牧羊。銀行家記錄了對海外探險計畫的投資金額，而遠航的水手靠著船堅砲利，獲得了不少絲綢和香料，從中賺取大筆的錢銀。

總而言之，這些記錄並非以墨水書寫，而是用鮮血記載。

致謝

若沒有許多人協助，本書不可能付梓。我要感謝這些人，很慶幸能結交他們或與其共事。

非常感謝多年來《歷史之潮》（*Tides of History*）的聽眾。多虧了你們，我才能一集又一集盡情探索十五世紀與十六世紀的歷史。你們懷有無比的好奇心，提出了不少高深的問題，而且還鼎力支持我，這一切我都銘記在心。

朱迪思．貝內特（Judith Bennett）向我介紹了中世紀末期的史實，還告訴我經濟和社會歷史，甚至指導我該如何安排講座。黛博．哈克妮斯（Deb Harkness）引領我探索早期的現代風格與敘事藝術。我深深感謝這兩位良師：我在研究所選修過她們的課程，奠定了寫作與研究歷史的基石。

丹．瓊斯（Dan Jones）不僅是出色的歷史學者與電視節目主持人，更是非常傑出的人物，他指導我該如何撰寫圖書提案。我採納了他的寶貴建議才寫完這本書。我也想感謝經紀人威廉．卡拉漢（William Callahan），沒有他從旁協助，本書也不可能問世。此外，編輯瑞琪兒．坎伯里（Rachel Kambury）讓這本書更為盡善盡美，能與她共事，乃是我創作生涯的一大樂事。

好友得來不易，但我卻有諸多益友。基思．普魯默斯（Keith Pluymers）是位傑出的歷史學家，而他的為人更棒。我撰寫這本書時，他隨時都會從旁協助。阿爾布羅·倫迪（Albro Lundy）是位洞察力敏銳的評論家，總會適時表達中肯的意見，而他也是我所知最為出色的作家。愛德華多·阿里尼奧·德·拉·魯比亞（Eduardo Ariño de la Rubia）與易特達利（J. Eatedali）曾提供我寶貴的建議，讓我遭遇困難時不至於亂了方寸。

我最後要感謝我的家人。我從小便受到父母的提攜栽培，他們慈愛無比，總是盡量讓我親身體驗歷史，好比帶我去參觀博物館和歷代戰場，也會帶我去逛書店，而我每回都沉醉其中。我的孩子經常讓我快樂無比，但我必須不斷重複：「爸爸正在寫書，不能陪你們玩。」我對此感到很抱歉。我的髮妻是天賜姻緣，很高興能與她共度每個晨昏。

資料來源

金錢和貨幣說明

- 彼得・斯帕福德（Peter Spufford），《*Money and Its Use in Medieval Europe*》（英國劍橋，劍橋大學出版社，一九九八年），第 291–293 頁和第 400 － 414 頁。
- 瑪莎・C・豪厄爾（Martha C. Howell），《*Commerce Before Capitalism in Europe, 1300–1600*》（英國劍橋，劍橋大學出版社，二〇一〇年），第 303–306 頁。
- 伊丹・謝爾（Idan Sherer），《*Warriors for a Living: The Experience of the Spanish Infantry During the Italian Wars, 1494–1559*》（來登：博睿學術出版社，二〇一七年），第25頁。
- 保羅・戈德思韋特（Paul Goldthwaite），《*The Economy of Renaissance Florence*》（巴爾的摩：約翰霍普金斯大學出版社，二〇一一年），第613頁。
- 朱迪思・胡克（Judith Hook），《*The Sack of Rome: 1527*》，第二版。（紐約：帕爾格雷夫・麥米倫，二〇〇四年），第 161 － 166 頁。
- 引述自胡克的《*The Sack of Rome:1527*》，第 163 頁。
- 引述自胡克的《*The Sack of Rome: 1527*》，第 167 頁，見第 166 － 176 頁；肯尼斯・古文斯（Kenneth Gouwens）的《*Remembering the Renaissance: Humanist Narratives of the Sack of Rome*》（來登：博睿學術出版社，一九九八年），第 xvii–xix 頁和第 1 – 5 頁。
- 關於歐洲當時僵固落後，猶如一潭死水的說明，請參閱珍妮特・L・阿布──盧戈德（Janet L. Abu-Lughod），《*Before European Hegemony: The World System, A.D. 1250–1350*》（牛津：牛津大學出版社，一九八九年）。
- 探討多極體系的著作：沃爾特・沙伊德爾（Walter Scheidel），《*Escape from Rome: The Failure of Empire and the Road to Prosperity*》，（紐澤西州普林斯頓：普林斯頓大學出版社，二〇一九年）；討論深度分流的書籍：伊恩・莫里斯（Ian Morris），《*Why the West Rules—For Now: The Patterns of History, and What They Reveal About the Future*》，（紐約：法勒、施特勞斯和吉魯出版社，二〇一〇年）；探討文化的書籍：喬爾・莫基爾（Joel Mokyr），《*A Culture of Growth: The Origins of the Modern Economy*》，（紐澤西州普林斯頓：普林斯頓大學出版社，二〇一六年）；探討英荷的書籍：喬納森・斯科特（Jonathan Scott），《*How the Old World Ended: The Anglo-Dutch-American Revolution, 1500–1800*》，（康乃狄克州新哈芬：耶魯大學出版社，二〇一九年）和詹姆斯・貝利奇（James Belich），《*Replenishing the Earth: The Settler Revolution and the Rise of the Angloworld*》（牛津：牛津大學出版社，二〇〇九年）；探討中國的書籍：肯尼斯・波梅蘭茲（Kenneth Pomeranz），《*The Great Divergence: China, Europe, and the Making of the Modern World Economy*》，（紐澤西州普林斯頓：普林斯頓大學出版社，二〇〇〇年）；討論軍事的書籍：菲利普・T・霍夫曼（Philip T. Hoffman），《*Why Did Europe Conquer the World?*》，（紐澤西州普林斯頓：普林斯頓大學出版社，二〇一五年）；探討印度和市場的書籍：羅曼・斯圖德（Roman Studer），《*The Great Divergence Reconsidered: Europe, India, and the Rise of Global Economic Power*》，（英國劍橋：劍橋大學出版社，二〇一五年）。以上只列出少數的近期著作；仍有其他相關書籍，不勝枚舉。
- 所謂長時段（longue durée），便是大規模改造社會結構的長期過程。討論長時段的經典著作不少，請參閱費爾南・布羅代爾（Fernand

Braudel）的三冊巨著《*Civilization and Capitalism, 15th–18th Century: The Structures of Everyday Life: The Limits of the Possible*》，西安．雷諾茲（Sian Reynolds）翻譯（柏克萊和洛杉磯：加州大學出版社，一九九二年〔第一版，一九八一年〕）；《*The Wheels of Commerce*》，西安．雷諾茲翻譯（柏克萊和洛杉磯：加州大學出版社，一九九二年〔第一版，一九八二年〕）；以及《*The Perspective of the World*》，西安．雷諾茲翻譯（柏克萊和洛杉磯：加州大學出版社，一九九二年〔第一版，一九八二年〕）。

- 阿夫納．格雷夫（Avner Greif），《*Institutions and the Path to the Modern Economy: Lessons From Medieval Trade*》（英國劍橋：劍橋大學出版社，二〇〇六年），尤其是第14－23頁；希拉．奧吉爾維（Sheilagh Ogilvie），《*nstitutions and European Trade: Merchant Guilds, 1000–1800*》（英國劍橋：劍橋大學出版社，二〇一一年），尤其是第414－433頁。
- 布魯斯．M．S．坎貝爾（Bruce M. S. Campbell），《*The Great Transition: Climate, Disease, and Society in the Late-Medieval World*》（英國劍橋：劍橋大學出版社，二〇一六年）。
- 基本觀念請參閱克雷格．穆德魯（Craig Muldrew），《*The Economy of Obligation: The Culture of Credit and Social Obligation in Early Modern England*》（紐約：聖馬丁出版社，一九九八年），第1－3頁。穆德魯的論點能運用到他的英格蘭研究案例以外。也請參閱托馬斯．馬克斯．薩夫利（Thomas Max Safley），《*Family Firms and Merchant Capitalism in Early Modern Europe: The Business, Bankruptcy, and Resilience of the Höchstetters of Augsburg*》（紐約：勞特里奇出版社，二〇二〇年）；亞歷山德拉．謝潑德（Alexandra Shepard），《*Accounting for Oneself: Worth, Status, and the Social Order in Early Modern England*》（牛津：牛津大學出版社，二〇一五年）。關於更普遍的市場和社交網絡，請參閱馬克．格蘭諾維特（Mark Granovetter），〈*The Impact of Social Structure on Economic Outcomes*〉，《經濟展望雜誌》，第十九期，第一卷，（二〇〇五年）：第33－50頁；亞歷克斯．普瑞達（Alex Preda），〈*Legitimacy and Status Groups in Financial Markets*〉，《英國社會學期刊》，第五十六期，第三卷（二〇〇五年）：第451－471頁。
- 格瑞夫（Greif），《*Institutions and the Path to the Modern Economy*》，第338－349頁；另請參閱羅恩．哈里斯（Ron Harris），《*Going the Distance: Eurasian Trade and the Rise of the Business Corporation, 1400–1700*》（紐澤西州普林斯頓：普林斯頓大學出版社，二〇二〇年），第173－233頁。
- 關於制度傳播的理論框架，請參閱哈里斯（Harris），《*Going the Distance*》，第57－62頁；關於整個歐洲信貸制度的差異及其在英國的普遍盛行情況，請參閱克里斯汀．德桑（Christine Desan），《*Making Money: Coin, Currency, and the Coming of Capitalism*》（牛津：牛津大學出版社，二〇一四年），第205－230頁；關於信貸在義大利小型市場貿易的重要地位，請參閱理查德．K．馬歇爾（Richard K. Marshall），《*The Local Merchants of Prato: Small Entrepreneurs in the Late Medieval Economy*》（巴爾的摩：約翰霍普金斯大學出版社，一九九九年），第71－100頁。
- 彼得．斯普福德（Peter Spufford），《*Money and Its Use in Medieval Europe*》（劍橋：劍橋大學出版社，一九八八年），尤其是第339－362頁；關於鑄幣短缺和隨之而來的信貸短缺，請參閱德尚（Desan），《*Making Money*》，第206頁。
- 史蒂芬．D．鮑德（Stephen D. Bowd），《*Renaissance Mass Murder: Civilians and Soldiers During the Italian Wars*》（牛津：牛津大學出版社，二〇一九年），第6頁的表格。
- 若想概略了解這些概念，請參閱詹姆斯．馬奧尼（James Mahoney）、海倫尼薩．穆罕默德（Khairunnisa Mohamedali）和克里斯托弗．阮（Christopher Nguyen）的〈Causality and Time in Historical Institutionalism〉，第71－88頁，出自於奧菲歐．菲奧雷托

斯（Orfeo Fioretos）、圖利亞・G・法萊蒂（Tulia G. Falleti）和亞當・謝因蓋特（Adam Sheingate）編輯的《*The Oxford Handbook of Historical Institutionalism*》（牛津：牛津大學出版社，二〇一六年），尤其是第77－87頁；以及喬瓦尼・卡波恰（Giovanni Capoccia）的〈*Critical Junctures*〉，第89－106頁，出自於菲奧雷托斯、法萊蒂和謝因蓋特編輯的《*The Oxford Handbook of Historical Institutionalism*》。

Chapter One 哥倫布與航海探險

- 巴托洛梅・德拉斯・卡薩斯（Bartolome de las Casas），《*The Diario of Christopher Columbus's First Voyage to America, 1492–1493*》，奧利弗・鄧恩（Oliver Dunn）和小詹姆斯・E・凱利（James E. Kelly Jr.）翻譯（諾曼：奧克拉荷馬大學出版社，一九八九年），第391－393頁。
- 費利佩・費爾南德斯－阿梅斯托（Felipe Fernández-Armesto），《*Before Columbus: Exploration and Colonization from the Mediterranean to the Atlantic, 1229–1492*》（費城：賓夕法尼亞大學出版社，一九八七年），第151－202頁。
- 彼得・羅素（Peter Russell），《*Prince Henry "the Navigator": A Life*》（康乃狄克州新哈芬：耶魯大學出版社，二〇〇〇年）。
- 羅素（Russell），《*Prince Henry*》，第73－74頁、第84頁。
- 若想了解西非的黃金貿易，請參閱托比・格林（Toby Green）的《*A Fistful of Shells: West Africa from the Rise of the Slave Trade to the Age of Revolution*》（芝加哥：芝加哥大學出版社，二〇一九年），第31－67頁。
- 格林的《*A Fistful of Shells*》，第37－59頁。
- 瑪琳・紐伊特（Malyn Newitt），《*A History of Portuguese Overseas Expansion, 1400–1668*》（紐約：勞特里奇出版社，二〇〇五年），第26－32頁。
- 戈麥斯・埃內斯・德・祖拉拉（Gomes Eanes de Zurara），《*Chronicle of the Discovery and Conquest of Guinea*》，查爾斯・雷蒙德・比茲利爵士（Sir Charles Raymond Beazley）和埃德加・普雷斯蒂奇（Edgar Prestage）編輯和翻譯（倫敦：哈克魯特協會〔Hakluyt Society〕，一八九六年），第6頁。
- 伊萬娜・埃爾布爾（Ivana Elbl）的〈*The King's Business in Africa: Decisions and Strategies of the Portuguese Crown*〉，第89－118頁，出自於勞林・阿姆斯特朗（Lawrin Armstrong）、伊萬娜・埃爾布爾和馬丁・M・埃爾布爾（Martin M. Elbl）編輯的《*Money, Markets and Trade in Late Medieval Europe: Essays in Honour of John H. A. Munro*》（荷蘭來登〔Leiden〕：博睿學術出版社〔Brill〕，二〇一三年），第106－107頁。
- 查爾斯・維林登（Charles Verlinden）的〈*The Italian Colony of Lisbon and the Development of Portuguese Metropolitan and Colonial Economy*〉，第98－113頁，出自於維林登《*The Beginnings of Modern Colonization*》（紐約州綺色佳：康乃爾大學出版社，一九七〇年），第104頁。另請參閱A・R・迪士尼（A. R. Disney），《*A History of Portugal and the Portuguese Empire*》，第二冊《*The Portuguese Empire*》（英國劍橋：劍橋大學出版社，二〇〇九年），第33－34頁。
- 昆汀・范・杜塞萊爾（Quentin van Doosselaere），《*Commercial Agreements and Social Dynamics in Medieval Genoa*》（英國劍橋：劍橋大學出版社，二〇〇九年）。
- 史蒂文・愛潑斯坦（Steven Epstein），《*Genoa and the Genoese, 958–1528*》（教堂山〔Chapel Hill〕：北卡羅來納大學出版社，一九九六年），第242－262頁。
- 費爾南德茲－阿梅斯托（Fernández-Armesto），《*Before Columbus*》，第105－120頁；另請參閱露絲・派克（Ruth Pike），《*Enterprise and Adventure: The Genoese in Seville and the Opening of the New

World》（紐約州綺色佳：康乃爾大學出版社，一九六六年），第1—19頁。

- 費利佩・費爾南德茲—阿梅斯托（Felipe Fernández-Armesto），《*Columbus*》（牛津：牛津大學出版社，一九九一年），第1—7頁。
- 引述同上，第5頁。
- 引述自費爾南德茲—阿梅斯托的《*Columbus*》，第5頁。
- 若想了解伊莎貝拉和斐迪南以及卡斯提爾王位繼承戰爭，請參閱佩吉・K・利斯（Peggy K. Liss）的《*Isabel the Queen: Life and Times*》，第二版（費城：賓夕法尼亞大學出版社，二〇〇四年），第115—165頁。
- 紐特（Newitt），《*A History of Portuguese Overseas Expansion*》，第39—41頁。
- 康蘇埃洛・瓦雷拉（Consuelo Varela），《*Colón y los Florentinos*》（馬德里：聯盟出版社〔Alianza〕，一九八九年），第25—26頁。
- 瓦萊麗・弗林特（Valerie Flint），《*The Imaginative Landscape of Christopher Columbus*》（紐澤西州普林斯頓：普林斯頓大學出版社，一九九二年），第44—46頁和第66—67頁。
- 費爾南德茲—阿梅斯托的《*Columbus*》，第33—43頁；弗林特，《*The Imaginative Landscape*》，第43—78頁。
- 紐特，《*A History of Portuguese Overseas Expansion*》，第44—48頁；範圍更為廣泛的參考文獻，蘇珊娜・杭伯・費雷拉（Susannah Humble Ferreira），《*The Crown, the Court, and the Casa da Índia: Political Centralization in Portugal, 1479–152*》（荷蘭來登：博睿學術出版社，二〇一五年）。
- 迪士尼（Disney），《*A History of Portugal and the Portuguese Empire*》，第35—37頁。
- 保羅・弗里德曼（Paul Freedman），《*Out of the East: Spices and the Medieval Imagination*》（康乃狄克州新哈芬：耶魯大學出版社，二〇〇九年）。
- 若想了解范・奧爾門及其可能對哥倫布產生的影響，請參閱查爾斯・維林登的〈*A Precursor of Columbus: The Fleming Ferdinand van Olmen*〉，第181—195頁，出自於維林登《*The Beginnings of Modern Colonization*》。
- 費爾南德茲—阿梅斯托的《*Columbus*》，第54—65頁。關於加那利群島的角度，請參閱費利佩・費爾南德茲—阿梅斯托的〈*La financiación de la conquista de las islas Canarias durante el reinado de los Reyes Católicos*〉，出自於《*Anuario de Estudios Atlánticos*》第二十八期（一九八二年）：第343—378頁。關於里瓦羅洛的事蹟，請參閱萊奧波爾多・德拉・羅莎・奧利維拉（Leopoldo de la Rosa Olivera）的〈*Francisco de Riberol y la Colonia genovesa en Canarias*〉，出自於《*Anuario de Estudios Atlánticos 18*》（一九七二年）：第61—129頁。
- 利斯，《*Isabel the Queen*》，第325—326頁。
- 費爾南德茲—阿梅斯托，《*Columbus*》，第61—63頁；派克，《*Enterprise and Adventure*》，第3頁。
- 引述自費爾南德茲—阿梅斯托的《*Columbus*》，第93頁。
- 利斯，《*Isabel the Queen*》，第326頁。唯有在一四九二年年初的安全通行證（safe-conduct，說明哥倫布與王室具備從屬關係的證明文件）才提到要讓外邦皈依宗教。
- 桑傑・蘇布拉馬尼亞姆（Sanjay Subrahmanyam），《*The Career and Legend of Vasco da Gama*》（英國劍橋：劍橋大學出版社，一九九七年），第47—54頁。
- 紐特，《*A History of Portuguese Overseas Expansion*》，第46—52頁；關於馬爾喬尼的事蹟，另請參閱保羅・戈德思韋特，《*The Economy of Renaissance Florence*》（巴爾的摩：約翰霍普金斯大學出版社，二〇一一年），第155—160頁。
- 蘇布拉馬尼亞姆，《*The Career and Legend of Vasco da Gama*》，第54—57頁。
- 關於達・伽馬的首度航行，請參閱蘇布拉馬尼亞姆，《*The Career and*

Legend of Vasco da Gama》，第79－163頁；獲利估計：羅傑·克勞利（Roger Crowley），《*Conquerors: How Portugal Forged the First Global Empire*》（紐約：蘭登書屋〔Random House〕，二〇一五年），第130頁；若想知道更多關於印度洋的史實，請參閱K·N·喬杜里（K. N. Chaudhuri），《*Trade and Civilisation in the Indian Ocean: An Economic History from the Rise of Islam to 1750*》（英國劍橋：劍橋大學出版社，一九八五年），第52－62頁。

- 蘇布拉馬尼亞姆，《*Vasco da Gama*》，第181－184頁。紐特，《*A History of Portuguese Overseas Expansion*》，第66－70頁。
- 托梅·洛佩斯（Thomé Lopes），引述自克勞利（Crowley）的《*Conquerors*》，第108－109頁。
- 引述自費爾南德茲—阿梅斯托的《*Columbus*》，第138頁；關於奴隸制和哥倫布，請參閱愛潑斯坦（Epstein），《*Genoa and the Genoese*》，第310－312頁。
- 紐特，《*A History of Portuguese Overseas Expansion*》，第68－70頁和第99頁。
- 埃爾布爾的〈*The King's Business in Africa*〉，第112－114頁。
- 休·湯瑪斯（Hugh Thomas），《*Conquest: Montezuma, Cortés, and the Fall of Old Mexico*》（紐約：Touchstone出版社，一九九三年），第65－69頁。

Chapter Two
卡斯提爾的伊莎貝拉與國家的崛起

- 本事件由迪亞哥·德·瓦萊拉（Diego de Valera）記載，《*Memorial de diversas hazañas*》，胡安·德·馬塔·卡里亞索（Juan de Mata Carriazo）編輯（馬德里：埃斯帕薩-卡爾佩〔Espasa-Calpe〕出版社，一九四一年），第三十六章。
- 德·瓦萊拉，《Memorial》，佩吉·K·利斯翻譯和引述，《*Isabel the Queen: Life and Times*》（費城：賓夕法尼亞大學出版社，二〇〇四年），第47－48頁。
- 若想概略了解這段敘述，請參閱約翰·沃茨（John Watts），《*The Making of Polities: Europe, 1300-1500*》（英國劍橋：劍橋大學出版社，二〇〇九年），第23－33頁，以及羅納德·G·阿施（Ronald G. Asch）的〈*Monarchy in Western and Central Europe*〉，第355－383頁，出自於哈米什·斯科特（Hamish Scott）編輯的《*The Oxford Handbook of Early Modern European History*》，第二冊，《*Cultures and Power*》（牛津：牛津大學出版社，二〇一五年）。經典的文獻包括約瑟夫·R·斯特雷爾（Joseph R. Strayer），《*On the Medieval Origins of the Modern State*》（紐澤西州普林斯頓：普林斯頓大學出版社，一九七〇年），以及查爾斯·蒂利（Charles Tilly），《*The Formation of National States in West Europe*》（紐澤西州普林斯頓：普林斯頓大學出版社，一九七五年）。
- 沃茨，《*The Making of Polities*》，第29－32頁和第376頁。
- 亨德里克·斯普魯伊特（Hendrik Spruyt），《*The Sovereign State and Its Competitors: An Analysis of Systems Change*》（紐澤西州普林斯頓：普林斯頓大學出版社，一九九四年）。
- 利斯，《*Isabel the Queen*》，第11－25頁和第37－50頁；瑪麗亞·伊莎貝爾·德爾·瓦爾·瓦爾迪維索（María Isabel del Val Valdivieso）的〈*Isabel, Infanta and Princess of Castile*〉，第41－56頁，出自於大衛·A·博魯霍夫（David A. Boruchoff）編輯的《*Isabel la Católica, Queen of Castile: Critical Essays*》（紐約：帕爾格雷夫·麥米倫〔Palgrave Macmillan〕出版社，二〇〇三年）。
- 引述自利斯，《*Isabel the Queen*》，第54頁，這封信寫給她的主僕貢薩洛·查孔（Gonzalo Chacón）。
- J·H·艾略特（J. H. Elliott）的〈*A Europe of Composite Monarchies*〉，

出自於《*Past and Present*》，第一三七號（一九九二年）：第48－71頁；H·G·柯尼斯堡（H. G. Koenigsberger）的〈*Dominium Regale or Dominium Politicum et Regale: Monarchies and Parliaments in Early Modern Europe*〉，第1－26頁，出自於H·G·柯尼斯堡的《*Politicians and Virtuosi: Essays in Early Modern History*》（倫敦：漢布爾登〔Hambledon〕出版社，一九八六年）。

- 利斯，《*Isabel the Queen*》，第58－62頁；寄給恩里克的信引述自第61頁。
- 第62－67頁；寄給恩里克的信引述自第65頁。
- 理查·凱佩爾（Richard Kaeuper），《*War, Justice, and Public Order: England and France in the Later Middle Ages*》（牛津：克拉倫登出版社〔Clarendon Press〕，一九八八年）。
- 請參閱沃茨，《*The Making of Politics*》，第340－352頁。
- 利斯，《*Isabel the Queen*》，第105－108頁；關於伊莎貝爾及其合法性，請參閱克里斯蒂娜·瓜迪奧拉－格里菲思（Cristina Guardiola-Griffiths），《*Legitimizing the Queen: Propaganda and Ideology in the Reign of Isabel I of Castile*》（賓夕法尼亞州路易斯堡〔Lewisburg〕：巴克內爾大學出版社〔Bucknell University Press〕，二〇一一年）；芭芭拉·F·魏斯伯格（Barbara F. Weissberger），《*Isabel Rules: Constructing Queenship, Wielding Power*》（明尼亞波利斯：尼蘇達大學出版社〔University of Minnesota Press〕，二〇〇四年）。
- 利斯，《*Isabel the Queen*》，第113－115頁。第202－206頁。
- 查爾斯·蒂利，《*Coercion, Capital, and European States, AD 990–1992*》（麻薩諸塞州莫爾登〔Malden〕：布萊克威爾〔Blackwell〕出版社，一九九二年），第82－90頁；引言，蒂利，《*The Formation of National States in Western Europe*》，第42頁。
- 約瑟夫·F·奧卡拉漢（Joseph F. O'Callaghan），《*Reconquest and Crusade in Medieval Spain*》（費城：賓夕法尼亞大學出版社，二〇〇三年），第3－8頁。
- 約瑟夫·F·奧卡拉漢（Joseph F. O'Callaghan），《*The Gibraltar Crusade: Castile and the Battle for the Strait*》（費城：賓夕法尼亞大學出版社，二〇一一年）。
- 利斯，《*Isabel the Queen*》，第101－109頁；佩吉·K·利斯的〈*Isabel, Myth and History*〉，第57－78頁，出自於伯爾喬夫（Boruchoff）編輯的《*Isabel la Católica*》。
- 引述自利斯，《*Isabel the Queen*》，第212頁。
- 引述自約瑟夫·F·奧卡拉漢的《*The Last Crusade in the West: Castile and the Conquest of Granada*》（費城：賓夕法尼亞大學出版社，二〇一四年），第127頁。
- 奧卡拉漢，《*The Last Crusade in the West*》，第134頁。第142－145頁以及第184－195頁。
- 請參閱克里斯汀·卡本特（Christine Carpenter），《*The Wars of the Roses: Politics and the Constitution in England, c. 1437–1509*》（英國劍橋：劍橋大學出版社，一九九七年），第104－105頁。
- 羅伯特·斯坦恩（Robert Stein），《*Magnanimous Dukes and Rising States: The Unification of the Burgundian Netherlands, 1380–1480*》（牛津：牛津大學出版社，二〇一七年），第226－254頁。
- 米格爾·安赫爾·拉德羅·克薩達（Miguel Ángel Ladero Quesada），《*La Hacienda Real de Castilla, 1369–1504*》（馬德里：皇家歷史學院〔Real Academia de la Historia〕，二〇〇九年），第233－240頁；奧卡拉漢，《*The Last Crusade in the West*》，第222－224頁。
- 利斯，《*Isabel the Queen*》，第247頁。
- 奧卡拉漢，《*The Last Crusade in the West*》，第220－225頁。
- 關於巴爾迪與佩魯齊的資訊，請參閱埃德溫·S·亨特（Edwin S. Hunt）和詹姆斯·M·默里（James M. Murray），《*A History of Business in Medieval Europe, 1200–1550*》（英國劍橋：劍橋大學出版社，二〇一〇），第116－121頁；關於梅迪奇銀行，請參閱雷蒙德·

德・魯佛（Raymond de Roover），《*The Rise and Decline of the Medici Bank, 1397–1494*》（紐約：龍登〔Norton〕出版社，一九六六年），第346－357頁。

- 利斯，《*Isabel the Queen*》，第250－253頁。
- 大衛・斯塔薩維奇（David Stasavage），《*States of Credit: Size, Power, and the Development of European Polities*》（普林斯頓：普林斯頓大學出版社，二〇一一年），第9－38頁。
- 理查・邦尼（Richard Bonney）編輯，《*Economic Systems and State Finance*》（牛津：克拉倫登出版社，一九九五年）。
- 利斯，《*Isabel the Queen*》，第258頁。
- 這個詞暗示他們認為本國的宗教「屬於例外」，具備特殊的性質，某種程度高人一等。
- 利斯，《*Isabel the Queen*》，第101－109頁，第177－196頁和第278－279頁；諾曼・羅斯（Norman Roth），《*Conversos, Inquisition, and the Expulsion of the Jews from Spain*》（麥迪遜〔Madison〕：威斯康辛大學出版社〔University of Wisconsin Press〕，一九九五年）；亨利・卡門（Henry Kamen），《*The Spanish Inquisition: A Historical Revision*》（康乃狄克州新哈芬：耶魯大學出版社，一九九七年）；約翰・愛德華茲（John Edwards），《*Torquemada and the Inquisitors*》（英國斯特勞德〔Stroud〕：時間〔Tempus〕出版社，二〇〇五年）。
- 利斯，《*Isabel the Queen*》，第396－399頁。

Chapter Three
雅各布・富格爾與銀行業

- 引述自格雷格・斯坦梅茨（Greg Steinmetz）的《*The Richest Man Who Ever Lived: The Life and Times of Jacob Fugger*》（紐約：西蒙與舒斯特〔Simon & Schuster〕，二〇一五年），第13頁。
- 讓・安德烈奧（Jean Andreau），《*Banking and Business in the Roman World*》（英國劍橋：劍橋大學出版社，一九九九年）；克里斯・威克姆（Chris Wickham），《*Framing the Early Middle Ages*》（牛津：牛津大學出版社，二〇〇五年），第693－831頁；邁可・麥考密克（Michael McCormick），《*rigins of the European Economy: Communications and Commerce, AD 300–900*》（英國劍橋：劍橋大學出版社，二〇〇一年），第27－122頁。
- 羅伯特・S・洛佩茲（Robert S. Lopez），《*The Commercial Revolution of the Middle Ages, 950–1350*》（英國劍橋：劍橋大學出版社，一九七六年）。
- 羅伯特・S・洛佩茲的〈*The Dawn of Medieval Banking*〉，第1－24頁（康乃狄克州新哈芬：耶魯大學出版社，一九九七年）；另請參閱雅培・佩森・亞瑟（Abbott Payson Usher），《*The Early History of Deposit Banking in Mediterranean Europe*》（麻薩諸塞州劍橋：哈佛大學出版社，一九四三年），尤其是第110－120頁。
- 雷蒙德・德・魯佛（Raymond de Roover），《*The Rise and Decline of the Medici Bank, 1397–1494*》（紐約：龍登出版社，一九六六年）。
- 引述自盧茨・凱布勒（Lutz Kaebler）的〈*Max Weber and Usury*〉，第59－86頁，出自於勞林・阿姆斯特朗、伊萬娜・埃爾布爾和馬丁・M・埃爾布爾編輯的《*Money, Markets and Trade in Late Medieval Europe: Essays in Honour of John H. A. Munro*》（荷蘭萊登：博睿學術出版社〔Brill〕，二〇一三年），第87頁。
- 關於高利貸禁令，請參閱魯佛，《*The Rise and Decline of the Medici Bank*》第10－12頁；雅克・勒・戈夫（Jacques Le Goff）的〈*The Usurer and Purgatory*〉，第25－52頁，出自於《*The Dawn of Modern Banking*》；凱布勒的〈*Max Weber and Usury*〉，第79－86頁；戴安娜・伍德（Diana Wood），《*Medieval Economic Thought*》（英國劍橋：劍

橋大學出版社，二〇〇三年），第181－205頁。

- 馬克・哈伯萊因（Mark Häberlein），《*The Fuggers of Augsburg: Pursuing Wealth and Honor in Renaissance Germany*》（沙洛斯維〔Charlottesville〕：維吉尼亞大學出版社，二〇一二年），第22－25頁；讓—弗朗索瓦・貝爾杰（Jean-François Bergier）的〈*From the Fifteenth Century in Italy to the Sixteenth Century in Germany: A New Banking Concept?*〉，第105－129頁，出自於《*The Dawn of Modern Banking*》。
- 保羅・戈德思韋特，《*The Economy of Renaissance Florence*》（巴爾的摩：約翰霍普金斯大學大學出版社，二〇一一年），第37頁。
- 哈伯萊因，《*The Fuggers of Augsburg*》，第9－12頁。
- 別處文獻也探討過類似內容，請參閱芭芭拉・哈納沃特（Barbara Hanawalt），《*The Wealth of Wives: Women, Law, and Economy in Late Medieval London*》（牛津：牛津大學出版社，二〇〇七年）。
- 哈伯萊因，《*The Fuggers of Augsburg*》，第29－30頁，以及彼得・格夫肯（Peter Geffcken）的〈*Jakob Fuggers frühe Jahre*〉，第4－7頁，出自於馬丁・克魯格（Martin Kluger）編輯的《*Jakob Fugger (1459–1525): Sein Leben in Bildern*》（奧格斯堡：語境媒體和出版〔Context-Medien und-Verlag〕二〇〇九年）。
- 關於威尼斯德國商館的資訊，請參閱亨利・西蒙斯菲爾德（Henry Simonsfeld），《*Der Fondaco dei Tedeschi in Venedig und die deutsch-venetianischen Handelsbeziehungen*》，（斯圖加特〔Stuttgart〕：柯塔出版社〔Cotta〕，一八八七年），第61－62頁。
- 雅各布・史翠德（Jacob Strieder），《*Jacob Fugger the Rich*》（紐約：阿德菲出版社〔Adelphi Press〕，一九三一年），第15－19頁；引述自第16頁，史瓦茲著名的服飾書（costume book）。
- 哈伯萊因，《*The Fuggers of Augsburg*》，第35－36頁。
- 史翠德，《*Jacob Fugger the Rich*》第18－19頁。第16－17頁。
- 引述自理查德・埃倫伯格（Richard Ehrenberg）的《*Capital and Finance in the Age of the Renaissance: A Study of the Fuggers, and Their Connections*》，H・M・盧卡斯（H. M. Lucas）翻譯，（紐約：哈考特出版社〔Harcourt〕，一九二八年），第60頁。
- 若想知道馬克西米利安如何使用印刷宣傳品，請參閱拉里・西爾弗（Larry Silver）《*Marketing Maximilian: The Visual Ideology of a Holy Roman Emperor*》（紐澤西州普林斯頓：普林斯頓大學出版社，二〇〇八年）；若想知道馬克西米利安生平，請參閱格哈德・貝內克（Gerhard Benecke）《*Maximilian I, 1459–1519: An Analytical Biography*》（倫敦：羅德里奇出版社〔Routledge〕，一九八二年）。
- 哈伯萊因，《*The Fuggers of Augsburg*》，第36－37頁。
- 埃倫伯格，《*Capital and Finance in the Age of the Renaissance*》，第67頁。
- 馬克西姆・拉爾提爾（Maxime L'Héritier）和弗洛里安・特雷傑爾（Florian Téreygeol）的〈*From Copper to Silver: Understanding the Saigerprozess Through Experimental Liquation and Drying*〉，出自於《*Historical Metallurgy*》第四十四冊，第二號（二〇一〇年）：第136－152頁。
- 約翰・門羅（John Munro），〈*The Monetary Origins of the 'Price Revolution': South German Silver-Mining, Merchant-Banking, and Venetian Commerce, 1470–1540*〉，多倫多大學未出版的論文，二〇〇三年，第10－12頁。
- 哈伯萊因，《*The Fuggers of Augsburg*》，第58頁。
- 哈伯萊因，《*The Fuggers of Augsburg*》，第40－45頁；若想知道商業和訊息如何流通，請參閱安德魯・佩特格利（Andrew Pettegree），《*The Invention of News: How the World Came to Know About Itself*》（康乃狄克州新哈芬：耶魯大學出版社，二〇一四年），第40－57頁。
- 哈伯萊因，《*The Fuggers of Augsburg*》，第44頁和第53頁；若想知道富格爾家族在安特衛普的情況，請參閱唐納德・J・哈雷德（Donald J. Harreld），《*High Germans in the Low Countries: German Merchants and*

Commerce in Golden Age Antwerp*》（荷蘭來登：博睿學術出版社，二〇〇四年），第131－133頁。

- 哈伯萊因，《*The Fuggers of Augsburg*》，第31－35頁；引述自史翠德，《*Jacob Fugger the Rich*》第192－193頁。
- 哈伯萊因，《*The Fuggers of Augsburg*》，第20－21頁和第58－59頁。
- 埃倫伯格，《*Capital and Finance in the Age of the Renaissance*》，第137－155頁。
- 埃倫伯格，《*Capital and Finance in the Age of the Renaissance*》，第151－152頁；哈伯萊因，《*The Fuggers of Augsburg*》，第40頁和第60－62頁。
- 關於安特衛普，請參閱赫爾曼・范德威（Herman van der Wee），《*The Growth of the Antwerp Market and the European Economy, 1400s–1600s*》（海牙：尼霍夫出版社〔Nijhoff〕，一九六三年），尤其是第89－142頁，以及哈雷德（Harreld），《*High Germans in the Low Countries*》，第17－39頁。
- 引述自史翠德，《*Jacob Fugger the Rich*》第207－208頁。
- 哈伯萊因，《*The Fuggers of Augsburg*》，第45－49頁。
- 邁可・馬利特（Michael Mallett）和克里斯汀・蕭（Christine Shaw），《*The Italian Wars, 1494–1559: War, State and Society in Early Modern Europe*》（紐約：羅德里奇出版社，二〇一二年），第85－136頁；哈伯萊因，《*The Fuggers of Augsburg*》。
- 關於富雷斯可巴第，請參閱埃倫伯格，《*Capital and Finance in the Age of the Renaissance*》，第71頁；引述自史翠德，《*Jacob Fugger the Rich*》第202頁。
- 埃倫伯格，《*Capital and Finance in the Age of the Renaissance*》，第74－79頁；哈伯萊因，《*The Fuggers of Augsburg*》，第64－65頁。
- 埃倫伯格，《*Capital and Finance in the Age of the Renaissance*》，第80頁。
- 斯坦梅茨，《*The Richest Man Who Ever Lived*》，第227－230頁。
- 埃倫伯格，《*Capital and Finance in the Age of the Renaissance*》，第83－86頁；哈伯萊因，《*The Fuggers of Augsburg*》，第67頁。

Chapter Four
格茨・馮・貝利欣根與軍事革命

- 格茨・馮・貝利欣根（Götz von Berlichingen），《*Götz von Berlichingen: The Autobiography of a 16th-Century German Knight*》，德克・羅特加特（Dirk Rottgardt）翻譯（俄亥俄州西赤斯特〔West Chester〕：納夫齊格收藏〔The Nafziger Collection〕，二〇一四年），第21頁；格茨・馮・貝利欣根，《*Mein Fehd und Handlungen, ed. Helgard Ulmschneider*》（德國西格馬林根〔Sigmaringen〕：托爾貝克出版社〔Thorbecke〕，一九八一年）。
- 請參閱傑弗里・帕克（Geoffrey Parker），《*The Military Revolution: Military Innovation and the Rise of the West, 1500–1800*》，第二版（英國劍橋：劍橋大學出版社，一九九六年），第1－2頁，尤其是第155－176頁；如需全面了解情況（但非完全令人信服的說法），請參閱弗蘭克・雅各布（Frank Jacob）和吉爾瑪・維索尼—阿朗佐（Gilmar Visoni-Alonzo），《*The Military Revolution in Early Modern Europe: A Revision*》（倫敦：帕爾格雷夫樞軸〔Palgrave Pivot〕，二〇一六年）；克利福德・J・羅傑斯（Clifford J. Rogers）編輯，《*The Military Revolution Debate: Readings on the Military Transformation of Early Modern Europe*》（科羅拉多州波爾德〔Boulder〕：西景出版社〔Westview Press〕，一九九五年）；關於三十年戰爭，請參閱彼得・威爾遜（Peter Wilson），《*The Thirty Years War: Europe's Tragedy*》（麻薩諸塞州劍橋：哈佛大學出版社，二〇一一年），第786頁。
- 克利福德・J・羅傑斯（Clifford J. Rogers）的〈*The Military Revolution of the Hundred Years War*〉，第55－93頁，羅傑斯編輯，《*The Military*

Revolution Debate》。安德魯・艾頓（Andrew Ayton）和J・L・普萊斯（J. L. Price）編輯，《*The Medieval Military Revolution: State, Society, and Military Change in Medieval and Early Modern Europe*》（紐約：聖馬丁出版社〔St. Martin's Press〕，一九九五年）。

- 大衛・帕羅特（David Parrott），《*The Business of War: Military Enterprise and Military Innovation in Early Modern Europe*》（英國劍橋：劍橋大學出版社，二〇一二年）。
- 貝利欣根，《*Autobiography*》，第3頁。
- 理查・凱佩爾（Richard Kaeuper），《*Medieval Chivalry*》（英國劍橋：劍橋大學出版社，二〇一六年），第155－207頁和第353－383頁。
- 貝利欣根，《*Autobiography*》，第12頁；大衛・J・B・特里姆（David J. B. Trim）編輯，《*The Chivalric Ethos and the Development of Military Professionalism*》（來登：博睿學術出版社，二〇〇三年）。
- 貝利欣根，《*Autobiography*》，第11－16頁。第12頁。貝利欣根提到三位戰士簽了合約，在一場戰鬥中俘虜了十一位富農。第19－21頁。
- 貝利欣根，《*Autobiography*》，第22－23頁；萊因哈德・鮑曼（Reinhard Baumann），《*Georg von Frundsberg: Der Vater der Landsknechte und Feldhauptmann von Tirol*》（慕尼黑：南德意志出版社〔Süddeutsscher Verlag〕，一九八四年），第80－81頁。
- 弗里茨・雷德利希（Fritz Redlich），《*The German Military Enterpriser and His Work Force: A Study in European Economic and Social History*》，第一卷。（維斯巴登〔Wiesbaden〕：弗朗茨施泰納出版社〔Franz Steiner Verlag〕，一九六四年），第8－13和18－29頁；關於英格蘭的「僱用」，請參閱克里斯汀・卡彭特（Christine Carpenter）對《*The Wars of the Roses: Politics and the Constitution in England, c.1437-1509*》的文獻摘要（英國劍橋：劍橋大學出版社，一九九七年），第16－26頁；關於義大利和「委託」，請參閱邁可・馬利特（Michael Mallett），《*Mercenaries and Their Masters: Warfare in Renaissance Italy*》，第二版（英國巴恩斯利〔Barnsley〕：筆和劍軍事出版社〔Pen & Sword Military〕，二〇〇九年），第76－87頁。
- 關於僱傭兵兵場，請參閱帕羅特（Parrott），《*The Business of War*》，第29－31頁和第40－69頁。
- 貝利欣根，《*Autobiography*》，第42－44頁。
- 關於傭兵團首領，請參閱馬利特，《*Mercenaries and Their Masters*》，第146－206頁。
- 卡爾・馮・埃爾格（Carl von Elgger），《*Kriegswesen und Kriegskunst der schweizerischen Eidgenossen im XIV., XV. und XVI. Jahrhundert*》，（琉森〔Luzern〕：軍事出版社〔Militärisches Verlagsbureau〕，一八七三年）；帕羅特，《*The Business of War*》，第46－47頁。
- 關於查理敗給瑞士人的訊息，請參閱理查・沃恩（Richard Vaughan），《*Charles the Bold*》（英國木橋鎮〔Woodbridge〕：博伊德爾出版社〔Boydell Press〕，二〇〇二年〔第一版，一九七三年〕），第292-293頁、第360-397頁和第426－432頁；大衛・波特（David Potter），《*Renaissance France at War*》（英國木橋鎮：博伊德爾出版社，二〇〇八年）第125－131頁；帕羅特，《*The Business of War*》，第48－54頁。
- 帕羅特，《*The Business of War*》，第54－62頁。
- 貝利欣根，《*Autobiography*》，例如：第21頁和第5頁。第20、30和36頁。
- 關於火繩槍的起源，請參閱伯特・霍爾（Bert Hall），《*Weapons and Warfare in Renaissance Europe*》（巴爾的摩：約翰霍普金斯大學出版社，一九九七年），第95－100頁。
- 關於且里紐拉戰役，邁可・馬利特和克里斯汀・蕭，《*The Italian Wars, 1494-1559: War, State and Society in Early Modern Europe*》（紐約：羅德里奇出版社，二〇一二年），第64－66頁；關於火繩槍的使用及其重要性，請參閱霍爾，《*Weapons and Warfare in Renaissance Europe*》，第167－171頁。這條規則的唯一例外是英格蘭與蘇格蘭之間在一五一三年爆發的佛洛登戰役（Battle of Flodden）。

- 帕克（Parker），《*The Military Revolution*》，第8－16頁；克里斯托弗．達菲（Christopher Duffy），《*Siege Warfare: The Fortress in the Early Modern World, 1494–1660*》（倫敦：羅德里奇和基根保羅出版社〔Routledge & Kegan Paul〕，一九七九年），第1－22頁。
- 貝利欣根，《*Autobiography*》，第33－37頁。
- 關於小型戰鬥，請參閱希萊．茲莫拉（Hillay Zmora），《*State and Nobility in Early Modern Germany: The Knightly Feud in Franconia, 1440–1567*》（英國劍橋：劍橋大學出版社，二〇〇三年）；希萊．茲莫拉，《*The Feud in Early Modern Germany*》（英國劍橋：劍橋大學出版社，二〇一一年）。
- 鮑曼（Baumann），《*Georg von Frundsberg*》，第180－98頁。
- 若想知道格茨對他參與農民戰爭（Peasants' War）的描述，請參閱貝利欣根，《*Autobiography*》，第57－68頁。他明確指出，他之所以被長期監禁，不僅是他在那場衝突中做了什麼，而是有人要懲罰他過去的所作所為。
- 貝利欣根，《*Autobiography*》，第72頁。

Chapter Five
阿爾杜斯．馬努提烏斯與印刷術

- 伊麗莎白．愛森斯坦（Elizabeth Eisenstein），《*The Printing Press as an Agent of Change*》（英國劍橋：劍橋大學出版社，一九八〇年）。
- 安德魯．佩特格利（Andrew Pettegree），《*The Book in the Renaissance*》（康乃狄克州新哈芬：耶魯大學出版社，二〇一〇年），第7－20頁。
- 斯蒂芬．福塞爾（Stephan Füssel），《*Gutenberg and the Impact of Printing, trans. Douglas Martin*》（英國奧德勺特〔Aldershot〕：阿什蓋特出版社〔Ashgate〕，二〇〇三年），第10－13頁；阿爾伯特．卡普（Albert Kapr），《*Gutenberg: The Man and his Invention*》，道格拉斯．馬丁（Douglas Martin）翻譯（英國奧德勺特：斯科拉出版社〔Scolar Press〕，一九九六年），第29－73頁。
- 關於《古騰堡聖經》，請參閱富塞爾（Füssel），《*Gutenberg and the Impact of Printing*》，第18－25頁和第51－52頁；佩特格瑞（Pettegree），《*The Book in the Renaissance*》，第23－29頁。
- 佩特格瑞，《*The Book in the Renaissance*》，第32－33頁和第45－50頁。
- 關於威尼斯，請參閱弗雷德里克．C．萊恩（Frederic C. Lane），《*Venice: A Maritime Republic*》（巴爾的摩：約翰霍普金斯大學出版社，一九七三年），第136－253頁和第224－249頁；伊麗莎白．克魯澤－帕萬（Elisabeth Crouzet-Pavan），〈*Toward an Ecological Understanding of the Myth of Venice*〉，第39－64頁，出自於約翰．馬丁（John Martin）和丹尼．羅馬諾（Dennis Romano）編輯的《*Venice Reconsidered: The History and Civilization of an Italian City-State, 1297–1797*》（巴爾的摩：約翰霍普金斯大學出版社，二〇〇〇年）；格哈德．羅斯（Gerhard Rösch），〈*The Serrata of the Great Council and Venetian Society, 1286–1323*〉，第67－88頁，馬丁和羅馬諾編輯的《Venice Reconsidered》；關於威尼斯的梅迪奇銀行，請參閱雷蒙德．德．魯佛（Raymond de Roover），《*The Rise and Decline of the Medici Bank, 1397–1494*》（紐約：龍登出版社，一九六六年），第240－253頁。
- 關於早期威尼斯印刷的背景，請參閱馬丁．洛瑞（Martin Lowry），《*Nicholas Jenson and the Rise of Venetian Publishing in Renaissance Europe*》（牛津：貝西．布萊克威爾出版社〔Basil Blackwell〕，一九九一年），第49－71頁；萊昂納達斯．維陶塔斯．格魯拉蒂斯（Leonardas Vytautas Gerulaitis），《*Printing and Publishing in Fifteenth-CenturyVenice*》（芝加哥：美國圖書館協會〔American Library

Association），一九七六年），第1—30頁。

- 關於一四七三年的經濟崩潰，請參閱加洛萊提斯（Gerulaitis），《*Printing and Publishing in Fifteenth-Century Venice*》，第23頁。
- 馬丁・洛瑞，《*The World of Aldus Manutius: Business and Scholarship in Renaissance Venice*》（紐約州綺色佳：康乃爾大學出版社，一九七九年），第52頁。
- 洛瑞（Lowry），《*The World of Aldus Manutius*》，第52—64頁。
- 若想概略知道文藝復興時期複雜情況，請參閱吉多・魯傑羅（Guido Ruggiero），《*The Renaissance in Italy: A Social and Cultural History of the Rinascimento*》（英國劍橋：劍橋大學出版社，二〇一五年），第6—18頁。
- 查爾斯・G・諾爾特（Charles G. Nauert），《*Humanism and the Culture of Renaissance Europe*》（英國劍橋：劍橋大學出版社，一九九五年），第8—13頁；尼可拉斯・曼恩（Nicholas Mann）的〈The Origins of Humanism〉，第1—19頁，出自於吉爾・克萊耶（Jill Kraye）編輯的《*The Cambridge Companion to Renaissance Humanism*》（英國劍橋：劍橋大學出版社，一九九六年）；邁可・D・里夫（Michael D. Reeve）的〈Classical Scholarship〉，第20—46頁，出自於克萊耶編輯的《*The Cambridge Companion to Renaissance Humanism*》。
- 諾爾特（Nauert），《*Humanism and the Culture of Renaissance Europe*》，第26—35頁；魯傑羅，《*The Renaissance in Italy*》，第15—18頁和第229—249頁。
- 保羅・F・格倫德勒（Paul F. Grendler），《*Schooling in Renaissance Italy: Literacy and Learning, 1300–1600*》，（巴爾的摩：約翰霍普金斯大學出版社，一九八九年）；維杰里奧（Vergerio），引述自第118頁，欲知更多訊息請參閱第111—141頁。
- 洛瑞，《*The World of Aldus Manutius*》，引述自第第58—66頁。
- 引述自洛瑞，《*The World of Aldus Manutius*》，第59頁。
- 德西德里烏斯・伊拉斯謨（Desiderius Erasmus），《*Colloquies*》，第一冊，克雷格・R・湯普森（Craig R. Thompson）翻譯，（多倫多：多倫多大學出版社〔University of Toronto Press〕，一九九七年），第979—991頁；洛瑞，《*The World of Aldus Manutius*》，第76—83頁。
- 洛瑞，《*The World of Aldus Manutius*》，第80—86頁。
- G・斯科特・克萊蒙斯（G. Scott Clemons），〈*Pressing Business: The Economics of the Aldine Press*〉，第11—24頁，出自於納塔萊・瓦卡勒布雷（Natale Vacalebre）編輯的《*Five Centuries Later. Aldus Manutius: Culture, Typography and Philology*》（米蘭：安布羅西亞納圖書館〔Biblioteca Ambrosiana〕，二〇一九年）；魯道夫・赫希（Rudolf Hirsch），《*Printing, Selling and Reading, 1450–1550*》（維斯巴登〔Wiesbaden〕：奧托・哈拉斯索維茨出版社〔Otto Harrassowitz〕，一九六七年）。
- 洛瑞，《*The World of Aldus Manutius*》，第110—115頁；克萊蒙斯（Clemons），〈*Pressing Business*〉，第15—17頁。
- 洛瑞，《*The World of Aldus Manutius*》，第115—116頁；克萊蒙斯，〈*Pressing Business*〉，第17頁。
- 洛瑞，《*The World of Aldus Manutius*》，第137—146頁。
- 赫希（Hirsch），《*Printing, Selling and Reading*》，第128—129頁。
- 佩特格瑞，《*The Book in the Renaissance*》，第58—62頁；洛瑞，《*The World of Aldus Manutius*》，第78頁、第125頁和第147—167頁。
- 洛瑞，《*The World of Aldus Manutius*》，第98—100頁。第257—290頁。
- 佩特格瑞，《*The Book in the Renaissance*》，第65—82頁。
- 伊拉斯謨本人談過這件事，馬丁・戴維斯（Martin Davies）有詳細說明，請參閱《*Aldus Manutius: Printer and Publisher of Renaissance Venice*》（加利福尼亞州馬里布〔Malibu〕：保羅・蓋蒂博物館〔J. Paul Getty Museum〕，一九九五年），第58頁。
- 赫希，《*Printing, Selling and Reading*》，第105頁；安德魯・佩特格利

(Andrew Pettegree)，《*The Invention of News: How the World Came to Know About Itself*》（康乃狄克州：耶魯大學出版社，二〇一四年）。

Chapter Six
約翰・赫里塔奇與日常資本主義

- 探討約翰・赫里塔奇的重要著作是克里斯托弗・戴爾（Christopher Dyer），《*A Country Merchant, 1495–1520: Trading and Farming at the End of the Middle Ages*》（牛津：牛津大學出版社，二〇一二年）；另請參閱見帕特里克・懷曼（Patrick Wyman）主持的〈*Interview: Historian Christopher Dyer on Peasants and the Medieval Economy*〉，出自於《*Tides of History*》，二〇一八年九月二十七日。
- 若想稍微了解黑死病，請參閱奧萊・J・本尼迪克托（Ole J. Benedictow），《*The Black Death, 1346–1353: The Complete History*》（英國木橋鎮：博伊德爾出版社，二〇〇四年）；布魯斯・M・S・坎貝爾（Bruce M. S. Campbell），《*The Great Transition: Climate, Disease and Society in the Late-Medieval World*》（英國劍橋：劍橋大學出版社，二〇一六年），尤其是第267－331頁；關於赫里塔奇居住地區被廢棄的村莊，請參閱代爾（Dyer），《*A Country Merchant*》，第230－231頁。
- 坎貝爾（Campbell），《*The Great Transition*》，第30－133頁。
- 坎貝爾，《*The Great Transition*》，第355－363頁。
- 關於這些過程，請參閱L・R・普斯（L. R. Poos），《*A Rural Society After the Black Death: Essex 1350–1525*》（英國劍橋：劍橋大學出版社，一九九一年）；理查・布里特內爾（Richard Britnell）和本・多布斯（Ben Dobbs）合編，《*Agriculture and Rural Society after the Black Death: Common Themes and Regional Variations*》（英國哈特非〔Hatfield〕：哈特非郡大學出版社〔University of Hertfordshire Press〕，二〇〇八年）；馬克・貝利（Mark Bailey）和斯蒂芬・里格比（Stephen Rigby）合編，《*Town and Countryside in the Age of the Black Death: Essays in Honour of John Hatcher*》（比利時帝倫豪特〔Turnhout〕：布雷波爾出版社〔Brepols〕，二〇一一年）；克里斯托弗・戴爾，《*An Age of Transition? Economy and Society in the Later Middle Ages*》（牛津：牛津大學出版社，二〇〇五年）。
- 戴爾，《*A Country Merchant*》，第25－27頁。第29頁。第29－33頁。第34頁。
- 眾所周知，這便是布倫納的辯論（Brenner debate），請參閱T・H・阿斯頓（T. H. Aston）編輯的《*The Brenner Debate: Agrarian Class Structure and Economic Development in Pre-Industrial Europe*》（英國劍橋：劍橋大學出版社，一九八七年）；斯賓塞・迪莫克（Spencer Dimmock），《*The Origin of Capitalism in England, 1400–1600*》（萊登：博睿學術出版社，二〇一四年）；沙米・高什（Shami Ghosh）的〈Rural Economies and Transitions to Capitalism: Germany and England Compared (c.1200–1800)〉，出自於《*Journal of Agrarian Change*》，第十六冊，第二期（二〇一六年），第255－290頁；戴爾，《*An Age of Transition*》，第66－85頁。
- 戴爾，《*A Country Merchant*》，第5－6頁和第90頁；懷曼（Wyman），〈*Interview: Historian Christopher Dyer*〉。若想知道另一本罕見存留的帳簿，請參閱理查・K・馬歇爾（Richard K. Marshall），《*The Local Merchants of Prato: Small Entrepreneurs in the Late Medieval Economy*》（巴爾的摩：約翰霍普金斯大學出版社，一九九九年）。
- 這個時期簿記需求日益增長，請參閱阿爾弗雷德・W・克羅斯比（Alfred W. Crosby），《*The Measure of Reality: Quantification and Western Society, 1250–1600*》（英國劍橋：劍橋大學出版社，一九九七年），第199－224頁；關於梅迪奇銀行的做法，請參閱雷蒙德・德・魯佛，《*The Rise and Decline of the Medici Bank, 1397–1494*》（紐約：龍登出版社，

一九六六年），第96－100頁。

- 記載於戴爾，《*A Country Merchant*》，第226頁。
- 戴爾，《*A Country Merchant*》，第91－99頁；引文出自於第93頁。
- 戴爾，《*A Country Merchant*》，第17－18頁；埃莉奧諾拉・瑪麗・卡魯斯—威爾遜（Eleonora Mary Carus-Wilson）和奧利弗・科爾曼（Olive Coleman），《*England's Export Trade, 1275–1547*》（牛津：克拉倫登出版社，一九六三年），第48－72頁；約翰・奧德蘭（John Oldland），《*The English Woollen Industry, c.1200–c. 1560*》（紐約：羅德里奇出版社，二〇一九年），特別是第215－236頁。
- 戴爾，《*A Country Merchant*》，第100－107頁。第117－120頁。
- 有關基本訊息，請參閱理查・H・布里特內爾（Richard H. Britnell），《*The Commercialisation of English Society, 1000–1500*》（英國劍橋：劍橋大學出版社，一九九三年）；另請參閱戴爾，《*An Age of Transition*》，第173－210頁，可從正面角度概略了解英國商業化的情況。
- 瑪麗安・科瓦萊斯基（Maryanne Kowaleski），《*Local Markets and Regional Trade in Medieval Exeter*》（英國劍橋：劍橋大學出版社，一九九五年），第328－330頁，這是對整體論點的總結。
- 西爾維婭・L・圖魯普（Sylvia L. Thrupp），《*The Merchant Class of Medieval London, 1300–1500*》（安納保〔Ann Arbor〕：密西根大學出版社〔University of Michigan Press〕，一九四八年），特別是第4－52頁；關於行會的基本訊息，請參閱希拉・奧吉爾維（Sheilagh Ogilvie），《*Institutions and European Trade: Merchant Guilds, 1000–1800*》（英國劍橋：劍橋大學出版社，二〇一一年）；彼得・斯普福德（Peter Spufford），《*Power and Profit: The Merchant in Medieval Europe*》（倫敦：泰晤士和漢德森出版社〔Thames & Hudson〕，二〇〇二年）；關於倫敦，請參閱卡羅琳・巴倫（Caroline Barron），《*London in the Later Middle Ages: Government and People, 1200–1500*》（牛津：牛津大學出版社，二〇〇五年）。
- 特奧菲洛・F・魯伊斯（Teofilo F. Ruiz），《*Crisis and Continuity: Land and Town in Late Medieval Castile*》（費城：賓夕法尼亞大學出版社，一九九四年）。關於這個時期商業的興起，請參閱瑪莎・C・豪威爾（Martha C. Howell），《*Commerce Before Capitalism in Europe, 1300–1600*》（英國劍橋：劍橋大學出版社，二〇一〇年）。
- 請參閱克雷格・穆格魯（Craig Mulgrew），《*The Economy of Obligation: The Culture of Credit and Social Relations in Early Modern England*》（英國杭得米爾〔Houndmills〕：帕爾格雷夫〔Palgrave〕，一九九八年），尤其是第95頁；豪威爾（Howell），《*Commerce*》，第24－29頁和第70－78頁；P・南丁格爾（P. Nightingale），〈*Monetary Contraction and Mercantile Credit in Later Medieval England*〉，出自於《*Economic History Review*》第四十三期（一九九〇年）：第560－575頁。
- 戴爾，《*A Country Merchant*》，第35－39頁和第129－131頁。

Chapter Seven
馬丁路德、印刷機與教會分裂

- 路德是否真的在城堡教堂的門上釘了〈九十五條論綱〉？有很多人早已為此著墨。不過，這本來便是標準做法，因為教堂大門以前是維滕伯格的非官方公告欄，而且我們沒有充分的理由懷疑這件事是否確實發生。有關這項主題的論點總結，請參閱安德魯・佩特格利（Andrew Pettegree），《*Brand Luther: 1517, Printing, and the Making of the Reformation*》（紐約：企鵝出版社〔Penguin〕，二〇一五年），第70－72頁；有關完整的說明，請參閱庫爾特・奧蘭德（Kurt Aland）編輯的《*Martin Luther's Ninety-Five Theses: With the Pertinent Documents from the History of the Reformation*》（聖路易〔St. Louis〕：康考迪亞出版社〔Concordia Publishing〕，一九六七年），第62頁。

- C．M．雅各布斯（C. M. Jacobs）翻譯的《*Works of Martin Luther: With Introduction and Notes*》，第一冊（費城：霍爾曼出版社〔Holman〕，一九一五年），第27頁。
- 佩特格利，《*Brand Luther*》，第73－75頁；馬丁．布萊希特（Martin Brecht），《*Martin Luther: His Road to Reformation, 1483–1521*》（明尼亞波利斯：堡壘出版社〔Fortress Press〕，一九八九年），192–197頁。海科．奧伯曼（Heiko Oberman），《*Luther: Man Between God and the Devil*》（康乃狄克州新哈芬：耶魯大學出版社，一九八九年），第192－197頁。
- 討論路德早年生活的文章有很多，包含簡單的生平描述到複雜的心理傳記，而近期的主要著作包括：琳道．羅普耳，《*Martin Luther: Renegade and Prophet*》（紐約：蘭登書屋，二〇一六年），第3－36頁；奧伯曼（Oberman），《*Luther*》，第82－115頁；布萊希特（Brecht），《*Martin Luther*》，第1－50頁；理查．馬呂斯（Richard Marius），《*Martin Luther: The Christian Between God and Death*》（麻薩諸塞州劍橋：貝爾納普出版社〔Belknap〕，一九九九年），第19－42頁；若想知道現已受到質疑但仍然經常能引起爭論的心理傳記，請參閱埃里克．埃里克森（Erik Erikson），《*Young Man Luther: A Study in Psychoanalysis and History*》（紐約：龍登出版社，一九五八年），第13－97頁。
- 羅普耳，《*Martin Luther*》，第16－17頁。
- 關於路德在修道院的生活，請參閱羅普耳，《*Martin Luther*》，第37－62頁；布萊希特，《*Martin Luther*》，第51－82頁。
- 關於路德時代的教會，請參閱迪爾梅德．麥卡洛克（Diarmaid MacCulloch），《*The Reformation: A History*》（紐約：企鵝出版社，二〇〇三年），第3－52頁；R．N．斯旺森（R. N. Swanson）的〈*The Pre-Reformation Church*〉，第9－30頁，出自於安德魯．佩特格利（Andrew Pettegree）編輯的《*The Reformation World*》（倫敦：羅德里奇出版社，二〇〇〇年）；阿利斯特．E．麥格拉思（Alister E. McGrath），《*The Intellectual Origins of the European Reformation*》，第二版（麻薩諸塞州莫爾登：布萊克威爾出版社，二〇〇四年），第11－33頁；拉里薩．泰勒（Larissa Taylor）的〈*Society and Piety*〉第22－36頁，出自於夏伯嘉（R. Po-chia Hsia）編輯的《*A Companion to the Reformation World*》（麻薩諸塞州莫爾登：布萊克威爾出版社，二〇〇四年）。
- 關於教會改革，請參閱布魯斯．戈登（Bruce Gordon）的〈*Conciliarism in Late Mediaeval Europe*〉，第31－50頁，出自於佩特格瑞（Pettegree）編輯的《*The Reformation World*》；理查．雷克斯（Richard Rex）的〈*Humanism*〉，第51－71頁，出自於佩特格瑞編輯的《*The Reformation World*》；埃里克．利蘭．薩克（Eric Leland Saak），《*Luther and the Reformation of the Later Middle Ages*》（麻薩諸塞州劍橋：劍橋大學出版社，二〇一七年），尤其是第11－63頁；尤安．卡梅倫（Euan Cameron）的〈*Dissent and Heresy*〉第3－21頁，出自於夏（Hsia）編輯的《*A Companion to the Reformation World*》。
- 關於贖罪券的神學基礎，請參閱羅伯特．W．沙弗恩（Robert W. Shaffern）的〈*The Medieval Theology of Indulgences*〉，第37－64頁，出自於R．N．斯旺森編輯的《*Promissory Notes on the Treasury of Merits: Indulgences in Late Medieval Europe*》（來登：博睿學術出版社，二〇〇六年）；關於西班牙的贖罪券，請參閱約翰•愛德華茲（John Edwards）的〈*"España es Diferente"? Indulgences and the Spiritual Economy in Late Medieval Spain*〉，第147－168頁，出自於斯旺森編輯的《*Promissory Notes*》；佩特格瑞，《*Brand Luther*》，第54－64頁。
- 如何販售贖罪券，請參閱佩特格瑞，《*Brand Luther*》，第63－67頁。
- 佩特格瑞，《*Brand Luther*》，第56－66頁；福爾克．艾瑟曼（Falk Eisermann）的〈*The Indulgence as a Media Event: Developments in Communication through Broadsides in the Fifteenth Century*〉，第309－330頁，出自於斯旺森（Swanson）編輯的《*Promissory Notes*》；大衛．

巴奇（David Bagchi）的〈*Luther's Ninety-Five Theses and the Contemporary Criticism of Indulgences*〉，第 331 － 356 頁，出自於斯旺森編輯的《*Promissory Notes*》。

- 佩特格瑞，《*Brand Luther*》，第 105 － 109 頁；最能解釋這種觀點的是佩特格瑞的《*Brand Luther*》；另請參閱小馬克・U・愛德華茲（Mark U. Edwards Jr.），《*Printing, Propaganda, and Martin Luther*》（明尼亞波利斯〔Minneapolis〕：堡壘出版社〔Fortress Press〕，一九九四年），並參閱第 2 － 4 頁的註釋。
- 關於這些論戰，請參閱佩特格瑞，《*Brand Luther*》，第 78 － 83 頁。
- 佩特格瑞，《*Brand Luther*》，第 104 － 131 頁；愛德華茲，《*Printing, Propaganda, and Martin Luther*》，第 14 － 37 頁。
- 佩特格瑞，《*Brand Luther*》，第 11 － 14 頁。第 157 － 163 頁。
- 引述自佩特格瑞，《*Brand Luther*》，第 136 頁；關於沃爾姆斯議會，請參閱羅普耳，《*Martin Luther*》，第 160 － 182 頁；布萊希特，《*Martin Luther*》，第 448 － 476 頁。
- 引述自佩特格瑞，《*Brand Luther*》，第 210 － 211 頁。
- 愛德華茲，《*Printing, Propaganda, and Martin Luther*》，第 14 － 28 頁；佩特格瑞，《*Brand Luther*》，第 206 － 210 頁。
- 引述自羅普耳，《*Martin Luther*》，第 223 頁。
- 關於閔采爾的基本資訊，請參閱埃里克・W・格里奇（Eric W. Gritsch），《*Thomas Müntzer: A Tragedy of Errors*》（明尼亞波利斯：堡壘出版社，一九八九年）；湯姆・斯科特（Tom Scott），《*Thomas Müntzer: Theology and Revolution in the German Reformation*》（紐約：聖馬丁出版社〔St. Martin's Press〕，一九八九年）。
- 引述自羅普耳，《*Martin Luther*》，第 253 頁。
- 引述自詹姆斯・M・斯泰爾（James M. Stayer）的〈*The German Peasants' War and the Rural Reformation*〉，第 127 － 145 頁，第 12 頁，出自於佩特格瑞編輯的《*The Reformation World*》；關於農民戰爭，請參閱湯姆・斯科特（Tom Scott）和鮑勃・斯克里布納（Bob Scribner）編輯的《*The German Peasants' War: A History in Documents*》（紐約：人文書籍出版社〔Humanities Books〕，一九九一年）；彼得・比克（Peter Blickle），《*The Revolution of 1525: The German Peasants' War from a New Perspective* 爭》（巴爾的摩：約翰霍普金斯大學出版社，一九八一年）。
- 引述自斯泰爾（Stayer），〈*The German Peasants' War and the Rural Reformation*〉，第 129 － 130 頁。
- 引述自佩特格瑞，《*Brand Luther*》，第 242 頁。
- 關於路德個人影響的細節問題，請參閱克里斯托弗・奧克（Christopher Ocker），《*Luther, Conflict, and Christendom*》（英國劍橋：劍橋大學出版社，二〇一八年）。

Chapter Eight
蘇萊曼一世與超級強權鄂圖曼帝國

- 關於鄂圖曼帝國從根本上說是「歐洲帝國」的說法，請參閱丹尼爾・戈夫曼（Daniel Goffman），《*The Ottoman Empire and Early Modern Europe*》（英國劍橋：劍橋大學出版社，二〇〇二年）。
- 關於鄂圖曼帝國的早期根源，請參閱杰馬爾・卡法達爾（Cemal Kafadar），《*Between Two Worlds: The Construction of the Ottoman State*》（柏克萊：加州大學出版社，一九九五年）；希思・W・洛瑞（Heath W. Lowry），《*The Nature of the Early Ottoman State*》（奧巴尼〔Albany〕：紐約州立大學出版社〔State University of New York Press〕，二〇〇三年）；科林・安伯（Colin Imber），《*The Ottoman Empire: The Structure of Power, 1300–1650*》，第二版（紐約：帕爾格雷夫・麥米倫出版社，二〇〇九年），第 3 － 24 頁。
- 關於安卡拉之戰及其後果，請參閱迪米特里斯・J・卡斯特里蒂斯

(Dimitris J. Kastritis)，《*The Sons of Bayezid: Empire Building and Representation in the Ottoman Civil War of 1402–1413*》（來登：博睿學術出版社，二〇〇七年）。

● 穆罕默德如何統治帝國的標準說法仍得參閱弗朗茨・巴賓格（Franz Babinger），《*Mehmed the Conqueror and His Time*》，威廉・C・希克曼（William C. Hickman）編輯，拉爾夫・曼海姆（Ralph Manheim）翻譯（紐澤西州普林斯頓：普林斯頓大學出版社，一九七八年〔原版為德語，一九五三年〕）。

● 關於塞利姆留給兒子的遺產，請參閱卡亞・沙欣（Kaya Şahin），《*Empire and Power in the Reign of Süleyman: Narrating the Sixteenth-Century Ottoman World*》（英國劍橋：劍橋大學出版社，二〇一三年），第27－34頁；安德魯・赫斯（Andrew Hess），〈*The Ottoman Conquest of Egypt and the Beginning of the Sixteenth-Century World War*〉，出自於《*International Journal of Middle East Studies*》第四期，第一冊。（一九七三年一月）：第55－76頁。

● 引述自羅傑・畢格羅・梅里曼（Roger Bigelow Merriman），《*Suleiman the Magnificent, 1520–1566*》（麻薩諸塞州劍橋：哈佛大學出版社，一九四四年），第37頁。

● 塞利姆繼任王位過程，參閱H・埃爾登・西帕（H. Erdem Çipa），《*The Making of Selim: Succession, Legitimacy, and Memory in the Early Modern Ottoman World*》（布隆明頓〔Bloomington〕：印第安納大學出版社〔Indiana University Press〕，二〇一七年），第29－61頁。

● 引述自安德烈・克洛特（André Clot），《*Suleiman the Magnificent*》，馬修・J・賴茲（Matthew J. Reisz）翻譯（倫敦：薩奇出版社〔Saki〕，二〇〇五年〔原版為法語，一九八九年〕），第30頁。

● 關於貝爾格勒戰役，請參閱克洛特，《*Suleiman the Magnificent*》，第37－38頁；梅里曼，《*Suleiman the Magnificent*》，第56－58頁。

● 康斯坦丁・諾索夫（Konstantin Nossov）和布萊恩・德爾夫（Brian Delf），《*The Fortress of Rhodes 1309–1522*》（牛津：魚鷹出版社〔Osprey〕，二〇一〇年）。

● 引述自克洛特，《*Suleiman the Magnificent*》，第55頁。

● 引述自小詹姆斯・雷斯頓（James Reston Jr.），《*Defenders of the Faith: Christianity and Islam Battle for the Soul of Europe, 1520–1536*》（紐約：企鵝出版社，二〇〇九年），第171頁。

● 關於哈布斯堡王朝與匈牙利的早期關係，請參閱熱薩・帕爾菲（Géza Pálffy），《*The Kingdom of Hungary and the Habsburg Monarchy in the Sixteenth Century*》，湯瑪斯・J・德科恩菲爾德（Thomas J. DeKornfeld）和海倫・D・德科恩菲爾德（Helen D. DeKornfeld）翻譯（紐約：哥倫比亞大學出版社，二〇〇九年），第17－51頁。

● 引述自克洛特，《*Suleiman the Magnificent*》，第58頁。若想知道這場戰鬥的詳細資料，請參閱梅里曼，《*Suleiman the Magnificent*》，第87－93頁；雷思頓（Reston），《*Defenders of the Faith*》，第186－194頁；熱薩・佩熱斯（Géza Perjés），《*The Fall of the Medieval Kingdom of Hungary: Mohács 1526–Buda 1541*》，第二十六卷，出自於《*War and Society in East Central Europe*》（紐約：哥倫比亞大學出版社，一九八九年），第225－265頁。

● 維也納的圍城戰役，請參閱克洛特，《*Suleiman the Magnificent*》，第64－68頁；梅里曼，《*Suleiman the Magnificent*》，第103－108頁。

● 安・威廉姆斯（Ann Williams），〈*Mediterranean Conflict*〉，第39－54頁，梅廷・昆特（Metin Kunt）和克里斯汀・伍德黑德（Christine Woodhead）合編的《*Süleyman the Magnificent and His Age: The Ottoman Empire in the Early Modern World*》（倫敦：朗文〔Longman〕，一九九五年）；詹卡洛・卡薩萊（Giancarlo Casale），《*The Ottoman Age of Exploration*》（牛津：牛津大學出版社，二〇一〇年）；薩利赫・厄茲巴蘭（Salih Özbaran），〈*Ottoman Naval Policy in the South*〉，第55－70頁，昆特和伍德黑德合編的《*Süleyman the Magnificent and His*

Age》。

- 哈利爾·伊納爾奇克（Halil Inalcik），《*An Economic and Social History of the Ottoman Empire*》，第1卷，《1300-1600》（英國劍橋：劍橋大學出版社，一九九四年），第55－74頁，關於這些數字的記載資料，第98－99頁；塞夫凱·帕慕克（Şevket Pamuk），〈*In the Absence of Domestic Currency: Debased European Coinage in the Seventeenth-Century Ottoman Empire*〉，《*ournal of Economic History*》第五十七期，第二號（一九九七年六月）：第345－366頁，第354－355頁。帕慕克對該預算年度所舉出的數字有所不同，似乎是印刷錯誤。
- 加博爾·阿戈斯頓（Gábor Ágoston），《*Guns for the Sultan: Military Power and the Weapons Industry in the Ottoman Empire*》（英國劍橋：劍橋大學出版社，二〇〇五年），第70頁和第96－127頁；蘇萊婭·法魯奇（Suraiya Faroqhi），《*The Ottoman Empire and the World Around It*》（倫敦：托里斯出版社〔I. B. Tauris〕，二〇〇七年），第98－118頁；引述自亞當·弗朗西斯科（Adam Francisco），《*Martin Luther and Islam: A Study in Sixteenth-Century Polemics and Apologetics*》（來登：博睿學術出版社，二〇〇七年），第86頁。
- 蘇萊曼的形象，參閱克里斯汀·伍德黑德（Christine Woodhead），〈*Perspectives on Süleyman*〉，第164－190頁，昆特（Kunt）和伍德黑德合編，《*Süleyman the Magnificent and His Age*》。

Chapter Nine 查理五世與普世統治

- 若想知道查理如何抵達西班牙，請參閱卡爾·布蘭迪（Karl Brandi），《*The Emperor Charles V: The Growth and Destiny of a Man and of a World-Empire*》，C·V·韋奇伍德（C.V. Wedgwood）翻譯（倫敦：喬納森·凱普出版社〔Jonathan Cape〕，一九六五年），第78－80頁；傑佛瑞·帕克（Geoffrey Parker），《*Emperor: A New Life of Charles V*》（康乃狄克州新哈芬：耶魯大學出版社，二〇一九年），第75－77頁。
- 貝內克（Benecke），《*Maximilian*》，第31－45頁。
- 關於混亂的特拉斯塔馬拉家族情況，不妨參閱帕克（Parker），《*mperor*》，第51－56頁。
- 關於胡安娜的基本訊息，請參閱伯大尼·阿拉姆（Bethany Aram），《*La reina Juana: Gobierno, piedad y dinastía*》（馬德里：馬西奧爾·彭斯出版社〔Marcial Pons〕，二〇〇一年）；伯大尼·阿拉姆，《*Juana the Mad: Sovereignty and Dynasty in Renaissance Europe*》（巴爾的摩：約翰霍普金斯大學出版社，二〇〇五年）。
- 帕克，《*Emperor*》，第68－69頁、第70頁。
- 最近出現許多說法，指出查理與繼祖母富瓦的日爾曼妮（Germaine de Foix）生了一個私生子，但這種說法純屬無稽之談；請參閱帕克，《*Emperor*》，第545－546頁，那段文字戳穿了這種謬論。
- 關於西斯內羅斯的基本資訊，請參閱何塞·加西亞·奧羅（José García Oro），《*El Cardenal Cisneros: Vida y impresas*》，第二冊（馬德里：基督教作家書庫〔Biblioteca de Autores Cristianos〕，一九九二年到一九九三年）；埃里卡·隆美爾（Erika Rummel），《*Jiménez de Cisneros: On the Threshold of Spain's Golden Age*》（坦佩〔Tempe〕：亞利桑那中世紀和文藝復興研究中心〔Arizona Center for Medieval and Renaissance Studies〕，一九九九年）。信件內容引述自隆美爾，《*Jiménez de Cisneros*》，第85頁。
- 關於這趟旅程，請參閱帕克，《*Emperor*》，第76－79頁；布蘭迪（Brandi），《*The Emperor Charles V*》，第80－81頁。
- 關於這些事件，請參閱帕克，《*Emperor*》，第81－83頁，以及布蘭迪，《*The Emperor Charles V*》，第81－83頁。
- 引述自帕克，《*Emperor*》，第87頁。

- 引述自帕克，《*Emperor*》，第89頁。若想知道更多的資訊，請參閱帕克，《*Emperor*》，第87－94頁；布蘭迪，《*The Emperor Charles V*》，第99－112頁。
- 引述自帕克，《*Emperor*》，第89－90頁。第91頁。
- 關於普世統治的理想，請參閱約翰・M・海德利（John M. Headley），《*The Emperor and His Chancellor: A Study of the Imperial Chancellery Under Gattinara*》（英國劍橋：劍橋大學出版社，一九八三年），尤其是第10–12頁，引述文字出於第10頁；另請參閱哈拉爾德・克萊因施密特（Harald Kleinschmidt），《*Charles V: The World Emperor*》（英國斯特勞德〔Stroud〕：薩頓出版社〔Sutton〕，二〇〇四年），第81－89頁。
- 關於胡安娜在「卡斯提爾公社居民起義」中的角色，請參閱阿拉姆，《*Juana the Mad*》，第123－128頁；關於這場起義，請參閱奧雷里奧・埃斯皮諾薩（Aurelio Espinosa），《*The Empire of the Cities: Emperor Charles V, the Comunero Revolt, and the Transformation of the Spanish System*》（來登：博睿學術出版社，二〇〇九年），第65–82頁；伊波利托・拉斐爾・奧利瓦・赫勒（Hipólito Rafael Oliva Herrer），〈*Interpreting Large-Scale Revolts: Some Evidence from the War of the Communities of Castile*〉，第330–348頁，出自於賈斯汀・芬哈伯-貝克（Justine Firnhaber-Baker）和德克・舍納爾斯（Dirk Schoenaers）合編的《*The Routledge History Handbook of Medieval Revolts*》（紐約：羅德里奇出版社，二〇一七年）。
- 詹姆斯・D・特雷西（James D. Tracy），《*Emperor Charles V, Impresario of War: Campaign Strategy, International Finance, and Domestic Politics*》（英國劍橋：劍橋大學出版社，二〇〇二年），第20－28頁；維姆・布洛克曼斯（Wim Blockmans），《*Emperor Charles V, 1500–1558*》，第25－45頁。
- 帕克，《*Emperor*》，第148－151頁。
- 帕克，《*Emperor*》，第153－162頁；R・J・克內希特（R. J. Knecht），《*Renaissance Warrior and Patron: The Reign of Francis I*》（英國劍橋：劍橋大學出版社，一九九四年），第218－236頁。
- 關於查理和農民戰爭，請參閱帕克，《*Emperor*》，第194頁。
- 克內希特（Knecht），《*Renaissance Warrior and Patron*》，第239－256頁。
- 引述自帕克，《*Emperor*》，第167－168頁。
- 請參閱朱迪思・胡克，《*The Sack of Rome: 1527*》，第二版（紐約：帕爾格雷夫・麥米倫，二〇〇四年），第107－180頁。
- 帕克，《*Emperor*》，第342－358頁。
- 休・湯瑪斯，《*Conquest: Montezuma, Cortés, and the Fall of Old Mexico*》（紐約：Touchstone出版社，一九九三年），第65－69頁。
- 湯瑪斯，《*Conquest*》，第260－262頁。
- 若想知道西班牙人如何征服墨西哥，請參閱湯瑪斯的《*Conquest*》。
- 引述自帕克，《*Emperor*》，第355頁；另請參閱第355－357頁。
- 關於這些事件，請參閱帕克，《*Emperor*》，第237－243頁；布蘭迪，《*The Emperor Charles V*》，第365－371頁。
- 關於這些財務措施的基本資訊，請參閱特雷西，《*Emperor Charles V, Impresario of War*》，第154－157頁。
- 帕克，《*Emperor*》，第246－247頁。

結論

- 亞當・圖茲（Adam Tooze），《*The Deluge: The Great War, America and the Remaking of the Global Order, 1916–1931*》（紐約：維京出版社〔Viking〕，二〇一四年）。

國家圖書館出版品預行編目資料

巨變時代：創造世界秩序的 40 年歐洲飛躍史 / 帕特里克．懷曼 (Patrick Wyman) 著；吳煒聲譯． -- 初版． -- 臺北市：平安文化有限公司，2022.10
面；　公分． --（平安叢書；第 737 種）(知史；22)
譯自：The verge：reformation, renaissance, and forty years that shook the world.
ISBN 978-626-7181-21-8(平裝)

1.CST: 歐洲史 2.CST: 經濟史

740.241　　111015298

平安叢書第737種
知史 [22]

巨變時代
創造世界秩序的40年歐洲飛躍史

作　　者—帕特里克．懷曼 Patrick Wyman
譯　　者—吳煒聲
發 行 人—平　雲
出版發行—平安文化有限公司
台北市敦化北路 120 巷 50 號
電話◎ 02-27168888
郵撥帳號◎ 18420815 號
皇冠出版社（香港）有限公司
香港銅鑼灣道 180 號百樂商業中心
19 字樓 1903 室
電話◎ 2529-1778　傳真◎ 2527-0904
總 編 輯—許婷婷
執行主編—平　靜
責任編輯—黃馨毅
美術設計—張　巖、李偉涵
行銷企劃—許瑄文

著作完成日期— 2021 年
初版一刷日期— 2022 年 10 月

法律顧問—王惠光律師

讀者服務傳真專線◎ 02-27150507
電腦編號◎ 551022
ISBN ◎ 978-626-7181-21-8
Printed in Taiwan
本書定價◎新台幣 480 元 / 港幣 160 元